한서열전

반 고 지음 / 홍대표 옮김

범우

차 례

이 책을 읽는 분에게 / 5

해 설 / 7

이릉(李陵)·소무전(蘇武傳) / 21

동중서전(董仲舒傳) / 46

사마천전(司馬遷傳) / 79

무오자전(武五子傳) / 108

엄조(嚴助)·주매신전(朱買臣傳) / 140

동방삭전(東方朔傳) / 159

공손(公孫)·유(劉)·차(車)·왕(王)·양(楊)·
채(蔡)·진(陳)·정전(鄭傳) / 189

양왕손(楊王孫)·호건(胡建)·주운전(朱雲傳) / 220

곽광전(霍光傳) / 231

전불의(雋不疑)·소광(疏廣)·우정국전(于定國傳) / 261

위상(魏相)·병길전(丙吉傳) / 274

조광한(趙廣漢)·장창(張敞)·왕존(王尊)·왕장전(王章傳) / 297

외척전(外戚傳) / 333

이 책을 읽는 분에게

《한서(漢書)》는 한 고조(漢高祖) 유방(劉邦)에서 왕망(王莽)의 난까지 12대(代) 230년 동안의 전한(前漢)에 대한 기전체(紀傳體) 역사서이다. 120권의 대작(大作)으로 사마천(司馬遷)의 《사기》와 함께 대표적인 중국 사서이며 정사(正史) 제2위를 차지한다. 《사기》가 중국의 상고 시대부터 무제(武帝)까지의 통사(通史)임에 비하여 《한서》는 단대사(斷代史)인 것이 특징이다.

《한서》는 후한의 반표(班彪)가 착수하고 그의 아들 반고(班固)가 대성하였으며, 〈팔표(八表)〉와 〈천문지(天文志)〉는 고의 누이동생 반소(班昭)가 보충하여, 십이제기(十二帝紀)·팔표·십지(十志)·칠십열전(七十列傳)으로 체재를 갖추었다. 여러 사람들이 주석(注釋)하였으나 당(唐) 안사고(顏師古)의 것이 가장 정확하다.

이 《班固 漢書列傳》은 원서 70열전 중에서 옳고 그르고 간에 전한의 정치에 크게 영향을 끼친 사람들의 전기(傳紀)를 뽑아 한글로 번역한 것이다. 옛 땅 이름, 벼슬 이름, 제도 명칭 등을 알기 쉽게 주석하고, 각 제왕의 생몰(生沒)·재위 연대 등을 서기(西紀)로 밝혀 생동감이 있게 하였다.

이 책을 읽어 보면 흥미진진할 뿐 아니라 얽히고 설킨 인간 관계에서 많은 교훈을 얻게 되는 것이다. 중국 역사는 한(漢)·당(唐) 시대가 대표하니 이 책에서 소득이 많으리라고 생각한다.

해 설

　반고(班固)의 《한서》는 사마천(司馬遷)의 《사기》와 함께 정사 중에서도 특히 높이 평가되어 〈사한(史漢)〉이라든가 〈반마(班馬)〉라는 말이 있을 정도이다. 그것은 《한서》가 《사기(史記)》와 함께 중국의 역사 기술(記述)의 한 스타일을 확립하였다는 점에서인 것이다.
　당(唐)의 유지기(劉知機)는 《사통(史通)》(사서의 총괄적 비평서)에서 고래의 사서(史書)의 스타일을 여섯 가지로 분류하였다(6家). 즉 상서가(尙書家)·춘추가(春秋家)·좌전가(左傳家)·국어가(國語家)·사기가(史記家)·한서가(漢書家)가 그것이다.
　상서가란 오경(五經)의 하나인 《상서(서경)》를 모방한 것으로서 왕의 조칙(詔勅)·교령(敎令)을 모은 것이다. 유씨는 이것에 대해 사실(史實)을 상세하게 기술하지 못하였다고 단정하였다.
　춘추가는 역시 오경의 하나인 공자의 《춘추》를 모방한 것이지만, 후세의 무슨 춘추라고 일컫는 책에는 일자 포폄(一字褒貶)의 뜻은 이미 없다고 유씨는 말하였다.
　좌전가란 《춘추》의 해석서(解釋書)로서 춘추 시대의 역사이기도 한 《좌전》을 모방한 것이며, 순열(荀悅)의 《한기(漢紀)》 등 이른 바 편년체(編年體)의 역사가 이것이다. 유씨는 이것을 기년체(紀年體)와 대립되는 유력한 스타일이라고 보았다.
　국어가는 춘추 시대의 국별 역사인 《국어》를 모방한 것으로서 《전국책(戰國策)》 등이 있으나, 유씨는 《사한》의 출현 이후 이 체재는 이미 낡은 것이라고 하였다.

　다음으로 같은 기전체에 유씨는 사기가와 한서가를 들었다. 그 이유는 《사기》가 상고(上古)로부터 작자의 시대까지를 통관(通貫)한 이른바 통사임에 대해 《한서》가 전한(前漢) 1대의 흥망에 한정된 이른바 단대사(斷代史)라는 점에 있다. 유씨는 이 두 가지 체재에 대해서는 오히려 《한서》에 좌단(左袒)하고 있는 것 같다.

　《사기》는 현절(懸絶)된 여러 나라의 영역, 너무나 오랜 세월의 일을 기전서표(紀傳書表)에 분산해서 적어 놓고 있기 때문에 한 나라의 정치, 동 시대의 군신(君臣)의 기술이 동떨어진 장소로 흩어져 버리는 결점이 있다.

　그와 반대로 《한서》는 1대의 흥망에 한정되고 있는 만큼, 사실이 상세하며 학자도 조사하기 쉬운 이점(利點)이 있다. 그렇기 때문에 이후의 정사는 《한서》의 체재를 답습하게 되었다고 유씨는 말하였다. 송(宋)까지의 사한(史漢)의 평가는 대략 이것으로 대표될 수 있을 것이다.

　《한서》의 작자 반고(班固 : 32~92)의 선조는 초(楚)의 귀족이었다고 한다. 진말(秦末)에 누번(樓煩 : 산서성)으로 피란하여 소와 양을 수천 마리 길러 변경의 토호(土豪)가 되었다. 한대(漢代)에 와서 출사(出仕)하였으며, 성제(成帝) 때에는 반씨 가문에서 여관(女官)인 첩여(婕妤)가 나왔다.

　반첩여의 형제로 반백(班伯)・반유(班斿)・반치(班穉)가 있다. 반백은 정양군(定襄郡 : 산서성) 태수, 반유는 간대부(諫大夫), 반치는 서하속국(西河屬國) 도위(都尉)가 되었다. 이 반치가 반표(班彪)의 아버지이며 반고의 할아버지이다. 반유는 박학이며 당시의 대유학자(大儒學者) 유향(劉向)과 함께 궁중 비서(秘書)의 교정을 맡아 본 일도 있었다. 성제는 반유의 재능을 인정하고 비서의 부본(副本)을 하사하였다. 반씨가 역사 편찬에 종사하게 됨에 있어서 이 책이 다대(多大)한 편의를 주었으리라는 것은 의심할 여지가 없다.

반표(3~54)가 20세 때 왕망(王莽)의 반란이 일어났으며, 농서(隴西)에는 외효(隗囂)가, 촉(蜀)에는 공손술(公遜述)이, 기주(冀州)에는 유수(劉秀)가 자립하여 천하를 다투게 되었다.

외효가 반포에게 '천하는 주말(周末)의 전국 분쟁의 상태가 되겠는가? 아니면 한 사람의 손으로 들어갈 것인가?' 하고 물었는데 대하여, 반포는, '유씨에게로 돌아간다'고 단정하고 〈왕명론(王命論)〉을 썼다.

그 논지(論旨)는 이러하다,

'천하의 패권을 잡는 데는 타고난 운명이 필요하며 한(漢)의 고조야말로 요(堯)의 후예이고 기이한 신체적 특징과 서상(瑞祥)과 인덕(仁德)과 지도 능력을 가지고 있다. 이 다섯 가지 점을 하늘로부터 받은 고조는 바로 그 사람이다.'

이 한 왕조에 대한 열렬한 찬미와 결정론적인 천명관(天命觀)은 《한서》의 논조(論調) 가운데 여러 곳에 나타나 있는 것같이 생각된다.

반표는 광무제(光武帝)의 건무 연간(建武年間 : 25~55)에 총리대신 서기인 사도연(司徒椽)이 되었으며, 사마천의 사기가 태초년(太初年 : 무제의 연호. B.C. 104~101) 이하가 빠져 있는 것을 속성(續成)하여 65편의 《후전(後傳)》을 만들었다. 이것이 지금의 《한서》의 근거가 되었던 것이다. 다만 반표에게는 반고처럼 전한 1대의 단대사를 만들 생각은 없었던 것같다.

반표가 죽었을 때 반고는 스무살이었다. 이 무렵 그는 〈유통부(幽通賦)〉〈답빈부(答賓賦)〉를 지어 뜻을 말하고 있다. 전자(前者)는 출세와 불우(不遇)의 문제에 대한 자기의 각오와 행복보다는 차라리 도덕을 바란다는 뜻을 말하고 있다. 후자는 빈객이 사회적으로 무위(無爲)한 반고의 생활 태도를 야유한 데 대해 대답한다는 형식이며, 창작에 의하여 후세에 이름을 남기는 것에 만족을 발견한다고 했다.

이 두 부(賦)의 내용은 《한서》 저작에 직접 관계가 있는 것은 아니지만, 여기서 볼 수 있는 극히 현실적인 유교도적 신념은 《한서》의 논조와 공통되는 점이 있다.

반고는 아버지의 업을 이어받기는 했으나 그의 작품에 불만을 느꼈으며, 이것을 개작해서 《한서》를 만들려고 했다. 반고는, '한은 요의 운(運)을 이어받아 비할 데 없는 공업(功業)을 세운 왕조임에도 불구하고, 사마천이 이것을 범백(凡伯)의 왕자 다음에 계속하여 진시황이나 항우(項羽) 따위와 동렬(同列)에 두고 있다는 것은 부당한 일이다' 라고 하는 것이었다.

이 개작을 하고 있는 도중에 사사로이 국사를 개작하고 있다고 밀고하는 사람이 있어서 투옥(投獄)되었으나, 아우인 반초(班超)가 변명하고 또한 그 작품이 뛰어났기 때문에 명제(明帝)의 마음도 풀렸으며, 반대로 궁중의 밀서를 관장하는 난대영사(蘭臺令史)로 등용되고 칙명으로 속성(續成)하라는 지시를 받았다.

전후 20여 년이 걸려서 장제(章帝)의 건초 연간(建初年間: 76~83)에 《한서》가 완성되었다. 12본기(本紀), 8표(表), 10지(志), 70열전(列傳)으로서 이 체재는 거의 《사기》와 같다. 다만 《사기》에 있었던 세가(世家)의 부분이 없어지고 《사기》에 서(書)

라고 부르는 문화사의 부분을 지(志)라고 개칭하고 있다. 그 후 화제(和帝)가 외척(外戚) 두헌(竇憲)의 전횡(專橫)을 노여워하고 이를 주살(誅殺)함에 이르러, 두헌의 흉토(匈土) 정벌의 공을 찬양하는 비문(碑文)을 쓴 일이 있는 반고도 이에 연좌되어 낙양의 옥중에서 죽었으며 그 저작도 몹시 흩어졌다.

8표와 천문지(天文志)가 빠져 있었다(반고가 아직 만들지 않았다고도 한다). 그리하여 누이동생인 반소(班昭)가 이를 이어받고 마속(馬續)에 이르러 완성되었다고 한다.

《한서》를 가장 헐뜯은 사람은 송(宋)의 정초(鄭樵)였다. 초는 반고를, '전혀 학술이 없고 오로지 표절(剽竊)을 일삼았다'고 말했다. 표절이란 주로 《한서》의 기록 중에서 무제까지의 부분은 사마천의 문장을 그대로 답습하고 있음을 가리키는 것이지만, 그 이후의 부분도 가규(賈逵)·유흠(劉歆)의 저작이며 반고가 자작한 부분은 고금인표(古今人表)뿐이라고 했다.

그것보다도 더욱 정초가 불만이었던 것은 《한서》가 통사(通史)가 아니고 단대사(單代史)라는 점이었다. 정초의 말에 의하면 반고가 자서(自敍)에서, '한은 오(吳)의 운을 이어받은 왕조이므로 진(秦)이나 항우와 동렬(同列)에 두는 것은 부당하다'라고 한 것은 황당무계(荒唐無稽)한 이론이며, 한 1대로 단절하였기 때문에 주(周)·진(秦)과의 연관성이 없어졌다. 그리고 한 시대의 제도는 모두 전대(前代)의 제도에 연유하고 있으므로 각 대에 대하여 지리지(地理志)·예악지(禮樂志) 따위를 만들어도 무익하다. 또 각 대마다 열전(列傳)을 세우면 전대의 충신은 후대의 역적이 될지도 모른다. 이런 점에서 역사는 통사가 아니면 안 된다는 것이 그의 견해였다.

정초의 이와 같은 이론은 그의 자저(自著)인 역대 제도의 연혁사인 《통지(通志)》의 총서(總序)에 나타나 있다. 따라서 정초가 단대를 불가하다 하고 통사를 고집하는 것은 나아가서 자저의 내용을 옹호하는 것이 되기도 한다. 그 점에서 그의 《한서》평은 전부가 공평한 이론이라고는 말하기 어렵다.

우선 표절이라는 비난이지만, 반고가 《사기》의 중복 부분을 채택함에 있어서 논찬(論贊)까지도 그대로 쓰고 있는 노골적인 태도는 '훔친다'는 기분은 아니었을 것이다. 《사기》 이상의 문장은 어떤 사람도 쓸 수 없다고 인정하며, 《사기》가 이미 천하의 공기(公器)로 되어 있는 이상, 그대로 칙선(勅選)인 역사에 채용하여도 무방하다고 생각하였기 때문이었을 것이다.

당의 안사고(顏師古)는 《사기》의 자서에서는 각 편의 저작 의도를 설명하고 '모편(某篇)을 만든다'고 한 데 대하여, 《한서》의 서전(敍傳)에서는 '모편을 기술한다'라고 했으나, 이것은 사마천을 조술(祖述)한다는 겸손한 뜻을 반고가 나타낸 것이라고 했다.

그리고 정초가 지적한 《한서》 중에서 얼마만큼을 반고가 자작하였느냐 하는 문제인데, 이것이야말로 오늘날에 와서는 그다지 대단한 문제가 안 된다. 대부분이 반표의 작이고 반고의 작이 얼마 되지 않는다 하더라도, 전체가 종시일관(終始一貫)한 형태로 되고 그것을 반고의 자서(自序)로 총괄하고 있는 이상, 전면적인 저작을 반고의 것이라고 해도 무방할 것이다.

단대사일 경우에는 제도의 연혁 등에 대해서 옳지 않다고 하는 정초의 의견은 타당한 점도 있으나, 《한서》의 10지의 서술은 반드시 전한 1대의 일에만 한정되어 있는 것은 아니다. 옛날부터의 연혁을 총괄하는 것도 잊지 않고 있다.

단대사일 경우에는 전대와 후대에서 동일 인물의 평가가 달라진다는 점은 확실히 후세의 역사에는 흔히 있는 일이다. 예컨대 《후한서》에서의 조조(曹操)는 악인이지만, 《삼국지》에서는 영걸로 되어 있는 것과 같다. 그러나 《한서》에 관한 한 이 점도 그다지 문제가 되지 않는다. 작자가 쓴 전한 시대와 작자가 살고 있는 후한 시대의 사이에는 가치 기준의 전도(顚倒)가 없다는 것과, 작자가 무슨 일이든지 직필(直筆)하여 꺼리지 않는 태도 때문일 것이다.
　통사인 《사기》가 비할 데 없는 천재적 작품이라는 것은 틀림없지만, 단대사인 《한서》 또한 가장 완성된 역사임은 의심할 여지가 없을 것이다.
　다음은 《한서》 전체의 내용을 간단히 소개한 것이다.

　12본기는 고조로부터 평제(平帝)에 이르는 12대의 제기(帝紀). 찬탈자(簒奪者)인 왕망(王莽)은 여기에 들어가지 않고 열전에 들어간다.
　8표는 제후왕표(諸侯王表)·공신표(功臣表)·백관공경표(百官公卿表) 등이다. 그 중에서 진귀한 것은 고금인표로서 태고부터의 유명 인물을 상지상(上之上)에서 하지하까지 9등으로 분류하고 있다. 이것이 가장 비난이 많은 부분이다. 청(淸)의 왕선겸(王先謙)은 이 표에서의 인물 평가에 온당치 못한 것이 많다고 하며, 누구는 더 위로 올리고 누구는 더 아래로 내려야 한다고 했지만, 오히려 이 고금인표의 다소 기묘한 인물 평가에 그 작자의 폭넓은 인간관을 엿볼 수 있는 것이 아닐까 생각된다. 지(志)나 열전에서 볼 수 있는 것처럼 다소 완고할 정도의 정통 유교도적 견해는, 말하자면 조정의 사관(史官)으로서의 의무에 가까운 표면적인 처지이다. 작자는 그것으로만 그치지 않는 다소 이단적인 생각도 남몰래 가지고 있었으며, 그것을 피력하기 위해 고금인표라는 놀이터를 마련하였다고도 생각할 수 있다.

10지는 율력(律曆)·예악·형법·식화(食貨)·교사(郊祀)·천문·오행·지리(地理)·구혁(溝洫)·예문(禮文)이다. 지(志)는 지(誌)와 같은 뜻이다. 《후한서》의 작자 범엽(范曄)이 《한서》 전체를 정리 부족이라고 평하면서도 10지는 칭찬하고 있듯이 뛰어난 착상으로 된 서술이다. 율력·예악·천문지는 《사기》의 8서에도 있었다. 구혁지는 치수(治水) 사업의 역사를 기술하였으며 《사기》의 하거서(河渠書)에 해당한다. 교사지는 《사기》 봉선서(封禪書)에 상당하며 제사 전체의 연혁을 적었다. 식화지는 《사기》의 평준서(平準書)를 더욱 확대한 경제사(經濟史)이다. 형법·오행·지리·예문지는 새로운 항목이다. 오행지 같은 것은 오늘날 본다면 미신 같은 음양·오행 사상의 나열인 것 같지만, 한대의 지배적인 천인상관 사상(天人相關思想)의 이해를 위해서는 귀중한 자료이다. 지리지는 각 지의 산업과 인간성의 관계까지 설명하고 있으며 인문지리학의 선구(先驅)라고도 할 수 있다. 예문지는 한말에 있었던 서적을 학파별로 분류하였으며 목록학의 시조라고 할 수 있다. 다만 법률·경제의 연혁을 기술함에 있어 《서경(書經)》의 여형(呂刑)과 《주례(周禮)》의 전제(田制)부터 논하기 시작하였으며, 자칫하면 그러한 유교 경전의 이념에서 일률적으로 후대의 풍조를 비판하는 경향이 있다는 것은 부정할 수 없다.

열전에 대하여 진(晋)의 부현(傅玄)은, '국체(國體)를 논함에 있어서는 조궐(朝闕)을 빛내기 위해 충신을 누르고, 세교(世敎)를 말함에 있어서는 아첨을 존중하고 직절(直節)을 천대하였다'고 비난했다.

인물로서는 칭찬할 수 없는 부평후(富平侯) 장안세(張安世)를 '나라를 지키고 은총을 유지한' 것이 길었다고 해서 좋은 사람이라 하고, 간신 석현(石顯)에 대항하다 죽은 경방(京房)을 냉담하게 다루었던 점을 말하는 것 같다. 확실히《한서》의 논찬(論贊)에서 볼 수 있는 판단은 조정측 견지에 서서 내린 것이 많다.《사기》와 마찬가지로 화식전(貨殖傳)·유협전(遊俠傳)을 두고 있으면서도, 사마천이 긍정한 부자나 협객을 반고는 국가의 질서에 어긋나는 해로운 존재라고 단정함이 역시 그것이다.

그러나 이것도 사마천이《사기》를 썼을 때와 반고가《한서》를 썼을 때와는 그 처지가 상당히 다르다는 것을 인정하지 않으면 안 될 것이다. 사마천의 경우는 좀더 사적(私的)인 처지에서 재야(在野)의 눈으로 볼 여유가 있었음에 대하여, 반고의 작사(作史)는 좀더 공적(公的)인 처지에서 조신(朝臣)으로서 사실을 보지 않으면 안 되게끔 요구되었다는 차이다.

다만《한서》의 논찬에는 충신을 모함하는 평어(評語)가 있다 하더라도 설명문에는 자세히 그 사람의 언사(言辭)를 실어 실지로는 충신을 현창(顯彰)하는 효과를 거두고 있는 경우가 많다. 앞에서 말한 경방전(京房傳)도 그것이다.

이 책 모두(冒頭)에 실은 항장(降將) 이릉(李陵)의 전기 같은 것도 서전(敍傳)에서는 일단 모함하지만, 본문의 서술은 담담한 필치 속에 이 불운한 인물에 대한 만강(滿腔)의 동정을 간직하고 있는 것처럼 느낄 수 있다. 노장(老莊)의 도(徒)라고 할 수 있는 양왕손(楊王孫)을 현창하고 은둔자(隱遁者) 소광(疏廣)을 칭찬하며, 한편에서는 제실(帝室)의 추행(醜行)·우매(愚昧)를 기탄 없이 썼다. 이런 것까지도 단순히 '조궐을 빛내는' 것이라고만 단정해도 좋을는지.

반고는 전한 1대를 좋은 시대라 하고 진이나 항우와 같이 다루어서는 안 될 신성한 시대라고 하여 단대로 했다. 국가주의적 또는 유가적(儒家的)인 가치 판단이 10지 등에도 많은 것은 틀림없다. 그러나 인간을 보는 눈까지 흐려지지는 않았던 것으로 생각된다. 인간의 약함, 어두운 충동에서 오는 어리석음, 그런 것을 피할 수 없다는 것을 인정하며, 그런 것들이 쉴 사이 없이 나오기는 하지만, 어쩌면 그런 것들을 포함시킴으로써 더 한층 넓은 진폭(振幅)을 보이는 좋은 시대로서 한 1대의 역사를 애정과 경의로써 그린 것이《한서》인 것이다.

청(淸)의 방포(方苞)는 문장의 기법상에서《사기》를 칭찬하고《한서》를 헐뜯은 사람이지만,《한서》중에서는 곽광전(霍光傳)을 칭찬하고 있다. 곽광이 출세할 때까지는 매우 간단하게 서술하면서도, 멸망에 이르는 과정은 상세하게 묘사하고 있는 것이 좋다고 한다. 이런 것은 곽광전만이 아니다. 사람은 죽어야 하는 존재라는 체념 비슷한 것이《한서》의 작자에게 있은 듯하며, 운명에 쓰러져 가는 사람의 말로를 특히 세밀히 추적하는 경향이《한서》열전 전체에 있는 것같이 생각된다.

외척전에서 볼 수 있는 조비연(趙飛燕)의 전말(顚末), 무오자전(武五子傳)에서 볼 수 있는 실각(失脚) 후의 창읍왕(昌邑王)의 모습을 묘사한 것 등을 보면 충분히 알 수 있을 것이다.

작자는 한의 영광을 기리기 위하여 쓰기는 했을지언정,《한서》전체의 분위기가 어쩐지 비극적인 까닭은 이런 데에도 그 원인이 있을 것이다.
　《한서》의 문장에 대해서는 이미 정평(定評)이 있다. 문체는 다시 없이 간결한 고문(古文)이며 게다가 묘사는 매우 상세하다. 《좌전》《국어》《사기》《한서》를 《좌국사한》이라고 병칭하는 데에 손색이 없다.
　《한서》의 주석(註釋)은 후한 시대부터 시도되어 왔다. 복건(服虔)·응소(應劭) 등이 있고, 그 뒤를 이어 위(魏)의 소림(蘇林)·여순(呂淳)·맹강(孟康), 오(吳)의 위소(韋昭), 진(晋)의 진작(晋汲) 등이 있다.
　당의 정관(貞觀) 원년(627)에 안사고(顏師古)가 태자 승건(承乾)을 위해 《한서》의 주석을 만들었다. 이것은 고래의 제가(諸家)의 논설을 모은 데다가, 반드시 안사고 자신의 견식으로 '누구의 설이 좋다'라든가 아니면 '구설(舊說)은 모두 틀렸으며 사실은 이렇다'고 단안을 내리고 있다. 그 설의 옳고 그름은 제쳐 놓고 매우 명쾌한 주석이다.
　세상 사람들은 안사고를 '반고의 충신'이라고 불렀다고 한다.
　청조(淸朝)가 된 다음 왕선겸의 《한서보주(漢書補註)》가 있다. 이것은 안사고의 주(註)를 든 다음에 안주(顏註)가 부족한 점, 잘못된 점을 후인의 설로 보완하고 있다. 그뿐만 아니라 《보주》는 원문 그대로는 뜻이 통하기 어려운 부분은 본래 이랬을 것이라고 대담하게 글자를 고쳤다. 다시 말해서 반고의 원형에까지 거슬러 올라가려고 하는 것이었다.
　예를 들면, 이릉전에서 이릉이 싸움에 패하여 죽으려고 하는 것을 군관이 간(諫)하여 일단 항복하라고 권하는 대목에, '如捉野侯, 爲虜所得, 後亡還, 天子客遇之, 況於將軍乎'라고 있다. 이 '객우지'라는 석 자는 종래는 '객으로서 이를 대우한다'는 뜻으로 풀이하였다. 왕선겸은, 포로가 된 다음 도망쳐 돌아온 착야후를 천자가 손님 대우를 할 리가 없다. '객(客)'은 '용(容)'의 잘못일 것이라고 했다. 대체적으로 왕선겸의 설은 타당한 것이 많은 것 같이 생각된다.

판본(版本)으로서 명(明)의 남감본(南監本)·급고각본(汲古閣本)·민본(閩本) 등이 있지만, 백납본(百衲本)《24(史)》에 수록된 북송 경우간본(景祐刊本)《한서》가 가장 좋다.

《보주》는 급고각본을 원본으로 하고 있지만 경우본에 의해 정정한 곳도 적지 않다. 그리고 명대(明代)에 고문의 모범으로서 수사기법(修辭技法)에 대한 제가(諸家)의 비평을 붙인《한서평림(漢書評林)》이 성행되었다.

이 책에서 원전으로서 사용한 것은 광서(光緖) 26년(1900) 간(刊)《한서보주》이며 주석은 대략《보주》를 따랐다. 따라서 앞에서 든 예와 같이《보주》에서 글자를 고쳐 해석하고 있는 부분은 그렇게 고쳐서 번역하였다. 그럴 경우 일일이 주기(註記)하는 것이 원칙이지만 너무나 번잡하므로《보주》에 의거했을 경우는 일일이 밝히지 않았으며, 반대로《보주》에 따르지 않았을 경우는 되도록이면 주기하였다. 편(篇)을 선택함에 있어서는《사기》와 중복되는 부분은 될 수 있는 대로 피하였다.

옮긴이

班 固

한서열전
(漢書列傳)

이릉(李陵)·소무전(蘇武傳)

 이릉(李陵)의 자는 소경(少卿)이요, 젊어서 시중건장감(侍中建章監)이 되었다. 말타기와 활쏘기의 명수로서 사람을 사랑하고 겸양하며, 수하 사람에게도 공손하였으므로 매우 평판이 좋았다.
 무제(武帝)는 일찍이 이릉에게는 이광(李廣 : 이릉의 조부로서 명장)의 풍이 있다 하여, 기병 8백을 이끌고 흉노(匈奴)의 땅 깊숙이 2천여 리를 들어가게 했다. 거연(巨延 : 감숙성 서북경계의 요새)을 지나 지형을 정찰했으나 적을 발견하지 못했다. 그곳에서 돌아와 기도위(騎都衛)에 임명되었다.
 정예 부대 5천을 이끌고 주천(酒泉 : 감숙성)·장액(張掖 : 감숙성의 변경)에서 활쏘는 법을 가르치면서 흉노군에 대비했다.
 몇 해가 지나 한조(漢朝)는 이사 장군(貳師將軍 : 李廣利. 그가 이사성을 공략)을 시켜 대완(大宛 : 인도의 한 나라)을 치게 하는 한편, 이릉으로 하여금 다섯 부대의 병사를 이끌고 그 뒤를 쫓게 했다. 뒤따라 천자로부터 릉에게 서장이 내려져 릉은 군관과 사졸을 그곳에 머물게 하고, 경기병 5백과 더불어 돈황(敦煌 : 감숙성)을 나와 염수(鹽水)까지 가서 이사 장군을 맞아 돌아와 장액에 주둔했다.
 천한(天漢) 2년, 이사 장군은 기병 3백을 이끌고 주천을 나와 흉노 우현왕(右賢王 : 흉노 제후의 호)을 천산(天山)에서 정벌했다.

천자는 릉을 불러 이사 장군을 위해 치중(輜重) 부대를 인솔케 하려고 생각했다. 릉은 부름을 받아 무대(武臺)에서 만나 뵙고 머리를 조아리며 아뢰었다.

"소신이 이끌고 국경을 지키고 있는 자는 모두 초국(楚國 : 호남·호북) 출신의 용사로서 출중한 검객들이옵니다. 힘은 호랑이를 덮쳐 누르고 활을 쏘면 백발백중이옵니다. 원하옵건대, 소신 스스로 한 부대를 지휘하였으면 합니다. 그리하여 난간산(蘭干山 : 감숙성)의 남쪽으로 나가 선우(單于 : 흉노의 왕)의 군세를 분산하여 이사 장군의 군사들만 당하지 않도록 하겠나이다."

천자가 말하였다.

"그렇다면 그대는 남의 밑을 따르는 게 싫다는 게 아닌가? 나는 많은 군사를 풀어 놓고 있어 이제는 그대에게 줄 만한 기병이 없다."

릉은 대답하기를, '기병은 필요 없나이다. 소신은 적은 수효로 다수를 치겠나이다. 보병 5천으로 선우의 뜰을 활보해 보이겠나이다' 하였다.

천자는 매우 용기가 있다 하여 청을 받아들였다. 겸하여 강노도위(彊弩都尉) 노박덕(路博德)에게 명하여 병사를 이끌고 중도까지 이릉의 군사를 마중가게 했다. 박덕은 원래 복파 장군이다. 이 또한 릉의 후진(後陣)을 맡기를 부끄럽게 여겼다.

'때는 바야흐로 가을, 흉노의 말들이 살찌고 있사온즉 섣불리 싸워서는 안 되나이다. 원하건대 이릉을 명춘까지 머물게 하여 한꺼번에 주천·장액에 있는 기병 각 5천 명을 이끌고 동서의 준계산(浚稽山)을 치게 한다면 기필코 선우를 사로잡을 수 있겠나이다' 라고 상소하였다.

이 상주문을 보자 천자는 크게 노여워했다. 이는 곧 이릉이 싸움에 나가길 꺼려 박덕으로 하여금 상주케 한 것이리라 의심했기 때문이다. 그리하여 박덕에게 다음과 같은 칙서를 내렸다.

"내가 이릉에게 기병을 주려 한 것은 그가 적은 군사로써 다수를 쳐 보이겠다고 말한 때문이다. 이제 야만의 무리는 서하(西河 : 감숙성)에 들어와 있다. 그런즉 병사를 이끌고 서하에 달려가 구영(鉤營)으로 통하는 길을 차단하라."

릉에게 내린 칙서에서는 '9월에 출발하여 차로장(遮虜章 : 요새의 이름. 장액의 동북 천 5백 리)으로 나가 준계산의 남쪽 용륵수의 부근에 이르러 근방을 배회하며 적정을 염탐하라. 만일 아무것도 발견하지 못할 때는 착야후(捉野侯 : 樓蘭 땅 영주) 조파노(趙破奴)의 옛길을 지나 수항성(受降城)에 이르러, 병사를 휴식케 하고 보고하라. 노박덕과 더불어 의논한 것은 무엇인가?(박덕이 낸 상주문을 릉이 시킨 것이라 생각했다) 자세히 서면으로 답할지어다.'
한 것이다.

릉은 여기서 보병 5천 명을 이끌고 거연을 출발, 북쪽으로 30일 간 행군하여 준계산에 도착, 이 곳에 숙영했다. 지나온 산천의 지형을 자세하게 지도에 옮겨 휘하에 있는 기병 진보락(陳步樂)에게 주어, 돌아가 상주하게 했다. 보락은 임금 앞에 나아가 이릉이 군사를 통솔함이 기이하여 사졸들이 릉을 위하는 일이면 기꺼이 죽음도 아끼지 않을 정도라고 보고했다. 천자는 매우 유쾌하여 보락을 낭(郎)에 임명했다.

이릉이 준계산에 닿자마자 선우와 접전하였다. 적의 기병 3만 명 정도가 릉의 군을 포위했다. 릉의 군대는 두 산의 사이에 있었다. 커다란 수레를 원형으로 늘어 놓아 성채를 쌓고, 릉은 병사를 이끌고 밖에 나가 진을 쳤다. 앞줄에서는 창과 방패를, 뒷줄에서는 활과 쇠뇌를 지니게 했다.
 '북소리를 듣거든 공격해 나가라. 징소리가 울리면 멈춰라'고 명령하였다.
 적은 한의 군사가 적음을 보고 곧장 돌격해 와서 성채에 달려들었다. 릉은 칼을 빼어 들고 이를 쳤다. 천 정의 쇠뇌를 일제히 발사하니 시윗소리와 더불어 적들은 쓰러졌다. 적군은 후퇴하여 산에 오른다. 한군은 추격하여 수천 명을 죽였다. 선우는 크게 당황하여 근처의 사병 8만여 명을 소집하여 릉을 공격했다. 릉은 싸우면서 후퇴하는데 남으로 내려가기 수일 만에 산골짜기에 들어섰다.
 싸움은 아직도 계속되어 사졸로서 화살을 맞아 세 군데 상처를 입은 자는 수레에 태우고, 두 군데 상처를 입은 자는 수레를 끌고, 상처 하나뿐인 군사는 무기를 들고 싸웠다.
 릉이 말하였다.
 "우리 군사들이 북을 울려도 뛰어 나가지 않음은 어인 연고인고? 혹시 진중에 요사스런 계집이 있는 게 아니냐?"
 애초, 군이 출발할 때 관동(關東)의 비적의 부녀자로서 변경에 이주 당하는 자들이 군을 따라 와 병사의 아내가 되어 있었다. 그들이 다수 수레 속에 숨어 있었다. 릉은 이들을 찾아내어 모두 목을 베어 버렸다.
 이튿날 다시금 싸워 적의 수급(首級) 3천 이상을 올렸다. 병사를 이끌고 동남쪽, 원래의 용성(龍城 : 내몽고의 변두리) 길을 따라 행군했다. 4, 5일 동안의 행군 끝에 커다란 늪의 갈대숲 속에 빠져들었다. 적은 바람을 이용하여 불을 질렀다. 릉은 이때 전군에 명하여 주위의 갈대밭에 불을 지르게 하여 가까스로 위급을 면했다. 남으로 향하여 산기슭에 이르렀다. 이때 선우는 남쪽 산에 있었는데, 아들에게 명하여 기병을 이끌고 릉을 공격케 했다. 릉의 군사는 도보로 숲속에서 싸워(흉노는 보전이 서툴다) 또한 적군 수천을 무찔렀다. 여기서 연노(連弩)를 쏘아 선우를 공격했다. 이에 선우는 산을 내려와 도망쳤다.

그날 포로가 된 흉노가 말하였다.

"이는 한의 정예 군대다. 아무리 공격을 퍼부어도 항복하지 않는다. 그들은 밤낮 없이 우리 군사를 꾀어 남으로 남으로 내려가고 있다. 그런즉 한의 요새에 가까워지면 복병(伏兵)을 만날 게 아니냐?"

당호(當戶 : 흉노의 관명)나 추장들은 이에 대해 말하였다.

"선우왕께서 스스로 수만 기병을 이끌고 한의 수천 군사를 무찌르지 못한다면, 우리 부족은 갈수록 한으로부터 멸시를 당할 것입니다. 지금 한 번 골짜기 싸움을 견디고 나간다면 4,50리 못 가서 평지가 있을 것입니다. 평지에서 못 이긴다면 그때에는 후퇴해도 좋을 것입니다"라고 말했다.

이때 이릉의 군사는 더욱 위기에 처하게 되었다. 흉노의 기병은 많았다. 그럼에도 불구하고 이릉은 하루에도 수십 회씩 싸워 적의 무리 2천여 명을 살상했다. 적은 맞설 수 없다고 생각하여 후퇴하려 든다. 때마침 릉의 군후(軍侯 : 대대장) 관감(管敢)이 교위로부터 모욕을 당하자 도망하여 흉노에게 투항하여 자세한 정보를 알렸다.

"이릉의 군사에는 후방의 지원군이 없습니다. 화살도 거의 떨어져 가고 있습니다. 장군의 친위대와 성안후(成安侯)의 부대와 각각 8백여 명만이 선봉이며 황·백기를 들고 있습니다. 정예의 기병으로써 그들을 치게 한다면 쉽게 이길 수 있습니다."

성안후는 영천(潁川 : 하남성) 사람이다. 부친인 한천추(韓千秋)는 본시 제남왕(濟南王)의 재상으로서 남월(南越 : 광동·광서) 정벌에 분전하여 전사했다. 무제(武帝)는 그의 아들 연년(延年)을 제후로 삼았다. 그가 지금 교위로서 이릉을 따르고 있다.

선우는 관감이 제공한 정보를 크게 반겨, 기병에 명령하여 일제히 돌격하도록 했다. 그들은 달려가며 외쳤다.

"이릉, 한연년! 선뜻 항복하라."

곧장 길을 막고 세차게 릉을 공격했다. 릉은 골짜기 속에 있고 적군은 산 위에 있었다. 사방에서 쏘아대는 화살은 비 오듯했다. 한군은 남으로 향했으나 미처 제한산(鞮汗山)에 이르지 못했다. 하루 동안에 50만 개의 화살은 다 떨어지고 말았다. 급기야 수레를 버리고 사라졌다. 병사는 아직도 3천 명 남짓 있었다. 겨우 수레바퀴의 살을 뜯어 내어 군도를 대신하고 군리(軍吏)는 단도를 지니고 제한산에 당도하여 협곡에 들어섰다. 선우는 후방을 차단하고 산꼭대기에 올라가 성채의 돌을 밀어 떨어뜨렸다. 이로 인해 릉의 군졸은 크게 희생되어 진퇴의 어려움에 빠졌다.

해가 저문 뒤 이릉은 평복 차림을 하고 혼자서 진을 빠져 나갔다. 좌우의 사람들에게 말하였다.

"나를 따라오지 말라. 사나이 대장부, 혼자서 선우를 사로잡을 뿐이다."

잠시 후 릉은 돌아왔으나 한숨을 쉬며 말한다.

"싸움은 졌다. 죽어 버리자."

군리 하나가 말한다.

"장군의 위세는 흉노를 충분히 떨게 하고도 남음이 있습니다. 단지 천운이 다하였을 뿐입니다. 일단 항복하되 나중에 지름길을 발견하여 곧장 귀국함이 어떠합니까? 착야후는 적에게 사로잡혔다가 후에 도망해 왔습니다만, 천자께서는 나무라기는커녕 되려 우대하셨나이다. 항차 장군께서야 더할 나위 있으오리까."
릉은 대답하였다.
"닥쳐라. 내가 목숨을 아껴서야 어찌 무사라 하랴."
급기야 모든 표지기(標識旗)를 잘라 중요한 물건과 함께 땅 속에 묻었다. 릉이 탄식하여 말하였다.
"화살이 수십 개만 더 있어도 탈출이 가능할 텐데, 이젠 다시 한 번 싸울 무기조차 없구나. 날이 새면 영낙없이 포박당할 것이다. 너희들은 각자 날짐승처럼 흩어져라. 그러면 누군가가 도망쳐서 천자께 보고할 수도 있으리라."
병사들에게 각기 두 되 가량의 말린 밥과 한 덩이씩의 얼음을 지니게 하고, 차로장에 당도한 자는 거기서 후속 부대를 기다리도록 약속했다.
야밤중에 북을 울려 병사들을 깨우려 했으나, 북이 울지 않았다(불길한 조짐이었다). 릉은 한연년과 더불어 말을 탔다. 그들을 따르는 병사는 불과 10여 명, 적의 기병 수천이 뒤를 쫓았으며 마침내 한연년은 전사하였다.
릉이 말했다.
"감히 무슨 면목이 있어 폐하께 아뢸 것인가?"
그대로 항복해 버렸다. 군졸은 산산히 흩어졌으며, 도망쳐 요새에 이른 자가 4백여 명, 릉이 패배한 곳은 거기서 4백 리 떨어진 곳이었다.

국경의 요새에서 이 일을 상주하였다. 천자는 이릉이 죽었기를 바라고, 릉의 어미와 처를 불러들여 관상가에게 보인즉 죽음의 상이 보이지 않는다 했다. 그 후 릉이 적에게 투항했음을 듣고 천자는 대로했다. 앞서 릉을 찬양한 진보락을 힐문하니 그는 자살했다.

대신들은 거의가 릉의 유죄를 주장했다. 천자가 태사령(太史令 : 사관의 우두머리) 사마천(司馬遷)에게 의견을 물으니 그는 극구 변호했다.

"이릉은 부모에게 효도하고 친구에게 성실했으며 언제나 분기하여 목숨을 돌보지 않았사옵니다. 국난에 순절함은 이릉의 평생의 원이었나이다. 국사(國士)의 풍이 있사옵니다. 지금 일을 일으키어 한 차례 불우한 역경에 처하온 바, 생명의 위험도 없이 처자와 더불어 태평스레 지내는 자들이 때를 만난 듯 있는 말 없는 말 꾸며내어 악담을 하고 있으니 실로 딱한 일이옵니다. 릉이 이끈 보병은 5천에 불과한데도 깊숙이 호마(胡馬)가 사는 땅에 쳐 들어가 수만 대군과 맞싸웠습니다. 적은 사상자를 구할 겨를도 없이 활을 쏠 수 있는 백성들을 모두 징발하여 일제히 공격해 왔습니다. 이릉의 군사들은 화살이 바닥나고 길이 막혀, 병사는 살도 없는 활을 당기고 적의 칼날을 무릅쓰고 북으로 향해 앞을 다투듯 죽음을 당했사옵니다. 이릉이 부하들에게 목숨을 아끼지 않고 싸우게 만든 것은 옛 명장도 능히 따를 수 없는 일이옵니다. 비록 그 몸은 망했사오나 흉노의 무리를 무찌른 공적은 족히 천하에 알림이 마땅할 줄 아옵나이다. 아마도 좋은 기회를 발견하여 한에 은혜를 갚으려 하는 것이라 믿사옵니다."

앞서 천자가 이사 장군의 대군을 파견했을 즈음, 이릉에게는 겨우 원호의 사명을 명했을 뿐이었다. 그 릉이 선우와 교전함에 이르러 이사 장군의 공적은 하잘것없이 되어 버렸다.

황제는 사마천이 되잖은 수작으로 이사의 공명을 무너뜨리기 위해서 일부러 릉을 선전하는 것이라고 여겨, 사마천을 궁형(宮刑)에 처했다.

얼마 후에 천자는 이릉에게 구원병을 내어 주지 않았음을 후회하게 되어 이렇게 말했다.

"이릉이 요새를 떠날 때쯤에 강노도위(노박덕)로 하여금 후군(後軍)을 명하여 릉을 맞게 했더라면 좋았을 것을! 출진 전에 명령했기 때문에 그 늙은 것(노박덕)이 엉뚱한 짓을 해 버렸다(박덕이 후배인 릉의 후위가 되는 것을 치욕으로 알아 상주한 결과 박덕은 따로 하서에 파견됨)."

그제서야 사자를 시켜 이릉의 군사의 생환자들을 위로하고 포상을 내렸다. 이릉이 흉노의 땅에 들어간 지 1년 남짓 되었다. 천자는 인우 장군(因杅將軍 : 잡호 장군의 하나. 인우는 흉노의 지명)의 공손 오(公孫敖)를 파견, 병사를 이끌고 흉노의 땅 깊숙이 파고들게 했다. 오의 군사는 이렇다 할 공도 없이 되돌아왔다. 오가 상주하였다.

"적병을 사로잡았습니다만 그의 말에 의한즉 이릉은 선우에게 병법을 가르쳐 한군에 대비하고 있다 하옵니다. 그러하온 형편에 무슨 공을 세우겠사옵니까."

천자는 이 말을 듣자 이릉의 일가족을 몰살해 버렸다. 즉 어미·아우·처자들을 모두 사형에 처했다. 농서(감숙성 이릉의 고향)의 사대부들은 이씨의 사건을 고장의 수치로 여기게 되었다.

그 뒤 한은 사신을 흉노에 파견했다. 이릉이 사신에게 말했다.

"나는 한을 위하여 보병 5천을 이끌고 흉노의 나라 안을 횡행했다. 원군이 없었던 탓으로 패배했다. 내가 나라에 무슨 죄를 지었다고 우리 가족을 몰살했단 말이냐."

사신이 말하기를 '조정에서는 이소경(李少卿)께서 흉노에게 병법을 가르치고 있다고 들었기 때문입니다' 하니, 릉은, "저런, 그건 이서(李緖)의 얘기지 내가 아니오" 하였다.

이서란 본래 한의 새외도위(塞外都尉 : 다른 민족 진무대장)로서 해후성(奚侯城)에 있었다. 흉노가 성을 공격했을 때 이서는 항복했으나 선우는 그를 빈객으로 대우했다. 언제나 이릉보다 상좌에 앉았다. 이릉은 자기 가족이 이서로 인해 죽임을 당한 것을 통분하여 자객을 시켜 이서를 척살했다.

대연씨(大閼氏 : 선우의 어미)는 이릉을 죽이려 했다. 선우가 이릉을 북방으로 피신케 하여 대연씨가 죽은 뒤에 돌아왔다. 선우는 이릉을 용감한 사나이라 생각하여 딸과 결혼시켜 우교왕(右校王)으로 삼았다. 위율(衛律)은 정령왕(丁靈王)이 되었다(정령은 흉노의 별종). 둘이 다 같이 중용되었다.

위율은 본래 그 아비가 장수(長水 : 하남성)의 호인(胡人)이었다. 율은 한에서 자랐다. 협률도위(協律都尉 : 음악대장)인 이연년(李延年)과는 매우 사이가 좋았다. 연년이 위율을 천자에게 추천하여 율은 흉노에 사신으로 갔다. 임무를 마치고 돌아와 보니 마침 연년은 사형에 처해졌고, 그의 일족은 관노(官奴)로서 몰수되는 판국이었다.

율은 그와 연좌되어 죽임을 당하지 않을까 겁을 내어 도망쳐 흉노에 투항했다. 선우는 그가 마음에 들어 언제나 좌우에 있게 했다. 이릉은 선우의 막사 밖에서 살았다. 큰일이 있으면 언제나 들어가 의논에 응했다.

　무제가 죽고 소제(昭帝)가 즉위했다(B. C. 86). 대장군 곽광(霍光), 좌장군 상관걸(上官桀)이 보좌역이 되었다. 두 사람은 본래 이릉과 사이가 좋았다. 이릉의 옛 친구인 농서의 임입정(任立政) 등 세 사람을 흉노로 보내어 이릉을 불러들이도록 했다.

　입정 등이 당도했다. 선우는 술자리를 베풀어 한의 사신을 맞이했다. 이릉과 위율도 자리를 같이했다. 입정 등은 이릉을 발견했으나 사사로이 이야기할 틈이 없었다. 그래서 릉에게 눈치 채도록 이따금 자기가 갖고 있는 칼자루의 고리〔環〕를 쓰다듬고 자기의 발을 쥐어 보였다. 한에 귀환하라고 은밀히 일깨워 주는 시늉이었다(環과 還은 동음, 발을 만진 것은 도망치라는 뜻).

　공식적인 자리가 파한 뒤, 이릉과 위율은 쇠고기와 술을 가지고 와서 한의 사신들을 위로하며 술을 마셨다. 두 사람은 똑같이 호복(胡服)을 입고 망치 모양의 상투를 틀고 있었다. 입정이 큰소리로 말했다.

　"한의 조정은 대사령을 내렸으며(즉위를 축하하여 대사면) 중국은 안락합니다. 주상(主上)은 나이가 젊고 곽자맹(霍子孟: 곽광의 자)과 상관 소숙(상관걸의 자)이 정사를 보살피고 있소이다."

　이 말로써 이릉의 마음을 떠 본 것이다. 그러나 이릉은 묵묵부답, 상대방의 얼굴을 물끄러미 바라보며 자기 머리를 쓰다듬으면서, '나는 이미 호의 옷차림이요' 하였다.

　율이 용변을 보러 밖으로 나갔다. 기회를 얻어 입정이 말했다.

　"아, 당신의 일로 무척 괴로움이 많았소. 곽자맹이나 상관 소숙께서도 당신께 안부 전하라 합디다."

　릉이, '곽과 상관은 잘 있소?' 하니, 입정이, '부탁하건대 어서 고국으로 돌아갑시다. 그러면 출세는 의심할 여지가 없을 것이오' 하였다.

  릉은 입정을 자(字)로 불렀다(허물 없음을 보이는 것).

  "소공(小公), 돌아가는 건 어려운 일이 아니오. 하지만 또다시 부끄러운 일을 당한다면 어떻게 하지요."

  그 말이 채 끝나기도 전에 위율이 자리로 돌아왔다. 말머리를 돌렸다. 위율이 말했다.

  "이소경은 위대한 사람이오. 굳이 한에만 몸이 매일 필요는 없는 것이오. 범려(范蠡 : 월왕 구천의 모신. 오를 멸망시킨 뒤 낭인이 됨)는 천하를 주유했고, 유여(由余 : 戎의 현인. 秦穆公에게 벼슬함)는 고향을 버리고 진에 들어갔소. 조금 전 뭘 사이 좋게 의논하고 계셨소?"

  거기서 술자리가 파했다. 입정은 이릉의 뒤를 따르며 이야기를 건넸다.

  "지금이라도 돌아갈 마음은?"

  "사내 자식으로서 두 번이나 치욕을 당할 수는 없소."

  이릉은 흉노의 나라에서 20년 남짓 살다가 원평(元平) 원년(B.C. 74)에 병사했다.

  소무(蘇武)의 자는 자경(子卿)이요, 젊은 나이에 부친의 공으로 벼슬하여 형제와 더불어 낭(郞)이 되었다. 차차 출세하여 이중구(移中廐 : 궁중의 마구간 이름)의 책임자가 되었다.

  그 무렵 한은 계속하여 호(胡 : 흉노)를 치고 자주 사신을 교환함으로써 서로 틈을 엿보았다. 흉노는 한의 사신 곽길(郭吉)·노충국(路充國) 등 제후 10여 명을 억류했으며, 한에서도 그 보복으로 흉노의 사신을 억류했다.

　천한(天漢) 원년(B.C. 100)에 차제후(且鞮侯) 선우는 즉위 직후로서 한의 침략을 두려워했다. 그리하여, '한의 천자는 우리들의 아버지와 같다' 라고 하여, 한의 사신인 노충국 등을 모두 돌려보냈다. 무제는 기특하게 여겨 소무를 보내어 중랑장(中郞將 : 숙위관의 우두머리. 2천석)의 자격으로 절(節 : 칙사의 표시가 되는 지팡이)을 지니게 하고, 한에 억류되어 있는 흉노의 사신을 돌려 줌과 동시에 선우에게 값진 예물로써 그 호의에 답하려 했다.

　무는 부중랑장 장승(張勝), 임시 관리 상혜(常惠) 등과 병사·척후 백여 명을 모아 출발했다. 흉노에 이르러 가져 간 예물을 선우에게 바쳤다. 선우는 더욱더 거만해져서, 한에서 기대하던 것과는 딴판이었다.

　바야흐로 흉노가 사신을 보내어 소무 등을 전송하려 할 즈음에 후왕(緱王)과 장수(長水)의 우상(虞常) 등이 흉노 안에서 모반을 계책했다.

　후왕은 곤야(昆邪 : 이민족의 하나)왕의 생질(甥姪)이다. 곤야왕과 더불어 한에 투항하여 후에 착야후 조파노와 협력하여 흉노를 쳤으나 패하여 사로잡혔다. 그가 위율을 데리고 흉노에 투항한 우상과 음모를 꾀했다. 선우의 어미 연씨(閼氏)를 협박하여 한에 돌아오려 한 것이다. 그때 소무 등이 흉노에 도착했다. 우상은 한에 있을 때 부사(副使)인 장승과 잘 아는 사이였다. 몰래 장승을 찾아가 물었다.

　"듣건대 한의 천자께서는 매우 위율을 원망하고 있다고 하는데, 제가 한을 위해서 쇠뇌를 숨겨 가지고 가서 위율을 사살해 버리겠습니다. 저의 어미와 아우가 한에 있으니, 율을 죽인 상금을 그리로 주시면 고맙겠습니다."

장승은 승낙하여 가지고 간 금품을 우상에게 주었다.

그런 지 한 달 남짓 지난 뒤에 선우는 사냥을 떠났다. 연씨의 자제들만 남았다.

우상 등 70여 명은 당초의 계획대로 일을 착수하려 했다. 그 무리 중의 한 사람이 밤중에 도망쳐 밀고한 것이다.

선우의 자제는 병사를 출동하여 맞아 싸웠다. 후왕 등은 모두 죽임을 당하고 우상은 생포되었다. 선우는 위율에게 사건을 조사토록 했다. 장승은 소식을 듣고 앞서 우상과의 이야기가 드러나지 않을까 근심이 되어 자초지종을 소무에게 밝혔다. 소무가 말했다.

"일이 그렇게 되었소? 그렇다면 나 역시 걸려들기 마련인걸. 포박을 당하여 죽는다면 더욱 나라에 미안한 일이지."

그런 뒤 자살하려고 한다. 장승과 상혜 등이 말렸다.

과연 우상은 장승을 물고 들어갔다. 선우는 화를 내어 귀인들을 소집하여 한의 사신들을 죽이자고 의논하였다. 좌윤질자(左尹秩訾 : 흉노의 왕호의 하나)가 말하였다.

"위율을 죽이려 했다는 것만으로 죽을 죄가 된다면 만일 선우왕을 죽이려 음모한 경우, 그 이상 어떤 벌을 가할 수 있으리까. 그들의 목숨만은 살려 주는 것이 좋을 것입니다."

선우는 위율을 대리로 보내어 소무를 불러 심문에 대답하게 했다. 소무는 상혜 등을 향하여 말했다.

"신하로서의 절조를 꺾고 임금의 뜻을 욕되게 해서야, 설사 살아 남은들 무슨 면목으로 한에 돌아갈 수 있겠는가."

칼을 빼어 들고 스스로 가슴을 찔렀다. 위율은 기겁을 하고 몸소 소무를 안고 급히 의원을 불렀다. 땅을 파 구덩이를 만들고 빨갛게 숯불을 지핀 뒤, 소무를 구멍 위에 엎드려 놓고 그 등판을 발로 밟아 울혈(鬱血)을 쏟게 했다. 소무는 숨이 끊어져 있었으나 한나절 만에 다시 숨을 들이키게 되었다. 상혜 등은 울면서 그를 가마에 태워 처소로 돌아왔다.
　선우는 소무의 절개 굳음을 기특히 여겨, 조석으로 사람을 보내어 소무를 문병케 하는 한편 장승을 옥에 가뒀다. 선우는 사자를 보내어 소무를 설득했다. 마침 우상의 재판을 매듭짓는 판에, 이를 계기 삼아 소무를 항복받으려는 속셈이었다. 우상을 칼로 벤 뒤 위율이 말하였다.
　"한의 사신 장승은 선우의 근신(近臣 : 자신)을 죽이려 기도했으므로 죽여 마땅하다. 그러나 왕께서는 항복하려는 자가 있으면 관대히 그 죄를 용서하겠다고 말씀하셨다."
　칼을 휘둘러 장승을 베려고 했다. 장승은 항복하겠다고 자복했다. 율은 소무를 향해 말했다.
　"부사가 죄를 범한 이상 그대도 같은 죄인임을 아느냐?"
　소무가 대꾸했다.
　"당초 모의에 가담한 일도 없으며 또한 친족도 아닌데 무슨 까닭으로 같은 죄라 하느냐?"
　위율은 재차 칼을 들어 찌르려 한다. 소무는 단호하게 움직이지 않는다. 율이 말한다.
　"소군. 나는 일찍이 한을 배반하여 흉노에 몸을 의탁했지만, 다행히 큰 은혜를 입어 호를 내려 왕이라 불리고 있다. 다스리는 백성은 수만이며 기르는 말 등은 산에 가득하다. 소군도 오늘 항복만 한다면 내일은 나와 같은 신분이 될 것이다. 공연히 몸을 던져 초원의 거름이 된다 한들 누가 알아 줄 것인가?"
 소무는 대꾸하지 않는다. 위율은 다시 말했다.
 "그대가 나의 종용으로 항복한다면 그대와 나는 한 형제가 된다. 이제 내 말을 거역한다면 이후 나를 다시 만나려 한들 이미 엎질러진 물이 될 것이다."
 소무는 위율을 욕하였다.
 "너는 임금의 신하, 사람의 자식이면서도 은의를 생각하지 않고 임금을 배신하고 야만인에게 항복했다. 내 무슨 일이 있어 다시 너 같은 자를 만나겠는가? 게다가 선우는 너를 믿음으로 하여 사람의 생사를 판가름하는 재판을 맡겼는데도, 공정한 재판을 하기는커녕 도리어 쌍방의 군주들에게 싸움을 붙이고 재난이 일어나는 것을 구경하려는 생각이구나. 남월(南越)은 한의 사신을 죽였으므로 결국 망하여 아홉 개의 고을로 흩어졌다. 완왕(宛王 : 대완의 왕)은 한의 사신을 죽였기 때문에 결국 스스로의 목을 북문에 효수(梟首) 당하는 말운에 처해졌다. 조선(朝鮮)은 한의 사신을 죽여 결국 멸망의 비운에 빠졌다. 흉노만은 아직도 그런 과오를 저지르고 있지 않다. 너는 내가 항복할 뜻이 없음을 익히 알고 있으면서도, 한의 사신인 나를 죽여 한과 흉노를 싸움에 몰아넣으려 하고 있다. 그러니 흉노의 재난은 나로부터 비롯됨을 알지어다."
 위율은 소무가 아무래도 협박에 굴하지 않음을 알고 선우에게 알렸다. 선우는 그럴수록 기어이 소무의 항복을 받으려고 생각하여, 그를 굴 속에 가두고 전혀 음식을 주지 않도록 했다.
 눈이 내렸다. 소무는 누운 채 눈을 마시고 담요의 털을 섞어 먹었다. 며칠이 지나도 죽지 않았다.

흉노는 그가 보통 사람이 아니라 생각하고, 사람이 살지 않는 북해(바이칼 호)의 호반인 외로운 곳에 옮기고 숫양을 기르게 했다. 숫양이 새끼를 낳으면 돌려 보내 주겠다고 하였다. 부하인 상혜 등은 따로따로 떼어 놓았다.

소무는 북해의 호반에 이르렀다. 양식을 보내 주는 자도 없다. 들쥐를 뒤지고 풀씨를 저장하여 먹었다. 한의 절(節)을 짚고 다니며 양을 기르고 자나깨나 손에서 떼지 않았다. 절에 붙은 물소 꼬리는 이제 떨어져 나갔다.

그런 지 5,6년이 지났다. 선우의 동생인 어간왕(於靬王)이 북해의 호반에서 주살로써 사냥을 했다. 소무는 망을 짜거나 주살에 쓰는 끈실을 뽑거나 활이나 쇠뇌를 고치는 법 등을 가르쳐 주었다. 어간왕은 소무를 사모하여 그에게 의식을 제공해 주었다.

3년 남짓 지나 어간왕이 병사했다. 소무에게 말 등의 가축과 항아리·천막 등을 주었다. 왕이 죽으니 그의 시종들도 모두 옮겨 갔다. 그 해 겨울 정령(丁靈)의 백성들이 소무의 소와 양들을 훔쳐 갔으므로 소무는 또다시 크게 곤경에 빠졌다.

당초 소무는 이릉과 더불어 시중(侍中)이 되어 있었다. 소무가 흉노에 사신으로 간 그 이듬해에 이릉이 흉노에 항복했으나, 이릉은 부끄러워 소무를 찾아오려 하지 않았다. 얼마 후 선우는 이릉을 북해의 호반에 보내어 소무를 위하여 주연을 베풀고 음악을 연주하게 했다. 그를 계기로 이릉이 소무에게 말을 건넸다.

"선우께서는 내가 자경(子卿 : 무의 字)과 친한 사이임을 알고 있기 때문에 나로 하여금 그대를 설복하게 하라 말씀하셨습니다. 선우께서는 격의 없이 그대를 대우할 뜻입니다. 그대는 어차피 한에 돌아가지 못할진대 공연히 인적이 없는 외로운 땅에서 몸을 괴롭힌들 그 충의를 누가 알아 줄 것입니까? 이전에 그대의 형인 장군(長君 : 嘉의 字)께서는 천자를 수행하여 옹(雍 : 섬서성)의 역양궁(域陽宮)에 갔을 적에 수레를 붙잡고 문 안의 돌층계를 내리는데, 기둥에 부딪쳐 말채가 부러졌기 때문에 불경죄로 몰려 스스로 자살했습니다. 그 아우인 유경(孺卿 : 賢의 字)은 천자가 하동(河東 : 산서성)의 후토(后土 : 토지의 신)의 제전에 수행했을 때 기마의 환관이 황문부마(黃門駙馬 : 천자의 말을 다스리는 환관)와 배를 서로 빼앗다가 부마를 물속에 빠뜨려 죽이고 하수인은 도망쳤습니다. 칙명으로 유경이 체포하러 갔으나 붙들지 못하고 황송하여 음독 자결했습니다. 내가 이쪽으로 올 무렵 그대의 모친은 이미 돌아가셨으며 나도 양릉(陽陵)까지 장송(葬送)하였습니다. 자경의 부인께서는 아직 젊었는데 듣건대 이미 재혼했다 합니다. 누이가 둘이고 따님이 둘, 아들 하나밖에 남아 있지 않았으나, 그것도 이제 10년이 지났으니 생사를 알 길이 없습니다. 사람의 목숨이란 아침 이슬과 같은 것, 왜 이렇듯 고생만 하고 지내려 합니까?

나도 항복하고 얼마 동안은 멍청하여 미친 사람과 같았습니다. 한에 배신했다는 사실 때문에 가슴이 아프고 게다가 늙은 어머니는 보궁(保宮 : 궁중의 감옥)에 갇혀 있었습니다. 자경께서 항복하지 않으려는 착잡한 심정은 나보다 심하진 않을 겁니다(소무는 가족에 대한 염려가 적다는 뜻).

그런데 폐하는 이미 연로하여 망녕기가 있어 대신 중에는 죄가 없는데도 일족이 몰살된 자가 수십 명에 이르고 있습니다. 충의를 바친들 내일의 목숨을 보장하기 어렵습니다. 자경! 이 이상 누구를 위하여 고생하시럽니까? 제발 내 말을 따르시오, 아무 말씀 하지 말고."
 무가 대답했다.
 "우리 부자는 공(功)도 기량도 없는 터인데도 폐하의 은혜를 입어 열장(列將)의 자리에 있고, 열후(列侯)의 작위를 얻었습니다. 언제나 몸이 가루가 되도록 충성하길 원하고 있습니다. 지금 몸을 죽여 충의를 다할 수만 있다면 허리를 자르고 끓는 가마솥에 쳐 넣는 형을 가해도 달게 받겠습니다. 신하가 임금을 섬기는 건 자식이 아버지를 섬김과 같을진대, 자식이 아버지를 위해 죽은들 억울할 것 없소이다. 부디 다시는 말하지 마시오."
 이릉은 소무와 더불어 수일간 술을 마시고 지낸 다음에 다시 말을 건넸다.
 "자경, 내 권고를 끝내 거역하려오?"
 "나는 이미 오래 전에 죽었다고 체념하고 있습니다. 그대가 어떻게 하든 나를 항복시키려 한다면, 오늘 하루 즐겁게 술 마신 뒤에 그대의 앞에서 시원스레 죽어 보이겠습니다."
 이릉은 소무의 티 없는 진심을 눈치 채자 한숨을 쉬었다.
 "정말 의사(義士)요! 나와 위율의 죄는 이미 하늘이 아는 일입니다."
 그리하여 눈물을 흘려 옷깃을 적셨다. 소무에게 작별을 고했다. 돌아와서 이릉은 자신의 이름으로 소무에게 선물하기를 꺼려 아내(선우의 딸)로 하여금 소무에게 소와 양 수십 마리를 보내 주도록 하였다.
 그 후 이릉은 다시금 북해의 호반에 가서 소무에게 말했다.
 "구탈(區脫 : 한의 변경에 있는 흉노)이 운중(雲中 : 산서와 綏遠 사이)의 한인을 사로잡았는데, 포로의 말에 의하면 태수 이하 관리나 백성들이 모두 소복을 입고 있으며 '천자(무제)가 붕어했다'고 말하는 것을 들었다고 합니다."

소무는 이 말을 듣더니 남쪽을 향하여 절하며 피를 토할 만큼 통곡하였다. 그리하여 수개월이 지나도록 조석의 곡을 거르지 않았다.

소제가 즉위(B.C. 86)하고 몇 해가 되어 흉노와 한조가 화목하게 되었다. 한은 소무 등을 보내 달라고 요구했다. 흉노는 소무가 죽었다고 거짓말을 했다. 후에 한의 사신이 흉노에 갔다. 상혜는 수비병을 달래어 그와 함께 밤중에 한의 사신과 만날 수가 있었다. 자세하게 경위를 설명한 다음 사신에게 가르쳐 주었다.

"선우에게는 이렇게 말하시오. '한의 천자가 상림(上林 : 섬서성에 있음)에서 사냥을 하시다가 기러기를 쏘아 잡으니, 그 발목에 비단으로 싼 쪽지가 묶여 있었소. 내용을 보니 소무 등은 이러이러한 습지 속에 있다고 합니다만' 이라고."

사신은 크게 기뻐하며 상혜가 들려 준 말 그대로 선우를 책문했다. 선우는 깜짝 놀라 좌우를 돌아보더니 별수 없이 사신에게 사과하였다.

"사실은 소무가 살아 있소."

이에 이릉은 주연을 베풀어 소무를 축하했다.

"이제 그대는 돌아갈 것이오. 이름을 흉노에 떨치고 공은 한의 조정에 빛나리라. 옛날 역사에 기록되고 단청으로 그린(대궐의 벽면에 그린 공신의 초상) 공신인들 자경보다 뛰어날 자 누구겠소? 나는 어리석고 겁쟁이이지만 만일 그때 한실이 잠시 내 죄를 관용하고 늙은 어머니를 죽이지 않고, 크나큰 죄를 새로운 뜻으로 씻도록 기회를 주었던들 가(柯)의 맹(盟)에 있어서의 조귀(曹

劌 : 춘추 魯의 장군. 몇 차례나 齊에 패배했으나 魯公은 관용했다. 柯에서 강화할 적에 조는 제공을 협박하여 잃은 땅을 모두 회복함)에 못지 않은 공을 세웠을 것을! 이야말로 평생 잊지 않고 지녔던 뜻이었습니다. 그런데도 내 일족을 몰살하고 세상에 오명을 드러냈으니, 나는 이제 미련이라고는 조금도 없소. 이제 모든 것은 끝났소. 자경! 내 마음속을 이해해 주시오. 피차 다른 나라의 사람이니 한 번 헤어지면 다시는 만날 길이 없을 것입니다."

릉은 일어나 춤을 추며 노래하였다.

만리를 지나 사막을 건너
그대 장군이 되어 흉노와 싸우다
길은 끊어지고 칼과 활 부러져
무리는 멸망하고 이름은 이미 무너졌다.
노모는 벌써 죽었으니
은혜를 갚고자 하나 어디로 가랴.

이릉은 눈물을 뚝뚝 흘리며 그 길로 소무와 작별했다.

선우는 소무의 부하를 불러 모았다. 이미 투항한 자며 죽은 이도 있어 소무를 따라 돌아가는 사람은 아홉이었다.

소무는 시원(始元) 6년(B.C. 81) 봄에 귀국했다. 천자의 특별 지시로 소무는 소·양·돼지를 마련하고, 돌아가신 무제의 묘에 참배했다. 전속국(典屬國 : 이민족 감독관) 2천 석에 임명되어 돈 2백만, 공전(公田) 2경에 택지 일구획을 하사받았다. 상혜·서성·조종근 등은 모두 중랑(中郎 : 6백 석)에 임명되어 각자 비단 2백 필을 하사받았다. 나머지 여섯 사람은 이미 연로하여 귀향했으나, 각자가 돈 10만을 하사받고 종신토록 부역을 면제받았다. 상혜는 뒤에 우장군으로 출세하고 열후에 책봉되었다. 상혜에 대해서는 본서에 따로 전기가 있다.

소무가 흉노에 머문 지 어언 19년. 당초 출발할 때는 혈기 왕성한 나이(40세)였으나 돌아올 때에는 머리털과 수염이 하얗게 되어 버렸다.

소무가 돌아온 이듬해에 상관걸(上官桀)의 아들 안(安)이 상홍양(桑弘羊), 연왕(燕王 : 무제의 아들)·개주(蓋主 : 연왕의 누이. 蓋侯에게 시집감)와 더불어 반역 음모를 했다. 무의 아들 소원(蘇元)은 상관안과 밀모했다 하여 연좌되어 사형에 처해졌다.

본래 상관걸과 안은 대장군 곽광과 권력을 다투고 있어 이따금 광의 허물을 낱낱이 들어 연왕에게 넘겨 주어 연왕으로 하여금 상주(上奏)케 한 것이었다.

또 다음과 같은 말을 했다.

"소무는 흉노에 사신으로 가서 20년이나 항복하지 않고 돌아왔어도 전속국의 벼슬에 지나지 않고, 대장군의 장사(長史 : 부관. 陽敞을 말함)는 아무런 공로가 없는데도 수속도위(搜粟都尉 : 군관으로 쌀의 징발을 맡음)로 출세했습니다. 이는 대장군 곽광이 전횡 방자하기 때문입니다."

연왕 등이 반역죄로 사형이 되자 그들 일당은 엄격한 국문을 받았다.

소무는 상관걸·상홍양과 전부터 친숙한 사이로서 몇 차례나 연왕의 상소 중에 그 이름이 오르내린 데다가, 그 아들이 일당에 가담한 까닭으로 정위(廷尉 : 사법대관)가 상주하여 소무를 체포해야 된다고 청원했다. 그러나 곽광은 그 상소를 묵살하고 소무를 면직하는 것으로 그쳤다.

 몇 해 후에 소제가 세상을 떠났다(B.C. 74). 소무는 본래 2천석이었다고 해서 선제(宣帝) 옹립의 계획에 참여하여, 그 공으로 관내후(關內侯 : 제후의 하위. 實封은 없고 畿內에 삶)의 작위가 하사되어 3백 호 분의 조세를 식록으로 받는 신분이 되었다.

 얼마 후에 위장군(衛將軍 : 전후좌우장군과 동렬)인 장안세(張安世)가 소무를 추천했다. 고사에 밝고 사신으로서 칙명을 욕되게 하지 않았으며, 선제(先帝)의 유언 속에도 언급되어 있는 사람이라는 이유에서였다.

 선제는 즉시 소무를 불러들여 환관 관아의 대조(待詔 : 불시의 하문에 응하는 벼슬)에 임명했다. 이따금 부름을 받아 배알했으며 다시 우조(右曹) 전속국이 되었다. 소무가 고절(苦節)을 지킨 노신이라는 데서 초하루와 보름에는 참내시켜 특히 좨주(祭酒)의 칭호를 하사받는 등 크게 우대하였다.

 소무는 상으로 받은 값진 물건들을 모두 형제와 친구에게 나눠 주고 집에는 재산을 남기지 않았다. 황후의 부친 평은후(平恩侯) 허백평(許伯平), 천자의 외숙 평창후(平昌侯) 왕무고(王無故), 낙창후(樂昌侯) 왕무(王武), 거기장군 한증(韓增), 승상 위상(魏相), 어사대부(御史大夫 : 관리의 검찰관) 병길(丙吉) 등 모두가 소무를 존경했다.

 소무는 이미 늙고 자식은 앞서의 사건에 연좌되어 죽었다. 천자는 그를 불쌍히 여겨 측근에게 물었다.

 "소무는 흉노에 오랫동안 머물러 있었는데 혹시 소생이라도 있지 않은지?"

 소무는 평은후를 통하여 아뢰었다.

"앞서 흉노를 출발할 무렵에 그쪽 사람인 아내가 아들을 낳았습니다. 이름은 통국(通國)이라는 소식이 전해지기도 했습니다. 원컨대 사신에게 부탁하여 금과 비단을 주어 그를 데려 왔으면 하옵니다."

천자는 그것을 윤허했다. 그 후에 통국을 사신이 데리고 왔다. 천자는 그를 낭으로 임명했다. 또한 무의 아우의 아들을 우조에 임명했다.

소무는 80여 세로 신작(神爵) 2년(B.C.60)에 병사했다.

감로(甘露) 3년(B.C.51)에 선우가 비로소 입조했다. 천자는 가장 신뢰할 수 있는 신하의 덕을 생각하여 그 사람들을 기린각(麒麟閣 : 무제가 기린을 잡은 기념으로 세움)에 그려 놓게 했다. 본인의 얼굴 모습과 비슷하게 그리고 관작과 성명을 붙였다. 곽광만은 존대하여 이름을 쓰지 않고 다만 '대사마 대장군 곽씨(大司馬大將軍藿氏)'라 붙였다. 다음은 '위장군 부평후(衛將軍富平侯 : 산동성 陽信縣의 영주) 장안세(張安世)', '거기장군 용액후 한증(車騎將軍龍額侯韓增)', '후장군 영평후 조충국(後將軍營平侯趙充國)', '승상 고평후 위상(丞相高平侯魏相)', '승상 박양후 병길(丞相博陽侯丙吉)', '어사대부 건평후 두연년(御史大夫建平侯杜延年)', '종정 양성후 유덕(宗正陽城侯劉德)', '소부 양구하(少府梁丘賀)', '태자태부 소망지(太子太傅蕭望之)', 다음은 '전소국 소무(典屬國蘇武)'라 제(題)했다.

모두가 공적·덕망이 있고 당세에 저명한 사람들이었다. 그러므로 이를 표창하고 옛날의 방숙(方叔)·소호(召虎)·중산보(仲山甫 : 모두 周 중흥의 英主 宣王을 보좌)에 비길 만한 한실 중흥의 보좌임을 밝혀 둔 것이다(선제는 한실 중흥의 황제). 모두 열 한 사람이며 본서에 전기가 있다.
 승상 황패(黃覇)를 비롯하여 정위 우정국(于定國), 대사농(大司農:농림대신) 주읍(朱邑), 경조윤(京兆尹) 장창(張敞), 우부풍(右扶風:京都 서부의 수호관) 윤옹귀(尹翁歸) 및 유생 하후승(夏侯勝) 등은 모두 일생을 바르게 마친 사람들로서 선제 때에 이름이 높았으나 명신의 초상화에는 들 수 없었다. 그 사실만 보아도 위에서 든 사람들이 얼마나 엄격하게 선정된 명신들이었는가를 알 수 있을 것이다.

동중서전(董仲舒傳)

 동중서(董仲舒)는 광천현(廣川縣 : 하북성) 사람이다. 젊어서 《춘추》를 배우고, 경제(景帝 : B.C. 156~141 재위) 때 박사가 되었다.
 장막을 치고 강의를 하며, 그 제자는 차례로 고참자로부터 학업을 배우는 방법을 썼으므로, 개중에는 스승의 얼굴을 보지 못한 자도 있었다. 3년 동안 뒷곁의 밭도 엿보는 일이 없을 만큼 학문에 정려했다. 진퇴의 거조(擧措)가 모두 예의에 들어맞아 학사들은 모두 스승으로서 그를 존경해 마지않았다.
 무제가 즉위하여 현량(賢良)·문학의 선비를 등용함이 전후 수백 명에 달했는데, 중서도 현량의 자격으로 대책(對策 : 정치나 경전의 뜻을 묻는 시험)에 응하였다. 천자의 책문에 말하였다.
 "짐은 선제(先帝)의 지존(至尊)의 자리와 지미(至美)의 덕을 계승했다. 이 자리를 무궁히 전하며, 이 덕을 무한히 베풀고자 함에는 지켜야 할 책임이 중대하다. 그런즉 밤낮을 즐기고 안심할 겨를이 없다. 언제나 만기(萬機)의 기강을 마음에 두고 있어도 행여 그르칠까 두렵다. 그러므로 널리 사방에서 훌륭한 선비들을 모으려 여러 고을 제후들로 하여금 현량으로서 행실이 청결하고, 지식이 많은 선비들을 공정하게 선발하도록 했다. 대도(大道)의 요점과 고설(高說)의 핵심을 듣고자 생각했기 때문이다. 지금 그대들은 출중한 성적으로서 선발자의 우두머리가 되었다. 짐은 무척 만족하게 생각한다. 그러니 생각을 깊이 하여 짐의 하문에 답할지어다.

　듣건대, 오제(五帝)·삼왕(三王)의 길은 제도를 개혁하고, 음악을 지으면 천하가 널리 화합하여 백대의 임금이 이를 본받았다 한다. 유우씨(有虞氏 : 舜의 姓)는 세상에 있어 소(韶)보다 나은 음악이 없고, 주대(周代)에는 작(勺)을 초월할 음악이 없었다. 성왕(聖王)이 붕어한 뒤에도 종고관현(鐘鼓管絃)의 소리는 아직 시들지 않았음에도 불구하고 대도는 쇠미·퇴폐하여 걸(桀)·주(紂)가 일어나자 왕도는 크게 붕괴되었다. 그 5백 년 사이에 법도를 지킨 임금, 요로에 있는 선비들로서 선왕의 법에 따르고, 그럼으로써 세상을 지키려 애쓴 자가 매우 많았으나, 끝내 정도로 돌려놓지 못한 채 나날이 기울어져 망했다. 그러한 난리는 후왕(後王 : 秦을 가리킴)에 이르러 비로소 그쳤다.

　생각컨대, 그것은 취한 방법이 혹은 그릇되어 일의 기강을 잃은 탓이었을까. 혹은 하늘이 내려 준 명운은 본래 회복할 길이 없으며, 반드시 크게 쇠운에 빠뜨린 다음에야 비로소 그치는 것이기 때문일까. 아니면 빨리 일어나고 늦게 자면서까지 노력하여, 상고의 법도를 따르려는 것도 모두 무익한 일이란 말인가.

　삼대(三代 : 하·은·주)의 왕이 천명을 받은 그 상서로운 기운은 어디 있는가. 재화와 이변은 무엇 때문에 일어나는가. 성명(性命)의 정(情)은 혹은 단명, 혹은 장수, 혹은 선량, 혹은 열등, 혹은 명(命)이라 한다. 성(性)이라 하는 이름은 익히 들어왔지만, 이제껏 그 이치는 밝혀져 있지 않다.

　이리하여 은덕을 퍼뜨려 정사를 다스리고, 형벌을 가볍게 함으로써 악행을 바로잡아, 백성이 평화를 즐기고 정치가 빛나기를 바란다. 무엇을 고치고 무엇을 바로잡으면 백곡이 풍요하고, 덕이 사해에 떨치고, 은혜가 초목에 미치고, 일월과 별의 빛이 흐리지 않고, 추위와 더위가 적당하게 되고, 하늘의 복을 받고, 귀신의 영에 맞고 은덕이 넘쳐 세상의 끝까지 뻗치고, 나아가 만물에 미칠 수가 있을 것인가.

그대들은 선성(先聖)의 업적을 밝히고 풍속의 변화, 왕조 변천의 순서를 익히고 깊고 먼 이치를 배우고 들어온 지 오래일러라. 바라건대 똑똑히 짐에게 알려 주오. 위에 말한 조목조목을 구별하여 답하라. 애매한 대답, 조목을 억지로 맞춘 답은 안 된다. 답변은 모두 바른 학술에 근거를 두고 그 출전에 유념하라. 부정(不正)·부직(不直)·불충(不忠)·부도(不道) 등 집정에 그릇됨이 있거든 그것도 빼놓지 말고 낱낱이 적어라. 답서는 모두 짐 스스로 펴볼 것이나 후일의 화를 두려워하여 입을 다무는 일이 없도록 하라. 그대들은 마음을 다하여 결코 숨기는 일이 없어야 한다. 짐 스스로 이를 살필 것이다."

중서가 답하였다.

"폐하께서는 은혜 깊은 말씀을 하시고, 밝은 조서(詔書)를 내리시어 천명과 인성을 물으셨습니다. 모두가 어리석은 저희들로서는 도저히 당할 수 없는 것이옵니다.

소신 삼가 생각컨대, 《춘추》 가운데 전대에 행해진 일을 보고, 그것으로써 하늘과 사람과의 상관 관계를 살펴보오니 극히 두려워해야 할 것이 있사옵니다. 나라에 바야흐로 길을 벗어난 실패가 일어나려 하면, 하늘은 우선 재해를 내려 경고를 줍니다. 그래도 반성하지 않을 때는 다시금 이변(異變)으로써 위협하게 됩니다. 그래도 역시 고쳐지지 않을 때는 비로소 참혹한 파괴를 부여합니다.

　이로써 알 수 있는 것은 하늘의 마음은 정이 깊고 임금을 사랑하여 그 난리를 그치게 하려는 것입니다. 무도한 세상이 아닌 한, 하늘은 모든 세상을 도와 보전하려고 바라고 있습니다. 이에 대해 사람이 할 수 있는 일이란 배움뿐입니다. 배워 학문을 닦는다면 견문이 넓어지고, 지혜가 한층 밝아집니다. 배움으로써 도를 행하게 되면, 덕은 나날이 높아지고 크게 공을 쌓습니다. 이는 모두 빨리 도달할 수 있으며, 당장에 효과가 나타날 수 있는 예입니다.

　《시경》에 '밤낮으로 게으르지 아니한다' 했고 《서경》에 '힘쓸지어다, 힘쓸지어다'한 것도 모두가 배우라는 뜻이옵니다. 도(道)란 그로 말미암아 태평에 이르는 길이옵니다. 인의예악(仁義禮樂)은 모두 그 도구입니다. 그리하여 성왕이 붕어한 뒤에도 수백 년에 이르도록 오랫동안 자손이 장구하고 편안한 것도 모두가 예악 교화의 효과입니다.

　왕이 아직 음악을 만들지 않을 때에도 선왕의 음악으로 세태에 맞는 것을 골라서 백성을 교화합니다만, 교화의 실제로서 아송(雅頌:《시경》에 보이는 노래의 한 형식. 雅는 正, 頌은 칭찬. 대개 창업한 왕의 공덕을 노래)의 음악이 없으면 성취할 수 없는 것입니다. 그러므로 왕은 공을 이루면 노래를 지으나 이는 그 덕을 즐긴다는 뜻이 됩니다. 악이란 백성의 풍속을 변화시키기 위한 것입니다. 그것으로 백성의 생활이 변하기 쉽고, 그것이 백성을 동화하는 데에 현저한 효과가 있습니다. 그러므로 음은 조화에서 생겨 인정에 바탕을 두고, 피부에 접하여 골수에 사무칩니다. 그러니만큼 왕도가 쇠하여 바뀌어도 관현의 음은 시들지 않습니다.

저 유우씨가 정권을 잃은 지 오래임에도 불구하고 악·송의 유풍은 아직도 남아 있고, 공자는 제(齊)에 있으면서도 소(韶)를 들었습니다(《논어》에 공자가 소를 듣고 석달 동안이나 고기 맛을 잃을 만큼 감격했다 함).

모든 임금으로서 나라의 안태를 희망하고, 위망을 싫어하지 않는 이가 없습니다. 정사를 맡은 자가 적당하지 않고 연유하는 바 길이 바르지 못한 까닭으로 정치는 날이 갈수록 기울어지고 망하는 것입니다. 저 주(周)의 도는 유왕(幽王)·여왕(厲王)에 이르러 쇠했지만, 도가 망한 것이 아니라 두 임금이 도에 의하지 않았기 때문입니다.

선왕(宣王)이 들어서서 선왕(先王)의 덕을 기리고, 침체된 것을 일으키고 찢어진 것을 기워, 문왕·무왕의 공업(功業)을 밝힘으로써 주의 도는 찬연히 부흥되었습니다. 시인은 이를 칭송해 시를 짓고 천제(天帝)는 이를 도와 왕을 위하여 훌륭한 보좌를 탄생시켰습니다. 후세 사람들의 격찬은 아직도 그치지 않습니다.

이야말로 '밤낮 게으르지 아니하고' 선을 행한 결과입니다. 공자는 '사람이 도를 넓힌다. 도가 사람을 넓힘이 아니다'라고 말했습니다. 즉 치란흥망(治亂興亡)의 근원은 자기에게 있습니다. 하늘이 내린 운명을 되돌릴 수 없기 때문이 아닙니다. 그 가지고 있는 모든 것이 그릇돼 있고 기강을 잃었기 때문입니다.

소신이 들은 바로는, 하늘이 어떤 이에게 천하를 주고 그를 왕으로 삼았을 경우, 반드시 인력으로 끌어들일 수 없는 것, 저절로 찾아오는 것이 있습니다. 이것이야말로 천명을 받은 표시의 서상(瑞祥)입니다. 천하의 사람들이 한 마음으로 그 사람에게 따르는 것이, 마치 부모 슬하에 돌아가듯하므로 하늘의 서상이 그

정성에 감응되어 오는 것입니다.

《서경》에 '백어(白魚), 왕의 배[舟]에 들어가다. 불꽃이 왕의 집을 뒤덮고, 흘러서 까마귀가 된다(주의 무왕이 은(殷)의 주(紂)를 치러 배를 띄웠을 때, 하얀 고기가 배 안으로 뛰어들었다. 은의 색은 흰빛이었으므로 주가 포로가 되는 조짐이며, 또한 불이 주의 대궐을 뒤덮은 것처럼 보였다. 주(周)의 색은 붉은빛이었으므로 적을 압도하는 조짐)'라고 했습니다. 이것은 주가 천명을 받은 서상입니다.

주공(周公 : 무왕의 아우)은 그 불꽃을 보고 '덮였구나, 덮였구나'라고 외쳤습니다. 공자가 말하기를 '덕은 외롭지 않다. 반드시 이웃이 있나니라'고 했으니, 이 모두가 선을 쌓고 덕을 거듭한 결과입니다.

후세의 왕이 음탕한 놀이에 빠져 국가가 쇠잔해지고, 민중을 다스려 갈 힘이 없게 되면, 제후는 배반하고, 양민을 학대하여 토지를 빼앗고, 덕화를 폐하여 형벌에만 의존하게 됩니다. 형벌이 부당하면 사기(邪氣)가 생깁니다. 사기가 밑에 쌓이면 원망이 위로 괴게 됩니다. 상하가 불화해지면 음양의 기운이 헛갈리고 요기(妖氣)가 생깁니다. 이것이 재변을 일으키는 원인이 됩니다.

소신이 듣건대 명이란 하늘의 명령, 성(性)이란 날 때부터의 소질, 정이란 사람의 욕심입니다. 혹은 단명, 혹은 장수, 혹은 선량, 혹은 열등하나 모두가 하늘이 흙을 빚고 쇠를 녹이듯 만들어 낸 것처럼 순수하다고 할 수는 없습니다. 여기에 치란(治亂)이 생기는 원인이 있습니다. 본래부터 인성(人性)이 같지 않은 까닭입니다.

공자는 '군자의 덕은 바람이요, 소인의 덕은 풀이니라. 풀, 이것은 바람을 맞으면 쓰러지느니라'고 말했습니다. 그런즉 요순이 도덕을 행하였으므로 백성은 선량하고 장수하였으며, 걸주가 난폭을 극했으므로 백성은 열등해지고 단명했습니다. 모름지기 상이 하를 화(化)하고 하가 상을 따름은, 이를테면 녹로(轆轤)로 다듬어지는 흙과 같이 도공(陶工)이 흙을 주무르는 대로이며, 또한 도가니 속에 있는 쇠처럼 대장장이가 주조하는 그대로입니다. '어루만지면 모이고 고무해 주면 응한다'고 하였습니다.

소신은 삼가 《춘추》의 문장을 생각하고 왕도의 단서를 구함에 있어, 정(正)이란 글자가 생각났습니다. '정'은 '왕' 다음이고, '왕'은 '춘' 다음입니다. 춘이란 하늘의 뜻, 정이란 왕의 행위입니다. 춘왕정월이란 그 뜻은 '위로는 하늘의 뜻을 계승하고, 아래로는 그것으로 자신의 행위를 바로잡아 왕도의 실마리를 바로잡는다'라고 말할밖에 없습니다. 그러고 보니 왕이 무엇을 하려고 한다면 모름지기 그 갈피를 하늘에서 구해야 됩니다.

양(陽)은 덕에 해당되고 음은 형(刑)에 해당합니다. 형은 살상을 맡고 덕은 삶을 다스립니다. 그러므로 양은 언제나 한여름에 있어 양육 성장을 맡아 하고 있습니다. 음은 언제나 한겨울에 있어 공허하며 쓸데없는 장소에 쌓입니다.

그러므로 알 수 있는 것은, 천은 덕에 의지하며 결코 형에 의지하지 않는다는 사실입니다. 천은 양으로 하여금 위에서 좋은 일을 베풀어 한 해의 일을 맡기고, 음으로 하여금 아래로 파고들며 때로는 나와서 양을 돕게 합니다. 양 또한 음의 도움 없이는 혼자서 1년 일을 해치울 수 없습니다.

그러나 결국 1년의 시작을 봄이라 칭하는 것은 양은 1년의 일을 맡는 것을 본분으로 하는 것입니다. 이는 하늘의 뜻입니다.

왕은 하늘의 뜻을 받아 일하므로 덕화로써 할 뿐 결코 형으로 다스려서는 안 됩니다. 형으로써 세상을 다스릴 수 없습니다. 그것은 마치 음으로써 1년의 일을 하려는 것과 같습니다.

 정치를 하는 데 형에 의지함은 하늘의 뜻을 어기는 일이므로 선왕께선 이런 일을 하지 않았습니다. 지금, 선왕의 덕화의 관(官)을 폐하고, 법률을 쓰는 이(吏)만으로 정치를 하게 하는 것은, 혹시 형에 의지하는 것이 되지 않겠습니까. 공자는 '가르치지 않고 죽이는 것, 이를 학(虐)이라 한다'고 했습니다. 백성들에게 학정을 행하면서 덕화가 사해에 떨치기를 바란다는 것은 처음부터 당치않은 일입니다.[1]

 소신이 삼가 《춘추》가 '원(元)이라 하는 뜻을 생각하건대(즉위의 해를 원년이라 하고 1년이라 하지 않음) 1이란 만물이 거기서 비롯하는 것이며, 원이란 세속의 말로 한다면 본(本)[2]이라 할 것입니다. 1을 원이라 부르는 것은 크나큰 시작을 가리키고 본을 밝히는 뜻이옵니다.

 《춘추》는 깊이 그 본을 찾으며, 돌아와 귀한 사람으로부터 시작하고 있습니다. 그러므로 임금은 마음을 바르게 함으로써 조정을 바르게 하고, 조정을 바르게 함으로써 백관을 바르게 하고,

---

1) ……당치 않은 일입니다──여기서 동중서가 말하고자 한 것은 법률 사무에 밝은 구실아치가 아니라, 유교에 밝은 민간의 지식인층을 관리로 채용하라는 것. 한 초로부터 문제·경제에 걸쳐서의 정치에는 아직도 법가적인 색채가 짙었다. 중서는 물론 전국 지식인의 이해를 대표하여 말하였다.
2) 본(本)──원문은 '大'였으나 동중서의 《춘추번로(春秋繁露)》 중정(重政)편에 '元은 만물의 本'이라 한 것을 보면 '本'이 바른 것이다.

백관을 바르게 함으로써 만민을 바르게 하고, 만민을 바르게 함으로써 사방을 바르게 합니다. 사방이 바르게 되면 모든 원근이 바르지 않은 게 없고, 사기(邪氣)가 끼어들 수 없습니다. 그리하면 음양이 조화되어 풍우는 때에 맞고, 생물 또한 화하여 만물이 잘 자라고, 오곡이 무르익어 초목이 무성하게 됩니다. 천지간은 윤기를 받아 크게 풍요해집니다. 사해의 안은 성덕(盛德)을 듣고 모두 신복(臣服)하게 될 것입니다. 모든 반가운 것들, 불러 올 서상(瑞祥)이 모두 와서 왕도는 크게 성취될 것입니다.

 공자는 '봉황은 오지 않고, 황하에서는 그림이 나오지 않으니 내 어찌하랴'(성왕이 세상에 태어나는 서상으로, 하늘에서 봉황이 날고 황하에서 거북이 등에 신비한 그림을 짊어지고 나왔다 함)고 말씀했습니다. 공자는 자신이 그러한 서상을 불러들일 덕은 있으면서도, 신분이 낮아 서상을 불러 들일 수 없음을 슬퍼한 것입니다. 지금 폐하께서는 천자의 존엄한 자리에 계시어 사해를 당신의 것으로 하고 있습니다. 서상을 불러 들일 수 있는 자리에 계시며, 서상을 불러 들일 수 있는 권세를 쥐고, 서상을 불러들이기에 알맞은 성질을 가지고 계십니다.

 행동은 기품이 높으며 은혜가 두텁고, 지혜는 밝으며 마음씨가 아름답고, 백성을 사랑하고 선비를 좋아하십니다. 진실로 바른 인주(人主)라 말씀 드릴 수 있습니다. 그러하오나 천지에 아직도 거기에 응하지 않아 서상이 오지 않음은 웬 까닭입니까. 모두가 교화가 이루어지지 않고 만민이 바르지 못한 까닭입니다.

 본래 만민이 이로움에 붙는 것은 물이 낮은 곳으로 흐르는 것과 같은 것이오니, 교화로써 둑을 쌓지 않으면 막기 어렵습니다. 그러니 교화가 이루어지고 모든 사악함이 그치려면 그 둑이 완전해야 됩니다. 교화가 쇠퇴하고 사악함이 일제히 튀어 나와서 형벌로도 누르기 어려운 것은 그 둑이 부실한 까닭입니다. 옛날의 임금은 이를 잘 알고 있었습니다.

그러므로 임금의 자리에 앉아 천하를 다스리려면, 모든 교화를 중히 여기고 도읍에는 대학을 세우고, 촌에는 상서(庠序 : 초등학교)를 설립하여 교화를 꾀하고 인(仁)으로써 백성을 훈도하고, 의(義)로써 백성을 절차(切磋)하며, 예(禮)로써 백성에게 절도를 배우게 했습니다. 그러므로 당시의 형벌은 극히 가벼웠는데도 백성은 금령을 범하지 않았으니, 이는 교화가 행해지고 습속이 좋았기 때문입니다.

성왕이 난세를 계승했을 적에, 그 흔적을 모조리 정화하여 폐를 없애고, 교화를 바로잡아 이를 숭상했습니다. 교화가 밝아짐에 따라 습속이 완성되었습니다. 자손은 이를 따라 행한 지 5, 6백 년이 되었으나 아직 무너지지 않았습니다.

주(周)가 말년에 이르러 크게 무도한 짓을 저질렀으므로 천하를 잃었습니다. 진(秦)은 그 뒤를 이어 그것을 고치기는커녕 더욱 심해졌습니다. 학문을 엄금하고 서적을 갖는 것도 금기했습니다. 예의를 버리고 이를 듣는 것조차 싫어했습니다. 진은 결국 선왕의 도를 없애 버림으로써 제멋대로의 적당한 정치를 하려 했던 것입니다. 그랬으므로 시황제(始皇帝)가 천자가 된 지 14년 만에 나라는 망하고 말았습니다.

예로부터 이제까지 진처럼 난리 위에 난리가 붙어나서 크게 천하의 백성을 괴롭힌 예는 아마 없을 것입니다. 그 나머지 해독은 지금까지 없어지지 않아 습속은 나쁘고, 인민은 완고하여 법을 어기고 관에 반항하니, 부패는 이처럼 심할 수가 없습니다. 공자가 '썩은 나무에는 조각할 수 없으며, 진흙 담장에는 덧칠을 할 수 없느니라'고 했습니다. 지금 한은 진의 뒤를 이었습니다만 썩은 나무나 진흙담과 비슷하여 아무리 좋게 고치려 해도 어찌할 수가 없습니다.

새로운 법이 나오면 범죄가 생기고, 단속의 명령이 내리면 사기(邪氣)가 생깁니다. 마치 끓는 물로써 끓기를 멈추게 하고 섶나무로써 불을 끄려는 것처럼 더욱 심해질 뿐 무익합니다. 가령 금슬에 비한다면, 몹시 가락이 뒤틀리면 반드시 줄을 풀어 고치지 않아서는 안 될 것입니다. 그래야만 비로소 탈 수가 있습니다. 마찬가지로 정사를 베풀되 몹시 어려우면 반드시 방법을 고쳐 다시금 교화해야 됩니다. 그래야만 비로소 다스릴 수가 있습니다. 줄을 바꿔 끼워야 할 것을 고치지 않고서는 어떠한 명인도 좋은 음색을 낼 수 없습니다. 교화하여 바꿀 걸 바꾸지 않고서는 어떠한 대현인일지라도 잘 다스릴 수 없습니다. 즉 한이 천하를 차지한 이래 언제나 선정을 원하면서도 이제껏 이룩하지 못한 것은 교화로써 시정해야 될 것을 못한 데에 원인이 있습니다.

고인의 격언에 '물에 가서 고기를 탐하는 것은 물러가서 그물을 짜는 것만 못하다'고 했습니다. 지금 정권의 자리에 임하여 70여 년 동안이나 천하가 안정되기를 팔짱 끼고 바라느니보다는 되려 물러나 교화를 다시 하는 게 나을 것입니다. 교화를 다시 하면 잘 다스려질 것입니다. 잘 다스려지면 재해는 날로 사라지고, 복록(福祿)이 날마다 찾아올 것입니다.

《시경》에 '백성을 어질게 대해 주면 녹을 하늘에서 받으리라'라고 했습니다. 백성에게 어진 정치를 하면 당연히 하늘에서 녹을 받을 것입니다. 본래 인의예지신(仁義禮知信)의 오상(五常)의 도는 왕자(王者)가 닦고 밝혀야 할 일입니다. 그 다섯 가지 도가 제대로 행해지면, 하늘의 도움을 받고 귀신의 영검에 맞아, 덕이 해외에 퍼지고, 나아가 만물에 미칠 것입니다."

천자는 그 대책을 읽고 독특하다고 생각하여 다시 책문을 과했다. 그 교서에 말하였다.

"순(舜)의 시대에 임금은 높은 낭묘(廊廟) 위에서 놀며, 소매를 늘어뜨리어 팔짱을 끼고 아무것도 하지 않았어도 천하가 태평하였다. 주의 문왕은 해가 높이 뜨도록 아침을 먹을 겨를이 없을 만큼 정려해서야 또한 나라가 안정되었다고 듣고 있다. 본래 제왕의 도란 한 길이 아니란 말인가. 어째서 이같이 안락과 고락의 차별이 있는가.

검소한 왕은 기(旗)의 장식을 검고 노랗게 하지 않는다. 주의 왕실에서는 문의 양측에 다락을 짓고 구슬로 장식한 마차를 타며, 붉게 칠한 방패, 자루에 구슬을 장식한 도끼를 쓰고, 팔일무(八佾舞)를 뜰에서 베풀었으나, 주왕의 덕을 칭송하는 소리가 컸었다. 도대체 제왕의 도는 그 내용에 차이가 있는 것인가. 어떤 이는 좋은 옥은 결코 다듬지 않는다 했고, 어떤 이는 글이 아니고서는 덕을 돕는 것이 없다고 하였는데 양쪽이 서로 다르다.

은 나라 사람들은 오형(五刑)을 행하여 죄를 묻고 인체를 해쳐 악을 징계했다. 주의 성왕(成王)·강왕(康王)이 형을 폐지한 지 40여 년, 천하에 죄를 범하는 자 없어 감옥은 비었었다. 진은 형을 엄하게 하여 죽은 자들이 많고 형을 받은 사람들이 길에 오갔다. 천하는 황폐했으니, 아, 슬픈지고!

짐은 아침 일찍 일어나 밤잠을 설치면서 선대의 가르침을 마음에 새기고, 보위(寶位)를 받들고 대업을 밝히는 길을 깊이 생각하건대, 모름지기 농업에 힘쓰고 현자에게 맡기려는 것이다. 이제 짐은 몸소 적전(籍田 : 천자가 가꾸는 논밭)을 가꾸어 농민의 앞장에 서고 효제를 권하며, 덕망 있는 이를 존경하여 초빙사(招聘使)의 수레가 길에 잇달게 하리라.

힘써 일하는 이를 위로하고, 외로운 사람을 불쌍히 여기고 마음을 다하여도 그 공덕은 도무지 나타나지 않는다. 지금 음양의 기가 어지럽고 요기가 누리에 가득하다. 모든 생물이 거의 자라지 않고, 백성은 아직도 마음을 놓지 못하고 있다. 청렴과 오예가 뒤섞여 있고, 현인과 우인이 섞여 있어 진상을 밝히기 어렵다. 그런즉 훌륭한 선비들을 모조리 초치한다면 목표하는 곳에 다가갈 수 있겠는가.

그런데 그대들 대조(待詔 : 천자의 하문을 기다리는 벼슬)가 무릇 백여 명, 혹은 당세의 긴한 일을 말하지만 사정에 통함이 없고, 이를 상고의 전고(典故)에 비춰 볼 때 어긋남이 많고, 이를 지금의 세정에 맞추어 볼 적에 행하기 어려움이 많도다. 법망에 걸릴까 두려워 생각한 대로 말을 할 수 없는 까닭일까. 아니면 딴 방법으로 다른 도를 들었기 때문일까. 각자 생각하는 대로 답하여 죽간(竹簡)에 적어라. 관리에게 양보하여 할 말을 못할 필요는 없다. 그 요지를 밝히고 연구하여, 이를 짐의 뜻에 따를지어다."

중서의 대책은 이러하였다.

"소신이 들은 바에 의할진대, 요(堯)는 천명을 받자 천하의 일을 자신의 근심으로 하고 이제껏 천자의 지위를 즐기지 않았습니다. 그리하여 난신을 벌 주어 쫓아내고 힘써 현성(賢聖)을 찾아 헤매었습니다. 그런 결과 순·우(禹)·직(稷)·백금(伯禽)·고요(皐陶)와 같은 인물을 얻어, 이 현인들이 요의 덕과 일을 도와 교화가 크게 번져 천하는 널리 화했습니다. 만민은 오로지 인(仁)에 의해 편안하고 의를 즐기며, 각자 생업을 얻어 행동은 예에 맞아 아무 생각 없이 도에 들어맞을 수 있었습니다. 그러므로 공자가 '만일 참된 왕이 있다 해도 필시 1세(30년) 후에야 인의 천하가 될 것이다'고 했으니 바로 그 뜻입니다.

요는 재위 70년 만에 비로소 왕위를 순(舜)에게 양보했습니다. 요가 죽음에 이르러 천하 사람들은 그의 아들인 단주(丹朱)를 따르지 않고 순을 좇았습니다. 순은 피할 길이 없음을 깨닫고 그제야 천자의 자리에 앉아, 우를 재상으로 삼고 요의 보좌역에 의지하여 요의 유업을 계승하였습니다. 그러므로 소매를 늘어뜨리고 팔짱을 낀 채 아무일도 하지 않고도 천하를 다스릴 수 있었습니다. 공자가 '소(韶)는 아름다움을 다하고 또한 선을 다한다'고 말씀한 것은 이런 뜻을 두고 한 말입니다.

은의 주왕(紂王)에 이르러 하늘을 거역하고, 사물을 함부로 하여 어진이를 죽이고 백성을 학대했습니다. 백이(伯夷)나 태공(太公:주 무왕의 참모)은 모두 당시의 현인이었으나 은둔하여 주의 백성이 되지 않았으며, 벼슬아치도 모두 달아나서 황하나 바닷가로 갔습니다. 천하는 어지러워지고 만민은 불안에 떨었습니다. 그리하여 천하의 사람들은 은을 떠나 주를 따랐던 것입니다.

주 문왕은 천명을 따라 만물을 다스리고, 스승으로서 성현을 발탁해 썼습니다. 이에 굉요(閎夭)·대전(大顚) 산의생(散宜生) 등이 조정에 모여들었습니다. 사랑이 만민에게 미쳐 천하의 인심은 주로 돌아갔습니다. 그제야 태공도 바닷가에서 일어나(어부 생활을 하고 있었음) 삼공(三公)의 지위에 앉았습니다.

당시 은의 주는 아직 위(位)에 있어 존비(尊卑)가 혼란하고 백성은 뿔뿔이 도망쳤습니다. 그리하여 문왕은 백성을 안심시키려고 애썼습니다. 그런 터라 해가 높이 뜨도록 조반을 들 겨를이 없었던 것입니다. 공자는 《춘추》를 지을 때 왕을 밝히고 나서 만사를 뒤에 기록했습니다(신년에 왕정월이라 쏨). 이야말로 무관(無冠)의 제왕으로서의 문법을 보인 것입니다(본래 역사의 서술은 제왕에게만 허락되었지만, 난세여서 지을 사람이 없어 공자는 임금이 아니지만 제왕 대신에 역사를 쏨). 이것으로 본다면 제왕의 길의 큰 줄기는 같지만, 안락과 고난의 차가 있는 것은 그들이 만난 시대가 다른 까닭입니다. 공자가 '무(武)는 미를 다하였을 뿐, 아직 선을 다하지 못했다(무왕은 폭력으로 혁명을 일으킨 점에서 덕이 완전치 못하다는 뜻)'라고 말한 것도 그 뜻입니다.

소신이 듣건대, 제도·문명·채색, 흑색과 황색의 장식은 존비를 분명히 하고 귀천에 차등을 두어, 덕 있는 자를 격려하기 위한 것이므로 《춘추》에서는 새로이 천명을 받았을 적에 먼저 정해 둘 일은 정삭(正朔)을 고치고 복색을 바꾸는 것이었습니다. 이것이 하늘에 응하는 길이라 말씀합니다. 이렇게 볼 때에 공자가 '사치하면 불손해지고, 검소하면 고루해진다'고 말한 것처럼 검소는 성인의 마땅한 제도가 아닙니다. 소신도 좋은 옥은 결코 다듬는 일이 없다고 듣고 있습니다. 본바탕이 더 없이 아름답다면 굳이 깎을 필요가 없다는 것이겠지만, 이것은 달항(達巷)의 당인(黨人)들이 배우지 않고도 지혜를 갖추고 있었다고 하는 것과 다름 없습니다(달항은 고장 이름. 당은 5백 호의 마을). 이로 본다면 보통 옥은 다듬지 않으면 무늬가 생기지 않으며 군자는 배우지 않으면 그 덕이 성취되지 않습니다.

소신이 알기로는 성왕이 천하를 다스릴 때에, 백성이 어릴 때는 학문을 닦게 하고, 장성하면 벼슬을 주어 재능을 보고, 작록으로써 그 덕을 기르고, 형벌로써 악을 눌렀습니다. 그러므로 백성은 예의에 밝게 되고, 윗사람 범하기를 부끄럽게 여겼습니다.

무왕이 의병을 일으켜 폭군을 물리친 뒤, 주공은 예악을 지어 공적을 빛냈습니다. 성왕·강왕의 성세에 이르러 감옥이 비게 된 지 40여 년, 이 또한 교화의 침윤과 인의의 유행에 의함이지 단순히 몸에 상처를 내는 형벌의 효과는 아니었습니다.

진(秦)에 있어서는 사정이 달랐습니다. 신불해(申不害)·상앙(商鞅)의 법을 스승 삼아 한비자(韓非子)의 설을 행하고 오제(五帝)·삼왕(三王)의 도를 싫어하고, 탐욕으로써 백성의 기풍을 이뤘습니다(법가의 이론에서는 사람의 본질을 공리심에서 구하며, 상벌로써 낚는 것을 방침으로 삼음). 천하를 교훈할 문덕(文德)은 없고, 명목을 가지고 실질을 책한다 하면서 명목을 책할 뿐 실질에는 눈이 미치지 못하여 착한 자일지라도 반드시 형을 면하지는 못하고, 죄를 범한 자도 반드시 벌을 받지는 아니했습니다.

그런 결과로 백관은 모두 공언허설(空言虛說)을 꾸며 실질을 돌아보지 않고, 겉으로는 임금을 섬기는 예를 갖추면서도, 속으로는 윗사람을 속이는 마음을 품고 있었습니다. 거짓말을 하고 겉치레에 빠지며 이익을 추구하여 부끄러움을 모르고, 게다가 잔혹한 하급 관리를 두어 가렴주구(苛斂誅求)로 백성의 재산을 착취했습니다. 인민은 뿔뿔이 도망쳤으니 밭을 일구고 옷감을 짜는 생업에 종사할 수가 없게 되고, 도둑 떼가 때를 맞춰 일어났습니다. 그리하여 벌 받는 사람들이 심히 많고 죽임을 당한 이들이 즐비하건만 범죄는 그치지 않았습니다. 풍속의 변화가 그렇게 만든 것입니다. 그러므로 공자는 '이를 지도하는 데 법령으로써 하고, 이를 규제하는 데 형벌로써 하면 백성들은 형벌만 면할 수 있으면 무슨 짓을 하든 부끄러워하지 않는다'고 했음이 바로 이런 일입니다.

지금 폐하께서는 천하를 영유하시니, 나라 안에 복종하지 않는 이가 없습니다. 널리 천하를 바라보고 만민의 소리를 듣고 군신의 지혜를 다하여 천하의 아름다움을 다하시니, 높은 덕은 찬연히 해외에까지 미치고 있습니다. 야랑(夜郞 : 서남의 만족)이나 강거(康居 : 서역의 나라) 등, 만리나 떨어져 있는 외국조차 폐하의 덕의에 열복하고 있습니다. 이는 태평의 결과입니다. 그러하오나, 아직도 공덕이 만민에게 미치지 못하고 있는 것은 아마도 왕자(王者)의 마음이 곁들여져 있지 않은 탓이 아닐까 합니다.

증자(曾子)의 말에 '들은 바를 따르면 고명해질 것이 그 아는 바를 행하면 광대(光大)해질 것이다'라는 게 있습니다. 고명·광대하게 되려면 다름이 아닌 그 마음을 곁들이는 것만으로 충분합니다. 그러므로 폐하께서는 들은 바를 쓰시고, 속에 성심을 지니고 다음의 일을 실행하신다면, 삼왕의 공적에 결코 못지 않게 될 것입니다.

폐하께서는 친히 적전을 갈아 농민의 모범이 되고, 아침 일찍 일어나 야밤까지 백성을 위하여 고생하며 상고의 도를 생각하고, 애써 어진 선비를 구하고 계십니다. 이는 요순의 마음과 같습니다. 그러나 아직껏 어진 선비를 얻지 못하였음은 평소 선비를 기르지 않았던 까닭입니다. 도대체 평소부터 선비를 양성하지 않고 어진 선비를 얻으려 하는 것은, 옥을 갈지 않고 아름다운 무늬를 구하려 하는 것과 같습니다. 선비를 기름에는 태학(太學)이 으뜸입니다. 태학은 어진 선비의 근거이며 교화의 본원입니다. 지금도 한 고을 한 나라의 많은 사람 가운데서 경서(經書)의 뜻에 맞는 답을 한 사람이 하나도 없었다고 합니다. 이렇게 되면 왕도가 갈수록 쇠퇴해질지도 모릅니다. 소신은 생각하건대, 폐하께서 태학을 부흥시키고, 훌륭한 스승을 두어 천하의 선비를 기르며, 가끔 시문(試問)하여 그 재능을 다하게 한다면 뛰어난 인물을 구할 수가 있을 것입니다.

지금의 현령·군수는 백성의 스승입니다. 임금의 덕을 받들어 교화를 펴는 것이 임무입니다. 그런데 스승이 어질지 않으면 임금의 덕은 퍼지지 못하여, 은공이 백성에게 미치지 못합니다. 오늘날 하급 관리들은 본래 백성을 가르칠 줄을 모르기 때문에, 개중에는 주상의 법을 지키지 않고 백성을 학대하며 악인과 장사를 하는 자도 있으니, 가난한 사람과 어린 고아들은 무고한 죄에 시달리며 일자리를 얻지 못하고 있습니다. 이 또한 폐하의 마음 쓰심에 어긋나는 일입니다. 그런즉 음양의 기풍이 어지럽고 요기가 가득 차서, 살아 있는 만물이 제대로 성장하지 못하고, 백성은 안심하고 살아가기 어렵게 되었습니다. 이 모두가 지방관의 불명(不明)이 초래한 결과입니다.

본래 지방관은 대부분 낭중(郎中)·중랑(中郎)에서 나왔습니다만, 2천석인 관리의 자제는 아버지의 덕으로 낭관이 될 수 있고, 달리 조정에 헌금함으로써 낭관이 되는 길도 있습니다. 이렇고 보면 지방관 모두가 어진 이라 할 수는 없습니다.

게다가 옛날에 말하는 공적이란 벼슬을 맡고 직책에 맞는 것으로 등급을 매겼기 때문에, 근속 연수(勤續年數)를 말하는 것이 아니었습니다. 그러므로 재주가 적은 사람은 아무리 오래 벼슬자리에 있어도 하급 자리에서 떠날 수 없고, 어진 이는 아무리 짧게 근무했으나 천자의 보좌가 되어도 상관 없었던 것입니다.
 그렇게 함으로써 관리는 지혜를 다하여 업적을 남기려 애썼습니다. 지금 사정은 그렇게 되어 있지 않습니다. 그저 오래만 있으면 출세하고, 해를 쌓기만 하면 벼슬이 높아집니다. 이리하여 청렴과 오예가 뒤섞이고, 현인과 우인이 섞이어 진실의 구분이 어렵게 되는 것입니다.
 소신의 어리석은 생각으로는 제후·군수·2천석(京都知事 등) 등에 명하여, 각자의 지방에서 관리 중 어진 자를 뽑아 매년 둘씩 차출케 하여 이들에게 대궐의 숙위를 맡기고, 아울러 이로써 대신의 능력을 조사하는 단서로 삼았으면 어떨까 합니다. 즉 차출된 자가 어질면 추천한 대신에게 포상하고, 차출된 자가 어리석으면 해당 대신에게 벌을 주는 것입니다. 이렇게 되면 제후나 2천석의 관리 모두가 현인 발탁에 마음을 다하여 천하의 선비들이 모두 벼슬길에 오르게 될 것입니다.
 널리 천하의 현인을 얻을 수 있다면, 삼왕의 성대도 쉽사리 재현될 수가 있고, 요순의 공명도 얻게 될 것입니다. 연한이 깊음을 공적으로 삼지 말고, 실지로 시험해 본 능력을 첫째로 하여, 재능을 재어 벼슬을 주고, 덕을 따져 자리를 주게 되면 청렴과 오예가 길을 달리하고 현인과 우인이 자리를 나눌 것입니다.
 폐하께서 각별하신 생각으로 소신의 죄를 너그럽게 하시고, 법망에 걸리지 않고 생각한 대로의 간언을 드릴 수 있도록 윤허해 주시니, 어찌 우견인들 개진치 않사오리까."
 이에 천자가 다시 물었다.
 "하늘을 잘 말하는 자는 반드시 사람에게도 징험(徵驗)이 있고, 옛 것을 잘 말하는 자는 반드시 지금에도 증거가 있다고 하였다.

그럴진대 짐은 하늘과 사람의 감응을 하문하여, 위로는 요순의 빛나고 번영하는 도를 흠앙하고, 아래로는 걸주가 쇠망해 가는 도를 딱하게 여기어, 허심탄회 내 잘못을 고치려 했다. 이제 그대들은 음양이 만물을 생성케 하는 모습을 밝히고, 옛 성인의 유업을 배우고 있다. 그런데 그 문장이 아직도 뜻을 다하지 못하고 있으니, 혹 당세의 일에 미혹된 기운 탓일까.

옛 제왕의 사리(事理)와 정치의 기강은 아직도 밝혀지지 않았다. 생각컨대 짐의 눈이 어두운 까닭일까. 그렇지 않다면 짐의 귀가 먼 탓일까. 그런데 삼왕의 가르침은 그 근원이 같지 않고 각자 잘못이 있었다고 한다. 그런데도 어떤 이는 영구히 변할 수 없는 것이 도라 한다. 이 두 설이 혹 모순되는 게 아닐까. 지금 그대들은 대도의 극을 밝히고 치란(治亂)의 단서를 말했으나, 좀 더 깊이 구명하고 반복 숙고하라.

《시경》에 '아, 그대 군자여. 항상 안식을 취하지 말라. 신이 이를 듣는다면 그대의 크나큰 복을 도우리라' 하지 않았는가. 짐이 친히 보겠으니 그대들은 힘써 그 뜻을 해명하라."

중서는 다시금 대책하여 아뢰었다.

"《논어》에 '처음이 있고 끝이 있는 자는 오직 성인뿐인가' 라고 했습니다. 지금 폐하께서는 다행히도 각별하신 생각으로 천학인 소신의 말씀을 경청하시고, 다시금 현문을 내리시어, 소신의 뜻을 자세히 따져 묻고 성덕의 한계를 밝히라 하셨습니다. 하오나 소신 같은 어리석은 자가 도저히 답변할 수 없는 일입니다.

앞서 올린 대책에서, 옛 제왕의 사리와 정치의 기강을 완전히 말씀 드리지 못했고, 말에 조리가 없고 취지가 밝지 못했던 것은 소신이 천박한 탓이옵니다.

책문에 '하늘을 잘 말하는 사람은 반드시 사람에게 징험이 있고, 옛것을 잘 말하는 사람은 반드시 지금에 증거가 있노라' 하셨습니다. 소신이 아는 바로는 하늘이란 만물의 조상이므로, 두루 덮고 또한 포함하되 차별이 없고, 일월과 풍우를 베풀어 만물을 화하게 하고, 음양과 한서를 바탕 삼아 만물을 성장케 합니다. 그러므로 성인이 하늘에 따라 도를 세우게 되면, 하늘처럼 박애하며 공평무사하게 됩니다. 덕을 펴 인을 베풀어 백성을 사랑하고, 의를 베풀어 예를 세워 백성을 이끕니다. 봄이란 하늘이 생물을 낳기 위함인 것, 인이란 임금이 백성을 기르기 위함인 것, 여름이란 하늘이 생물을 성장시키기 위함인 것입니다. 덕이란 임금이 백성을 기르기 위함인 것, 서리란 하늘이 생물을 죽이기 위함인 것, 형이란 임금이 백성을 벌 주기 위함인 것입니다. 이것으로 볼진대, 하늘과 사람의 감응의 표시란 고금을 통해 변할 수 없는 도리인가 합니다.

공자가 《춘추》를 지을 즈음, 위로는 천도(天道)를 헤아리고, 아래로는 인정에 맞추며, 옛것에 비추고, 당세를 생각해 본 것입니다. 그리하여 《춘추》가 비방한 상대에는 재해가 내리고, 《춘추》가 미워하는 상대에는 괴변이 일어나고 있습니다. 《춘추》는 국가의 과오를 씀과 동시에 재이(災異)의 변을 밝히고 있습니다. 이로써 생각할 때 사람이 하는 일이란 좋고 나쁨의 극단으로서, 천지와 유통하여 서로 상응하는 것이옵니다. 이것도 '하늘을 잘 말하는' 것의 일단입니다.

옛날에는 교훈하는 벼슬을 귀중히 여겨 힘껏 도덕으로써 백성을 교화했습니다. 백성이 크게 감화된 뒤에, 천하는 일찍이 한 사람의 죄인도 없었습니다. 당세는 그러한 이 벼슬을 폐지하여

돌아보지 않기 때문에 백성을 교화할 자가 없었습니다. 때문에
백성은 도의를 버리고 재리(財利)에 목숨을 겁니다. 그러므로 법
을 어기고 죄에 걸리는 자가 많으며, 한 해의 범죄만도 수만·수
천에 이릅니다. 이것으로 볼 때에 옛 도를 사용하지 않으면 안
됩니다. 그러므로 《춘추》에서는 옛법을 바꾸려는 자가 있으면 이
를 비방하고 있는 것입니다.

 하늘의 명령, 이것이 명(命)입니다. 명이란 성인이 아니면 행
할 수 없습니다. 날 때부터의 성질, 이것이 성(性)입니다. 성은
교화하지 않으면 완성 못합니다. 사람의 욕심, 이것이 정(情)입
니다. 정은 법도가 아니고는 절제가 어렵습니다. 그러므로 임금
은 위로 향하여는 천의(天意)를 받습니다. 명에 따르기 위해서입
니다. 아래로 향하여는 힘써 가르침을 밝혀 백성을 감화시킵니
다. 성을 완성시키기 위해서입니다. 법도의 구별을 바로잡고 상
하의 차등을 구분합니다. 욕심을 막기 위해서입니다. 이 세 가지
를 바로잡으면 정치의 근본이 이루어지는 것입니다.

 사람은 하늘로부터 명령을 받으며 본래 다른 생물보다 뛰어난
것입니다. 가정에 있어서는 부자·형제의 친함이 있고, 밖에 나
가서는 군신 상하의 의리가 있고, 사람과 어울려서는 장유의 차
례가 있습니다. 사람과 접하는 데에 찬연한 아름다움이 있고, 사
람을 사랑하는 데에 즐거운 은혜가 있습니다. 이것이 사람이 귀
한 까닭이 되는 것입니다. 하늘이 오곡을 낳아 사람으로 하여금
먹게 하고, 뽕나무와 삼을 심어서 옷을 만들어 사람에게 입히고,
육축(六畜: 소·양·말·돼지·개·닭)을 낳아 사람을 기르는 것도,
사람이 소를 부리고, 말을 타고, 호랑이나 표범을 우리 속에 넣
는 것도, 모두가 천령(天靈)을 얻고 있으며, 딴 생물보다 귀한 까

닭입니다.
 그리하여 공자도 '천지의 성(性)은 사람으로 하여금 귀하게 한다'라고 했습니다. 이 천성을 깨달으면 스스로가 다른 것보다 귀함을 알 것입니다. 스스로가 귀함을 알게 됨으로써 인의(仁義)를 알게 될 것입니다. 인의를 알아야 비로소 예절을 중하게 알 것입니다. 예절을 중하게 알아야만 비로소 마음 놓고 선도(善道)에 몸을 둘 것입니다. 마음 놓고 선도에 몸을 맡기게 되면 비로소 즐거이 도리를 지키게 될 것입니다. 그리하여 공자가 '명을 알지 못하면 결코 군자라 할 수 없다' 한 것도 이 뜻입니다.
 책문에 '위로는 요순의 빛나는 도를 흠앙하고, 아래로는 걸주가 쇠망하는 도를 딱하게 여기어 허심탄회 내 잘못을 고치려 한다'라고 하셨습니다. 소신이 들은 바로는 '적은 것도 모이면 많아지고, 작은 것도 쌓이면 큰 것을 이룬다'는 속담이 있습니다. 그러니 성인이란 모름지기 어둡고 미천한 신분에서 비롯하여 빛나는 신분에 이르는 것입니다. 즉 요는 제후 출신이고, 순은 산속에 살던 천한 사람이었습니다. 천자와 같은 지위는 차츰차츰 노력하여 얻었을 것입니다. 말은 자신 속에서 나와 막을 길이 없고, 행동은 자기 몸에서 나와 숨길 수가 없습니다.
 언행이야말로 정치의 대사이며, 군자가 천지를 움직이는 도구입니다. 그러므로 하찮은 작은 일에도 마음을 쓰면 위대해지고, 자잘한 일에도 근신하면 고명해질 것입니다. 《시경》에 '이처럼 문왕은 극히 소심하였다'고 했습니다. 그리하여 요는 행동을 삼가며 매일 그 도를 행하고, 순은 외경하여 매일 효행했습니다.
 그런 까닭에 선행이 쌓여서 이름이 드러나며 인덕이 밝아져 높은 신분이 되었습니다. 이것이 빛나고 번영하는 길입니다. 몸에 선행이 쌓인다 함은 마치 키가 날로 커지는 것을 알지 못하는 것과 같은 것이며, 악행이 몸에 쌓이게 됨은 흡사 불이 기름을 녹이면서도 사람 눈에 띄지 않는 것과 같은 일입니다. 성정을 살피고 풍속을 익혀 아는 자가 아니면, 누구든 밝게 깨닫기 어렵습니다. 이야말로 요순이 영명(令名)을 얻게 된 까닭이며, 걸주가 두려워한 연유인 것입니다.

무릇 선에 선이, 악에 악이 따르는 것은 그림자가 형태에, 울림이 소리에 응하는 것과 같습니다. 즉 폭군 걸주 때에는 적신(賊臣)이 일제히 출세하고 현자는 숨어 지냈습니다. 악이 날로 성해 나라는 점차 어지러워졌습니다. 그런데도 걸주는 태연하여, 자신이 하늘에 걸린 태양처럼 생각하고 있는 동안에 마침내 쇠미하여 붕괴되었습니다. 원래 폭려불인(暴戾不仁)한 임금일지라도 하루에 망하지는 않습니다. 차차 멸망케 되는 것입니다. 그러므로 걸주가 비록 무도했으나, 10여 년 간이나 나라를 유지했으니, 이것이 쇠망해 가는 길입니다.

책문에 '삼왕의 가르침은 그 근원이 같지 않고, 각각 잘못이 있었다고 듣고 있다. 그런데도 어떤 이는 영구히 변하지 않는 것이 도라고 말한다. 양설이 모순되는 게 아니냐'라고 하셨습니다. 소신이 듣건대는 즐기면서도 문란하지 않고, 되풀이해도 싫증나지 않는 것을 도라고 합니다. 도란 만세에 이르러도 무너지지 않고, 무너짐은 도를 잃었을 때에 일어납니다. 선왕의 도에도 필시 너무 치우쳐 떨치지 못하는 게 있습니다. 그런즉 정도(政道)에 어둡고 행하지 못한 게 있으면 그 치우침을 거두어 무너진 곳을 보완해야 합니다. 삼왕의 도에 있어 그 근원이 같지 않음은 상반되는 것이 아니라, 지나쳤음을 바로잡고 쇠한 것을 도와 일으키려는 때문입니다. 시세(時勢)의 변화가 이렇게 만든 것입니다. 그러므로 공자는 '무위(無爲)로써 다스려지는 자 곧 순(舜) 정도일까' 했습니다. 순은 역(曆)을 고치고 복색을 바꾸어 천명을 따랐을 뿐, 그 외에는 모두 요의 도를 따라 아무것도 고치려고는 하지 않았습니다. 즉 왕은 명목상 제도를 바꾸는 일은 있어도, 실질적으로 도를 바꾸는 일은 없습니다. 그렇긴 하나 하(夏)는 소박함을 장려하고, 은(殷)은 신에의 경건함을 존중하고, 주(周)는 문명을 귀중하게 여겼습니다. 이는 전대를 이어 그 폐(弊)를 바로잡는 데 필요한 수단이었습니다. 공자의 말에 '은은 하의 예에 인함이니 손익을 알 것이요, 주는 은의 예에 인함이니 손익을 알 것이며, 또한 주를 계승하는 것은 백세(百世)라 할지라도 알 것이로다' 라고 했습니다. 그 뜻은 백대의 왕이라 할지라도 결국 이 세 가지 수단에 그치리라는 것입니다. 하는 우(虞)에 기인했지만, 그 손익을 말하지 않음은 그 도가 하나였고 숭상하는 바가 같았기 때문입니다. 도의 큰 근본은 하늘에서 나왔습니다. 하늘은 변하지 않습니다. 도도 변함이 없습니다. 그러므로 하의 우(禹)는 우(虞)의 순(舜)을 계승하고, 순은 요를 계승하여 삼성(三聖)이 서로 받들어 하나의 도를 지켜, 전대의 폐를 바로잡는 정책이 필요하지 않았기 때문에 손익을 말하지 않은 것입니다.

 이것으로 볼 때에 잘 다스려진 세상을 계승할 때는 그 도가 같고, 난세를 이어받을 경우에는 그 도가 변합니다. 지금 한은 큰 난리의 뒤를 이어받았기 때문에, 다소 주의 문명을 줄이고 힘껏 하의 소박함을 따름이 좋지 않을까 생각합니다.

 폐하께서는 밝은 덕과 훌륭한 도를 지니고, 풍속의 경박함을 연민하고 왕도의 불명을 딱하게 여기십니다. 그러므로 현량·방정한 선비를 뽑아 논의로써 시문(試問)하십니다. 인의의 미덕을 일으키고, 옛 성왕의 법도를 밝히며, 태평의 도를 세우려는 뜻이옵니다. 소신은 어리석어 들은 바를 술회하고, 배운 바를 외어 스승의 말씀을 전하는 데는 그럭저럭 적합할 것이오나, 정사의 득실을 논하고 천하의 성쇠를 생각하는 것은 대신(大臣) 보좌의 직이나 삼공(三公)·구경(九卿)이나 할 만한 임무이며, 소신 중서가 미칠 바가 못 되는 일입니다.

그러면서도 소신은 은근히 의심되는 일이 있습니다. 대체로 옛날의 천하도 지금의 천하이고 지금의 천하도 옛날의 천하인데, 같은 천하로서 옛날에는 잘 다스려졌습니다. 상하가 화목하고 풍속이 아름답고, 시키지 않아도 선이 행해지고, 금하지 않아도 악이 그쳤습니다. 관리는 사악을 모르고, 민간에 도둑이 없어 감옥은 비어 있고, 덕은 사해에 떨쳐 은혜는 사해를 덮고, 봉황이 모이고 기린이 와서 놀았습니다. 옛날을 지금과 비교하면 얼마나 차이가 심합니까. 뭐가 잘못됐기에 이토록 퇴폐하여졌습니까. 생각컨대 옛 도를 거역하고 하늘의 이치를 어긴 일이 있지 않았겠습니까. 옛 도를 밟아 하늘의 이치에 되돌아갈 수 있다면 혹 성대의 모습을 다시금 볼 수 있을지도 모르겠습니다.

원래 하늘이 주는 것에도 분별이 있습니다. 이를 준 것에는 뿔을 주지 않고, 날개를 붙인 것에는 다리를 두 개로 줄였습니다. 즉 큰 이득을 얻은 것은 그 위에 작은 이득까지 얻기 어려운 것입니다. 옛날 녹을 얻게 되는 자는 밭을 갈아 먹지 않고, 공상(工商)의 업을 하지 않았습니다. 이것도 대리(大利)를 취한 자가 소리를 얻기 어려운 예이니 하늘의 의도와 같습니다. 당초 대리를 취한 자가 소리조차 취하게 되면 하늘도 만족할 리가 없습니다. 더구나 인간에 있어서는 더욱 그렇습니다. 이야말로 백성이 부족함을 원망하여 한탄하고 있는 원인입니다.

　몸이 총애를 받아 높은 지위에 오르고 가정이 온화하여 후한 녹을 먹는데도, 더욱 부귀의 자력(資力)에 힘입어 아랫 백성과 이득을 다투려 한다면 백성들은 어찌 견딜 수 있겠습니까. 그리하여 노비와 우양(牛羊)을 늘리고 논밭과 집을 넓히며 저축을 늘립니다. 이를 쉴 새 없이 힘써 백성을 억압하게 되면 백성은 날로 야위고 달로 메말라, 크게 궁핍하여 탄식하게 됩니다. 곤궁하여 탄식해도 윗사람이 구제하지 않으면 죽음조차도 피할 길이 없게 되오니, 어찌 죄를 피할 수 있겠습니까. 이리하여 형벌은 늘고 악행을 막을 길이 없는 원인이 됩니다. 그런즉 녹을 받는 집은 녹만 먹고 백성과 사업을 다투어서는 안 됩니다. 그리 해야만 이득이 균형 있게 분배되고, 백성이 고루 흡족하게 될 것입니다. 이것이야말로 천하의 이치이고 또한 태고의 도이며, 천자께서 지켜야 할 법이고 대신이 굳게 다짐해야 할 일입니다.

　옛날 공의휴(公儀休)는 노(魯)의 승상이었습니다. 자기 집에 돌아왔을 때 아내가 비단을 짜고 있는 것을 보고 화를 내어 아내를 내쫓았습니다. 관사에서 밥을 먹다가 뜰에 심은 당아욱 반찬을 보고 화를 내어 그 당아욱을 모두 뽑아 버렸습니다. '나는 녹을 먹고 있다. 그런데도 백성이나 천을 짜는 이의 벌이를 빼앗아야 될 일인가' 라고 했습니다.

　옛날의 현인이나 군자로서 관직에 있던 이는 모두 이와 같았습니다. 그러니까 아랫사람이 그 행동을 공경하고 그 가르침을 따르며, 백성이 그 청렴에 감화하여 탐함이 없게 된 것입니다. 주 왕조가 쇠함에 그 경대부(卿大夫)는 도의에 태만하고 이욕에는 성급하여 재산을 양보하는 풍이 없게 되고, 전답을 다투는 소송마저 일어났습니다. 그리하여 시인이 이를 미워하여 풍자했습니다. '험하도다 남산이여, 여기 바위는 솟아 있고, 빛나는 사윤(師尹)이여, 백성이 그대를 구경하노라.' 그대가 의를 좋아하고 백성은 선을 향하매 풍속이 좋아집니다. 그대가 이익을 좋아하면 백성은 악을 향하매 풍속이 퇴폐한다는 것입니다. 이것으로 볼 때에 천자나 대신을 아랫 백성이 본받는 것이고, 먼 곳에 있는 백성이 사방에서 엿보는 것입니다. 가까이 있는 사람은 잘 보아 본받고, 멀리 있는 사람은 바라보고 본받습니다. 어찌 현인의 위치에서 서민의 행위를 해도 좋겠습니까. 본래 서둘러 재리(財利)를 구하고 언제나 가난을 겁내는 것은 서민의 심정이며, 인의를 구하는데 골똘하여 언제나 백성을 감화치 못함을 두려워하는 것은 대신의 마음가짐입니다. '짊어지고 또 수레에 타면 도둑에 이르게 된다'고 했습니다. 수레를 타는 것은 군자의 자리에 있는 사람이고, 짐을 짊어짐은 소인의 일입니다. 이 귀절의 뜻인즉, 군자의 위치에 있으면서 서민의 행동을 하는 자에게는 반드시 환난이 덮치게 된다는 것입니다. 만일 군자의 위치에 있으면서 군자가 행해야 할 바를 하려고 한다면, 공의휴가 노의 승상이었을 때의 행위 이외에서는 본받을 게 없을 것입니다.

《춘추》에서 일통(一統)을 존중하는 것은, 이것이 천지의 상도(常道)이며 고금의 통의(通義)인 까닭입니다. 지금 스승은 도를 달리하고 사람은 논의를 달리하며, 백가(百家)는 방향을 달리하고 취향이 한결같지 않습니다. 때문에 조정에서는 일통을 보전하지 못하여 법제를 자주 바꾸니, 백성들은 무엇을 지키면 좋을지 모릅니다.

소신의 의견으로는 육예(六藝 : 六經)의 과목, 공자의 학술 이외의 제파는 모두 그 길을 근절시켜, 이것들과 나란히 세상에 유행됨을 용납하지 않아 이단 사설(異端邪說)이 멈추게 되면, 비로소 도통(道統)이 하나가 되고 법도가 밝아져 백성이 무엇을 따를지 알게 될 것입니다."

중서의 대책이 끝난 뒤 천자는 중서를 강도(江都 : 강소성)의 상(相 : 제후의 승상)으로 임명하여 이왕(易王)을 섬기게 했다. 이왕은 무제의 형이며 본래 오만하고 무용(武勇)을 즐겼다. 중서는 예의로써 왕을 교정했고 왕도 중서를 존경했다. 이윽고 왕이 중서에게 물었다.

"월(越)의 임금 구천(句踐)은 대신인 설용(泄庸)·태부종(太夫種)·범려 등과 공모하여 오(吳)를 쳐서 멸했다. 공자는 은(殷)에 삼인(三仁)이 있다 했는데, 나 또한 이를 본받아 월에 삼인[3]이 있다고 말하고 싶다. 옛날 제 환공(齊桓公)은 의문이 있으면 관중(管仲)에게 물었다. 나 또한 이 의문을 그대에게 묻고자 한다."

중서가 답하였다.

"소인은 어리석어 감히 그처럼 큰 물음에 답할 길이 없습니다. 듣건대 옛날 노(魯)의 임금이 유하혜(柳下惠)에게, '내가 제를 치려고 하는데 그대의 의견은?' 하고 물었습니다. 유하혜는, '안될 일입니다'라고 대답했습니다만, 집에 돌아와서도 우울하여 중얼거리기를, '나라를 치는 건 인자에게 묻지 않는다고 들었다. 제를 친다는 말을 왜 내 귀에 들리게 했을까?'라고 하여, 단지

---

3) 월에 삼인(三仁) ──이왕은 자기의 영지가 옛 월의 판도와 가까웠으므로, 자기 나라를 자랑하여 월에 위인이 있다고 했다.

물음을 받은 것만으로도 수치로 여겼습니다. 더구나 사계(詐計)로써 오를 친 것은 더욱 부끄러운 일입니다. 이로 볼 때에 월에는 본래 하나의 인자도 없었습니다. 대저 인자란 그 의를 바르게 하여 그 이득을 꾀하지 않고, 그 도를 밝히되 그 공을 헤아리지 않는 것입니다. 그리하여 공자의 문하에서는 어린 아이도 오패(五覇)의 일을 입에 올리는 걸 수치로 알았습니다. 패자(覇者)는 사술과 폭력을 첫째로 하고 인의를 뒤로 한 까닭입니다. 사술을 행한 탓으로 대군자의 문하에서는 입에도 오르지 못했습니다. 오패는 다른 제후에 비하면 조금 낫지만, 삼왕에 비기면 그야말로 돌과 보석의 차이와도 흡사합니다."

이왕은 '알겠노라' 하였다.

중서는 강도(江都)의 나라를 다스리는 데 있어《춘추》에 보이는 것 같은 재변(災變)에 의하여, 음양의 기운이 흐트러진 이유를 추측했다. 즉 비를 내리게 할 때는 갖가지 양기를 막고 음기를 펴게 한다(남문을 닫고 불을 금하는 따위). 비를 그치게 하는 데는 그와 반대로 하였는데, 이를 나라 안에 행하여 마음대로 되지 않음이 없었다.

중간에 실패하여 중대부(中大夫)가 되었다. 그보다 앞서 요동(遼東)의 고조의 사당과 장릉(長陵 : 고조의 능)의 고원전(高圓殿)이 불탄 일이 있었다. 중서는 그때 일 없이 집에 있었는데 그 원인을 추론했다.[4] 초고(草藁)인 채 상주하지 않았는 바, 주부언(主

---

4) ……추론했다──《한서》오행지에 중서의 이 의견을 실었다. 대의(大意)는《춘추》에 노(魯) 양관(兩觀)의 화재, 환궁(桓宮)・희궁(僖宮)의 화재가 계속 보이는 것은, 예제(禮制)를 벗어난 사치에 대한 천벌, 외람된

父偃)이 중서에게 인사하러 갔다가 그 초고를 몰래 보고 시기하여 그 글을 훔쳐 상주했다. 천자는 유생들을 불러들여 그것을 보였다. 중서의 제자 여보서(呂步舒)는 그것이 스승이 쓴 것인 줄을 모르고, '지극히 어리석은 생각이옵니다'라고 대답했다. 이로 하여 중서는 형리(刑吏)에게 넘겨져 사형을 받게 된 판국에 천자의 도움으로 특사되었다. 이후로부터 중서는 두 번 다시 재난에 관해서는 말하지 않았다.

중서는 사람됨이 청렴하고 정직했다. 이때 마침 한은 사방의 만족을 토벌하고 있었다. 공손홍(公孫弘)은 《춘추》를 배웠으나 중서에게는 미칠 바가 아니었다. 그런데도 그는 교묘히 출세하여 권력5)을 쥐고 공경(公卿)의 자리에까지 올랐다.

중서는 공손홍을 아부하는 자라고 비판했다. 홍은 중서를 원망

　신하 계씨(季氏)를 없애라는 천의(天意)였다. 지금 요동의 고조 사당이 불탄 것은 제후로서 불복한 자를 처벌하라는 천의이고, 장릉 고원전에 화재가 난 것은 부정한 대신을 처벌하라는 뜻과 같다. 이때에는 이 설이 배척되었으나 후에 淮南王의 반역이 발각되어 무안군(武安君) 전분(田粉)이 회남왕과 기맥을 통했음을 알자, 무제는 중서의 말에 뜻이 있음을 비로소 깨달았다.

5) ……교묘히 출세하여 — 공손홍은 현실적 정책의 한 장식으로서만 유학을 응용하여 승상까지 되었다. 무제는 서남이(西南夷)를 정복한 뒤 공손홍으로 하여금 시찰케 했다. 홍은 돌아와 서남이는 쓸모 없는 땅이라고 아뢰었으나 천자는 듣지 않았다. 회의가 열리자 홍은 다투지 않고 몇 가지 방안의 서두만 비쳤을 뿐, 천자가 선택하도록 함으로써 호감을 샀다. 무제가 삭방군(朔方郡)을 두었을 때도, 홍은 일단 쓸모 없다 하면서도 주매신(朱買臣)과의 논쟁에 자신이 없자, 서남이를 그만두고 삭방에 전심하라 했다.

했다. 교서왕(膠西王)은 천자의 형인데 아주 방자하여 이따금 지방 장관을 죽였다. 홍이 황제에게 아뢰기를 '교서왕의 승상으로서 마땅한 자는 동중서밖에 없을 것입니다' 라고 하였다.

교서왕은 중서가 대학자라 함을 듣고 있어 우대했다. 그러나 중서는 오랫동안 근무하면 죄에 걸리까 두려워 병을 핑계삼아 벼슬을 내어 놓았다. 중서는 전후 두 나라의 재상이 되었으나, 두 임금이 다 같이 교만했으므로 몸을 바르게 하여 신하들의 앞장에 서서 몇 번이나 상서하여 간했다. 나라 안을 교화하였으므로 변방에 이르기까지 잘 통치되었다. 벼슬자리에서 물러나와 고향에 은거했으나, 종신토록 집안의 경제를 걱정하지 않고 오로지 학문과 저서에만 몰두했다. 중서는 집안에 파묻혀 있었지만, 조정에 혹시 큰일이 생기면 사자와 정위(廷尉 : 법관) 장탕(張湯)을 보내어 중서의 의견을 묻도록 했다. 중서의 대답은 언제나 엄격히 법에 맞는 것이었다.

무제가 즉위하여 위기후(魏其侯) 두영(竇嬰), 무안군(武安君) 전분(田紛)이 승상이 됨으로써 유교가 숭상되었는데, 중서가 대책함에 이르러 공자의 가르침이 선양되어 백가의 학문은 억제되었다. 학교가 서고 주(州)나 군의 장관이 무재(茂才)·효렴(孝廉)을 추천하게 된 것도 모두 중서의 헌책으로 비롯되었다.

중서는 늙은 뒤 고향에서 일생을 마쳤다. 죽은 뒤 그의 집은 무릉(茂陵 : 섬서성)으로 옮겼다. 아들·손자가 모두 학문으로써 큰 벼슬에 올랐다.

중서의 저술은 경학(經學)의 뜻을 밝힌 것과 상소·조령(條令) 등 123편. 또 《춘추》 속의 사건의 득실을 논했다. 《문거(聞擧)》 《옥배(玉杯)》 《번로(蕃露 : 春秋繁露)》 《청명(淸明)》 《죽림(竹林)》

등의 저서 외에도 수십 편, 수십만 자가 있다. 모두 세상에 전해지고 있다(현재 번로만이 남음). 지금 그 중에서도 시대에 적절하여 나라에 실시된 말만을 들어 이 전기에 수록했다.

  찬(贊)에 유향(劉向)이 말한 일이 있다.

  "동중서는 가히 왕을 보좌할 수 있는 재능이 있다. 이윤(伊尹)·여망(呂望)일지라도 중서보다 나을 수 없다. 관중(管仲)·안영(晏嬰) 등도 패자(覇者)의 보좌였으나 아마도 중서에게는 미치지 못할 것이다."

  유향의 아들 흠(歆)은 다음과 같이 말했다.

  "이윤·여망은 성인과 같은 사람들이다. 임금도 이런 이들을 얻지 못했던들 세상에 나오지 못했을 것이다. 그런즉 공자의 수제자 안연(顔淵)이 죽었을 때, 공자는 '아, 하늘이 나를 망하게 했노라' 하고 개탄했었다. 이 사람만이 공자의 지우(智愚)를 받을 만했기 때문에, 재아(宰我)·자공(子貢)·자유(子游)·자하(子夏) 등 다른 제자로서는 미칠 바가 못 되었다. 중서는 진(秦)이 학문을 쇠하게 했던 직후의 한대(漢代)에 육경(六經)이 흩어진 때 태어나서, 장막을 치고 공부하여 큰 사업에 골몰해서 후일의 학자들이 돌아갈 곳을 정하고 유학의 우두머리가 되었다. 그러나 중서의 사우(師友)나 배움이 미친 바를 고려해 볼 때, 자유나 자하에게도 미치지 못할 것이다. 더구나 유향이 관중·안영도 중서를 따르지 못한다 함은 과찬(過讚)일 것이다."

  유향의 증손 공(龔)은 온건한 군자였는데, 그 역시 유흠의 말이 옳다고 하였다.

사마천전(司馬遷傳)

　옛날 전욱(顓頊) 시대에 남정(南正) 중(重)에게 명하여 하늘의 일을 맡게 하고, 화정(火正) 여(黎)로 하여금 땅의 일을 맡게 했다. 요순 시대에 중과 여의 후예를 길러, 다시금 그 직을 맡게 하여 하(夏)와 은(殷)에 이르렀다. 그리하여 중과 여의 가문은 대대로 이어 천지를 맡는 관직에 있었다.
　주대(周代: B. C. 12~3세기)에는 정백(程伯)과 휴보(休甫)가 중·여의 자손이었다. 주의 선왕(宣王: B. C. 9세기) 때에 이르러 천지를 관장하는 벼슬을 없애고, 당시의 왕이 명하는 관직에 의하여 사마(司馬)라 부르게 되었다. 사마씨(司馬氏)는 대대로 주의 역사를 맡은 직이었다.
　혜왕(惠王)·양왕(襄王) 무렵에 사마씨가 진(晉)에 갔다. 진의 중군(中軍) 대장 수회(隨會)는 위(魏)로 도망했다. 그리하여 사마씨는 소량(小梁: 魏의 郡, 섬서성 韓城縣)에 들어갔다. 사마씨는 주를 떠나 진에 가서, 각기 흩어져 혹은 위(衛), 혹은 조(趙), 혹은 진(秦)에서 살았다.
　위에 간 사람은 중산(中山: 나라 이름. 하북성)의 재상이 되었고, 조에 간 사람은 검술론을 지어 세상에 널리 펴서 유명해졌는데 괴외(蒯聵)는 그 후예였다. 진에 간 사람은 사마착(司馬錯)인데 장의(張儀)와 논쟁을 폈다. 그리하여 진의 혜왕은 사마착에게 명하여 병사를 이끌고 촉(蜀)을 치게 해서 마침내 함락했다. 그래서 촉의 군수가 되었다.

사마착의 손자는 사마근(司馬靳)으로, 무안군(武安君) 백기(白起) 밑에 있었다. 이 무렵 소량(少梁)을 하양(夏陽)이라 이름을 고쳤다. 사마근은 무안군과 함께 조의 장평(長平 : 산서성 高平縣)의 군사들을 생매장했으므로, 돌아와 무안군과 더불어 두우(杜郵 : 섬서성 함양현)에서 자살하라는 명령을 받아 화지(華池 : 섬서성 한성현)에 매장되었다.

사마근의 손자인 사마창(司馬昌)은 진왕의 철관(鐵官 : 쇠의 전매를 관장함)이 되었다. 진의 시황제(始皇帝) 때에 괴외의 현손인 사마앙(司馬卬)은 무신군(武信君)의 장군이 되어, 조가(朝歌 : 하남성 淇縣)를 항복받았다. 제후가 봉기하여 서로 임금이라 자칭할 때, 초(楚)의 항우(項羽)는 앙을 은의 왕으로 삼았다. 한이 초를 치니 사마앙은 한에 돌아가고 그의 영지는 하내군(河內郡)이 되었다.

사마창의 아들은 사마무역(司馬毋懌)으로 한의 시장(市長)이 되었다. 무역의 아들은 사마희(司馬喜)로 오대부(五大夫 : 제9등작)가 되었다. 그들은 죽어 다 같이 고문(高門 : 섬서성 한성현)에 묻히게 되었다. 사마희의 아들은 사마담(司馬談)으로, 태사공(太史公 : 사관)이 되었다. 그는 천문학을 당도(唐都)에게서 배우고, 역학(易學)을 양하(楊何)에게서 익히고, 도가(道家)의 학문을 황자(黃子)에게서 얻었다. 그는 건원(建元)에서 원봉(元封) 사이(B.C. 140~105)에 벼슬하였다. 세상의 학자가 진리에 이르지 못하고, 사법(師法)에만 빠져 제대로 눈뜨지 못한 것을 안타까이 여겨, 여섯 학파의 요지(要旨)를 다음과 같이 논했다.

"《역(易)》의 계사전(繫辭傳)에 '천하가 일치하여 백려(百慮)요,

하나로 돌아가니 수도(殊塗)'라 했다. 원래 음양가(陰陽家)·유가(儒家)·묵가(墨家)·명가(名家:윤리학파)·법가(法家)·도가(道家)란, 모름지기 모두 천하를 다스리는 것을 목표로 삼는 사람들이었다. 다만 각자 주장하는 방향이 다르고, 가볍게 보는 부분과 힘을 기울이는 부분의 차이가 있을 뿐이다.

살펴보건대, 음양가의 도(道)란 심히 미신적(迷信的)이어서 사물에 대한 기피가 많다. 이에 빠진 사람은 그것에 구애되어 근심만 하게 된다. 그러나 음양가가 사계(四季)의 크나큰 순환을 정리한 공적은 인정하지 않을 수 없다.

유가의 설은 넓으나 요점이 적다. 힘은 들였으나 보람이 별로 없다. 그런즉 이 설 또한 전부는 따르기 어렵다. 그렇지만 유가가 군신(君臣)·부자(父子)의 예의를 펴고 부부·장유의 구분을 세운 점은 움직일 수 없는 진리이다. 전부 따르기는 어렵다. 다만 주장하는 바, 농업을 중시하고 소비를 억제하자는 뜻은 버릴 수가 없다.

법가의 주장은 너무 엄격하여 은애(恩愛)의 정이 결여되어 있다. 하지만 법가가 군신 상하의 분수를 바로잡으려 한 것은 움직일 수 없는 이론이다.

명가는 모름지기 사람으로 하여금 구격에 맞는 사고 방식만을 가르친다. 그리하여 궤변에 빠져 진실을 놓쳐 버리는 일이 많다. 그러하나 명가가 명목과 실질의 합치를 추구한 공적은 인정하지 않으면 안 된다.

도가란 정신을 안으로 집중시켜 외부의 유혹에 끌리는 일이 없이, 무형의 자연 법칙에 어울리도록 행동하며, 무욕(無慾)이 됨으로써 만물의 실질대로에 만족토록 일깨워 준다. 도가의 도란 음양가가 가르치는 우주의 순환 법칙에 의하여 유가·묵가의 좋은 점만을 따고, 명가·법가의 요점을 파악하여, 시세(時世)에 따라 옮기고 대상에 응하여 변화한다.

풍속을 바꾸어 실지로 시행하는 경우 맞지 않는 것이 없다. 그 본뜻은 간략하여 지키기 쉽다. 일은 적으면서 효과는 크다. 유가는 그렇지 않다. 그들은 말한다. '군주는 천하의 모범이다. 군이 주창하면 신이 따른다. 군이 앞서고, 신이 뒤따른다'라고. 이렇게 되면 군주가 애를 쓰고 신하는 편하게 되는 셈이 된다.

이에 대하여 도가가 말하는 대도(大道)의 요지는 강한 마음이나 욕심을 없애고 지혜를 버리는 데 있다. 유가는 이를 버려 두고 정치 기술에 의존한다. 무릇 정신이란 심하게 움직이면 헤어지며, 너무 혹사한 육체는 망가지기 쉽다. 정신과 육체가 빨리 시드는 일을 하면서, 천지와 더불어 영원히 살고 싶어 하여도 이루어진 예가 없다.

저 음양·사계(四季)·팔괘(八卦)의 방위, 십이지(十二支), 이십사절후(二十四節候)에 각기 금기(禁忌)가 붙어 있어 이를 따르면 번영하고, 이를 어기면 멸망한다고 음양가는 말하고 있으나, 반드시 맞지는 않는다. 때문에 나는 '이에 빠지는 사람은 그것에 구애되어 걱정만을 하게 된다'고 말하는 것이다.

그러나 봄철에는 싹이 트고 여름철에 자라, 가을에 거둬들이고 겨울에 저장한다는 것은 천도(天道)의 대법칙이다. 이에 따르지 않으면 천하를 다스리는 대강(大綱)이 이루어지지 못한다. 그러므로 나는 '음양가가 말하는 사계의 크나큰 순환은 인정하지 않을 수 없는 진리'라고 말하는 것이다.

유가는 육경(六經)을 가지고 모범을 삼는다. 육경을 해석한 책은 몇 천 몇 만에 이르고, 몇 대에 걸쳐도 그 학문에 정통하기 어렵다. 어릴 때부터 장년에 이르기까지 해도 그 예(禮)를 다 터득할 수 없다. 그러므로 나는 '넓지만 요점이 없고 힘은 들지만 보람이 적다'고 말하는 것이다. 그렇지만 유가가 군신·부자의 예를 설명하고, 부부·장유의 구별을 세운 점만은 다른 어느 학설로도 이를 움직일 수가 없다.

묵가 역시 요순을 존경하여 그의 덕행을 말하기를, '요순의 궁전의 높이는 석 자, 흙 계단은 3층이다. 지붕을 덮은 역새는 끝을 고르게 자르지 않은 채 있고, 상수리나무의 서까래도 끝을 끊어 내지 않았다. 토기로 밥을 먹고 투박한 잔에다 물을 마시며, 쓿지 않은 수수밥에 명아주와 콩잎국을 마셨다. 여름에는 갈포 옷, 겨울에는 사슴 가죽으로 만든 털옷을 입었다. 죽은 자를 장사지냄에 있어 관의 두께는 겨우 세 치, 곡하는 데도 몸에 지장이 없도록 한다'라고 하였다.

묵가의 주장에 의하면, 장례는 만민이 한결같이 꼭 그래야 된다고 한다. 그래야만 천하가 모두 그 예에 의하여 존비(尊卑)의 구별이 없어진다고 하였다. 대저 시대가 바뀌면 사람이 하는 일도 반드시 한결같을 수 없다. 그런즉 나는 '검약하여 지키기 어렵다'라고 말하였다. 묵가의 요지는 '농업에 힘쓰고 소비를 억제함은 사람마다 집마다 잘 사는 길이다'라고 한다. 이는 묵가의 장점이요 어떠한 학설로도 감히 없앨 수 없는 진리다.

법가는 친소(親疏)의 구별이나 귀천의 차별 없이 모든 것을 법으로 따진다. 이렇게 되면 친척을 친척으로서 사랑하고, 어른을 어른으로서 존경하는 정이 없어진다. 한때의 계략으로는 사용될 수 있지만, 오래 이용할 수 있는 길은 아니다. 그러므로 나는

'엄격하여 은애의 정이 결여되어 있다'라고 말하는 것이다. 하지만 군주를 존경하고 신하를 낮추며, 직분의 분담을 분명히 함으로써 각자의 분수를 벗어나서는 안 된다는 점에서는 어떠한 학파일지라도 따르지 못할 것이다.

명가는 일을 세밀하게 파고들어가 사리를 따지니, 듣는 사람은 본래의 뜻을 잊어 버리기 쉽다. 오로지 논리만 맞추려 하기 때문에 인정에 소홀하게 되기 십상이다. 그러므로 '사람으로 하여금 규격에 맞는 사고 방식을 하게 하여 진실을 놓쳐 버리게 함이 많다'라고 하는 것이다. 그러나 명목을 내세워 이에 알맞은 실질을 요구하고, 명(名)과 실(實)을 참조하여 일을 빠짐 없이 알려고 하는 점은 인정할 수밖에 없다.

도가는 무위(無爲)이다. 동시에 또한 '못함이 없다'라고 말할 수 있다. 그의 실질은 행하기 쉬운 것이지만, 그 말은 이해하기 어렵다. 그 도는 허무를 근본으로 하여 인순(因循: 자연에 맡기는 것)을 작용으로 삼는다. 고정된 자세라든가 일정한 형태가 없으므로 만물의 본질을 궁구할 수 있다. 사물의 선후로 삼지 않으므로 만물의 주인이 될 수 있다.

법은 있으나 일정한 법은 없다. 시세에 따라 일을 한다. 척도(尺度)가 있기는 하나 고정돼 있지 않다. 상대에 따라 진퇴한다. 그러므로 '성인은 기교가 없으며 때의 변화를 지킨다'고 한다. 허(虛)는 도의 본질이고, 인(因)은 군주의 대강(大綱)이다(군주 자신은 스스로를 공허하게 하고 만백성의 의사에 따르는 것이 정치).

여러 신하가 함께 이르면 각자 그 정체를 보이도록 함이 좋다. 즉 그 말에 실적이 따라 있으면 그것을 정언(正言)이라 한다. 공언을 들어 주지 않으면 나쁜 일이 생기지 않는다. 현우(賢愚)가 저절로 구분되어 흑백이 이에 나타난다. 신하를 부리려 생각하면 얼마든지 마음대로 쓸 수 있다. 어떠한 일이든 안 될 바가 없다. 이래야 그 혼돈의 대도에 합치한다. 천하에 빛나는 영예를 드높여 다시금 자연으로 돌아가는 것이다.

사람이 산다는 건 정신의 덕택이다. 정신이 의지하는 것은 육체이다. 정신을 너무 쓰게 되면 닳아지고, 육체를 혹사한면 부서진다. 육체와 정신이 분리되면 죽는다. 죽은 자는 다시 살아나지 않는다. 헤어지면 다시 만나지 못한다. 이럴진대 정신은 삶의 근본이요, 육체란 삶의 도구라 할 수 있을 것이다. 우선 정신과 육체를 안정케 하는 일을 하지 않고, '나는 천하를 다스리는 도를 알고 있다'고 말한들 무엇으로써 다스린다고 할 것인가.

태사공(太史公)은 본래 천문(天文)의 벼슬을 맡은 직책이었기 때문에 백성을 다스리지는 않았다.

천(遷)이라는 아들이 있었다. 그는 용문(龍門 : 섬서성 한성현 북쪽)에서 태어났다. 황하의 북쪽 용무산의 남쪽에서 밭을 일구고 가축을 길렀다. 열 살에 고전(古典)을 암송했다. 스무살에 남쪽 양자강·회수(淮水)의 강가에서 놀고, 회계산에 올라 우혈(禹穴 : 우왕은 회계산에서 붕어하여 이곳에 장사 지냈다 함)을 찾고, 구의산(九疑山 : 순임금이 묻힌 산. 호남성)을 엿보고 완수(浣水)·상수(湘水)에 배를 띄우기도 했다.

북으로 향하여 문수(汶水)·사수(泗水 : 산동성을 흐르는 강)를 건너 제(齊)·노(魯)의 서울에서 유교의 강의를 듣고 공자의 유풍(遺風)을 관찰하고, 추(鄒 : 산동성 추현)에 있는 역산(嶧山)에서 향사(鄕射)의 예를 행했다. 번(蕃)·설(薛) 지방과 팽성(彭城 : 강소성 銅山縣)에서는 곤란한 일을 당하여 양(梁:하남성)·초(楚:호북성)를 거쳐 귀국했다.

그 뒤 사마천은 벼슬길에 나서 낭중(郎中)이 되었다. 그는 사명을 띠고 서쪽의 파촉(巴蜀)을 정벌하고, 남쪽의 앙(卬)·작(莋)과 곤명(昆明:운남성)을 공략했다. 그리고 보고하기 위하여 귀국했다. 이 해(B.C. 20)에 천자는 처음으로 한의 수명(受命)을 하늘에 고하는 봉선제(封禪祭)를 지냈는데, 태사공은 낙양(洛陽)에 억류되어 제사에 참가하지 못했다. 비분으로 병이 들어 거의 죽게 되었다. 때마침 아들 천이 돌아와 황하·낙수(洛水) 사이에서 만났다. 아버지 태사공은 천의 손을 잡고 울며 말했다.

"우리 선조는 주 왕실의 태사였다. 아주 오랜 선조는 우(虞:舜)·하(夏)의 시대에 공을 세웠으며 천문의 벼슬 자리에 있었다. 후대에 와서 가운이 쇠해져서 우리 대에 이르러 끊기게 되었다. 네가 다시 태사가 된다면 우리 선조를 이어 가게 될 것이다. 지금 천자께서는 주의 왕조 천년의 뒤를 이어, 태산(泰山:산동성의 산)에 봉선제를 올리고 계시다.

거기에 나는 참여하지 못한다. 이 또한 운명이구나. 내가 죽으면 너는 반드시 태사가 되리라. 태사가 되거든 내가 쓰고자 생각했던 것을 잊지 말아라. 효행이란 어버이를 받드는 데서 비롯하며, 임금을 섬기는 것은 그 다음의 일이다. 입신하여 후세에까지 이름을 들날리고, 나아가 죽은 부모를 유명하게 하는 것으로 끝난다. 이것이 가장 큰 효행이니라.

무릇 천하의 사람들이 주공(周公)을 찬양하는 것은, 주공이 문왕·무왕의 덕을 노래하고,《시경》주남(周南)·소남(召南)의 시에서 볼 수 있는 훌륭한 감화를 펴고, 대왕(大王)·왕계(王季:문왕의 조부와 부친)의 사려 깊은 뜻을 밝히고, 나아가 공류(公劉 : 주의 먼 조상)의 덕에까지 거슬러 올라가 후직(后稷 : 주의 시조)을 찬양했던 까닭이다. 유왕·여왕(B.C. 7) 뒤에 왕도가 무너지고 예악이 시들었다. 공자는 옛것을 배워 피폐된 것을 일으켰다.《시경》《서경》을 강론하고《춘추》를 지었다. 그로 인해 학자는 지금까지도 그것을 본으로 삼고 있다. 획린(獲麟)의 해〔노(魯)의 애공(哀公) 14년. B.C. 481. 애공이 서쪽으로 사냥하여 기린을 잡았다.《춘추》의 기록은 여기서 끝남〕이래 지금까지 400년 남짓(실제는 371년), 그 동안 제후는 서로 침략하였고, 역사의 기록은 산산히 흩어져 사라졌다.

지금 한이 일어나 천하가 통일되었다. 그 사이에 많은 어진 군주나 충신·의사(義士)가 있다. 내가 태사로 있으면서 그걸 기록하지 않는다면 천하에 문장의 길은 끊어지고 말 것이다. 나는 그것이 걱정이다. 그러니 네가 잘 기억해 주기 바란다."

사마천은 고개를 떨어뜨리고 눈물을 흘리면서 말했다.

"소자 미숙하오나 아버지께서 미처 마무리하시지 못한 옛 사실을 모두 기록하여 유감이 없도록 하겠나이다."

태사공이 죽었다. 3년이 지난 뒤 천은 태사령(太史令)이 되었다. 역사의 기록, 궁중의 돌 창고와 금궤 속에 들어 있는 모든 책들을 꺼내어 읽었다.

그런 지 5년, 즉 태초 원년(太初元年 : B.C. 104)이었다. 11월 갑자삭(甲子朔)의 동이 트는 동짓날을 기해서 달력을 바꾸었다. 명당(明堂 : 고대의 정치·교육의 장소)을 세우고, 이 곳에 사방의 산천의 신을 제사지내야 할 제후와 군수들이 새 달력을 받으러 왔다. 태사공 사마천이 말했다.

"돌아가신 아버지께서 말씀하셨습니다. 주공이 가신 지 5백 년이 되어 공자가 태어나셨습니다. 그 때부터 지금까지 5백 년이 지났습니다. 주공·공자의 도를 계승하여 이를 밝히고 역(易)의 해석을 바로잡고 《춘추》를 잇고, 《시》《서》《예》《악》의 전통에 돌아갈 수 있는 자가 탄생한다면 아마도 바로 지금일 것입니다. 나는 가만히 그대로 있을 수가 없습니다."

상대부(上大夫) 호수(壺遂)가 물었다.

"옛날 공자는 무엇 때문에 《춘추》를 지었소?"

태사공이 대답했다.

"나는 동중서(董仲舒) 선생으로부터 이렇게 듣고 있습니다. 주의 도가 무너져 공자는 노(魯)의 사구(司寇: 사법대신)였으나, 제후에게 귀찮은 존재가 되고 대신으로부터 방해를 받았습니다. 공자는 스스로 시세(時世)에 받아들여지지 않고, 그 도가 행해지지 않음을 깨달아, 242년의 사실을 비판하여 천하의 본으로 삼고, 제후나 대신의 그릇된 행동을 필주(筆誅)함으로써 임금이 해야 할 일을 대행했을 뿐입니다. 공자의 말에 '내 이를 거짓으로 꾸미지 않으려 하지만, 이를 행사로써 깊고 밝게 표현하는 것과 같지 못하다'고 했습니다.

《춘추》는 옛 삼대(하·은·주)의 도를 밝히고, 나아가 인사의 법칙을 설명하고, 명분의 혼동을 구별하고, 시비를 밝히고 불명료한 것을 바로잡아, 선을 선으로, 악을 악으로 하고, 어진 사람을 존경하고 악인을 천시하며, 망하는 나라를 일으키고 끊어진 가통을 잇고, 무너진 것을 고치며 피폐한 것을 일으키는 것입니다. 이야말로 왕도의 크나큰 활동입니다.

《역》은 천지·음양·사계(四季)·오행을 분명히 하므로 변화에 적용됩니다. 《예》란 사람과 사람과의 관계에 질서를 주므로 예절에, 《서》는 고대의 왕의 사실(史實)을 적으므로 정치에, 《시》는 산천·계곡·금수·초목·자웅을 기록하므로 풍자에, 《악》은 사람이 사는 길을 즐기므로 조화에, 《춘추》는 시비를 분명히 하므로 사람을 다스리는 데에 적용됩니다.

그러므로 《예》는 인간에게 절도(節度)를 주며, 《악》은 조화(調和)를 발산시키며, 《서》는 사실을 기술하고, 《시》는 마음속의 사상을 표현하며, 《역》은 변화를 기록하고, 《춘추》는 정의를 말하였습니다. 난세를 다스려 이를 정의로 바로잡는 데는 《춘추》보다 나은 것이 없습니다.

《춘추》의 문장은 수만 자, 그 범례(凡例)는 수천, 만사의 잡다한 사건이 모두 그 속에 기록돼 있습니다. 《춘추》의 기록 속에 죽임을 당한 임금은 36명, 망한 나라는 52개국, 제후가 그 나라를 지키지 못하고 망명한 예는 이루 헤아릴 수 없습니다. 그 원인을 살피건대 모두 근본을 잃은 것에 까닭이 있습니다.

그러므로 《역》에 '비록 그 차이가 극히 작다고 하더라도 그 잘못은 천리나 된다(털끝만한 차이가 천리의 차이가 된다는 말. 지금의 《주역》에는 이 구절이 없음)'라고 했습니다. 즉 신하가 임금을 죽이고 자식이 아버지를 죽이는 일은 일조일석에 이뤄진 일이 아닙니다. 오랫동안 쌓였던 결과입니다.

나라의 주인이 《춘추》를 몰라서는 안 됩니다. 이를 모르면 눈앞에 예언자가 있어도 보지 못하고, 뒤에 찬탈자(簒奪者)가 있어도 눈치 채지 못합니다. 신하도 《춘추》를 알아야 합니다. 그렇지 않으면 일상의 일을 지켜 가면서도 그 뜻을 모르게 됩니다. 재변을 당하여도 임기응변의 조처를 할 수 없습니다.

《춘추》의 이론에 통하지 못하는 임금은 반드시 찬탈·시역 등을 당합니다. 기실 그들은 모두 좋은 일이라 생각해서 하였으나, 이론을 몰랐기 때문에 악의 구렁텅이에 빠진 것입니다. 그 결과 《춘추》에서 실제로 하지 않은 억울한 죄명이 붙는다 해도 변명할 여지가 없게 됩니다.

대저 예의(禮義)의 뜻에 통하지 못하는 임금은 임금이랄 수 없으며, 신하는 신하랄 수 없고, 어버이는 어버이라 할 수 없으며, 자식은 자식이랄 수 없는 상태에 이릅니다. 임금이 임금답지 않으면 침범당하며, 신하가 신하답지 않으면 주벌(誅罰)을 당합니다. 어버이가 어버이답지 않으매 무도(無道)이며, 자식이 자식답지 않으매 불효가 됩니다. 이 네 가지는 천하의 큰 잘못입니다. 《춘추》는 천하의 큰 잘못이라는 악명을 그들에게 줍니다. 그들은 그리 돼도 달리 할 말이 없습니다.

그러므로 《춘추》란 예의의 대본입니다. 무릇 예는 사건이 발생치 않도록 금하는 데 비해, 법은 이미 사건이 일어난 결과에 대해 베풀어집니다. 법이 적용되는 이유는 알기 쉬워도, 예가 금하는 이유는 알기 어렵습니다."

호수가 또 물었다.

"공자의 시대에 위로는 어진 임금이 없고, 아랫사람은 임용되지 않았소. 그리하여 공자는 《춘추》를 지어, 법문(法文)이 아닌 문장으로써 예의로 재단(裁斷)하여 왕의 법률을 대신하였소. 지금 위로는 어진 천자가 있고, 아랫사람은 대대로 알맞게 직을 맡고 있으며, 만사가 정돈되어 모든 것이 질서가 있소. 그대가 지으려는 책에서 무엇을 밝히려는 것이오?"

태사공이 답하였다.

"음, 음, 아니, 그렇지는 않습니다. 나는 돌아가신 아버지한테 이렇게 들었습니다. '복희(伏犧)는 깨끗하고 중후한 덕이 있어 《역》의 팔괘(八卦)를 지었으며, 요순의 성대에는 《상서(尙書)》가 이를 기록했고 이 무렵에 예악이 생겼다. 탕왕·무왕이 융성한 때에는 《시경》의 작자가 그 덕을 노래로 지었다. 《춘추》는 선을 찾고 악을 꾸짖으며, 삼대(三代)의 덕을 찬양하고 주왕실을 칭송했다. 단순히 헐뜯기 위한 책이 아니다'라고 하셨습니다.

한이 일어나 금상 폐하에 이르기까지 많은 서상(瑞祥)이 있었고 봉선을 했으며, 달력을 바꾸고 복색을 고쳐 하늘에서 명을 받아 은혜는 무한히 퍼지고 있습니다. 해외의 딴 민족들조차 통역을 데리고 관문을 두들깁니다. 조공을 바치겠다는 자가 헤아릴 수 없습니다. 백관(百官)들이 마음껏 천자의 덕을 찬양하나, 그래도 뜻을 다 나타내지 못하고 있습니다. 그리고 능력 있는 선비가 등용되지 않음은 일국의 주상된 이가 부끄럽게 여길 일입니다. 빼어난 주상의 덕이 선전되지 않음은 관리가 부끄러워할 일입니다. 그런데도 나는 그런 직을 맡고 있습니다. 거룩한 천자의 성덕을 기록하지 않고, 공신이나 어진 대신의 공적을 기술하지 않으며, 돌아가신 아버지의 유언을 지키지 않는다면 이보다 큰 죄는 없을 것입니다. 나는 이른바 고사(故事)를 적고 세상에 전해 온 바를 정리할 뿐이지, 공자가 《춘추》를 지은 것과 같은 이른바 〈작(作)〉은 아닙니다. 그런데도 당신이 나의 저술을 《춘추》와 비긴다는 것은 잘못된 생각입니다."

이렇게 하여 문장을 써 나간 지 10년 후, 이릉(李陵)의 화난을 만나 감옥에 갇혔다. 태사공은 이에 탄식하여 말하였다.

"나의 죄로다. 이렇듯 불구의 몸이 되어 쓸모 없게 된 것은!"

한 걸음 물러나 깊이 생각하며 말하였다.

"대체로 《시》《서》의 표현이 은미(隱微)하고 간략한 것은, 그런 말로써 생각한 바를 모조리 다하려 했기 때문이다."

마침내 요순 시대부터 쓰기 시작하여, 무제(武帝)가 흰 기린을 잡아 황금으로 기린의 발을 만든 해로써 끝이 났다.

황제(黃帝)로부터 비롯된다. 오제본기(五帝本紀) 제1, 하(夏)본기 제2, 은(殷)본기 제3, 주(周)본기 제4, 진(秦)본기 제5, 시황(始皇)본기 제6, 항우(項羽)본기 제7, 고조(高祖)본기 제8, 여후(呂后)본기 제9, 효문(孝文)본기 제10, 효경(孝景)본기 제11, 금상(今上)본기 제12, 삼대 세표(三代世表)(孝景) 제1, 12제후(諸侯)연표 제2, 6국연표 제3, 진초지제(秦楚之際) 월표(月表) 제4, 한제후연표 제5, 고조공신연표 제6, 혜경간(惠景間)공신연표 제7, 건원(建元) 이래 후자(侯者)연표 제8, 왕자후자연표 제9, 한흥(漢興)이래 장상명신연표 제10, 예서(禮書) 제1, 악서(樂書) 제2, 율서(律書) 제3, 역서(曆書) 제4, 천관서(天官書) 제5, 봉선서(封禪書) 제6, 하거서(河渠書) 제7, 평준서(平準書) 제8, 오태백세가(吳太伯世家) 제1, 제태공(齊太公)세가 제2, 노주공(魯周公)세가 제3, 연소공(燕召公)세가 제4, 관채(管蔡)세가 제5, 진기(陳杞)세가 제6, 위강숙(衛康叔)세가 제7, 송미자(宋微子)세가 제8, 진(晋)세가 제9, 초(楚)세가 제10, 월(越)세가 제11, 정(鄭)세가 제12, 조(趙)세가 제13, 위(魏)세가 제14, 한(韓)세가 제15, 전완(田完)세가 제16, 공자(孔子)세가 제17, 진섭(陳涉)세가 제18, 외척(外戚)세가 제19, 초원왕(楚元王)세가 제20, 형연왕(荊燕王)세가 제21, 제도혜왕(齊悼惠王)세가 제22, 소상국(蕭相國)세가 제23, 조상국(曹相國)세가 제24, 유후(留侯)세가 제25, 진승상(陳丞相)세가 제26, 강후

(絳侯)세가 제27, 양효왕(梁孝王)세가 제28, 오종(五宗)세가 제29, 삼국(三國) 세가 제30, 백이열전(伯夷列傳) 제1, 관안(管晏)열전 제2, 노자한비(老子韓非)열전 제3, 사마양저(司馬穰苴)열전 제4, 손자오기(孫子吳起)열전 제5, 오자서(伍子胥)열전 제6, 중니제자(仲尼弟子)열전 제7, 상군(商君)열전 제8, 소진(蘇秦)열전 제9, 장의(張儀)열전 제10, 저리감무(樗里甘茂)열전 제11, 양후(穰侯)열전 제12, 백기왕전(白起王翦)열전 제13, 맹자순경(孟子荀卿)열전 제14, 평원우경(平原虞卿)열전 제15, 맹상군(孟嘗君)열전 제16, 위공자(魏公子)열전 제17, 춘신군(春申君)열전 제18, 범수채택(范雎蔡澤)열전 제19, 악의(樂毅)열전 제20, 염파인상여(廉頗藺相如)열전 제21, 전단(田單)열전 제22, 노중련(魯仲連)열전 제23, 굴원가생(屈原賈生)열전 제24, 여불위(呂不韋)열전 제25, 자객(刺客)열전 제26, 이사(李斯)열전 제27, 몽염(蒙恬)열전 제28, 장이진여(張耳陳餘)열전 제29, 위표팽월(魏豹彭越)열전 제30, 경포(鯨布)열전 제31, 회음후한신(淮陰侯韓信)열전 제32, 한왕신노관(韓王信盧綰)열전 제33, 전담(田儋)열전 제34, 번력등관(樊酈滕灌)열전 제35, 장승상창(張丞相倉)열전 제36, 역생육가(酈生陸賈)열전 제37, 부근배성후(傅靳蒯成侯)열전 제38, 유경숙손통(劉敬叔孫通)열전 제39, 계포난포(季布欒布)열전 제40, 원앙조착(爰盎朝錯)열전 제41, 장석지풍당(張釋之馮唐)열전 제42, 만석장숙(萬石張叔)열전 제43, 전숙(田叔)열전 제44, 편작창공(扁鵲倉公)열전 제45, 오왕비(吳王濞)열전 제46, 위기무안(魏其武安)열전 제47, 한장유(韓長孺)열전 제48, 이장군(李將軍)열전 제49, 위장군표기(魏將軍驃騎)열전 제50, 평진주부(平津主父)열전 제51, 흉노(匈奴)열전 제52, 남월(南越)열전 제53, 민월(閩越)열전 제54, 조선(朝鮮)열전 제55, 서남이(西

南夷)열전 제56, 사마상여(司馬相如)열전 제57, 회남형산(淮南衡山)열전 제58, 순리(循吏)열전 제59, 급정(汲鄭)열전 제60, 유림(儒林)열전 제61, 혹리(酷吏)열전 제62, 대완(大宛)열전 제63, 유협(游俠)열전 제64, 영행(佞幸)열전 제65, 골계(滑稽)열전 제66, 일자(日者)열전 제67, 귀책(龜策)열전 제68, 화식(貨殖)열전 제69.

한은 오제(五帝)의 끝을 이어 삼대의 유업을 계승했다. 주의 도가 어지러워지자, 진은 고전을 버리고 《시》와 《서》를 불태워 없앴다. 그리하여 명당이나 돌창고, 금궤 속에 소장된 옥판에 새긴 문자나 도서는 모두 흩어졌다. 한이 일어나매, 소하(蕭何)는 율령(律令)을 편찬하고, 한신(韓信)은 병법을 저술하고, 장창(張倉)은 역수(曆數)와 도량형(度量衡)을 만들고, 숙손통(叔孫通)은 예의를 바로잡았다. 이에 훌륭한 문학의 선비들이 차츰 배출되어, 잃었던 경전을 때때로 발견하였다.

조삼(曹參)이 개공(蓋公)을 추천하여 황제·노자의 도를 펴고, 가의(賈誼)·조착(朝錯)이 신불해(申不害)·한비(韓非)의 법술을 밝히고, 공손홍(公孫弘)이 유학으로 이름을 떨쳤으므로, 백 년 사이에 천하의 유문고사(遺文故事)가 빠진 게 없었다.

태사공은 부자가 서로 이어 그 직을 맡아 이렇게 말했다.

"아, 나의 선대는 이전에 이 일을 맡아 요순의 대에 이름이 나고, 주에 이르러 다시 이를 맡았다. 그리하여 사마씨는 대대로 천문의 관직을 맡았다. 이리하여 나에 이르렀으니, 삼가 명심하지 않으면 안 된다."

잃어버린 옛 이야기를 망라하고 왕업이 흥한 시초를 찾고, 그 시말을 밝히고 성쇠의 자취를 살피어, 그 사이의 사실을 논고하여 삼대를 개관하고 진한(秦漢)을 기술했다. 위로는 황제로부터 아래로는 오늘에 이르기까지, 12본기(本紀)를 저술하여 조목을 이미 정했다. 그러나 같은 시대에 세대가 다른 제후가 있고 사용하는 역년도 차이가 있어 잘 알 수가 없었다. 그래서 십표(十表)를 만들었다. 예악의 변천, 율력(律曆)의 개정, 병법·산천·귀신·하늘과 사람의 교류, 피폐 뒤의 화폐 유통 등으로 팔서(八書)를 지었다.

28성좌는 북극성을 돈다. 수레의 30개 바퀴살은 하나의 바퀴통에 모인다. 이리하여 성좌도 수레도 무한히 움직인다. 보필하는 신하를 바로 이런 성좌나 수레의 바퀴살과 비유할 수 있다. 그들은 진심을 가지고 도를 행하고 한 사람의 임금에게 충성한다. 이를 기술하여 30세가(世家)를 지었다. 정의를 지키는 데 불요불굴하며, 때에 뒤지지 않고 공명을 천하에 세운다. 이런 사람들을 기술하여 70 열전을 지었다. 모두 130편, 52만 6천 5백 자로《태사공서(太史公書)》(《사기》의 옛 이름)라고 하였다.

대충 이런 내용으로써 유문(遺聞)을 줍고 육경(六經)을 보충하여 일가언(一家言)을 이루었다. 육경의 외전(外傳 : 《국어》《한시외전》등)을 합쳐 제자백가(諸子百家)의 잡어를 정리하여 흩어지지 않도록 명산에 소장했으며, 경도(京都)에 사본을 놓아 두고 이로써 후세의 성인 군자의 비판을 바랐다. 열전 제70. 이는 사마천이 자서(自序)에서 밝힌 말이다. 그러나 지금은 그 중 10편이 빠졌는데 제목은 있으나 글이 없다.

사마천은 궁형(宮刑)을 받은 뒤, 중서령(中書令 : 문서 관리직)이 되어 존중 받는 직책을 맡고 있었다. 친구 익주(益州) 자사(刺史) 임안(任安)이 사마천에게 편지를 보내어, 옛날 현신의 도의를 본받으라고 말했다. 천은 회답했다.

"소경(少卿 : 임안의 字)에게

"앞서 보낸 편지 고맙다. 사람을 대하는 데 신중하고 어진 선비를 추천하도록 힘써 달라는 말을 진실로 명심하여 듣겠다. 아주 간절하게 내가 마치 그대의 충고를 세속 사람의 말처럼 흘려 듣지나 않을까 두려워하며 말했으나, 나는 그렇듯 예의 없는 사람이 아니다. 내가 비록 어리석으나 장자(長者)의 유풍(遺風)을 들은 바도 있다. 단지 스스로 반성해 볼 때에 불구의 몸으로 숨어 사는 신세이니, 움직이면 탈이 되고 나아가려 하면 되려 손해를 보는 형편이다. 때문에 우울하게 틀어박혀 흉금을 털어 놓을 상대란 아무도 없다. 속담에 '착한 일을 하자니 누구를 위해 할 것인가, 누구에게 들려 줄 것인가'라는 말이 있다. 옛날 백아(伯牙 : 거문고의 명인)는 자기 음악의 유일한 이해자인 종자기(鍾子期)가 죽은 뒤, 두 번 다시 거문고를 타지 않았다. 그것은 '선비는 자기를 알아 주는 사람을 위해 죽고, 여자는 자기를 좋아하는 남자를 위해서 단장을 하기' 때문인 것과 같다.

나 같은 사람은 이미 몸이 불구가 되었으므로 수후(隨侯)의 구슬이나 화씨(和氏)의 구슬과도 같은 빛나는 재주와, 허유(許由)나 백이(伯夷)와 같은 행동을 한들 결국 무슨 영예가 될 것인가. 큰 비웃음 속에 몸을 더럽히는 것이 고작이리라.

일찍 답장을 보냈어야 할 것이로되, 마침 폐하를 모시고 돌아와서 번다한 일거리에 쫓겼다. 폐하에게는 뵈온 지 일천하고, 늘 분주하여 조금도 한가하게 흉금을 털어놓을 겨를이 없었다. 지금 소경은 천만 뜻밖의 죄에 묶인 지(B.C. 91, 임안은 戾太子의 사건에 연좌되어 斬罪를 선고 받음) 이미 수개월, 12월(사형을 집행하는 달)도 가까이 다가오고 있다. 나는 곧 폐하를 모시고 옹궁(雍宮 :

섬서성에 있는 행궁)에 가지 않으면 안 된다. 돌연 그대에게 무슨 일이 생긴다면, 나는 끝내 흉중의 고뇌를 토로하여 들려 줄 기회를 잃게 될 것이다. 그리 되면 죽은 이의 혼백도 사사로운 한(恨)이 끝이 없을 것이다.

나의 많은 우견(愚見)을 말하게 해 주기 바란다. 그 간의 오래 무심했던 점을 용서하기 바란다. 내가 듣건대 수신(修身)이란 지혜의 곳집이고, 사랑을 베푸는 것은 인(仁)의 근원이며, 취여(取與)란 의(義)의 표적이고, 수치란 용기의 요체(要諦)이며, 입명(立名)이란 행동의 극치라 하였다. 선비는 이 다섯 가지를 지님으로써 세상에 나가 군자 행세를 할 수가 있다. 그러니 이욕(利慾)보다 비참한 화가 없고, 마음을 상하는 것보다 슬픈 일이 없으며, 선조를 욕되게 하는 것보다 더러운 것이 없으며, 그리고 궁형보다 더한 수치가 없을 것이다.

궁형을 받은 자는 사람 축에 들 수도 없으니, 이는 지금에 비롯된 일이 아니라 먼 옛날부터 그러했다. 옛날 위(衛)의 영공(靈公)이 환관 옹거(雍渠)를 같은 수레에 태웠는데, 공자는 부끄럽다 하여 진(陳)에 가 버렸다. 상앙(商鞅)이 환관 경감(景監)의 알선으로 진왕을 알현했는데, 조량(趙良)은 나라의 장래를 우려했다. 환관 조동(趙同)이 문제의 수레에 같이 탔더니 원앙(爰盎)은 화를 내어 낯빛이 변했다. 이처럼 옛날부터 수치로 알고 있었다. 대체로, 보통 사람들조차 일이 환관과 관계되면 불쾌하게 생각하게 된다. 더구나 정의감이 투철한 선비에 있어서는 더할 나위도 없다. 지금 조정에는 사람이 부족하지만, 어찌하여 죄인에게 천하의 호걸을 추천하기를 기대할 수 있을 것인가.

나는 아버지의 공훈 덕택으로 궁중에서 일한 지 20여 년이 된다. 스스로 생각하되, 조정에 있어 충성을 다하고, 기이한 계책과 높은 재주로 명성을 올려 밝은 임금께 결탁하지도 못했다. 조정의 유루(遺漏)됨을 메우고 어진 선비를 초빙하고 능력 있는 선비를 추천하거나 암굴 속에 숨어 사는 기개 높은 선비를 끌어내지도 못했다. 나라 밖에 있어 병사의 대오에 참가하여, 공성야전(攻城野戰)에서 적장을 죽이고 군기를 뺏는 공훈도 세우지 못했다. 오랜 세월 무사히 근무하는 것으로 고관·후록(厚祿)을 얻어 일문의 명예를 드높이는 일도 없었다. 그러므로 네 가지 중 하나도 이룩하지 못했다.

눈치껏 세상에 적응하여 일신의 안일을 꾀할 뿐, 눈에 보이는 충언의 보람도 없었다. 앞서 나는 측하태부(廁下太夫 : 6백 석 상당의 벼슬. 태사령도 여기에 듦)의 서열에 끼어 외정(外廷)의 말석에 있었다. 그때에도 기강을 세우고 사려를 다함이 없었다.

이제 이미 몸에 형을 받아 청소역의 노예로서 쓰레기통 속에 들어 있다. 이제 새삼 머리를 들어 눈썹을 치켜세우고 일의 시비를 논한들, 조정을 업신여기고 당대의 선비들을 욕되게 하는 결과밖에 뭐가 되겠는가. 아, 나 같은 사람이 무슨 말을 하겠는가, 무슨 말을 하겠는가.

게다가 일의 본말(本末)은 쉽게 알 수 없다. 내 젊었을 적에는 불기분방(不羈奔放)한 재주를 믿었는데, 나이 드니 고을의 영예조차 없다. 다행히 주상께서 아버지의 연고로 하찮은 기능을 받들어 궁궐 안에 드나들 수 있도록 허락해 주셨다. 생각컨대 '동이를 머리에 이면 어찌 하늘을 바라볼 수 있으리오(동이를 머리에 이는 것과 하늘을 바라보는 것. 이 두 가지 일은 동시에 이뤄질 수 없음)'라는 속담이 있다. 그리하여 빈객과의 교제를 끊고, 집

일도 잊고, 밤낮을 다하여 마음껏 직무에 진력함으로써 주상의 마음에 들려 했다. 그런데 일에는 뜻밖의 잘못이 있기 마련이다.

 나와 이릉은 같은 문하(門下 : 시중의 직)에 있었는데 본래 친한 처지가 아니었다. 취미도 달라 술잔을 나누며 친하게 환담한 적도 없었다. 그러나 그의 사람됨을 볼 적에 본래 예사롭지 않은 선비였다. 효심이 두텁고 신의가 있으며 청렴하여 공연한 선물은 받지 않았다. 물건을 나눌 때에는 제 몫을 남에게 양보하고, 항상 공경하는 마음과 사양하는 몸가짐을 가졌다. 항시 분기하여 자신을 돌아봄이 없이 국가의 위난에 뛰어 갔다. 이것이 그의 평생의 자세였다.

 나는 이 사람에게 국사(國士)의 풍이 있다고 생각했다. 대저 신하가 만사에 일생을 돌아봄이 없이 나라의 위난에 뛰어간다는 사실만으로도 예사로운 일이 아니다. 일을 행하여 한 번 실패했다 해서, 태평스레 처자와 더불어 지내고 있는 신하들이 몰려들어 그 죄를 날조하였다. 나는 내심 진실로 가련하게 느꼈다. 게다가 이릉은 5천 명도 못 되는 보병을 이끌고 적지에 깊숙이 파고들어, 흉노 왕궁의 뜰에까지 발을 들여 놓고, 호랑이 아가리에 먹이를 주듯 대담하게, 강한 호군과 맞싸워 억만의 군세를 맞아 공격했다. 선우(單于 : 흉노의 왕)와 싸우기 10여 일, 죽인 숫자는 우리의 전사자보다 많았다. 적은 빈사 상태에 빠진 전우를 구하고 부상자를 일으킬 겨를도 없이 도망쳤고, 털옷을 입은 추장들은 모두 떨기만 했다.

 이리하여 좌우의 현왕(흉노의 제후)을 모두 소집하고 활을 쏠 수 있는 민간인을 모조리 징발, 그야말로 흉노는 거국적으로 이릉을 공격했다. 천리 사이를 옮아 가며 싸우느라 화살이 떨어지고 길이 막혀 버린 데다 구원병조차 오지 않았다. 병사의 사상자가 산더미처럼 쌓여 갔다. 이릉이 진중을 시찰하매, 병사들은 몸을 일으켜 눈물을 흘리고, 피로써 얼굴을 씻고 눈물을 마시며, 살도 없는 활을 당기면서, 시퍼런 칼날을 무릅쓰고 북을 향하여 앞을 다투어 죽어 갔다.

릉이 아직 붙들리지 않았을 때, 사자의 보고가 올 때마다 한의 공경이나 왕후(王侯)들은 모두 술잔을 높이 들고 천자에게 축하의 뜻을 아뢰었다. 그 후 며칠이 지나 릉이 패배한 소식을 듣자 폐하께서는 음식조차 제대로 못 잡수고, 조정에 나와서는 표정이 한껏 우울하셨다. 대신들은 당황하여 어찌할 바를 모를 뿐이었다. 나는 신분이 비천함을 불구하고, 폐하께서 낙담하고 계심을 보고 마음껏 우견(愚見)을 말씀 드리려 했던 것이다.

내가 생각하기로는, 이릉은 평소 맛 있는 것도 먹지 않고 부하와 더불어 고난을 함께 하니, 그로 인해 모두 이 사람을 위하는 길이라면 죽음도 아끼지 않는다 했다. 옛 명장도 이릉보다 뛰어나지 않는다. 몸은 비록 적에게 붙들려 있지만, 그의 생각으로는 적당한 기회에 한에 은혜를 갚으려 했던 것이다. 패한 건 이미 어쩔 수 없으나, 흉노를 무찌른 공훈은 천하에 펴서 부끄러움이 없을 것이다.

나는 이와 같은 의견을 사뢰려 생각했으나 달리 전할 방법이 없어, 이따금 소환되어 물음을 받을 적에 이와 같은 뜻으로 릉의 공을 찬양했다. 이리하여 폐하의 기분을 위로하려 했다. 그러나 릉을 달갑지 않게 여기는 여러 신하들의 말에 방해되어 충분히 설명하기 어려웠다. 영명한 임금도 깊이 생각함이 없이, 사마천은 이사 장군(貳師將軍)에게 트집을 잡고 이릉을 위해 선전을 하고 있다고 생각하시어, 천을 정위(廷尉 : 법관)의 벼슬로 떨어뜨리셨다. 마음으로부터의 충의도 마침내 다할 만한 방법이 없이, 도리어 윗사람을 훼방했다는 결과가 되었다. 집이 가난하여 죄를 보상할 돈도 없고, 도와 주는 친구도 없었다. 천자의 측근들도 나를 위해 말 한마디 해 주지 않았다. 목석이 아닌 사람으로서, 형리(刑吏)들만을 상대로 감옥의 깊은 곳에 유폐되어 있어 호소할 만한 자가 없다. 나의 처지 또한 이와 다를 바 없었다.

 앞서 이릉은 살아서 항복함으로써 대대로 이은 명장이라는 가문의 명예를 더럽혔고, 나 또한 잇달아 잠실(蠶室 : 궁형을 받은 자는 더운 방에 두지 않으면 죽는다. 그래서 잠실에 넣음)에 들어갔다. 두고두고 천하의 웃음거리가 되었다. 아, 슬픈지고! 나의 이 일은 자세히 속인에게 밝히기도 어렵다. 나의 아버지는 제후가 되어 부절(符節)이나 주서의 증서를 받을 만한 공적도 없고, 글을 쓰고 별을 보고 역(曆)을 만드는 따위의 점쟁이와 신관(神官) 중간쯤 되는 신분이었다. 본래 군주의 노리개이며 광대의 역으로서 길러진 자를 세상이 가볍게 보는 것이다. 만일 내가 재판을 받고 사형이 된다 한들 구우일모(九牛一毛)만큼의 손해밖에 없는 터이며, 땅강아지나 개미와 다를 바 없는 미천한 존재이다. 게다가 세상에서는 절의(節義)를 위해 죽은 자로 보아 주지 않을 뿐더러, 다만 결국 사형을 당하리라고 생각한다.

 그것은 무엇 때문인가. 평생의 몸가짐이 그렇게 만든 때문이다. 사람은 누구든 한 번은 죽는다. 죽음이 태산보다 무겁고, 죽음이 홍모(鴻毛)보다 가볍게 될 때도 있다. 목숨을 쓰기에 따라 달라진다(나쁜 세상일수록 목숨을 귀중히 여김).

 첫째는 선조를 욕되게 하지 않는 일, 그 다음은 내 몸을 더럽히지 않는 일, 그 다음은 도리와 체면을 욕되게 하지 않고, 다음은 사령(辭令)을 더럽히지 않음이다. 다음은 허리를 굽혀 욕됨을 당하고, 다음은 붉은 옷을 입고 욕됨을 당하며, 다음으로 머리를 잘리고 쇠사슬을 차고 욕을 당한다. 다음은 살에 상처를 입고 수족을 끊기어 욕을 당한다. 최하가 궁형(宮刑)이다. 경서(《예기》 곡례)에도 '형은 대부(大夫)에 이르지 않는다' 했다. 이는 사대부의 절조가 엄격하지 않으면 안 된다는 뜻이다.

맹호가 깊은 산에 살면 온갖 짐승이 떤다. 그 호랑이가 우리에 갇히면 꼬리를 흔들고 먹이를 찾는다. 사람이 위력을 가지고 제약하면 차츰 그렇게 된다. 그러니 선비는 땅 위에 네모를 그리고 감옥이라 하면 결코 그 속에 들어가려 하지 않는다. 나무를 깎은 인형을 법관이라 한다면 뭘 묻든 대답하지 않을 것이다. 형을 받느니 차라리 자결함이 나을 것이라 생각한다. 그런데 지금 수족을 앞으로 내놓고 차꼬와 밧줄로 묶여 맨살을 사람들 앞에 드러내며, 태형을 받고 감옥 속에 유폐된다. 이렇게 되면 자연 옥졸을 보면 머리가 숙어지고, 노예들을 보면 숨이 막히게 된다. 위압하는 힘이 쌓이고 쌓인 때문이다. 이렇게 된 터에 죽어도 욕되지 않으리라는 건 허세라는 것이다. 결코 찬양할 수가 없다.

게다가 서백(西伯 : 주 문왕)은 제후의 우두머리였으나 용리(牖里)에 유폐되었고, 이사(李斯)는 재상의 신분이었음에도 오형(五刑)을 차례로 받았다. 회음왕(淮陰王 : 한신)은 왕의 신분이면서도 진(陳)에서 칼을 쓰고 복역했고, 팽월(彭越)·장오(張敖)는 제후의 자리에 있으면서 투옥되어 죄인이 되었다. 강후(絳侯 : 周勃)는 여씨(呂氏) 일족(한 고조의 처족)을 멸족시켜 권력이 오패(五覇)보다 세었으나 미결감에 유폐되었고, 위기후(魏其侯 : 竇嬰. 한의 외척)는 대장의 신분으로 있으면서 붉은 옷을 입고 수갑을 차고 칼을 썼다. 계포(季布 : 초의 협객)는 주가(朱家 : 한의 협객)의 집 노예가 되고, 관부(灌夫)는 후궁의 감옥에 갇히었다. 이들은 모두 왕후장상(王侯將相)으로 출세하여 이웃 나라에까지 이름이 알려진 사람들이면서, 죄에 걸려 법망에 묶이는 궁지에 빠졌어도, 스스로 죽음을 택함이 없이 구차히 시궁창 신세를 졌다.

  고금의 예가 모두 이러했다. 죽어도 욕을 당하지 않는다고 누가 말할 것이랴. 이로써 볼 때에 용겁강약(勇怯强弱)은 모름지기 시대의 추세라는 말은 과연 옳은 말이다. 인정으로서도 하등 이상함이 없다. 더욱이 사람은 포박되는 욕을 당하기 전에 재빨리 자결하지 못하고, 꾸물대다가 정작 태형을 당하는 판국에 이르러 절조를 지키려 하면 이미 때는 늦다. 옛 사람이 대부(大夫)에게 형을 주기를 꺼린 것은 아마 이런 까닭이었으리라. 대저 인정으로서 삶을 탐하고 죽음을 싫어하며 부모·형제를 생각하고 처자에게 마음이 끌리지 않을 수 없을 것이다. 다만 도의에 분기한 경우는 다르며 이것은 의로서 부득이하기 때문이다. 지금 나는 불행히도 일찍 양친을 여의고 형제도 없다. 소경이여, 내가 처자 때문에 두려워하는 사람으로 보이는가. 게다가 용감한 사람도 까닭을 모르면 결코 절의를 위해 죽는다고는 할 수 없다. 비겁한 자도 도의를 흠앙(欽仰)하는 때는 어떠한 장소에서든 필사적이 될 것이다. 나는 겁쟁이로서 목숨이 아깝기는 하나, 얼마만큼은 의리를 위해 목숨을 버려야 하는 도리를 알고 있다. 어찌하여 즐겨 형을 받는 수치에 몸을 맡길 것이랴. 노예나 비첩(婢妾)조차 자결할 줄은 안다. 더구나 나와 같은 사람에 있어서는, 의리로서 부득이한 일이라면 자결함이 더욱 당연하다. 모욕을 견디며 살아 남아 분토(糞土) 속에 빠지는 것도 불사(不辭)한 것은, 내 마음속에 아직 다하지 못함이 있어서이다. 죽은 뒤에 내 문장이 세상에 나오지 못할까 저어한 때문이다. 예로부터 부귀를 누리면서도 이름을 내지 못한 사람은 헤아릴 수 없이 많다. 빼어난 사람만이 세상에서 칭찬받았다.[6]

들건대, 서백은 용리에 유폐되어 《주역》을 썼고, 공자는 진(陳)·채(蔡)에서 궁핍한 가운데 《춘추》를 지었고, 굴원(屈原)은 쫓겨나 《이소(離騷)》를 노래했고, 좌구명(左丘明)은 실명된 후에 《국어(國語)》를 저술했고, 손자(孫子)는 다리를 끊기고서 병법을 닦았고, 여불위(呂不韋)는 촉(蜀)에 좌천되어 《여씨춘추》를 세상에 전했고, 한비(韓非)는 진(秦)에 붙들려 가서 세난(說難)·고분(孤憤: 모두 《한비자》의 편명)을 썼다. 이 사람들은 모두 마음에 맺힌 바가 있어 그 도를 통할 수가 없기 때문에, 옛일을 기술하여 장래의 사람들에게 그 마음을 알리려 했던 것이다. 좌구명이나 손자는 실명하거나 다리가 절단됨으로써 세상에 쓰일 희망이 없기 때문에, 물러나 책을 지어 울분을 토하고 글에 의지하여 깊은 뜻을 세상에 펴려 했던 것이다.

나도 건방진 일이지만 최근 빈약한 글에 의지하여 천하에 흩어져 있는 옛 이야기를 망라하고, 사실을 조사하여 일의 성패와 흥

---

6) ……세상에서 칭찬 받았다──원문은 '古者富貴而名磨滅 不可勝記 唯俶儻非常之人稱焉'. 《문선(文選)》에 실린 이 편지의 육신(六臣) 주석에는 사마천의 제작 방침으로서 '부귀하더라도 이름이 남지 않는 인간은 싣지 않고, 뛰어난 사람만을 싣는다'라고 해석했다. 이 문장만이라면 그렇게 해석해도 무방하겠으나, 전후의 맥락이 잘 이어지지 않는다. '稱焉'은 '이를 기술한다'가 아니라 '칭찬받았다'의 뜻이 될 것이다.

망의 이치를 생각했다. 전부 130편. 이로써 하늘과 사람과의 관계를 구명하고 고금의 변화를 통하여 일가를 이룬 말로 삼으려 했던 것이다. 막 시작하여 완성을 보지 못한 채 이런 화에 부닥쳤다. 이 책을 완성하지 못할까 애석히 생각한 끝에, 달게 치욕적인 형을 받은 것이다.

내가 이 책을 완성하여 명산에 소장하고, 이를 마땅한 자에게 전하여 큰 마을이나 도시에 퍼져 나가게 할 수 있다면, 나로서는 전의 욕됨을 갚는 결과가 될 것이다. 1만 번 벌을 받았다 하더라도 뉘우침은 없다. 그러나 이는 지자(智者)에게만 할 수 있는 말이고, 결코 속인에게는 이해될 이야기가 아니다. 지위가 얕으면 기분이 좋을 수가 없다. 하류에 있으면 악담만을 듣게 된다.

나는 구설(口舌)로 이런 화를 당하고 거듭 고향의 웃음거리가 되었으며 아버지를 욕되게 하였으니, 무슨 면목으로 다시 부모의 묘를 참배하겠는가. 여러 백대(百代)로 치욕만 쌓일 뿐이리라. 그리하여 하루에도 아홉 번 창자가 뒤틀리는 아픔을 느낀다. 가만히 있으면 멍청하게 무얼 잊은 것 같고, 밖에 나가면 어디를 가야 할 지 알 수 없다. 부끄러움을 생각할 때마다 언제나 등골에 땀이 배어 옷을 적신다. 임금을 따라야 할 신분이므로 물러나 암굴에 숨을 수도 없다. 때문에 속세와 발맞추어 더불어 부침(浮沈)하며, 염치 없이 살아 온 어리석음을 거듭하고 있다.

이런 터에 소경은 현인 재사(賢人才士)를 추천하라 하니, 어찌 내 뜻을 알고 하는 말이라 하겠는가. 이제 새삼스레 나를 꾸미고, 미사여구로써 변명한들 세상에는 무익하며 믿어 주지도 않을 터이니, 다만 수치를 더할 뿐이고 나의 죽음을 기다려서 시비가 가려질 것이다. 이 편지로써 내 뜻을 다 전했다고는 할 수 없다.

다만 생각의 대충을 말했을 뿐이다."

사마천이 죽은 뒤에 그 책을 차츰 출간하였다. 선제(宣帝 : B.C. 73~49 재위) 때에 천의 외손자 평통후(平通侯) 양운(楊惲)이 이 책을 펴서 드디어 반포하였다.

왕망(王莽 : B.C. 8~22 재위)의 시대에 이르러 사마천의 후예를 찾아내어 사통자(史通子)에 봉했다.

찬(贊)에 말하였다.

옛날, 문자를 만든 이래 사관(史官)은 있었다. 따라서 기록도 매우 많다. 공안국(孔安國)이 《고문상서(古文尙書)》를 편찬했는데, 위로는 요(堯)로부터 아래로는 진 목공(秦穆公)에 이르렀다. 요순 이전에는 유문(遺文)이 있기는 하나 황당무계한 이야기뿐이다. 때문에 황제(黃帝)·전욱(顓頊)의 일에 대해서는 확실히 말하기 어렵다. 공자에 이르러 노(魯)의 사서(史書)에 의하여 《춘추》를 짓고, 좌구명은 그 사실(史實)을 편집하여 《춘추》의 해설서인 《좌전(左傳)》을 만들고, 또한 딴 종류의 전설을 골라서 《국어》를 지었다. 그 외에 《세본(世本)》의 저서가 있어 황제 이후 춘추 시대까지의 제왕·제후·경대부의 선조의 계보를 기술하고 있다. 춘추 시대 이후 칠국(七國 : 韓·魏·趙·燕·齊·楚·秦)이 서로 다투어 진이 제후를 병합했는데, 그 역사를 기록한 것으로 《전국책(戰國策)》이 있다. 한이 일어나 진을 쳐서 천하를 평정했다. 그 경위를 적은 것으로 《초한춘추(楚漢春秋)》가 있다.

그러니까, 사마천은 《좌씨전》《국어》에 의거하고 《세본》《전국책》을 택하여, 《초한춘추》를 조술(祖述)하여 그 뒤를 이어 한대에 끝났다. 이 책에 기록한 진한(秦漢)의 사실은 자세하다. 경전을 주위 모으고 제자 백가의 설을 기록한 데는 소략(疎略)한 부분이 많고, 때로는 서로 모순되는 점도 없지 않으나 섭렵한 문헌은 극히 방대하다. 경전을 통하여 고금 상하 수천년을 자재로 엮으니 크나큰 노작이다. 한편 그 시비의 판단은 다소 공자와 엇갈리고 있다. 대도를 논함에는 황제·노자를 앞에 말하고 육경을 뒤로 미루고 있다. 유협을 기술함에는 벼슬하지 않은 선비를 멸시하고 간웅(姦雄)을 칭찬했다. 화식(貨殖)을 논함에는 세리(勢利)를 숭상하고 빈천을 수치로 여겼으니 이것이 폐단이었다. 그러나 유향(劉向)·양웅(揚雄)처럼 여러 책을 널리 읽은 사람들이 모두, 사마천에게는 훌륭한 사관(史官)의 재능이 있다고 하였다. 그 논리가 정연하고 정확하여 결코 꾸밈이 없고 실질적이며, 야비하지 않은 점에 경복하고 있다. 그의 문장은 간결하고 서술이 정확하며 헛되이 찬양함이 없고, 말하기 어려운 것도 숨기지 않았으니 이를 실록이라 말한다.

아, 그처럼 박식한 사마천으로서도 자신을 보전하지 못하고, 극형을 당한 뒤 유폐되어 발분하였으니, 이는 임안에게 띄운 편지로 믿어진다. 그 스스로를 딱하게 여기는 까닭을 볼진대 《시경》〈소아(小雅)〉의 항백(巷伯)과 같은 종류이다. 오직 〈대아(大雅)〉에, '밝은 슬기가, 능히 그 몸을 보전하도다' 하였으나 어렵도다.

무오자전(武五子傳)

　무제(武帝)에게는 여섯 아들이 있었다. 위황후(衛皇后)는 여태자(戾太子)를 낳고, 조첩여(趙婕妤 : 첩여는 궁녀)는 소제(昭帝)를 낳고, 왕부인(王夫人)은 제회왕 굉(齊懷王閎)을 낳고, 이희(李姬)는 연자왕 단(燕刺王旦)과 광릉여왕 서(廣陵厲王胥)를 낳고, 이부인(李夫人)은 창읍애왕박(昌邑哀王髆)을 낳았다.

　여태자 거(據)는 원수(元狩) 원년(B.C. 123)에 황태자가 되었다. 나이 일곱 살이었다.
　애초 무제는 29세가 되어서야 비로소 장남을 얻었기 때문에 크게 기뻐하여, 기념으로 매(禖 : 천자가 아들 낳기를 비는 사당)를 세워 동방삭(東方朔) · 매고(枚皐)에게 명하여 매에 제사를 지내는 축문을 짓도록 했다. 태자는 커서 천자의 명으로《공양춘추(公羊春秋)》를 배우고, 나아가 하구강공(瑕丘江公)을 사사하여《곡량춘추(穀梁春秋)》를 익혔다. 관례(冠禮) 후 동궁에 살게 되자, 천자는 태자를 위해 박망원(博望苑)을 세우고, 식객과 교제하면서 마음 내키는 일을 하도록 했다. 그 때문에 이단의 술법으로 태자에게 아첨하는 자도 많았다.
　원정(元鼎) 4년(B.C. 112) 태자는 사양제(史良娣 : 태자빈 아래 양제 · 孺子의 궁녀가 있음. 史는 성)를 측실로 두어 여기에서 아들을 낳았다. 이름은 진(進), 호는 사황손(史皇孫)이라 했다.

무제 말년에 위황후는 총애를 잃고 강충(江充)이 실권을 잡고 있었다. 강충은 태자 및 위후와 사이가 나빠, 혹시 무제가 붕어한 뒤에 태자에게 죽임을 당하지 않을까 두려워하였다. 마침 무고(巫蠱 : 사람을 저주해 죽이는 신비한 술법)의 사건이 일어났다.

강충은 이를 기회 삼아 흉계를 꾸몄다. 당시 천자는 늙어 의심증이 많았다. 측근들이 모두 자기를 저주하고 있다고 생각하여 엄하게 조사케 했다. 승상 공손하(公孫賀) 부자와 양현(陽縣)·석현(石縣) 등에 봉해진 공주들, 그리고 황후 동생의 아들 장평후(長平侯) 위항(衛伉) 등이 연좌되어 사형당했다. 이 사건은 본서의 《공손하전》과 《강충전》에 자세히 적혀 있다. 강충은 무고의 사건을 조사하다가 천자의 심정을 눈치 챈 뒤에 이렇게 말했다.

"궁중에 고(蠱)의 나쁜 기운이 있습니다."

입궐하여 궁중에 이르러 어좌를 부수고 그 밑의 땅을 파헤쳤다. 천자는 안도후(按道侯) 한열(韓說), 어사 장공(章贛), 황문(黃門 : 환관) 소문(蘇文) 등에게 명하여 강충을 돕도록 했다. 강충은 마침내 태자의 궁전에까지 들어가, 고의 증거를 찾아 파헤친 결과 오동으로 된 인형(人形 : 이것을 바늘로 찔러 사람을 저주하여 죽게 함)을 발견했다.

이때에 천자는 병환으로 감천궁(甘泉宮)에 피서하고 황후와 태자만이 서울에 남아 있었다. 태자는 소부(少傅 : 태자의 시종)인 석덕(石德)을 불러, 어떻게 할 것인가를 물었다. 석덕은 자기가 소부인 직책상 같은 죄로 연좌될까 두려워 태자에게 진언했다.

"전(前) 승상 부자와 두 공주 및 위씨가 모두 이에 연좌되었습니다. 지금 무당과 사자(使者)들이 땅을 파헤쳐 증거를 잡았다고 하나, 무당이 일부러 거기다 놓았는지 실지로 있었는지 의심스럽지만, 그렇다고 결백함을 증명할 도리가 없습니다.

차라리 천자의 명이라고 꾸며 강충 등을 체포하여 감옥에 가두고, 그 흉계를 규명함이 가한 줄로 압니다. 게다가 천자께서는 병환으로 감천궁에 계셔, 황후나 황태자의 측근들이 용태를 물으러 가도 전혀 대답이 없으십니다. 천자의 생사조차 모르는 터에 간신들이 이런 짓을 함부로 하고 있습니다. 태자께서는 진(秦)의 부소(扶蘇 : 시황의 장남)의 고사(시황이 죽자 대신인 趙高가 先帝의 유언이라고 거짓을 꾸며, 부소를 죽이고 막내아들 胡亥를 책립)를 잊지는 않으셨겠지요."

태자는 위급함에 처하여 석덕의 말이 그럴듯하다고 생각했다. 정화(征和) 2년(B.C.91) 7월 임오일. 식객에게 명하여 칙사(勅使)인양 꾸며 강충 등을 체포하게 했다. 안도후 한열은 칙사가 가짜가 아닌가 의심하여 체포의 명을 거부하려 했다. 태자의 식객은 격투 끝에 한열을 죽였다. 어사 장공은 상처를 입으면서도 포위망을 뚫고 감천궁으로 도망쳤다. 태자는 사인(舍人 : 집 안의 잡무를 맡은 사람)인 무차(無且)를 시켜, 부절(符節)을 가지고 밤중에 미앙궁(未央宮)의 장추문(長秋門)에 들어가 장어(長御 : 궁녀) 의화(倚華)를 통해 황후에게 자세한 말을 아뢰고, 후궁에 있는 마구간의 수레를 내어 달라 하여 사수(射手)를 태우고, 무기고의 무기를 꺼내어 장락궁(長樂宮 : 황태후의 궁)의 위병들을 출동시켰다. 백관에게 알리어 '강충이 모반을 했다'고 말하고, 강충을 죽여 목을 끌고 다녔으며, 강충의 사주를 받아 고의 증거를 날조했던 흉노의 무당을 상림(上林 : 궁궐의 뜰)에서 불에 태워 죽였다. 계속하여 식객을 여러 부대로 나누어 태자가 대장이 되어 승상 유굴리(劉屈氂) 등과 싸웠다.

장안의 성 안에 크게 혼란이 일어났다. 태자가 반란을 일으켰다는 소문이 쫙 퍼졌다. 그 때문에 군중은 태자 편에 붙으려 하지 않았다. 태자의 군대가 패했다. 태자는 도망쳤다.

천자는 크게 노했다. 신하들은 겁을 먹고 어쩔 줄을 모른다. 호관(壺關 : 산서성 長治縣)의 삼로(三老 : 마을의 장로)인 무(茂 : 이름. 성은 令狐)가 상소하였다.

"소신이 듣건대 아버지는 하늘과 같고 어머니는 땅과 같으며 아들은 만물과 같습니다. 그러므로 천지가 평안하고 음양이 조화되어야만 비로소 만물이 성장합니다. 집에서 부모의 자애가 깊어야만 자식이 부모에게 효도합니다. 반대로 음양이 불화하면 만물은 쉽게 시들며 부자가 불화하면 집안은 흩어집니다. 그러므로 아버지가 아버지답지 못하면 자식은 자식답지 못하게 되고, 임금이 임금 구실을 못하면 신하가 신하 노릇을 못하게 됩니다. 그러면 나라가 망하므로 '곳간에 곡식이 있다 한들 어찌 먹을 수 있으랴' 한 것입니다.

옛날 순은 지극히 효도를 했습니다만 아버지인 고수(瞽叟)의 마음에 들지 않았습니다. 효기(孝己 : 殷 高宗의 아들)는 비방 당하고, 백기(伯奇 : 王國의 아들)는 쫓겨났습니다. 혈육을 나눈 부자간에 서로 의심함은 쌓인 참소 때문이었습니다. 이로 볼 때에 자식에게 불효의 죄는 없고, 도리어 아버지에게 불명(不明)한 데가 있기 때문이었다 할 수 있습니다.

지금 황태자는 한의 적사(嫡嗣)입니다. 만세의 대업을 이어받고 선조의 거룩한 핏줄을 이으신, 바로 천자의 장남입니다. 강충은 다만 보잘것없는 사람으로 행랑에서 지내온 머슴에 지나지 않습니다. 폐하께서 높이 등용하신 자로서 지존(至尊)의 명을 내세워 황태자를 궁지에 몰아넣었습니다.
 흉계를 그럴듯하게 꾸며서 일당과 더불어 천자의 총명을 흐리게 했습니다. 그로 인하여 부자간의 마음의 통로도 막혔습니다. 태자는 천자께 가까이 나가 사실을 밝힐 수도 없고, 물러서면 난신들에게 괴로움을 당합니다. 오직 혼자서 원망을 품은 채 마음을 털어놓을 상대도 없었습니다. 착잡한 마음을 누를 길이 없어 마침내 일어서서 강충을 죽이고 무서워 도망하였습니다. 이는 자식이 아버지의 무기를 훔쳐, 일신의 어려움을 벗어나려 한 것뿐입니다. 소신이 생각컨대 악의가 있는 것은 아닙니다. 《시》에도 '왔다갔다하는 쉬파리는 울타리에 멈춘다. 단정한 군자여, 참언을 믿지 말라. 참언이 지나치면 사국(四國)을 어지럽게 하리라'고 했습니다. 앞서 강충은 참소로써 조태자(趙太子)를 죽였습니다. 이는 천하가 모두 아는 일입니다. 이번 일도 강충이 벌 받아 마땅합니다. 그런데도 폐하께서는 이를 잘 생각하시지 않고 매우 태자를 탓하셨습니다. 진노하셔서 대군을 보내어 체포하려 했으며 삼공(三公)이 스스로 지휘를 하는 형편이었으니, 이런 판국에서는 지자(智者)라 해도 한 마디 말도 할 수 없고, 변사라도 설득할 길이 없습니다. 소신은 남몰래 가슴 아프게 생각합니다. 옛날 오자서(伍子胥)는 충성을 다하고 오왕에게 죽임을 당하게 되어도 악명을 씻을 생각을 아니했습니다. 비간(比干)은 인(仁)을 다하고 은의 주왕에게 죽임을 당했으나 일신을 돌아보지 않았습니다. 충신이 성실을 다하여 죽임을 당할 것도 돌보지 않고 우견(愚見)을 아룀은, 임금의 잘못을 바로잡아 나라를 편안케 하려는 까닭입니다. 《시경》에, '참소하는 자를 잡아다가 호랑이에게 던져 주라'

고 했습니다. 부디 폐하께서는 마음을 관대히 가지시어 조금이라도 부자간임을 생각해 주소서. 태자가 모반하리라는 걱정은 마옵소서. 빨리 군대를 거두어 태자가 피해 돌아다니지 않게 하십시오. 소신은 오로지 나라를 근심하는 마음으로 길지 않은 여생을 바쳐, 건장문(建章門) 아래에서 대죄(待罪)하겠습니다."

이 상소를 받아 읽고 천자는 감명되어 비로소 깨달았다. 태자는 동쪽으로 도망하여 호현(湖縣 : 하남성)까지 가서 천구리(泉鳩里)에 숨었다. 머문 집은 가난하여 짚신을 팔아 태자를 부양했다. 태자는 호현에 사는 친지가 있었는데, 이 사람이 부자란 말을 들었으므로 심부름꾼을 시켜 그 사람을 불렀다. 이리하여 발각이 되었다. 관리들이 집을 에워싸고 태자를 잡으려 했다. 태자는 도망칠 가망이 없음을 알고, 곧 바로 방에 들어가 문을 잠그고 목을 매달았다.

산양(山陽)의 사람으로 장부창(張富昌)이란 자는 병졸이었는데, 발로 문을 찼다. 신안(新安 : 하남성)의 영사(令史 : 사무관) 이수(李壽)가 달려가 태자를 안고 목의 끈을 풀었다. 숨은 집의 주인은 그대로 베어 죽였다. 황손(皇孫) 두 사람(史皇孫과 그 아우)도 함께 살해되었다.

천자는 태자를 불쌍히 여겼으나 태자를 잡은 자를 상 주지 않을 수 없어 분부를 내렸다.

"생각컨대 공적이 의심스러운 자도 상 주는 게 임금의 신의를 지키는 길이리라. 이수를 봉하되 우후(邘侯 : 하남성 邘台鎭의 領主)로 하라. 장부창을 제후로 봉하여라."

얼마 후에 무고(巫蠱) 사건의 해괴한 점이 차차 드러났다. 천자도 태자가 지레 겁을 먹고 저지른 일일 뿐, 타의가 없었음을 깨닫게 되었다. 게다가 차천추(車千秋)가 태자의 죄가 없음을 상소했다. 천자는 마침내 차천추를 재상으로 발탁하고 강충의 일족을 멸한 후, 소문을 횡교(橫橋) 위에서 태워 죽였다. 또한 천구리에서 태자에게 칼질을 한 자는 앞서 북지(北地 : 감숙성)의 태수로 입신해 있었으나, 뒤늦게 일족이 죽임을 당했다.

천자는 태자가 무죄함에도 억울하게 죽은 것을 안타까이 여겨, 사자궁(思子宮)을 짓고 호현에 귀래망사지대(歸來望思之臺)를 세웠다. 천하의 사람들은 그 소식을 듣고 태자를 가엾게 여겼다.

태자에게는 3남 1녀가 있었다. 딸은 평여후(平輿侯)의 아들에게 시집갔으나 태자가 실각됨에 모두 죽임을 당했다. 사황손과 황손비 왕부인, 그리고 황녀손(皇女孫)은 광명원(廣明苑)에 매장하고, 태자를 따르던 황손 두 사람은 태자와 같이 호현에 묻혔다. 태자에게는 유아(遺兒)인 손자가 하나 있었다. 사황손의 아들로서 왕부인이 낳은 사내아이였다. 열 여덟 살에 제위(帝位)에 오르니 이가 곧 선제(宣帝 : B.C. 73~49 재위)이다.

선제가 즉위하여 곧 소칙(詔勅)을 내렸다.

"고 황태자는 호현에 묻혀 있으나 아직껏 시호(諡號)도 절사(節祀)도 없다. 곧바로 시호를 내리고, 위토(位土)와 식읍(食邑)을 두도록 하라."

관리가 다음과 같이 대답했다.

"예(禮)에 의하면 조부의 후사로 들어간 이는 조부의 아들이 됩니다. 그러므로 실제 부모는 한 계층 내려가서 이들을 제사지낼 수 없습니다. 조부를 존경하기 위해서입니다. 폐하께서는 소제(昭帝)의 후사로서 선조의 제사를 계승했습니다. 예의 제도상 한계를 넘어서는 안 됩니다. 삼가 소제께서 만드신 무덤을 살피건대 고(故) 황태자의 무덤은 호현에, 사양제의 무덤은 박망원(博望苑)의 북쪽에, 사황손의 무덤은 광명원의 울타리 북쪽에 있습니다. 시법(諡法)에 시는 행위의 자취라 했습니다. 소신의 우견으로는 폐하의 생부는 도(悼)라 하고, 생모는 도후(悼后)라 함이 좋을 것 같습니다. 제후의 능원(陵園)에 준(準)하여 3백 호의 봉읍을 둠이 좋을까 합니다. 고 황태자는 시호를 여(戾)라 하여 2백 호의 봉읍을 둡니다. 사양제의 시는 여부인(戾夫人)이라 하고 묘지기 30호를 둡니다. 각 원(園)에는 장승을 두어 법대로 순찰과 묘지기를 시키면 됩니다."

호현(湖縣) 문향(閺鄉) 야리취(邪里聚)를 여원(戾園)으로 하고, 장안 백정(白亭)의 동쪽을 여후원(戾后園)으로 하며, 광명성향(廣明成鄉)을 도원(悼園)으로 하여 모두 그곳에 개장(改葬)하였다.

그 후 8년이 지나 담당 관리가 다시 상주하였다.

"예에 의하면 아버지의 신분이 사(士)로서 아들이 천자가 되었을 경우에는, 망부(亡父)를 제사지내되 천자의 예로써 하도록 되어 있습니다. 도원은 당연히 존호하여 황고(皇考: 황제의 부친)라 하고 사당을 세우며, 원을 능(陵)으로 하여 계절을 따라 향사해야 됩니다. 원을 받드는 호수를 천 6백 호로 늘리고, 봉명현(奉明縣)이라 이름하고, 여부인을 높여 여후(戾后)라 하여 원에 봉읍을 두되, 늘려서 3백 호로 함이 어떨까 합니다."

제회왕 굉(齊懷王閎)은 연왕 단(燕王旦)·광릉왕 서(廣陵王胥)와 같은 날에 왕이 되었다. 천자는 모두 임명서를 주고 각각 국토와 풍속에 대하여 친절히 훈계하였다.

"이 날 원수(元狩) 6년(B.C. 27) 4월 을사, 황제는 어사대부(御史

大夫 : 부승상) 장탕(張湯)에게 명하여, 사당에 나가 아들 굉을 제왕(齊王)으로 책립하고 다음과 같이 명한다. 내 아들 굉아, 이 청사(靑社 : 궁중에 5색의 흙으로 만든 太社가 있어, 사방의 제후를 봉할 때 각 방각의 흙을 주워 그 제후의 社를 만들게 한다. 제왕은 동쪽이므로 푸른 흙을 줌)를 받아라. 짐은 하늘의 질서를 이어, 여기에 옛 도를 따라 너의 국가를 세우고, 동쪽 지방에 봉하여 대대로 한(漢)의 울타리가 되게 한다. 마음 깊이 짐의 명을 근청하라. 사람이 만일 덕을 숭앙하면 크게 빛을 떨칠 것이요, 만약 의를 꾀하지 않을진대 사대부가 나태하여 따르지 않을 것이다. 너는 충심을 다하고 진심으로 중화(中和)의 덕을 고집할 때에 길이 천명을 누리리라. 과오가 있으면 너의 나라에 흉사가 터지고 네 몸에 해가 있을지어다. 아, 나라를 평화롭게 하여 백성을 다스리려면 크게 근신하지 않으면 안 되느니라. 왕이여, 부디 명심하라."

굉의 어머니인 왕부인(王夫人)은 무제의 총애가 두텁고 굉은 아들 중에서도 가장 천자의 마음에 들었다. 왕이 된 지 8년 만에 죽었다. 후사가 없었기 때문에 나라는 몰수되었다.

연자왕 단(燕刺王旦)은 다음과 같은 임명서를 받았다.

아, 내 아들 단아. 이 현사(玄社 : 燕은 북쪽이었으므로 검은 흙을 받아 社로 함)를 받아라. 너로 하여금 나라를 세워 북쪽의 토지에 봉하여, 대대로 한의 울타리가 되게 하노라. 아, 훈육씨(薰鬻氏 : 흉노의 옛 이름)는 노인을 학대하여 사람다운 마음을 지니지 못하고, 우리 변경의 백성을 기만하여 악행을 자행한다. 짐은 장수에게 명하여 나아가 그 죄를 바로잡았다. 만부장(萬夫長 : 1만 명의 추장)·천부장(天夫長) 등 32명의 우두머리가 기를 내리고 우리 군문에 투항했다. 훈육이 막북(漠北)으로 이주하여 우리 북주(北州)는 평화로워졌다. 너의 충심을 다하여 원망을 사는 일이 없게 하라. 사(士)를 가르치지 않으면 위급에 당하지 못할지니라. 왕이여, 명심하라."

단은 성인이 되어 임지로 부임하였다. 천생 말솜씨가 좋고 두뇌가 명석했다. 널리 경서와 여러 학파의 설을 배워 점성(占星)·역(曆)·산슬·가무(歌舞)·사렵(射獵) 등을 즐기고, 유세하는 선비들을 초치했다.

위태자가 실각하고 제회왕도 죽으매, 단은 차례로 보아 자기가 제위에 오르는 게 당연하다고 여겨, 천자에게 상주하여 대궐의 경비로 들어가겠노라고 아뢰었다. 천자는 크게 노하여 단의 사자를 투옥하였다. 그 후·단은 서울에서 온 망명자를 은닉한 죄로 양향(良鄕)·안차(安次)·문안(文安) 3현(縣)을 몰수당했다. 무제는 이때부터 단을 미워하여 막내아들을 황태자로 세웠다.

무제가 붕어하고 황태자가 즉위했다. 이가 소제(昭帝 : B.C. 86~74 재위)이다. 제후나 왕에게 무제의 붕어를 알리는 칙서가 전해졌다. 단은 칙서를 받고도 무제를 위하여 곡하려고도 않고 다음과 같이 말했다.

"이 칙서의 봉인은 너무 초라하다(내용이 너무 간단함). 혹시 조정에 변고가 있는 게 아닐까."

심복 부하 수서장(壽西長)·손종지(孫縱之)·왕유(王孺) 등을 장안에 보냈다. 장의의 절차를 알아본다는 명목이었다. 왕유는 집금오(執金吾 : 장안의 경비를 맡은 벼슬)인 곽광의(郭廣意)를 만나, '선제는 무슨 병환으로 돌아가셨습니까. 후사는 어느 아드님입니까. 나이는 몇 살인지요'라고 물었다. 광의가 대답했다.

"내가 오작궁(五祚宮)에 있을 때에 천자께서 붕어하셨다고 떠드는 소리가 들렸습니다. 장군들이 태자를 세워 천자로 삼았는데, 나이는 8,9세이며 장례 때도 나오지 않았습니다."

사자가 돌아가 단에게 보고했다. 단이 말했다.

"폐하가 돌아가실 때에 유언도 없었다. 개주(蓋主:무제의 장녀)조차 임종하지 못했다. 이는 극히 해괴한 일이구나."

다시금 중대부(中大夫)를 파견하여 주문(奏文)을 올렸다.

"가만히 생각컨대, 무제께서는 성인(聖人)의 도를 지켜 선조에게 효행하고, 친족에게 자애심이 깊어 만민을 부드럽게 따르게 하니, 그 덕은 천지와 같고 그 지혜는 일월과 같으며, 그 위무는 넘쳐 흘렀습니다. 먼 외국은 보물을 조공하고 고을을 늘리기 수천, 토지를 넓히기 2배나 되었습니다. 태산(泰山) · 양보(梁父)에 봉선제를 올리고, 천하를 순시하여 먼 나라의 진품은 태묘에 진열하였습니다. 그 덕은 극히 아름답고 큽니다. 바라건대 무제의 사당을 군국(郡國)에도 세우도록 허락해 주십시오."

상주문이 천자에게 전해졌다. 때에 대장군 곽광(霍光)이 실제의 정치를 맡고 있었는데, 사당을 세우는 일은 허락할 수 없고 연왕에게 상으로 돈 3천 만을 내리고 영지를 1만 3천 호 늘려 주었다. 단은 화를 냈다.

"내가 천자가 됨이 당연한데 무슨 하사물이냐."

마침내 황족인 중산애왕(中山哀王)의 아들 유장(劉長), 제효왕(齊孝王)의 손자 유택(劉澤) 등과 결탁하여, '우리들은 무제 때에 어명을 받아 특히 나라 안의 정치를 맡고, 무비를 갖추어 비상시에 대비할 것을 허락 받았다'고 사칭했다.

유장은 여기서 단을 대신하여 여러 신하에게 명을 내렸다.

"나(단)는 선제의 미덕의 덕택으로 북쪽 변방을 지킬 수가 있었다. 친히 내리신 어명을 받들어 국정을 맡고 병기를 관리하여 무비를 갖추었다. 책임은 무겁고 직함은 크다. 이를 생각할 때 밤낮으로 편안치 않다. 그대들은 어떻게 나를 도와 주겠는가.

 게다가 연이 비록 작기는 하나 주대에 세운 나라다. 위로는 소공(召公: 周의 동족, 燕의 시조)으로부터 아래로는 소양왕(昭襄王: 전국 시대의 燕王)에까지 천년에 이른다. 연에 현인이 없다곤 할 수 없다. 그런데도 내가 속대(束帶)하여 다스린 지 30여 년이나 되도록 현인이 나왔다는 말을 듣지 못하고 있다. 이는 내 힘이 미치지 못한 때문일까. 그 허물이 어디 있는가. 지금 나는 그릇됨을 바로잡고 비리(非理)를 막고, 평판이 좋은 사람을 표창하고 천지의 화기를 높여 인민을 위무하고, 풍속을 고치려 한다. 그러기 위해서는 어찌하면 좋을까. 그대들이 각자 정성껏 대답해 주면 도움이 되리라."

 신하들은 모두 관을 벗고 사죄했다. 낭중(郎中) 성진(成軫)이 단에게 아뢰었다.

 "대왕께서는 당연히 받아야 할 천자의 지위를 잃으셨습니다. 그러니 일어서서 구할 수밖에 없습니다. 대왕께서 일어나신다면 나라 안의 사람들은, 비록 여자까지도 모두 팔을 걷어 붙이고 대왕의 뒤를 따를 것입니다."

 단이 말하였다.

 "이전 여후(呂后) 때에 나이 어린 홍(弘)을 혜제(惠帝)의 아들이라 사칭하여 천자로 세웠으나, 제후는 공손히 8년 간이나 섬겼다(혜제가 아들이 없기 때문에 여후는 타인의 아들을 데려다가 왕후가 낳은 것처럼 꾸밈). 여태후가 돌아가심에 대신은 여씨 일족을 멸하고 문제(文帝)를 맞아 세웠다. 천하는 비로소 홍이 혜제의 아들이 아님을 알게 되었다. 나는 무제의 장남이다. 그런데도 제위에 오르기는커녕 상주하여 사당을 세우겠노라 청원한 것도 거절당했다. 지금의 천자는 유씨(劉氏)가 아닌지도 모른다."

그리하여 유택 등과 음모하여, '젊은 천자는 무제의 아들이 아니라, 대신들이 공모하여 세운 자이다. 천하는 모두 나서서 이 가짜를 쳐라'고 써서 사람을 시켜 군국에 퍼뜨리게 했다. 인심을 동요시키기 위해서였다. 유택은 고향에 돌아가 임치(臨淄 : 산동성)에서 병사를 모집하여 연왕과 함께 거사할 계획이었다.

단은 마침내 군국의 악당을 불러들이고 동철(銅鐵)을 징발하여 갑옷과 칼을 만들고 자주 수레와 말, 병사를 검열했다. 천자와 같은 고거(鼓車)를 마련하고 모두(耗頭 : 곰의 가죽을 쓴 향도)가 앞장섰다. 왕을 모시는 낭중은 담비의 꼬리와 금매미를 관에 장식하고 모두 시중(侍中)이라 불렀다.

단은 상(相 : 제후국의 최고직)·중위(中尉 : 여러 왕국의 경비관) 이하를 이끌고 수레와 말을 여러 부대로 나누고, 백성을 징발하여 문안현(文安縣)에서 사냥을 시키며 병사와 말을 훈련하여 약속한 날을 기다렸다.

낭중 한의(韓義) 등이 몇 차례 단을 간하다가, 결국 그를 비롯한 열 다섯 사람은 죽임을 당했다. 마침 병후(餠侯) 유성(劉成)이 유택 등의 음모를 눈치 채고 이를 청주(靑州 : 산동성)의 자사(刺史) 전불의(雋不疑)에게 밀고했다. 불의는 유택을 체포하여 조정에 보고했다. 천자는 대홍로승(大鴻臚丞 : 제후와 蠻國을 관장하는 차관)을 파견하여 심문했다. 연왕에게도 파급되었으나 조칙이 내려 무사했다. 그러나 유택 등은 모두 사형이 되었다. 병후의 영토가 증가되었다.

  오랜 뒤 단의 누나 악읍(鄂邑)의 개장공주(蓋長公主:무제의 장녀)와 좌장군 상관걸(上官桀) 부자는 곽광과 권력을 다투어 사이가 좋지 않았다. 그들은 단이 곽광을 원망하고 있음을 알고 있었기 때문에 은밀히 연과 통했다. 단은 손종지(孫縱之) 등 10여 명을 보내어 많은 황금·보물·명마 등을 개공주·상관걸, 그리고 어사대부 상홍양(桑弘羊) 등에게 뇌물로 바쳤다. 그들은 단과 왕래하여 자주 곽광의 과실을 조목별로 써서 단에게 주어 상주하여 고발케 했다. 상관걸이 궁중에서 그 문서를 법관에게 전할 셈이었다. 단은 이를 듣고 매우 기뻐했다. 내용은 이러하였다.

  "옛날 진(秦)은 천자의 지위에 올라 일대의 시운을 쥐고 위광은 사방의 이적(夷狄)을 복종케 했습니다. 그러나 집안의 세력을 약화시키고 이성(異姓)의 신하를 중하게 기용했으며, 도덕을 폐하고 형벌에만 의지해 일족에 대하여는 무자비했습니다. 그 후 울타(尉佗)가 남쪽 만국에 침입하고 진섭(陳涉)이 초택(楚澤)과 호응하매, 가까운 신하(趙高)가 난리를 일으켜 안팎으로 대란에 휘말렸습니다. 이래서 조씨(趙氏)는 멸족했습니다. 고황제(高皇帝)는 옛 일을 돌이켜 진의 잘못을 깨닫고 방법을 바꾸어, 토지를 구분하고 성을 세워 자손을 왕으로 배치했습니다. 그로부터 가지가 잘 자라서 이성의 신하는 틈을 엿볼 수 없게 되었습니다.

  지금 폐하께서는 명군의 뒤를 이어 완성한 업을 계승하여 공경(公卿)에게 국사를 위임하고 계시나, 신하들은 무리를 지어 황족을 욕하고, 어지러운 참언이 매일 조정에 날아들고 있습니다. 나쁜 관리는 법을 무시하고 위세를 휘둘러 폐하의 은혜가 아래에까지 미치지 못합니다. 듣건대, 무제께서는 중랑장 소무(蘇武)를 흉노에 보냈는데 20년이나 유치되었어도 항복하지 않았습니다. 그 소무가 돌아왔는데도 겨우 전속국(典屬國 : 蠻國 감독관)에 임명하였을 뿐입니다. 지금 대장군 장사(長史 : 부관) 양창(楊敞)은 공로도 없는데 수속도위(搜粟都尉 : 쌀 징수를 맡은 군관)가 되었습니다. 또 장군이 우림(羽林 : 근위병)을 열병할 때 길에서 벽제를 하게 하고 대선직(大膳職)을 숙사로 앞서 가게 했습니다(천자 행차의 관례). 소신 단은 연왕의 부절(符節)과 옥새를 반환하고, 대궐의 숙위로 들어가 간신의 동정을 감시코자 합니다."

이때에 소제는 14세였으나, 상주에 거짓이 있으리라 여기고 그대로 곽광을 믿으며 상관걸 등을 멀리했다. 상관걸 등은 이에 차라리 곽광을 없애어 천자를 폐하고 연왕 단을 옹립하여 천자로 삼으려 꾀했다. 단은 역마의 준비를 갖추어 편지를 주고받아, 성공하면 상관걸을 왕으로 삼겠다고 약속하고, 밖으로는 군국의 호걸 수천 명과 연락했다. 단은 이 일을 상평(相平)[7]에게 고했다. 평이 말했다.

"대왕께서는 앞서 유택과 결탁하셨으나 거사 전에 발각된 것은, 본래 유택이 허황하고 남을 앞지르려는 버릇이 있었기 때문입니다. 듣건대 좌장군(상관걸)은 경박한 사람이며, 거기장군(車騎將軍 : 걸의 아들)은 젊은 나이에 거만하다 합니다. 소인은 그 두 사람으로는 유택의 경우처럼 실패하지 않을까 염려됩니다. 설사 성사한다 하더라도 그 뒤 임금을 배반할지 모릅니다."

단이 말하였다.

---

7) 相平──相은 姓, 이름이 平인지, 國相의 平인지 어느 쪽으로도 해석할 수 있다.

"며칠 전 한 사나이가 대궐문 앞에 와서, 자기야말로 진짜 태자라고 말했다 한다. 장안의 백성들은 그 사내에게 몰려들어 떠들어댈 뿐 만류하려고도 않았다 한다. 대장군은 겁을 내어 병사들을 출동시켜 줄 지어 서게 했으나, 그것은 자위(自衛)를 하기 위한 것일 뿐이었다. 내가 천자의 장남임을 천하가 믿고 있는데, 어찌하여 좌장군에게 배신을 당하겠는가."

그 후 단은 신하들에게 말했다.

"개장공주가 보낸 편지에 '대장군 곽광과 우장군 왕망(王莽)이 눈의 가시 같았으나, 지금 우장군은 죽고 승상(곽광)은 병석에 있어 일은 꼭 성공하리라' 했다. 곧 부를 것이다."

신하들에게 길 떠날 채비를 하도록 했다. 이때 비가 내렸다. 무지개가 연왕의 궁중에까지 걸렸다. 무지개가 우물물을 마셔 버려(무지개를 일종의 벌레로 생각함) 우물이 말랐다. 우리 안의 돼지들이 떼를 지어 뛰어 나와 대선직의 부뚜막을 파괴했다. 까마귀와 까치가 궁중에서 싸워 까마귀가 죽었다. 쥐 떼가 궁전 정문 안에서 날뛰었다. 전상의 문이 저절로 닫혀 열리지 않았다. 하늘로부터 뻗혀 온 불길이 성문을 태웠다. 큰 바람이 궁성의 누각을 부수고 수목을 꺾고 뿌리째 뽑아 놓았다. 유성이 떨어졌다. 후비(后妃)들은 모두 무서워하고 단은 신경 쇠약이 되었다. 사람을 시켜 가수(葭水)·이수(台水)에 제사를 지내게 했다. 단의 식객인 여광(呂廣) 등은 점성가였다. 단에게 말하였다,

"병사가 성을 에워쌀 것입니다. 그 시기는 9월 아니면 10월. 한에서는 죽임을 당할 대신이 있을 것입니다."

자세한 기록은 본서의 〈오행지(五行志)〉에 있다. 단은 더욱 겁을 내어 여광 등에게 물었다.

"모반을 거사하지도 않았는데, 괴사가 자주 나타나 살기(殺氣)가 가까이 임박했으니 어찌하면 좋을꼬?"

마침 그때 개장공주 사인(舍人)의 아버지 연창(燕倉)이 음모를 눈치 채고 밀고했다. 이리하여 탄로되었다. 승상은 지방관에게 칙서를 보내어, 손종지와 좌장군 상관걸 등을 체포케 했다. 모두 죽임을 당했다.

단은 상평을 불러 말했다.

"일은 패했다. 이대로 거병(擧兵)할까?"

평이 대답했다.

"좌장군은 이미 죽었으며 백성은 모두 그것을 알고 있습니다. 이제 거병은 안 됩니다."

단은 울적했다. 만재궁(萬載宮)에서 주연을 베풀었다. 식객·신하·비첩들을 모이게 하여 앉아 마셨다. 단은 스스로 노래했다.

텅 빈 성에 돌아오니 개도 짖지 않고 닭도 울지 않는구나.
펴야 할 일은 어이 그리 덧없는고.
본래 나라 안에 사람이 없는 것을(자기가 죽은 뒤 나라가 텅비게 될 것이라는 뜻).

화용 부인(華容夫人)이 춤을 추며 노래하였다.

머리털이 흩날려 도랑을 덮고
뼈는 흐트러져 있을 곳 없네.
어미는 죽은 자식 찾고 아낙은 죽은 지아비 찾으리.
배회하는 두 도랑 사이

군자는 홀로 어디에 있을까?(연회석을 차린 연못 양쪽에 도랑이 있음)

앉아 있는 사람들이 모두 울었다.
사면장(赦免狀)이 전달되었다. 단은 그걸 읽었다.
"아니, 이민(吏民)들만 용서하고 나는 용서하지 않는다니(조정은 반역자의 무리를 해산시키기 위해 먼저 吏民을 먼저 사면했다)."
단은 후비와 부인들을 맞아 명광전으로 가서 말했다.
"늙은 것들이 큰일을 내는군. 우리를 몰살할 게 틀림없다."
자살하려 하니 좌우의 사람들이 말렸다.
"어쩌면 봉토(封土)를 깎이는 정도로 죽음을 면하게 될지도 모릅니다."
후비와 부인들이 울며 만류했다. 그때 마침 천자가 파견한 사자가 칙서를 가지고 왔다.
"옛날 고조는 천하의 제왕이 되어 자제들을 세워 나라의 울타리로 삼으셨다. 지난날 여씨 일족이 대역을 꾀했을 때, 유씨(劉氏)의 명맥은 머리칼 하나로 이어진 것처럼 위태하였다. 강후(絳侯) 등의 힘으로 반란을 평정하고 문제를 세워 선조의 영혼을 안심시켰다. 이 역시 조정의 내외에 그럴 만한 사람이 있어 표리 상응한 까닭이다. 번쾌(樊噲)·역상(酈商)·조삼(曹參)·관영(灌嬰)은 칼을 들고 창을 메고 고조를 따라, 재해를 제거하고 해내를 평정하니, 그 노고가 이루 말할 수 없었다. 그런데도 그 보상은 제후로 봉해진 게 고작이었다. 지금 황실의 자손은 싸움터에 나서는 노고도 없으면서도 토지를 쪼개어 왕으로 삼고, 재산을 나누어 하사해 왔다. 더욱이 아버지가 죽으면 아들이 잇고, 형이 죽으면 아우가 대신한다.
 지금 그대는 짐의 가장 가까운 동기(同氣)로서, 짐의 수족이라 할 만한 사람인데도 남들과 더불어 사직을 해치려 했다. 멀리해야 되는 자를 가까이하고, 가까이해야 할 이를 멀리했다. 반역의 마음만 있고 충애의 의리가 없다. 만일 선조의 영혼에 지각이 있다면, 그대는 무슨 면목으로 다시 신주(神酒)를 받들고 고조의 사당에 참배하겠는가."
 단은 이 칙서를 받자 곧 연왕의 부절(符節)과 옥새를 의공장(醫工長 : 왕궁의 侍醫)에게 맡기고, 상과 지방 장관에게 '나는 직무 태만의 죄로 죽는다'고 사죄하고는, 곧장 옥새 끈으로 자기 목을 졸라 자살했다. 후비와 부인으로 뒤따라 자살한 자는 20여 명이었다. 천자는 각별한 배려로 단의 태자 건(建)을 살려 주고 서인으로 강등함에 그쳤다. 단에게 시호하여 자왕(剌王)이라 했다. 단은 왕이 된 지 38년 만에 죽고 나라는 몰수되었다.
 그 6년 후에 선제가 즉위하자 단의 두 아들 경(慶)과 현(賢)을 봉하여 각각 신창후(新昌侯)·정안후(定安侯)로 삼았다. 또 전 세자 건을 책립하니, 이가 곧 광양경왕(廣陽頃王)이다. 29년 만에 죽었다. 그의 아들 목왕 순(穆王舜)이 뒤를 이었다. 21년 만에 죽었다. 그의 아들 사왕 황(思王璜)이 계승하여 20년 만에 죽으니, 그의 아들 가(嘉)가 이었다. 왕망 때에 한의 영주(領主)를 모조리 폐하여 가인(家人 : 서민)으로 했으나, 가만 오직 왕망이 천명을 받아야 한다는 서상(瑞祥)을 헌상한 공으로, 부미후(扶美侯)가 되어 왕씨의 성을 하사받았다.

 광릉여왕 서(廣陵厲王胥)가 왕이 될 적에 다음과 같은 임명서를 받았다.
 "내 아들 서야. 이 적사(赤社 : 광릉은 남쪽이므로 붉은 흙을 받음)를 받아라. 너의 나라를 세워 남쪽 땅에 봉하노니 대대로 한의 울타리가 되어라. 옛사람이 전하는 바에도 양자강 남쪽의 오호(五湖) 사이는 사람들이 경박한데 양주가 변방임을 기화로 횡포를 자행해, 삼대 때에는 요복(要服 : 5복 중 두 번째로 먼 곳)에 들어, 정치와 교화가 미치지 못했다 한다. 아, 너의 마음을 다하여 근신하고 외경하되 아랫사람을 사랑하고 윗사람에게 순종하라. 놀기를 즐겨 소인의 무리와 사귀지 않도록 늘 힘쓰고 오로지 법칙을 따르라. 《서경》에 '신하된 자는 스스로의 은혜를 베풀고 권력을 휘둘러서는 안 된다'고 했다. 왕이여, 명심하여 후세에 수치를 남기지 않도록 하라."
 서(胥)는 건장하며 노래와 호탕하게 놀기를 좋아했다. 힘은 가마솥을 들어 올릴 정도의 장사였으며 맨손으로 곰이나 멧돼지 등 맹수를 때려 눕혔다. 모든 행동이 예법에 어긋나, 그 때문에 한실의 상속자가 되지 못했다.
 소제는 즉위 초에 서의 영지를 1만 3천 호로 늘렸다. 원봉(元鳳 : B.C. 80~75) 연간에 조정에 들어가서 다시 1만 호를 증가하고, 돈 2천 만, 황금 2천 근, 놀이차, 사두 마차, 보검 등을 하사받았다. 선제가 즉위하매 서의 네 아들을 등용하여 성(聖)·증(曾)·보(寶)·창(昌)은 열후(列侯)에 봉하고, 막내아들 홍(弘)은 고밀왕(高密王)으로 삼았다. 그 외 많은 포상을 내렸다. 이보다 앞서 소제 때에 서는 아직 천자에게 아들이 없음을 보고 제위를 노릴 마음이 생겼다. 초의 지방은 무당에 의한 강신(降神)의 풍습이 성했다. 서는 무당 이여수(李女須)를 만나 강신으로 천자를 저주케 했다.

여수는 울면서 말하였다.

"효무제께서 저에게 옮겨 오십니다."

좌우에 있는 자가 모두 엎드렸다. 여수가 말하였다.

"나는 반드시 서를 천자로 삼겠다."

서는 여수에게 많은 돈을 주어, 무산(巫山 : 절강성)에서 기도 드리게 했다. 마침 이때 소제가 붕어했다. 서가 '여수는 빼어난 무당이구나' 하고 소를 잡아 감사의 뜻을 표했다.

창읍왕(昌邑王)이 조정에 불려 들어가자, 서는 다시 무당에게 명하여 저주케 했다. 이윽고 폐위되니 서는 더욱 여수를 믿어 돈과 물품을 하사했다. 선제가 즉위하니 서가 말했다.

"태자의 손자를 어떻게 제위에 앉힐 수 있단 말이냐?"

다시금 여수로 하여금 저주하게 했다. 그리고 서의 딸이 초왕 연수(延壽)의 후(后)의 동생에게 시집갔는데, 자주 선물을 보내고 밀서를 주고받았다. 그 후 연수가 모반죄로 죽임을 당하자 서가 연루되었으나, 조칙으로 용서하였다. 서에게 하사된 황금은 전후 5천금이며 다른 기물도 많았다. 서는 다시 한조가 태자를 책봉했다는 소식을 듣고, 희남(姬南)[8] 등에게 말했다.

"나는 이제 천자 되기는 틀렸다."

비로소 저주하기를 그쳤다. 그 후 서의 아들 남리후 창(南利侯昌)[9]

---

8) 姬南──이는 첩인 南이란 뜻인지, 姬가 성이고 南이 이름인지 분명치 않다.

9) 南利侯昌──원문은 남리후 보(寶)로 되어 있으나, 왕선겸(王先謙)의 《보주(補註)》설에 따라 昌으로 고쳤다.

은 살인죄로 작위를 잃고 광릉에 돌아가 있었다. 서의 첩 좌수(左修)와 간통한 사실이 드러나 사형되었다. 상(相) 승지(勝之)가 상주했다.

"광릉왕의 사피(射陂 : 강소성 淮陽道)의 초전(草田)을 몰수하여 빈민들에게 분배함이 어떠하옵니까?"

천자가 재가했다. 서는 다시금 무당을 시켜 전처럼 저주했다.

서의 궁원(宮園)에 있는 대추나무에 줄기가 여나무 개 생겼다. 줄기는 새빨갛고 잎사귀는 생명주처럼 희었다. 못물이 벌겋게 변색되어 물고기가 죽고, 쥐가 대낮에 왕후의 뜰 안에서 뛰어 놀았다. 서는 회남 등에게 말했다.

"대추나무와 물, 고기와 쥐의 변괴가 예삿일이 아니다."

과연 수개월 후 저주의 사실이 탄로됐다. 관리가 조사하러 나왔다. 서는 당황하여 무당과 후궁에 있는 자 20여 명을 독살하여 입을 막았다. 공경은 서를 사형에 처해야 한다고 아뢰었다. 천자는 정위와 대홍로를 파견하여 신문케 했다. 서는 사죄하였다.

"나의 죄 죽어도 다 갚지 못하리라. 확실히 모두 내가 저질렀다. 그러나 오래 전부터의 일이므로 일단 돌아가서 생각해 보고 자세히 말씀 드리려 한다."

서는 사자와 면회한 뒤 돌아와 현양전(顯陽殿)에서 주연을 베풀었다. 세자 패(霸), 공주 동자(董訾)·호생(胡生) 등을 불러 밤이 깊도록 마셨다. 총애하고 있던 팔자(八子 : 궁녀) 곽소군(郭昭君), 가인자(家人子 : 궁녀의 낮은 직위)인 조좌군(趙左君) 등에게 거문고를 타게 하고 노래를 시켰다. 왕도 스스로 불렀다.

오래 살아 끝이 없기를 바라건만

영원히 즐기지 않으면 어찌 끝장이 나랴.
천기(天期)를 받드니 수유(須臾)를 얻지 못해
천리마는 길에서 기다린다.
황천 아래는 어둡고 깊어
인생 필시 죽음 있는데 어찌 마음을 괴롭히랴.
무엇으로써 즐거움이라 하나, 마음에 기꺼운 것뿐.
들어오나 나가나 기쁨 없으면 즐거움은 짧으리.
호리(蒿里 : 묘지)는 나를 부르고 곽문은 열린다.
죽음은 대신이 없으니 몸소 가리라.

좌우에 있는 자가 모두 눈물을 흘리며 헌배했다. 닭이 울 무렵에 주연은 끝났다. 서는 세자 패를 보고 말했다.
"폐하께서는 나를 후히 대우해 주셨는데 지금 나는 그 은혜를 저버렸다. 내가 죽으면 시체는 들에 버려질 것이나, 다행히 장사지낼 수 있거든 박하게 함이 좋다. 결코 후하게 하지 말라."
당장 인수(印綬)로 자기 목을 졸라 죽었다. 팔자 곽소군 등 두 사람도 따라 자살했다. 천자는 은사(恩赦)를 내려 왕의 아들들을 모두 서인으로 강등하는 데 그쳤다. 여왕(厲王)이란 시호를 내렸다. 왕이 된 지 64년 만에 죽고 나라는 몰수되었다.
7년 후 원제(元帝 : B.C. 8~33 재위)는 다시금 서의 태자 패를 왕으로 세웠다. 이가 효왕(孝王)인데 13년 만에 죽었다. 그의 아들 공왕 의(共王意)가 왕위를 이어 3년 만에 죽었다. 그 아들 애왕 호(哀王護)가 뒤를 이었다가 16년 만에 죽었는데, 호에게는 아들이 없었기 때문에 대가 끊겼다.
그 후 6년 성제(成帝 : B.C. 32~7 재위)는 효왕의 아들 수(守)를 봉했으니 이가 정왕(靖王)이다. 즉위한 지 20년 만에 죽어 그 아들 굉(宏)이 계승했다가 왕망 때에 대가 끊어졌다.

앞서 고밀애왕 홍(高密哀王弘)은 본시(本始) 원년(B.C. 73)에 광릉왕 서의 막내아들로서 즉위했다가 9년 만에 죽었다. 그의 아들 경왕 장(頃王章)이 뒤를 이었다. 33년 만에 죽고 아들 회왕 관(懷王寬)이 뒤를 이었다가 11년 만에 죽었다. 그의 아들 신(愼)이 뒤를 이었다가 왕망 때에 대가 끊어졌다.

창읍애왕 박(昌邑哀王髆)은 천한(天漢) 4년(B.C. 97)에 즉위하여 11년 만에 죽었다. 그의 아들 하(賀)가 뒤를 이었다가 13년이 되는 해에 소제가 붕어했으나, 아들이 없어 대장군 곽광이 하를 조정에 불러들여 상주 노릇을 시켰다. 그때의 칙서(황태후가 내림)는 이러했다.

"창읍왕에게 칙명을 내린다. 임시의 대홍로·소부(少府) 사락성(史樂成), 종정(宗正) 덕(德), 광록대부 병길(丙吉), 중랑장 이한(利漢)은 왕을 모시고 일곱 마리의 역마차에 태워 장안의 저택에 도착하라."

물시계가 날샐 녘까지 1각 밖에 남지 않은 때였다. 불을 밝혀 칙서를 읽고, 하는 그날중으로 창읍을 출발했다. 아침 끼니 때에 정도(定陶)에 다달았으니, 1백 35리의 행정(行程)에 수행한 자의 말이 차례로 쓰러져 길 위에 띄엄띄엄 이어졌다. 낭중령(郎中令: 숙위장)인 공수(龔遂)가 왕을 간하여 낭(郎)·알자(謁者) 50명을 되돌려 보냈다.

하가 제양(濟陽)에 도착하자, 수탉을 구하고 길에서 대나무를 붙여 만든 지팡이를 샀다. 홍농(弘農)을 통과할 때 노예 우두머리인 선(善)에게 명하여, 휘장을 친 수레에 여자를 태웠다. 호현(湖縣)까지 왔다. 장안에서 온 사자가 여자의 일로 창읍의 상 안락(安樂)을 추궁했다. 안락은 공수에게, 공수는 하에게 가서 말했다. 하는 그런 기억이 없다고 하였다.

수가 말하기를 '그렇다면 괜히 선한 사람 때문에 악평이 나게 할 필요가 없습니다. 선을 끌어다 관리에게 넘기어 대왕의 누명을 벗게 하소서' 하였다. 곧 선을 붙들어다 위사(衛士)의 우두머리에게 넘겨 사형에 처했다.

하가 패상(覇上)에 도착했다. 대홍로는 교외로 마중 나가 추(騶: 천자의 마부)가 천자가 타는 수레를 봉정했다. 하는 몸종 수성(壽成)을 불러 마부를 명하여, 낭중령 공수를 배승시켜 해가 뜰 무렵에 광명동도문(廣明東都門)에 도착했다. 공수가 말했다.

"분상(奔喪: 먼 곳에서 부모의 상을 당하여 달려옴)의 예법에 의하면, 서울을 바라보며 곡하도록 되어 있습니다. 여기가 장안의 동쪽 성곽문입니다."

하가 '나는 목구멍이 아파 곡할 수가 없는걸' 하였다.

성문까지 왔다. 공수가 다시 재촉했으나 하는 곡하지 않았다. "성문이나 곽문이나 마찬가지야."

마침내 미앙궁(未央宮)의 동문에 다다랐다. 공수가 말했다. "창읍왕의 장(帳: 조객을 수용하는 막사)은 여기 있습니다. 문 밖의 치도(馳道: 천자의 전용 도로)의 북쪽으로서, 장이 있는 곳 앞에는 남북의 통로가 있습니다. 발걸음으로 몇 걸음 안 됩니다. 대왕께서는 수레에서 내리셔서 문을 향해 서쪽으로 엎드려 소리를 크게 내어 곡을 하십시오."

하는 '음' 하더니, 문에 가서 예법대로 곡하였다.

하는 황제의 인수(印綬)를 받아 제호(帝號)를 계승했다. 즉위한 지 27일, 음란한 행위가 지나쳤다. 대장군 곽광은 신하들과 의논하여 소제의 황후에게 아뢰어, 하를 폐하여 본래의 영지로 돌려보냈다. 보양료(保養料)로 2천 호를 하사했다. 본래의 왕가 재물은 모두 하에게 주고, 창읍애왕의 네 딸에게는 화장품 값으로 천 호를 하사하였다. 자세한 이야기는 본서 〈곽광전〉에 기록되어 있다. 나라는 몰수되고 산양군(山陽郡)이 되었다.

앞서 하가 영지에 되돌아갔을 때 자주 요괴가 있었다. 어떤 때는 흰 개를 보았는데, 키가 석 자이며 머리가 없고 목 아래는 사람을 닮고, 방산관(方山冠: 5색 비단으로 만든 관)을 쓰고 있었다. 또 곰을 보았다. 좌우 사람들은 아무도 보지 못했다. 또 큰 새가 날아와 궁중에 머물렀다. 하는 그걸 알고 기분이 나빠 일일이 낭중령 공수에게 물었다. 공수는 하에게 그 뜻을 설명했는데, 자세한 것은 본서 〈오행지〉에 있다. 하는 하늘을 우러러 탄식했다.

"불길한 것이 왜 자주 나타나는가."

공수는 머리를 조아리고 말했다.

"소신은 충언을 숨김 없이 올려 가끔 나라가 위태로움을 아뢰었으나, 대왕께서는 기분이 언짢으셨습니다. 본래 나라의 존망이 소신의 말에 달린 건 아닙니다. 부디 대왕께서는 마음속을 헤아려 보십시오. 대왕께서는 이전에 《시경》 3백 5편을 암송하셨습니다. 《시》 속에는 인사와 왕도가 갖추어져 있습니다. 왕의 행실은 어떤 시의 한 편에 적용되겠습니까. 대왕의 지위는 제후왕에 있습니다만 행실은 서인보다 더럽습니다. 이래서는 나라의 존립이 어렵고 망하기가 쉽습니다. 깊이 통찰해 주옵소서."

그 후 다시 피가 옥좌(玉座)를 더럽혔다. 하가 공수에게 물었다. 수는 울부짖으며 말했다.

"궁전이 비게 될 날이 멀지 않았습니다. 이렇게 괴사가 자주 생기다니. 피는 숨어 있는 근심의 표시이니 근신하여 깊이 반성하옵소서."

하는 최후까지 행실을 고치지 않았다. 그 뒤 조정에 소환되었다. 즉위한 뒤 하는 다음과 같은 꿈을 꾸었다. 똥이 서쪽 계단 동쪽에 대여섯 섬이나 쌓였는데 납작한 기와로 덮여 있었다. 기와를 들어 보니 쉬파리의 똥이었다. 하는 그 꿈의 해몽을 공수에게 부탁했다.

수가 해몽하였다.

"폐가께서 읽으신 《시경》에 있지 않습니까. '왔다갔다하는 쉬파리는 울타리에 멈춘다. 단아한 군자여, 참언을 믿지 말라'고. 폐하의 측근에는 참언하는 자가 많습니다. 마치 그 쉬파리 떼의 똥처럼 말입니다. 전 황제 때 대신의 자손을 등용하여 측근에 두시는 게 좋을 것입니다. 창읍의 옛 정분을 끊기가 어렵겠사오나, 참언하고 아첨하는 자들을 모두 쫓아내어 화가 복이 되게 하십시오. 먼저 소신부터 쫓아내 주시기 바랍니다."

하는 이 간언을 듣지 않아 마침내 폐해졌다.

대장군 곽광은 다시 무제의 증손을 옹립하니 이가 효선제(孝宣帝)이다. 선제는 즉위하자 마음속으로 하를 꺼리어 원강(元康) 2년(B.C. 64)에 산양태수 장창(張敞)에게 칙서로 명했다.

"산양 태수에게 명한다. 삼가 도적에 대비하여 내왕하는 사람을 감시하라. 다만 이 칙서를 보여서는 안 된다."

장창은 이리하여 하의 일상 생활을 상주하고, 하가 완전히 폐인이 되었다는 증거를 밝혔다. 그의 보고서는 이러하였다.

"소신 장창은 지절(地節) 3년(B.C. 67) 5월에 사실을 살펴보았습니다. 전의 창읍왕은 고궁(故宮)에 살고, 노비로서 궁중에 있는 자는 83명이며, 대문은 닫히고 작은 문만이 열려 있습니다. 염리(廉吏) 혼자서 돈이나 물건을 받고 시장에 물건을 사러 갑니다. 매일 아침 한 번 먹을 것을 나르고, 딴 물건은 절대로 들여 보내지 않습니다. 독도(督盜 : 경찰)가 한 사람인데 따로 순찰과 왕래자의 단속을 맡고 있습니다. 왕가의 돈으로 병졸을 고용하여 문지기와 궁중의 청소, 도둑 방비를 시키고 있습니다. 소신이 자주 승리(丞吏 : 부관)를 파견하여 순찰시키고 있습니다.

4년 9월 중에 소신 장창은 궁중에 들어가, 전의 창읍왕의 일상의 모습을 살폈습니다. 전의 왕은 나이 26,7세인데 본래의 푸르죽죽한 검은 얼굴빛, 눈은 작고 코 끝은 뾰족한데다 낮고, 수염과 눈썹은 적으며 후리후리하고 큰 몸집인데 중풍 증세가 있어 보행이 부자유스럽고, 짧은 윗도리와 큰 바지를 입고 혜문관(惠文冠 : 무인이나 법관의 관)을 쓰고, 구슬 고리를 허리에 차고 붓을 머리에 꽂고, 목간(木簡)을 가지고 종종걸음으로 소신을 맞이했습니다. 소신은 그와 더불어 이야기하고, 안뜰에서 처자와 노비를 줄 지어 세우고 훑어보았습니다. 소신은 전의 왕의 의향을 알려고 사나운 새의 이야기를 하였습니다. '창읍에는 올빼미가 많군요' 하니, 왕은 대답하되 '그렇습니다. 이전에 내가 서쪽으로 장안에 가니 전혀 올빼미를 볼 수 없었는데, 다시 동으로 되돌아 제양(濟陽)에 와서야 겨우 올빼미 소리가 들리더군요'라고 했습니다(올빼미는 악인의 상징이므로, 장창이 창읍에는 올빼미가 많다 하여 상대방이 화를 낼까 시험해 봤는데, 왕은 머리가 둔해서 통하지 않음). 소신이 차례로 훑어본 뒤 딸 지비(持轡)의 차례가 되었을 적에 전의 왕은 무릎을 꿇으며, '지비의 어미는 엄장손(嚴長孫)의 딸입니다'라고 했습니다. 집금오(執金吾 : 서울의 경비관) 엄연년(嚴延年 : 字는 장손)의 딸 나부(羅紨)가 이전에 전의 왕의 처였다는 걸 소신도 익히 알고 있습니다. 전의 왕의 옷차림, 언어, 무릎을 꿇었다 섰다 하는 모습을 볼 때에 천치가 되었음을 알 수 있었습니다. 처는 16명, 자식은 22명, 그 중 11명이 아들이고, 11명이 딸입니다. 삼가 명부와 노비 재물의 장부를 바치나이다.

소신 장창이 이전에 승상 어사에게 올린 글월에 다음과 같은 것을 적었습니다. '창읍애왕(하의 아버지)의 가무 기생 장수(張修) 등 열 사람은 자식이 없고 또 첩도 아니다. 단지 양가(良家)의 자식으로서 궁녀의 지위도 없다. 왕이 죽은 뒤 되돌려 보냄이 당연한 일인데도, 태부(太傅) 표(豹) 등이 멋대로 붙들어 두고 애왕의 묘지기를 만들었다. 이는 당치 않은 일이니 돌려 보내 주기 바란다' 하였습니다. 전의 왕에게 이것을 말했더니, '후궁의 계집이 묘지기를 하다가 병이 들면 치료를 하지 않는 게 좋다. 서로 살상하면 단속하지 않음이 좋다. 일각이라도 빨리 죽도록 해 주고 싶다. 그런데 태수께선 왜 돌려 보내라 하는지'라고 대답했습니다. 그의 천성이 난폭한 걸 즐기고, 마침내 인의(仁義)를 가리지 않음을 이것으로 알 수 있습니다. 후에 승상·어사는 소신의 상서를 천자께 올려 재가를 얻었으므로, 여자들을 모조리 놓아 주었습니다."

천자는 이 보고로 하가 조금도 두려운 존재가 아님을 깨닫고, 이듬해 봄에 칙서를 내렸다.

"상(象 : 舜의 이복동생)은 죄를 범했으나 순은 그를 제후로 봉했다. 혈육의 정을 끊을 수 없기 때문이다. 옛 창읍왕 하를 해혼후 (海昏侯 : 강서성 永修縣의 영주)에 봉하여 식읍 4천 호를 주라."

시중위위(侍中衛尉) 김안상(金安上)이 상주했다.

"하는 천하에 버림받은 자인데 폐하께서는 지극한 자애로써 다시금 제후로 봉하셨습니다. 그러하오나 하는 완고·방자한 사람으로 종묘의 제사나 배알 등의 봉공은 못할 것입니다."

천자는 재가했다. 하는 예장(豫章)의 영지로 부임했다. 수년 뒤 양주 자사 가(柯)는 하가 옛 태수 졸사(太守卒史) 손만세(孫萬世)와 교제했는데, 그가 하에게 물은 사실을 상주하였다.

"앞서 전하가 천자의 자리를 잃으셨을 때, 왜 굳게 지켜 궁중에 농성하여 대장군 곽광을 베지 못하고 천자의 인수를 빼앗겼습니까' 하니 하는 '그래서 실패했어'라고 대답했습니다. 만세는 다시 '전하는 장차 예장의 왕이 될 것이며, 제후가 곧 될 것입니다' 라 했습니다. 하는 답하되, '그렇게 되겠지'라고 했습니다. 그것은 하로서 할 말이 아닌 줄 압니다."

천자는 칙어를 내려 '3천 호를 깎아라' 했다. 하는 그 후 사망했다. 예장 태수 요(廖)가 상주했다.

"순은 상을 유비(有鼻 : 광서성)에 봉했으나 상이 죽으매 후계자를 세우지 않았습니다. 상과 같은 난폭자는 일국의 시조로 만들어서는 안 된다고 생각했기 때문입니다. 해혼후 하가 죽은 뒤, 후계자로 아들 충국(充國)을 추천했습니다만 충국은 죽었습니다. 또 아우의 봉친(奉親)을 추천했습니다만 그도 죽었습니다. 이는 하늘이 그 집을 멸하려 한 것입니다. 폐하의 자애는 하에 대하여 극히 융숭하시어, 순이 상에 대한 것 이상입니다. 예법에 따라 하의 뒤를 끊어야 합니다. 이는 천의에 따르는 길입니다. 부디 이 상서를 조신에게 내려 논의하도록 해 주시기 바랍니다."
조신이 의논한 결과 전원이 하의 후계자를 없애자는 의견이라 나라는 몰수되었다.
원제가 즉위하자 다시금 하의 아들 대종(代宗)을 해혼후로 봉했다. 아들에서 손자로 이어 지금도 후(侯)가 되었다.

찬에 말하였다.
무고의 재난은 얼마나 슬픈 사건인가. 이는 단지 강충(江充) 한 사람의 죄는 아니다. 천시(天時)는 인력으로 어떻게 할 수 없는 일이었다. 건원(建元) 6년(B.C. 135) 치우기(蚩尤旗 : 혜성의 이름. 치우는 싸움의 신)가 나타났다. 그 길이가 하늘에 가득했다. 그 후 마침내 장군에게 명하여 하남(河南 : 흉노의 땅)을 점령하고, 삭방군(朔方郡)을 새로이 두었는데 여태자(戾太子)가 탄생한 것은 그 해 봄이었다. 그 후 30년 동안 전쟁이 계속되었으니, 군대 때문에 서울은 피바다가 되고 쓰러진 시체가 수만이며, 태자는 부자가 함께 죽었다. 그러니 태자는 전쟁이 낳은 자로 전쟁과 더불어 시종했다. 총애 받은 신하 한 사람의 탓은 아니다.
진시황이 즉위하여 37년,[10] 안으로 6국을 평정하고 밖으로 이적(夷狄)을 물리쳐 시체는 삼대처럼 흩어지고, 장성 아래에는 뼈가 버려져 있어 길에 해골이 즐비했다. 하루도 싸움이 없는 날이 없었다. 이때 산동(山東)의 반란이 일어나 사방의 나라가 무너져 진을 배반했다. 장군과 관리는 밖으로 배신하고 적신은 안에서 일어났다. 울타리 안에 일어난 난리(趙高의 사건)가 2대에 미쳤

---

10) 37년 — 원문은 39년이나 《보주(補註)》의 설에 의해 9를 7로 고쳤다.

다. 그리하여 '군대란 불과 같아 끄지 않으면 반드시 스스로를 태운다'라고 하는데 사실 그렇다. 그러므로 창힐(倉頡)이 처음으로 문자를 만들 때 창[戈]을 멈춘다[止]고 써서 무(武) 자를 만들었다. 성인은 무로써 난리를 누르고 전쟁을 그치게 한다. 잔학한 짓을 행하고 싸움을 일으키기 위함이 아니다. 《역》에 '하늘이 돕는 자는 순(順)이요, 사람이 돕는 자는 신(信)이니, 군자는 신을 지키고 순을 생각한다. 그렇게 하면 하늘이 이를 돕고 길하여 이롭지 않음이 없느니라'라 했다.

그리하여 차천추가 무고의 사정을 밝히고 태자의 원죄를 증명했지만, 차천추의 재지(才智)가 반드시 출중한 건 아니었다. 단지 그가 악운을 끄고 난리의 근원을 그치게 했는데, 그것도 악운이 쇠하기 시작한 시기를 만났으므로 극단에 이른 재해를 없애어 복운의 기(氣)를 맞이할 수 있었다. 그로 인해 세상에 '차천추는 하늘의 도움과 사람의 도움을 얻었다'고 전해지는 것이다.

엄조(嚴助)·주매신전(朱買臣傳)

 엄조는 회계군(會稽郡) 오현(吳縣)의 사람으로 엄부자(嚴夫子)의 아들이다. 일설에는 엄부자의 친척의 아들이라고도 한다. 회계군에서 현량(賢良)으로 추천되었다. 동시에 현량으로서 천자의 책문(策問)에 응답한 자가 백여 명이었으나, 무제는 엄조의 대책이 뛰어남을 보고 조를 중대부(中大夫:고문 응대의 벼슬)로 발탁했다. 그 후 주매신(朱買臣)·오구수왕(吾丘壽王)·사마상여(司馬相如)·주부언(主父偃)·서락(徐樂)·엄안(嚴安)·동방삭(東方朔)·매고(枚皐)·교창(膠倉)·종군(終軍)·엄총기(嚴葱奇) 등이 배출되어 천자의 좌우에 있었다.
 이 무렵 사방의 이적(夷狄)을 정벌하여 변경의 군을 신설했다. 군대가 자주 출동하고, 국내에서는 제도를 개혁하느라 조정은 바빴다. 자주 현량·문학(文學)의 선비를 발탁했다. 공손홍(公孫弘)은 평민 출신으로 수년 만에 승상이 되었다. 동쪽 작은 문을 열고 현인을 초치하여 더불어 의논하고, 정무를 상주하는 동시에 국가 당면의 개혁안을 아뢰었다.
 천자는 엄조 등에게 명하여 대신과 변론(辯論)을 시켰다. 엄조 등과 대신들은 경서의 문장 따위를 인용하여 응수했는데 대신 쪽이 자주 궁지에 몰렸다. 가장 총애를 받은 이는 동방삭·매고·오구수왕·엄조·사마상여였다. 상여는 언제나 꾀병으로 일을 피했고, 동방삭과 매고는 사람들과 어울리기는 했으나 이론에 근저가 없었다. 천자는 일종의 어릿광대로서 그들을 길렀다. 오직 엄조와 수왕은 신용을 얻었으며 조는 중용되었다.

건원(建元) 3년(B.C. 138), 민월(閩越 : 나라 이름. 복건성)이 병사를 일으켜 동구(東甌)를 포위했다. 동구는 한조에 급보를 보냈다. 이 때에 무제는 나이 스물도 못 되었다. 태위(太尉) 전분(田蚡)에게 그 일을 물었다. 전분이 아뢰었다.

"월인끼리의 공격은 예사로운 일입니다. 게다가 이따금 배신을 잘하니 일부러 중국에서 구원하러 갈 필요까지는 없습니다. 진(秦) 때부터 아예 포기한 채, 중국에 속하지 않은 것으로 보아 온 땅입니다."

엄조는 전분을 힐문하여 말했다.

"내 힘으로 구할 수 없고 내 덕으로 가까이할 수 없다면 몰라도, 어찌 알고도 돌보지 않을 것입니까. 게다가 진은 함양(咸陽)도 돌보지 않았으니, 결코 월만을 돌보지 않은 건 아닙니다. 지금 작은 나라가 위급에 처하여 구원을 청하는데, 천자께서 구하지 않으신다면 달리 어느 곳에 하소연하겠습니까. 그렇게 된다면 어찌 만국을 내 자식처럼 기를 수 있겠나이까."

천자가 말하였다.

"태위는 도시 책모가 모자란다. 내가 새로 즉위하여 호부(虎符)를 내어 군국(郡國)에서 병사를 징집함은 마땅치 않다."

이에 엄조를 파견하되, 칙사의 징표인 지팡이를 가지게 하여 회계(會稽)에서 병사를 모집하게 했다. 회계 태수는 법률을 핑계 삼아(엄조의 자격에 의심을 품었다) 엄조를 위해 병사를 내놓으려 하지 않았다. 엄조는 이에 한 사람의 사마(司馬 : 군의 군관)를 처단하여 천자의 의향을 일깨워 주었다. 마침내 군사를 출동하여 바다를 건너 동구를 구하러 갔다. 엄조의 군사가 동구에 도착하기 전에 민월은 철군하고 말았다.

  3년 후에 민월은 다시금 군사를 일으켜 남월(南越:광동성)을 공격했다. 남월은 천자와의 약속을 지켜 멋대로 군사를 내려 하지 않고 편지로 보고했다. 천자는 그 마음씀을 기특히 여겨, 남월을 위해 대대적인 구원군을 파견했다. 두 사람의 장군으로 하여금 병사를 이끌고 민월을 치게 했다. 회남왕(淮南王) 유안(劉安)이 상주하여 간하였다.

  "폐하께서는 천하를 다스리되 모름지기 덕혜를 베풀고, 형벌을 완화하고 조세를 가볍게 하며, 독신자의 외로움을 측은히 여기고 노인을 대우하며, 가난한 백성을 구했습니다. 성덕은 위로 높아지고 은혜는 아래로 퍼지어, 가까운 사람은 더욱 친해지고 먼 사람은 덕에 의지하니 천하는 한껏 평화롭습니다. 백성들은 생활을 즐기며 죽을 때까지 전쟁을 보지 않고 지내리라 생각하고 있습니다. 지금 관리가 병사를 이끌고 월을 친다 하오니, 소신은 은밀히 폐하를 위하여 근심하는 바입니다.

  월은 궁벽한 나라로 단발(斷髮)에 문신을 한 야만인들입니다. 어엿이 관디(冠帶)를 한 나라의 법도로서는 다스릴 수 없는 무리입니다. 삼대(三代)의 성시(盛時)부터 월과 호인(胡人)은 감히 조정에서 역(曆)을 받지 못하는 축이었습니다. 나라의 힘과 위엄으로 제압하지 못해서가 아닙니다. 그 땅은 사람이 살 만한 곳이 못 되며, 그 백성들은 기를 만한 인종이 못 된다 하여 굳이 번거로움을 피한 까닭입니다.

  그리하여 옛날 왕의 영내(領內:천리 사방)를 전복(甸服:왕의 논을 경작함으로써 복종함)이라 했고, 영외(領外)는 후복(侯服)이라 했습니다. 후복과 그 외의 위복(衛服)은 빈객(賓客)으로서 종속되었고, 그 밖의 만이(蠻夷)는 요복(要服:신하로서 필요하게 됨)이라 했고, 또 그밖의 융적(戎狄)은 황복(荒服:荒遠하여 복종을 기대하기 어려움)이라 합니다. 지세(地勢)의 원근에 따라 다룸이 달랐습니다.

한이 건국하여 천하를 평정한 지 72년이 되었는데, 오월(吳越)의 사람이 서로 다투기는 그 수효를 헤아리기 어려울 지경이나, 천자께서는 한 번도 군사를 일으켜 그 땅에 들어간 일이 없으십니다. 듣자옵건대 월에는 성곽과 마을이 있는 것도 아니고 골짜기나 대숲 속에 흩어져 살며, 수중(水中) 싸움에 익숙하여 배를 잘 젓는다 합니다. 숲이 울창하고 물이 깊은데다 어둡고 급류와 소용돌이가 많아, 우리가 지세를 잘 파악하지 않고 섣불리 들어갔다가는 백당일(百當一)의 불리한 조건에서 패할 것입니다. 설혹 그 땅을 얻는다 해도 군현(郡縣)으로 삼을 바 못 되며, 공격한다 해도 재빨리 승리하기 어렵습니다.

지도를 보면 그 산천 요해(要害)가 불과 지척의 거리인 것 같지만, 기실 수백 리로부터 천리가 되어 험산과 숲은 지도에 수록하기조차 어려울 지경입니다. 눈으로 보면 쉬운 것 같지만 실행이란 매우 어렵습니다. 천하는 선조의 가호로써 나라가 태평하여 백발의 노인조차 전쟁을 겪음이 없었고, 백성은 부부와 자식들로 안온하게 살고 있사오니 이는 폐하의 은덕입니다. 월이 명목은 번신(藩臣)이지만, 이제껏 공물이나 제물 비용을 국고에 낸 일이 없을 뿐 아니라, 큰일에도 병사 한 사람 낸 일이 없습니다.

그러한 월인들끼리 서로 다투고 있사온데 폐하께서 구원병을 보낸다 함은, 도리어 중국을 만족(蠻族) 때문에 피폐케 하는 결과가 되는 것입니다. 게다가 월의 사람은 우둔하고 경박하여 약속을 저버리고 이리저리 붙는 의리 없는 자들이니, 천자의 법도를 적응시키지 못함은 오늘에 비롯된 일이 아닙니다. 다만 한 차례 천자의 명을 어겼다 하여 병력으로써 벌을 준다면, 이후 전쟁은 그치지 않을 것입니다.
　최근 수년간 흉작이 계속되어 백성은 작위(爵位)를 팔고, 아들을 담보하여 의식을 구하는 형편입니다. 폐하의 은혜로 구해지기는 했지만, 4년(B.C. 137)에는 흉작이었고, 5년에는 또한 메뚜기가 들끓어 백성의 생계는 원상 회복이 어렵습니다. 지금 병사를 이끌고 수천 리를 가서 의식을 휴대하고 월에 들어간다면, 짐을 지고 재를 넘고 배를 저어 강에 들기 수백 리인데, 강의 양편은 깊은 대숲이고 강을 오르내리면 돌에 부딪치고, 숲속에는 살무사와 맹수가 득실거리며, 무더운 여름철에는 토사·곽란에 걸리기 쉬울 것입니다.
　이전에 남해왕(南海王)이 반역했을 때, 소신의 선대(淮南厲王 劉長)는 장관 간기(間忌)를 파견하여 병력으로써 이를 쳤습니다. 남해왕은 전군과 더불어 투항하고 상감(上淦: 강서성)에서 살다가 그 후 다시 반란을 일으켰습니다.
　마침 더운 계절이라 비가 많이 내려, 누선(樓船)에 탄 병사는 언제나 물 속에서 배를 저어야 했으므로, 싸우기 전에 병을 얻어 죽은 자가 반수 이상이었습니다. 늙은 부모는 눈물을 흘리고 고아는 울부짖고, 천리 밖에까지 시체를 마중하여 뼈를 받아 돌아왔습니다만, 그로 인한 슬픔은 여러 해가 지나도 가시지 않았습니다. 노인들은 지금도 잘 기억하고[11] 있습니다. 한 번도 그 땅에 발을 들여놓음이 없이 이 같은 화를 입은 것입니다. 전쟁 뒤에는 난관이 온다고 말하였습니다. 그 까닭은 백성 한 사람 한 사람의 수심이 음양의 화기를 압박하여 천지의 정령(精靈)을 감동케 하는 데서 재해를 일으키는 것입니다.

폐하께서는 천지에 비길 덕망과 일월에 맞설 총명을 갖추어 은혜가 금수(禽獸)와 초목에까지 미치고 있습니다. 한 사람이라도 굶주리거나 헐벗어 죽게 되면 크게 가슴 아파 하십니다. 지금 나라 안은 개 짖는 소리만큼의 소란도 없는데, 폐하의 병졸은 들판에 뼈를 드러내고, 골짜기의 물에 젖은 시체가 되며, 변경의 백성은 전쟁을 겁내어 해가 저물기 바쁘게 문을 잠그고 아침 늦게까지 열지 않은 채, 하루 동안 목숨이 붙어 있게 될지 모르겠다고 전전긍긍하고 있습니다. 소신 안(安)은 은밀히 폐하를 위하여 근심하는 바입니다. 남방의 지형에 익숙하지 못한 자는, 흔히 월은 인구도 많고 병력이 강하여 우리 변경의 성에 보복하리라 생각하고 있습니다. 회남이 아직 세 갈래로 나뉘기 전에, 회남 사람으로 월의 국경 관리가 된 자가 많았습니다. 소신이 들은 바로는 월의 풍토는 중국과 달라, 높은 산에 막히어 인적이 끊기고 수레도 다니지 않는다 합니다. 천지가 본래 안팎을 갈라 놓은 까닭일 것입니다.

월에서 중국에 들어오자면 반드시 영수(嶺水)를 거쳐야 합니다. 영수의 산은 험하고 밀려 내려오는 돌이 배를 부숩니다. 그

---

11) 원문 〈故老至令以爲記〉. 왕선겸(王先謙)은 '노인이 기록하여 경계했다'고 해석했으나, 이 '記'는 '기억'이라 함이 좋을 것이다.

러므로 큰 배에 군량을 싣고 내려갈 수 없습니다. 월인이 반란을 일으키려 할 때는, 반드시 먼저 여간(餘干 : 강서성)의 국경에 논을 갈아 양식을 비축한 뒤에야 경내에 들어가 재목을 베어 배를 만들어야 합니다. 만일 변경의 성이 엄중한 감시를 하여 월인이 재목을 베러 들어오는 걸 모조리 사로잡고, 쌓아 놓은 양식을 태워 없앤다면, 월의 모든 종족들이 공격해 와도 성은 끄떡없을 것입니다. 게다가 월인은 힘이 약하고 뼈도 가늘어 육전(陸戰)은 서투릅니다. 또 거기(車騎)나 활·쇠뇌 등도 없습니다. 그럼에도 불구하고 월에 쳐들어가기 어려운 까닭은, 그들이 험난한 지세를 방패로 삼을 수 있고, 중국 사람들이 그 풍토에 견딜 수 없기 때문입니다.

듣자옵건대 월의 병력은 불과 수십만도 안 되지만, 이를 치기 위해서는 수레를 끌어 군량을 운반하는 인원을 빼고도 5배의 병력을 요합니다. 남방은 무덥고 습기가 많아 여름철이 가까우면 무서운 혹서로 더위에 시달리고, 물속에 있으면 독사와 독충에 물리게 되며 갖가지 전염병이 일어납니다. 병사는 칼을 맞아 피를 흘리기 전에 열 사람 중 두세 사람은 병으로 죽게 됩니다. 월인 전부를 사로잡는다 해도 우리 쪽의 손해를 보상하기 어려울 것입니다.

소문에 의하면 민월왕은 아우 갑(甲)에게 살해당하고, 갑은 죽임을 당하여 그 백성들은 공중에 떠 있다 합니다. 폐하께서 만일 그 백성들을 우리 편으로 만들고자 생각하신다면, 그들을 중국에 살도록 하고 중신(重臣)을 위로차 보내어 은혜를 베풀어 포상(褒賞)토록 하십시오. 그러면 그들은 반드시 아이들의 손을 이끌고, 노인을 모시고 폐하의 덕을 따르게 될 것입니다. 만일 폐하께서 그러한 백성들을 필요 없다 하신다면, 민월왕의 끊긴 후사를 세워 주어 망하려는 민월국을 북돋우어 주고, 왕후(王侯)를 내세워 축월(畜越 : 길러 두는 월)로 하시면 될 것입니다. 그렇게 되면 그들은 반드시 인질을 보내어 번신(藩臣)이 됨으로써 대대로 공물을 보내 오게 될 것입니다.

 그리하여 폐하께서는 사방 한 치의 옥새와 그것을 달아 매는 한 길 두 자의 끈만으로 국외(國外)를 누르고, 한 사람의 병사도 보내지 않고 한 자루의 창도 꺾음이 없이 은위(恩威)로써 목적을 다하게 될 것입니다.

 이제 병사를 이끌고 그 땅에 들어가면, 그들은 겁을 먹고 몰살된다고 생각하여 꿩이나 토끼처럼 험한 산의 숲속으로 도망치게 됩니다. 돌아서면 그들은 다시 모이게 될 것입니다. 주둔하여 감시하면서 몇 년이 지나다 보면 사병은 지치고 군량은 떨어지게 됩니다. 사내들은 밭을 일구거나 곡식을 심을 수 없으며, 계집들은 옷감을 짤 수도 없게 됩니다. 장정은 전쟁터에 나가고 노유(老幼)는 군량을 운반합니다. 나라 안에 남은 자는 먹을 것이 없으며, 전쟁터에 나간 자도 군량이 없으니 백성은 전쟁에 시달리어 도망치는 자가 필시 많아지되, 일일이 벌을 줄 수가 없으니 마침내 도둑이 되어 봉기할 것입니다.

 소신이 장로에게서 들은 바로는, 진(秦) 시대에 위(尉 : 군의 무관) 도수(屠睢)에게 명하여 월을 치게 하고 감(監 : 군의 감찰관) 녹(祿)을 파견하여 운하를 파서 길을 만들게 했던 일이 있습니다. 월인이 깊은 밀림 속으로 도망쳐 공격할 수가 없었으므로, 주둔하여 빈 땅을 지키며 허송세월을 하다 보니 군졸들은 싫증이 나서 지쳤습니다. 월은 그제서야 비로소 공격해 왔는데 진군은 이를 대파하고, 그 뒤 죄인을 국경에 파견하여 월의 침략에 대비했습니다.

당시 안팎으로 크게 소란하여 인민은 지쳤고 국경에 파견된 자는 다시 돌아오지 않았습니다. 모두 살 맛을 잃어서 도망자가 잇따라 생겼고 떼를 지어 도적이 되었습니다. 이리하여 산동(山東)의 반란이 일어났습니다. 이것이 이른바 노자가 말한, '전쟁 뒤에는 난관이 온다'는 것입니다. 전쟁이란 흉사(凶事)입니다. 한쪽에서 위급한 일이 생기면 사방이 이에 따라 소동을 일으킵니다. 소신은 이 전쟁이 원인이 되어 변사가 생기고, 악인이 흥하게 되지 않을까 염려합니다. 《주역》에 '고종(高宗)이 귀방(鬼方)을 무찔러, 3년 후에 이를 눌렀다'는 말이 있습니다. 귀방이란 작은 만족(蠻族)이고 고종은 은(殷)의 성덕(盛德)의 천자입니다. 성덕의 천자가 작은 만족을 정벌하는 데 3년이 걸려서야 겨우 이겼다는 것은, 병사를 쓰는 데 신중해야 된다는 말입니다.

'천자의 병사는 정벌이 있을 뿐 전쟁은 없다'라고도 합니다. 지배자의 죄를 바로잡을 뿐 그 백성을 벌하는 게 아니기 때문에, 저항자가 있을 리 없다는 뜻입니다. 만일 월인이 결사적 각오로써 공명을 노려, 폐하의 장군의 선봉을 맞아 싸워서 아군이 한 사람이라도 상처를 입고 돌아온 자가 있다면, 설사 월왕의 목을 베었다 하더라도, 도리어 소신은 대한(大漢)을 위해선 치욕이라 생각합니다.

폐하께서는 사해를 경계로 하고 구주(九州)를 집으로 삼고, 팔수(八藪: 魯의 雲夢 등 여덟 군데의 대초원)를 정원으로 삼고, 강해(江海)를 못으로 삼고 계십니다. 그런즉 모든 살아 있는 백성은 폐하의 신첩(臣妾)입니다. 인민의 수는 백관의 용무를 다하는 데 충분하고, 조세는 천자의 의식을 충족시키는 데 충분합니다. 예지(叡智)를 다하여 성도(聖道)를 지키고 병풍을 배경으로 궤안(几案)에 기대고, 남향하여 정사를 듣고 천하를 호령하신다면, 사해의 백성들은 모두 음향처럼 따를 것입니다. 폐하께서 은혜의 이슬을 내려 민초(民草)를 적셔 주시어 만민이 안심하고 생업에 종사케 하시면, 은혜가 만세에 미치고 자손에게 전해져 무궁히 퍼져 나갈 것입니다. 이적(夷狄)의 땅을 얻은들 하루의 심심풀이 감도 못될 터이온데, 말을 땀 흘리게 할 필요가 어디 있겠습니까.《시경》에 '왕도가 그야말로 가득 차서, 서방(徐方: 蠻國의 이름)이 이미 왔도다' 했습니다. 이는 왕도가 극히 커서 먼 곳의 백성들이 따른다는 뜻입니다.

속담에도 '농부가 힘써 일하며 군자는 이를 의지해서 산다. 어리석은 자는 말하고 지자(智者)는 이를 선택한다'고 했습니다. 소신 안은 다행히도 폐하의 덕으로 회남을 지킬 수 있었습니다. 목숨으로써 방패가 됨은 신하의 책무입니다.

변경이 위난을 겪는 터에 목숨을 아끼어 의견을 아뢰지 않음은 충신이라 할 수 없습니다. 소신이 은근히 두려워하는 것은, 장군이 10만의 군사를 이끌고 있으면서 한 사람의 사자(使者)의 일밖에 못하는 게 아닐까 하는 점입니다."

이때 한군(漢軍)은 마침내 출병했다. 아직 영을 넘지 않은 바로 그 때, 민월왕의 아우 여선(餘善)이 왕을 죽이고 한에 항복했기 때문에 한군은 회군했다. 천자는 회남왕의 뜻을 기특히 여기어 장수의 공을 포상했다. 그리고 엄조를 보내어 남월왕에게 천자의 의향을 알리어 타이르게 했다. 남월왕은 엎드려 머리를 조아리며 말했다.

"천자께는 부끄러운 일이오나 병사를 일으켜 민월을 벌해 주셨습니다. 은혜는 죽어도 잊지 못하겠습니다."
 곧장 태자를 보내어 엄조를 따라 궁중에 입시(入侍)하도록 했다. 엄조가 귀국했다. 천자는 회남왕에게 칙서를 내렸다.
 "회남왕이 앞서 중대부(中大夫:고문 접대관) 옥(玉)을 통해 글로 아뢴 의견은 이미 들었다. 짐은 선제(先帝)의 미덕을 계승하여 밤잠을 자지 않고 노력했으나, 눈의 밝음은 천하를 비치지 못하고, 게다가 부덕(不德)했다. 그 때문에 흉년이 계속되어 인민을 괴롭혔다. 본래 변변찮은 몸으로 왕후(王侯)의 윗자리에 앉았으나, 안으로는 굶주리고 헐벗은 백성이 있고, 남쪽 오랑캐들은 서로 싸워, 변경이 어지러워 불안해서 짐은 심히 유감으로 생각한다. 지금 왕은 깊은 사려로써 태평의 길을 밝혀 놓아 짐의 과실을 바로잡았다. 왕이 말한 바에 의하면, 삼대의 덕이 성대하고 하늘과 땅이 이어져 인적이 미치는 곳은 모조리 짐을 따른다 했다. 짐은 미처 생각 못한 바이어서 부끄럽게 여긴다. 왕의 의향을 한없이 기쁘게 생각하여, 중대부 엄조를 파견하여 짐의 뜻을 알리고 더불어 월의 일을 알리노라."
 엄조는 천자의 의향을 회남왕에게 고했다.
 "이번에 대왕께서는 거병하여 월에 간 일에 대하여 폐하께 상주했습니다. 그리하여 폐하께서 소신 조를 보내어 그 사정을 말하라 하셨습니다. 왕께서는 먼 곳에 계시고 사태는 급박했기 때문에 폐하께서 왕과 의논할 겨를이 없었습니다. 조정의 정책에 실수가 있어 왕께 심려를 끼친 일에 대하여는 폐하께서도 유감으로 여기십니다. 본래 병력이란 흉기여서 명주(明主)는 섣불리 이용하지 않습니다. 하지만 오제(五帝) · 삼왕(三王) 시대부터 폭란을 금지시키는 데는 병력 이외에는 없었습니다. 한은 천하의 주인으로서 생살(生殺)의 권력을 쥐고, 해내의 명(命)을 제어하고 있습니다. 위태로운 자는 편안케 됨을, 어지러운 자는 다스려짐을 천자께 기대하고 있습니다. 지금 민월왕은 마음이 비뚤어져 무자비해서, 겨레를 죽이고 친척을 배반하니 매우 의롭지 못합니다. 게다가 자주 거병(擧兵)하고 백월(百越 : 월 일대의 부족)을 범하여 이웃 나라를 빼앗아 갑자기 강대국이 되었습니다. 은밀히 기책(奇策)을 익혀 중국을 침입하여 심양(尋陽 : 호북성)의 누선(樓船)을 태우고, 마침내 회계(會稽)의 땅을 점거하여 옛날 월왕 구천(句踐)의 패업을 되풀이하고 있습니다.

최근 변경의 보고에 의하면, 민왕(閩王)은 두 나라를 이끌고 남월을 공격했다 하는데, 폐하께서는 만민의 영원한 안태의 계책을 세우는 데 사자를 보내어 이렇게 타일렀습니다. '지금 천하가 태평한데 각자 선대의 뒤를 이어 백성을 사랑하되, 타국을 침략하려 해서는 안 된다' 는 것이었습니다.

조정에서는 민왕이 호랑이나 이리와 같은 마음으로 백월의 부를 탐하고, 순역(順逆)을 가리지 못하고 밝은 조칙(詔勅)을 받들지 않음으로써 우리 회계·예장(豫章 : 강서성)에 오랫동안 누가 될까 두려워했습니다. 게다가 천자의 군사는 단순히 벌 주기 위하여 싸운 것이 아닙니다. 일부러 인민을 지치게 하고 병졸을 괴롭힐 까닭이 없습니다. 그리하여 두 장군을 파견해서 국경에 진을 치게 하여 위풍을 떨치고 큰 소리로 외쳤습니다. 군사가 모두 모이기 전에 하늘의 뜻으로 민왕은 목숨을 잃었습니다. 그리하여 곧장 사자를 보내어 농번기에 늦을세라 병사를 거둬들였습니다. 남월왕은 기특하게도 은혜를 입은 것으로 마음을 고쳐 행동을 바로잡아, 자신이 사자를 따라 입조하여 예를 드리겠다 했으나, 병환으로 예복을 입을 수가 없어 부득이 태자 영제(嬰齊)를 보내어 조정에 입시토록 했습니다. 병이 낫는 대로 북궐 앞에 엎드려 대궐을 바라보며 선제의 성덕(盛德)에 보답하리라 하십니다. 민왕은 8월에 야남(冶南:복건성)에서 거병했습니다만, 군졸은 지쳐 쓰러지고 세 왕의 군사가 서로 공격하여, 민왕의 젊은 아우 여선(餘善)과 결탁하여 음모했습니다.

이제껏 국왕이 자리는 공허하지만, 사자를 보내어 신임장을 봉정하여 후사를 신청해 왔습니다. 스스로 세우려 하지 않고 천자의 명칙(明勅)을 기다리려 합니다. 이 한 가지 거동만으로 창 한 자루를 꺾지 않고, 병졸 한 명도 죽이지 않고 민왕은 죄로 무릎을 꿇고, 남월은 성은을 입게 되었습니다. 위광은 폭군을 떨게 만들고, 은의는 패망 직전의 위기에서 구했습니다. 이야말로 폐하의 깊은 심려에서 우러나온 것으로, 그 효과는 앞서 말씀 드린 바와 같습니다. 이상이 사신 조가 왕께 전해 드리라는 천자의 뜻입니다."

이에 회남왕이 사례하여 말했다.

"탕왕(湯王)이 걸(桀)을 치고, 문왕이 숭(崇)을 친 예는 이번의 정벌에 비할 바가 못 됩니다. 소인은 어리석은 생각으로 함부로 방언했습니다만, 폐하께서는 인정이 깊어 벌 주기는커녕, 사자를 보내어 지금껏 알지 못했던 사정까지 가르쳐 주셨습니다. 소인에게 이보다 행복한 일이 없습니다."

엄조는 이 일로 하여 회남왕과 친교를 맺고 귀국했다. 천자는 크게 기뻐했다. 천자가 쉬고 있을 때에 엄조는 곁에서 세상 이야기를 했다.

천자는 엄조가 고향에 있던 시절의 일을 물었다. 엄조가 대답했다.

"집이 가난하여 동문의 친구나 부자들에게 업신여김을 당했습니다."

천자는 무엇을 바라느냐고 물었다. 엄조가 대답했다.

"회계의 태수가 되고 싶습니다."

그리하여 회계 태수로 임명되었다. 수년 간 회계로부터 아무런 소식이 없었다. 천자는 다음과 같은 편지를 내렸다.

"회계 태수에게 고하노니, 그대는 승명려(承明廬 : 관리의 숙직실)에서 사는 데 싫증 나고 시종의 일에 피로하여 고향을 그리워하여 군리(郡吏)로서 외직(外職)에 나갔다. 회계는 너무도 떨어진 데다 오랫동안 기별도 듣지 못했다. 무슨 까닭으로 궁중의 근무를 싫어했는지 자세히 《춘추》의 필법으로 답하라. 소진(蘇秦)과 같은 종횡가(縱橫家)의 논법을 써서는 안 되느니라(戰國 외교의 임기응변에는 궤변이 많음)."

엄조는 두려워하여 글을 올려 사과했다.

"《춘추》에 '천왕(天王 : 周의 襄王)이 출(出)하여 정(鄭)에 있다'고 써 있습니다(왕은 천하를 소유하는 자라, '出'이란 자는 쓰지 않음에도 공자가 일부러 '出'이라 씀). 왕이 모친에게 잘 시중하지 않은 죄를 책하여, 주의 왕실과 인연이 끊겼다 하여 이렇게 쓴 것입니다. 신하가 임금을 섬기는 것은 자식이 부모를 모심과 같습니다(소신이 천자를 충분히 섬기지 못하고 밖으로 나왔음은, 주의 천왕이 모친을 제대로 모시지 못해 떠나간 것과 같은 죄).

그런즉 소신 엄조는 죽음을 받아 마땅합니다. 만일 폐하의 자비로우심으로 죽임을 면케 된다면, 소신 스스로 3년 간의 회계 보고를 가지고 봉정하겠습니다(가까운 군은 매년 말에 하고, 먼 군은 3년 만에 회계를 보고함)."

천자는 그를 허락했다. 엄조는 상경한 계제에 그냥 머물러 천자의 곁에서 받들어 모셨다. 달라진 것이 있다면 문장을 짓는 일을 분부 받은 것이었다. 그 밖에 부(賦)·송(頌)의 작품이 수십 편 있다.

후에 회남왕이 입조했을 적에 엄조에게 후한 선물을 내리고 사적으로 담론했다. 회남왕이 모반하자 사건이 엄조에게까지 파급되었다. 천자는 엄조의 죄가 가볍다 하여 벌을 주려 하지 않았다. 그러나 정위(廷尉 : 법관) 장탕(張湯)이 반대하였다.

"엄조는 궁문에 드나드는 심복의 신하이면서도 외부의 제후와 개인적인 사귐이 있습니다. 이런 자를 죽이지 않는다면 앞으로 나라를 다스릴 수 없게 됩니다."

엄조는 마침내 기시(棄市)되었다.

주매신(朱買臣)은 자를 옹자(翁子)라 했다. 오현(吳縣)의 사람으로 집안이 가난했으나, 책읽기를 즐기고 돈벌이는 염두에 없었다. 늘 땔나무를 하여 팔아 살았다. 섶나무를 어깨에 메고 걸으면서도 책을 낭독했다. 그의 아내도 짐을 지거나 머리에 이고 따라 걸으면서, 몇 차례나 매신에게 길에서 노래하는 것만은 그만두라고 만류했으나, 그럴수록 그는 큰 소리로 노래했다. 아내는 이를 부끄럽게 여겨 이혼해 달라고 하니, 매신이 웃으며 말했다.

"나는 나이 50이 되면 부귀하게 될걸세. 이제 벌써 나이 40 남짓한데 오랫동안 당신을 고생시켰으니, 내가 부귀하게 되면 당신에게 은혜를 갚겠소."

아내는 성을 내며 말했다.
"당신 같은 사람은 시궁창에서 굶어 죽기 마련이지, 어찌 부귀하게 되겠소."

매신은 만류할 길이 없어 그대로 이혼을 받아들였다. 그 후 매신이 혼자 길에서 노래하면서 섶을 짊어지고 묘지에 가 보니, 전의 아내가 새 남편과 더불어 와 있었다. 매신이 굶주리고 헐벗고 있음을 보고 불러 술과 밥을 먹여 주었다.

몇년 뒤 매신은 회계 보고차 상경하는 관리를 수행하여, 일개 병졸로서 짐차를 끌고 장안에 이르렀다. 대궐에 들어가서 의견서를 봉정했으나 좀체로 답이 없다. 위병의 대기소(상서한 자는 이곳에서 기다림)에서 다음 통지를 기다리고 있는 중 먹을 것이 떨어졌다. 회계 보고하러 온 아전과 병졸들이 차례로 걸식하러 돌아다녔다.

마침 동향 사람 엄조(嚴助)가 출세하여 천자의 사랑을 받았다. 그가 매신을 추천해 주었기 때문에 천자의 부름을 받았다. 매신은 《춘추》를 설명하고 《초사(楚辭)》를 강의하여 크게 천자의 환심을 샀다. 그는 중대부(中大夫)에 임명되어 엄조와 같이 천자의 곁에 있게 되었다.

마침 이때 삭방(朔方:올도스)에 성벽을 쌓는 일에 대한 의논이 있었다. 공손홍(公孫弘)은 간하여 중국을 피폐케 하는 원인이 된다고 했다. 천자는 매신에게 명하여 공손홍을 힐난·굴복시켰다. 자세한 것은 공손홍전에 있다.

그 후 매신은 사건에 연좌되어 면직이 되었으나, 곧 소환되어 임명을 기다리는 처지가 되었다. 당시 동월(東越:閩越王의 아우 餘善이 세운 나라)이 이따금 말썽을 부렸다.

그리하여 매신이 상주했다.

"본시 동월왕은 천산(泉山)을 방패 삼고 있습니다. 한 명이라도 험조(險阻)를 지키고 있으면, 천 명이라도 오르기 힘듭니다. 지금 듣자오니 동월왕은 더욱 남쪽으로 옮겨 천산에서 5백 리 떨어진 큰 강가에 있다 합니다. 지금 군사를 출동하여 바다를 건너, 곧장 천산을 향해 배를 띄우고 일로 남쪽으로 나간다면, 틀림없이 무찌를 수 있습니다."

천자는 매신을 회계 태수로 임명하고 말했다.

"부귀한 몸으로 고향에 돌아가지 않으면 비단옷을 입고 밤길을 걷는 것과 같다(생색이 나지 않는다. 項羽의 말)고 한다. 지금 그대는 어떠한가?"

매신은 머리를 땅에 대고 감사했다. 천자는 그에게 명했다.

"군에 도착 즉시 지붕이 있는 배를 수선하고, 군량과 해전의 도구를 마련하여 조칙이 군에 도착함을 기다려 군사와 함께 진격하라."

앞서 매신이 면직되어 임명을 기다릴 때에, 언제나 회계 태수가 상경 중에 유숙하는 관저의 수위에게 얹혀 밥을 얻어 먹었다. 회계 태수로 임명되자 매신은 헌 옷을 입고, 태수의 인장을 그 품 속에 넣고 마차도 타지 않고 관저로 돌아왔다. 마침 회계 보고차 상경하는 때여서, 회계군의 관리들이 모여서 술을 마시고 있었다. 매신은 방에 들어가 수위와 함께 밥을 먹었다. 배가 불러지자 품 속에 넣은 끈이 밖으로 삐져 나왔다. 수위가 이상하게 여겨 다가가서 끈을 잡아 당겨 끈에 붙은 도장을 자세히 보니 회계 태수의 것이었다. 수위는 놀라서 뛰어 나가 회계 보고차 온 속관에게 알렸다. 모두 취해 있는 터라 큰 소리로 외쳤다.

"바보 같은 소리!"
수위가 '한 번 와 보십시오' 하였다.
평소 매신을 업신여기던 친구가 방에 들어가 도장을 보고는 급히 뛰어 나가 큰 소리로 외쳤다.
"정말이야."
자리에 있는 사람들이 모두 놀랐다. 태수의 승(丞 : 차관)에게 아뢰었다. 그러자 서로 앞을 다투어 밀려와 뜰에 앉아 배알했다. 매신은 천천히 문을 열고 나왔다. 이윽고 궁중의 마부가 사마(駟馬)를 타고 마중 나왔다.
 매신은 그냥 역마차로 바꾸어 타고 떠났다. 회계에서는 태수가 곧 부임한다는 소식을 듣고, 백성들을 징발하여 길을 닦게 하고 현의 관리들이 줄 지어 서서 맞았다. 마차 백여 대가 줄 지은 행렬이 오(吳)의 경계에 들어섰다. 문득 보니 매신의 전처와 그 남편이 길가에 서서 환영하고 있다. 매신은 수레를 멈추고 그들을 불러 뒷수레에 태웠다. 태수의 관사에 도착하자, 뒤쪽 밭에 집을 짓고 살게 했다. 그런 지 한 달 만에 전처는 목을 매달아 죽었다. 매신은 그의 남편에게 돈을 주어 장사를 치르도록 했다. 옛 친지를 모두 불러들여 더불어 음식을 같이 하고, 예전에 은혜를 입은 이에게는 모두 예를 다했다.
 이런 지 1년 남짓, 매신은 마침내 칙명을 받아 병사를 이끌고, 횡해 장군(橫海將軍) 한열(韓說) 등과 함께 동월을 격파했다. 그 공적으로 소환되어 조정에 들어가 주작도위(主爵都尉 : 列侯의 작위를 관장)가 되어 구경(九卿)의 서열에 들었다.
 수년 후 법에 저촉되어 면관되었으나 복직하여 승상장사(丞相長史 : 승상의 비서관)가 되었다. 장탕은 어사대부(御史大夫)로 있었다. 앞서 매신이 엄조와 더불어 천자의 고문으로 근무하여 신분이 높고 실권을 쥐고 있을 때, 장탕은 하급 관리로서 매신 등의 앞뒤를 따라 다니고 있었던 것이다. 그러한 장탕이 정위로서 회남왕의 사건을 조사하게 되자, 엄조를 죄로 몰아넣었으니 매신은 장탕을 미워했다. 매신이 승상장사가 되자 장탕은 이따금 승상의 일을 대행했다. 이전에 매신의 신분이 높았음을 알고 있으므로 일부러 매신을 모욕했다. 매신을 보아도 장탕은 의자에 앉은 채 매무새를 고치려 하지 않았다. 매신은 아주 미워하여 죽이려 생각했다. 그 후 마침내 장탕의 숨은 죄를 고발하니 그는 자살해 버렸다. 그러나 천자는 매신도 사형에 처했다.

  매신의 아들은 산부(山拊)인데, 벼슬은 군수로부터 우부풍(右扶風 : 서울 동부의 경호관)에 이르렀다.

동방삭전(東方朔傳)

 동방삭(東方朔)은 자가 만청(曼倩)인데, 평원군(平原郡) 염차현(厭次縣 : 산서성 朔縣) 사람이다.
 무제(武帝)가 즉위하자 천하에 방(榜)을 내걸어 방정(方正)·현량(賢良)·문학과 용력(勇力)이 있는 사람을 뽑아 이례적으로 대우했다. 사방의 선비들이 상주하여 정치의 득실을 논함으로써 자기를 돋보이려 했는데, 그 수효가 몇 천에 이르렀다. 채용하기에 부적당한 자는 그때마다 적당히 답변하여 물러가게 했다. 동방삭은 상경하자 곧 상주했다.
 "소신 삭은 어린 나이에 부모를 여의고 형 부부에게 부양되었습니다. 나이 열 둘에 읽고 쓰기를 배우고 3년 간에 서기로서 근무할 만큼의 문자를 익혔습니다. 15세에 격검(擊劍)을 익히고, 16세에 《시(詩)》《서》를 배우고 22만자를 암송했습니다. 19세 때 손자(孫子)·오기(吳起)의 병법, 전진(戰陣)의 도구며 징과 북의 용법을 배우고 이 역시 암송하니, 전부 44만자였습니다. 그리고 항상 자로(子路)의 말에 경복하고 있습니다.
 소신 삭은 나이 22세, 신장은 9척 세 치(漢의 1척은 23cm), 눈은 구슬을 박은 것 같고, 이는 조개 껍질을 끼운 것 같고, 용기는 맹분(孟賁)과 같고, 날쌔기로는 경기(慶忌 : 춘추 시대의 왕자. 화살도 맞지 않고 마차도 따르지 못했다 함)와 같고, 청렴함은 포숙(鮑

叔)과 같으며, 신의가 두터움은 미생(尾生:다리 밑에서 여자를 기다리다 그 여자가 오지 않자, 밀물이 되었는데도 떠나지 않아 익사함)과 같습니다. 이러한 자야말로 천자의 대신으로서 적당할 줄 압니다. 소신 삭은 외람되게 재배하여 말씀 올립니다."
 얼마 후 삭은 시종(侍從)인 난쟁이를 속여 이렇게 말했다.
 "천자께서는 그대들이 천자에게 도움도 못 되며, 밭을 가는 따위의 힘드는 일도 예사 사람을 당하지 못하며, 사람의 위에 서서 관리로서 백성을 다스리는 일도 못하며, 군대에 들어가 적을 치려 해도 싸울 수 없고, 나라에 쓸모가 없이 다만 의식(衣食)을 낭비할 뿐이므로 당장에라도 그대들을 죽여 없앨 생각이시오."
 난쟁이가 크게 겁을 먹고 우니 삭이 일러 줬다.
 "폐하께서 지나시거든 머리를 숙이고 목숨을 구해 달라 하오."
 이윽고 폐하가 지나가게 되었다. 난쟁이는 흐느껴 울며 머리를 땅바닥에 대었다. 천자가 물었다.
 "무슨 일이냐?"
 "주상께서는 소신들을 죽이시려 한다고 동방삭이 말했습니다."
 천자는 삭의 입이 험한 걸 알고 있었으므로, 그를 불러 무슨 이유로 난쟁이를 위협했느냐고 추궁했다. 삭이 대답했다.
 "소신 삭은 목숨이 있어도 없는 것과 같다고 생각합니다. 난쟁이의 신장은 불과 3척 남짓, 봉록은 한 부대의 쌀과 돈 240. 소신 삭은 키가 9척이 넘는데도 봉록은 그와 같습니다. 난쟁이는 배가 불러 죽을 지경이고, 소신은 배가 고파 죽을 지경입니다. 소신의 의견을 들어 주지 않으실 테면 부디 대우를 바꿔 주시기 빕니다. 채용하기 부적당한 사람이라 여기신다면, 소신을 파면하여 장안의 쌀을 축내지 않도록 해 주시기 바랍니다."

천자는 크게 웃었다. 그리하여 금마문(金馬門 : 未央宮의 문)에서 하문을 기다리는 직을 맡겼는데, 차차 천자의 눈에 들게 되었다.

천자는 어느 날 몇 사람의 술자(術者)에게 사복(射覆 : 그릇 밑의 물건을 알아맞히는 일)을 시켰다. 도마뱀붙이〔蝎虎〕를 그릇 밑에 숨기고 알아맞히라 했는데 아무도 맞히지 못했다. 삭이 자원하여 말했다.

"소신은 역(易)을 배운 일이 있습니다. 알아맞히도록 하여 주십시오."

그리하여 댓가지를 나눠 괘를 늘어놓고 이렇게 대답했다.

"용 같으면서도 뿔이 없고, 뱀 같은데 다리가 있어 스멀스멀 걷고, 눈을 두리번거리며 벽을 잘 기어오르는데, 그건 도마뱀붙이 아니면 도마뱀입니다."

천자는 '잘 맞히었다'고 하였다.

비단 열 필을 주었다. 다시 다른 것을 맞히게 했으나 역시 백발백중이었으며 그때마다 비단을 하사받았다.

그 무렵 천자의 마음에 든 어릿광대로 곽사인(郭舍人)이 있었다. 갖가지 익살스런 말을 하여 언제나 천자의 좌우에 있었다. 그가 말했다.

"삭의 술은 미치광이의 우연한 적중이지 진짜의 술법은 아닙니다. 부디 다시 한 번 시험해 보십시오. 삭이 맞히면 소신에게 매 백 대를, 맞히지 못하면 소신에게 비단을 주시기 바랍니다."

그리하여 기생(寄生 : 비가 온 뒤 나무에 생기는 둥근 버섯)을 그릇 속에 숨기고 삭에게 물었다. 삭이 대답했다.

"그것은 구수(寠藪 : 똬리)입니다." 사인이 말하였다.

"그럼 그렇지, 삭이 맞히지 못하는군."

삭이 대답하였다.

"날고기를 회(膾)라 하고 마른 고기를 포(脯)라 한다면, 나무에 붙어 있는 걸 기생(寄生)이라 하고, 동이 밑에 있으면 똬리라 합니다."

천자는 광대 감독관에게 명하여 곽사인에게 태형을 가했다. 사인은 아픔을 견디지 못하여, '으흑, 으흑' 하고 울부짖었다.

삭이 비꼬았다.

"쳇. 입에 수염도 없는데 소리만은 으흑, 으흑, 궁둥이는 자꾸만 올라가고."

사인은 화를 내어 소리쳤다.

"삭은 멋대로 천자의 신하를 조롱하고 있습니다. 마땅히 사형에 처하셔야 합니다."

천자가 삭에게 무슨 까닭으로 곽사인을 조롱하느냐고 물었다. 삭이 대답했다.

"소신은 아무것도 조롱한 게 없습니다. 수수께끼를 내어 준 것뿐입니다."

천자가 물었다.

"무슨 수수께끼인가?"

삭이 대답하였다.

"입에 털이 없는 건 무엇인가?
그것은 개구멍.
으흑, 하는 소리는 무엇인가?
모이를 기다리는 새새끼.
궁둥이가 자꾸 올라가는 건?
땅바닥을 쪼는 학일까."

이런 것입니다.
사인은 승복하지 않고 말하였다.
"소신이 삭에게 수수께끼를 던지려 합니다. 풀지 못하면 삭에게 태형을 가하기 바랍니다."
즉각 엉터리 운문(韻文)을 지었다.
영호서(令壺䰡). 노백도(老柏塗). 이우아(伊優亞). 의우아(狋吁牙). ──이것이 무엇인가?
삭이 대답하였다.
"영(令)이란 명(命), 호(壺)는 담는 것, 서(䰡)는 이가 바르지 않는 것, 노(老)는 사람이 존경하는 것, 백(柏)은 죽은 자의 보금자리(무덤가에는 松柏을 심음), 도(塗)란 질척거리는 길, 이우아(伊優亞)란 마음 설레는 때의 소리, 의우아(狋吁牙)는 두 마리 개의 싸움이지."
사인이 물을 때마다 삭은 마치 울림이 소리에 응하듯 대답했다. 기지(機智)가 번개처럼 번뜩여 누구 하나 추궁할 수가 없었다. 좌우에 있는 사람들이 매우 놀랐다.
천자는 삭을 상시랑(常侍郞)에 임명함으로써 마침내 총애하게 되었다. 그 후 복날에 칙명으로 종관(從官)에게 고기를 하사했다. 그러나 태관승(太官丞)이 해가 저물어도 오지 않으니, 삭이 멋대로 칼을 빼어 고기를 잘라 동료에게, '복날은 조퇴함이 당연하니 하사품을 가지고 가오' 하고는, 고기를 품 속에 넣고 돌아갔다. 태관승이 상주했다.
이튿날 삭이 입조하자 천자가 물었다.
"어제 고기를 하사했을 적에 짐의 명도 기다리지 않고, 칼로 고기를 썰어 갔다는데 왜 그랬소?"

삭이 관을 벗고 사죄하니 천자가 말했다.
"선생, 일어나 반성해 보오."
삭은 재배하여 말했다.
"삭이여, 삭이여. 하사품을 받아 칙명을 기다리지 않았으니 얼마나 무례한 짓인가. 칼을 빼어 고기를 썰었으니 얼마나 장한 일인가. 고기를 베어도 많이 갖지 않았으니 또 얼마나 청렴한가. 돌아가 그걸 아내에게 주었으니 또 얼마나 어진가."
천자가 웃으며 말했다.
"선생에게 자신을 반성하라 했는데 도리어 자찬하는군."
다시 술 한 섬과 고기 백 근을 하사했는데, 돌아가 아내에게 주라는 뜻이었다.
이보다 앞서 건원(建元) 3년(B.C. 138)의 일인데, 천자는 비로소 은밀히 외출했다. 북으로는 지양(池陽 : 섬서성)까지, 서로는 황산궁(黃山宮 : 섬서성)까지 가고, 남으로는 장양(長楊 : 섬서성)에서 사냥하고, 동으로는 의춘원(宜春苑 : 장안의 동남쪽)에서 놀았다. 비밀히 나가는 것은 언제나 종묘제가 끝나는 8,9월 중으로서, 시중(侍中 : 천자의 의복을 맡는 관리)을 합친 무기(武騎), 상시(常侍 : 시종 무관) 및 대조(待詔), 농서(隴西)·북지(北地)의 양민의 아들로서 기사(騎射)에 능한 자 등이 궁전문에서 합류했다. '기문(期門)'이란 이름은 이에서 비롯되었다. 은밀 외출은 언제나 밤, 물시계가 십각(十刻 : 8시 반쯤)을 알릴 때 떠났는데 항상 평양후(平陽侯)라 자칭했다.
해 뜰 무렵에 산에 들어가 사슴과 멧돼지, 여우·토끼를 쏘고, 곰 따위를 잡는데 보리밭이나 논을 짓밟았다. 백성들은 모두 원망하여 모이어 호두(鄠杜 : 섬서성 호현)의 현령(縣令)에게 호소했다. 현령은 평양후에게 면회를 청했다. 기병들이 현령을 매로 때리려 하니, 현령은 크게 노여워 관리를 보내어 사냥을 중지시켰다. 기병 몇 사람이 구류되었다. 거기서 비로소 천자의 어물(御物)을 보여 장시간 뒤에 석방되었다. 때로는 밤에 나가 이튿날 저녁 때 돌아올 적도 있었다. 나중에는 5일 동안의 양식을 가지고 가서, 그 마지막날에 장신궁(長信宮 : 황태후의 궁)에 얼굴을 내밀었다. 천자는 그 일이 매우 즐거웠다. 그 후 남산 기슭의 백성들은 비로소 천자가 가끔 비밀히 거동하는 걸 알게 되었다.

그러나 천자는 황태후가 염려되어 멀리 나갈 용기가 없었다. 승상·어사(御史)는 천자의 의향을 알고 우보도위(右輔都尉 : 서울 서부의 경비역)에게 명하여, 장양궁(長楊宮) 동쪽을 순찰케 하고, 우내사(右內史 : 서울의 경비역)에게 명하여, 백성을 징발하여 회합 장소의 접대를 시켰다. 뒤에는 비밀히 천자의 휴게소를 두었다. 선곡궁(宜曲宮)에서 남쪽으로 12개소, 쉬기에 적당한 장소를 낮의 휴게소로 하고, 밤에는 이궁(離宮)에 투숙했다. 장양궁·오작궁(五柞宮)·배양궁(倍陽宮)·선곡궁 등에 제일 많이 머물렀다.

이에 천자는 길이 멀고 고달픈데다 백성들에게 괴롬을 끼친다 생각하여, 태중대부(太中大夫 : 고문 응대의 역) 오구수왕(吾丘壽王)에게 명하여 셈에 밝은 대조(待詔) 두 사람에게 아성(阿城 : 옛 阿房宮) 이남 주질(盩厔 : 섬서성 關中道)의 동쪽과 의춘원(宜春苑 : 장안의 남쪽)의 서쪽 땅을 장부에 올려 논밭의 면적과 그 값을 계산하게 했다. 그 밭을 없애 상림원(上林苑)으로 하여 남산에 이어지게 하려 함이었다. 한편 중위(中尉 : 서울의 동쪽 경비역)·좌우내사(左右內史 : 서울의 중부·서부의 경비역)에게 명하여, 이웃 고을의 미개간 밭을 계산하게 했다. 호두의 백성들에게 배상하려

함이었다. 오구수왕이 조사 결과를 주상했다. 천자는 크게 기뻐하며 말하였다.

"잘했다."

그때 동방삭이 곁에 있었는데 앞으로 나아가 간하였다.

"소신이 아는 바로는 겸손하고 근신하면 하늘이 이에 반응을 보이니 복이 바로 그 반응이요, 오만하고 사치하면 하늘이 이에 반응을 보이니, 천지 이변이 그 반응이라 하옵니다. 지금 폐하께서는 회랑이 붙은 높은 전각을 몇 층이나 쌓았는데, 아직도 그 높이가 부족하고, 사냥할 장소를 마음껏 넓혀 놓고도 아직도 좁다 하십니다. 만일 하늘이 이 때문에 이변을 보이지 않는다면, 삼보(三輔:서울의 가까운 변두리)의 땅을 모조리 어원(御苑)으로 삼아도 좋습니다. 주질·호두에 한할 필요가 없습니다. 만일 지나친 사치 때문에 하늘이 이변을 일으킨다면, 상림원이 아무리 작다 한들 소신은 도리어 너무 크다고 말하겠습니다.

대저 남산은 천하의 험산입니다. 남으로는 양자강(揚子江)·회하(淮河)가 있고, 북쪽으로는 황하(黃河)·위수(渭水)가 있습니다. 그 땅은 견수(汧水)·농산(隴山)의 동쪽 상현(商縣)·상락현(上雒縣) 서쪽에 있는 기름진 땅입니다. 한의 건국 때 삼하(三河:하내·하남·하동)의 땅을 버리고 패수(霸水)·산수(產水)의 서쪽에 머물러 경수(涇水)·위수(渭水)의 남쪽에 도읍했습니다. 이야말로 천하의 육해(陸海)의 땅(산과 물이 풍부하다는 뜻)이며, 진이 서쪽 만족을 포로로 삼아 산동(山東)을 병합한 것도 이 덕택입니다. 이 산에서 나오는 것으로는 옥·석·금·은·동·철·예장나무·자단(紫檀)·회양목과 그 외의 진귀한 것이 헤아릴 수 없습니다. 이는 공인(工人)이 재료를 취하여 만민이 그것으로 생계를 유지하고 있습니다. 그 위에 메벼[秔]·벼·배·밤·뽕·삼·대·살[箭] 등이 풍부하고 토질은 생강·감자 재배에 적합하며, 물에는 개구리와 물고기가 많습니다. 가난한 백성은 그것을 즐거이 먹고 살 수 있으니, 굶거나 헐벗을 염려는 없습니다. 그러니 풍(酆: 주 문왕의 도읍)·호(鎬: 주 무왕의 도읍) 사이는 토호(土豪)라 불리어, 그 값은 한 묘(畝)에 금 한 잎이 됩니다. 지금 그 땅을 끊어 내어 금원(禁苑)으로 삼아 용수지(用水池)나 냇물의 이득을 없애 버리고, 백성의 가장 비옥한 땅을 뺏어 버린다면, 위로는 국가의 수입을 줄이고 아래로는 농잠(農蠶)의 기초를 뺏는 결과가 됩니다. 이미 되어 있는 것을 버리고 부수는 일을 착수하여 오곡을 줄이니, 이것이야말로 반대하는 첫째 이유가 되는 것입니다.

게다가 가시나무숲을 무성케 하여 고라니랑 사슴을 기르고, 여우와 토끼의 동산을 넓히며, 호랑이와 늑대의 집을 넓혀야 합니다. 뿐더러 남의 무덤을 파괴하고 인가를 없애면 어린이는 고향을 그리워하고 노인들은 눈물을 흘리며 슬퍼할 것입니다. 이것이 반대하는 둘째 이유입니다.

토지를 측량하여 먹줄을 대고 울타리를 에워싼 곳을 기병이 동서로 달리고 수레가 남북으로 뛰어 다닙니다. 게다가 깊은 도랑이랑 큰 개천이 있습니다. 단 하루의 즐거움 때문에 무한의 부(富)를 지닌 천자의 몸을 위태로운 지경에 빠지게 합니다. 이것이 반대하는 셋째 이유입니다.

그런즉 사냥터를 크게 넓힐 것만을 생각한 나머지 농민의 피해를 생각하지 않음은, 나라를 부강케 하고 백성을 잘 살게 하는 길이 아닙니다. 무릇 은(殷)이 구시궁(九市宮: 그 속에 시장이 아홉

개 있는 궁)을 지음에 제후가 이반했습니다. 초 영왕(楚靈王)이 장화대(章華臺)를 지을 때 초의 백성이 흩어졌습니다. 진은 아방궁을 지었기 때문에 천하가 어지러워졌습니다.

비천한 소신이 무엄하게도 폐하의 뜻에 거스르니 그 죄 만사(萬死)에 해당합니다. 그러면서도 큰 소원이 있어 주상하오니, 태계 육부(泰階六符 : 하늘의 3계단에 있는 여섯 개의 별에 의한 점)를 말씀드려, 천변을 무시할 수 없음을 아뢰고자 합니다."

이날 동방삭은 이어 태계를 주상했다. 천자는 그를 태중 대부 급사중(太中大夫給事中)에 임명하고, 황금 백 근을 내렸으나 결국 수왕(壽王)이 상주한 대로 상림원을 만들었다 한다.

그 뒤에 융로공주(隆盧公主)의 아들 소평군(昭平君)이 천자의 딸 이안공주(夷安公主)를 아내로 맞았다. 융로공주가 병으로 위독할 때, 황금 천 근과 돈 천만을 상납하여 아들 소평군이 장래 사형죄를 범했을 경우의 속금(贖金)으로 예치하니 천자가 이를 윤허했다.

융로공주가 죽으매 소평군은 날로 오만해졌다. 취중에 주부(主傅 : 공주의 보모)를 죽이니 체포되어 내관(內官 : 度量衡을 맡은 관청)에 유폐되었다. 정위(廷尉)가 천자에게 단죄를 청하니, 측근 사람들이 중재하여 말했다.

"앞서 속금을 상납한 일도 있으니 용서함이 좋을 것입니다."

천자는 말하였다.

"내 누이는 나이 들어 그 아들을 낳았다. 죽을 때에도 나에게 부탁했는데…."

눈물을 흘리며 탄식하더니, 이윽고 말했다.

"법령은 선제가 만든 것인데 누이 때문에 선제의 법을 어기면 무슨 면목으로 고조의 사당에 들 것인가. 게다가 아래로 향해서는 만민을 속이는 결과가 된다."

그리하여 정위의 주청대로 재가했는데 슬픔을 자제할 수 없어 하니 측근들이 모두 흐느껴 울었다. 동방삭이 나아가 축배를 올리며 말했다.

"듣자옵건대, 성왕(聖王)의 정사에는 상을 주는 데 원수를 피하지 않고, 벌 주는 데 골육을 꺼리지 않는다고 했습니다.《서경》에도 '치우치지 말고 무리를 짓지 않으면 왕도는 탄탄하리라' 했습니다. 이 두 말은 옛 오제(五帝)도 중시한 바며 삼왕(三王)도 행동하기 어렵다 했습니다. 지금 폐하께서는 그걸 행하셨습니다. 이로써 사해(四海)의 모든 백성들은 크게 안심합니다. 이처럼 경하로운 일이 없습니다. 소신 삭은 잔을 받들어 황공하게도 재배하여 만년의 수명을 빌어 마지않습니다."

천자는 벌떡 일어나 안으로 들어갔다. 이윽고 삭을 불러 꾸짖었다.

"고서에 '때에 맞추어 말하면 사람들이 그 말을 싫어하지 않는다'고 했는데, 지금 그대의 축배가 때에 맞는다 할 수 있겠소?"

삭은 관을 벗고 엎드려 말했다.

"소신이 알기로는 기쁨이 너무 심하면 양기가 넘치고, 슬픔이 너무 심하면 음기가 지나치게 됩니다. 음기의 기운이 변하면 심기가 움직입니다. 심기가 움직이면 정신이 흩어져 사기(邪氣)가 끼여듭니다. 근심을 없애는 데는 술보다 나은 게 없습니다. 소신이 축배를 올린 까닭은 폐하께서 정대(正大)하여 사람들에게 아첨하지 않음을 분명히 하고 또 술로써 슬픔을 그치게 하려 한 것입니다. 소신은 때를 분별 않은 죄로 죽어 마땅합니다."

이보다 앞서 동방삭은 취중에 입궐하여 전상(殿上)에서 소변을 본 일이 있었다. 불경죄로 몰렸으나 천자의 용서로 사형을 면하고, 서인으로 강등 당하여 환관의 관아에서 기다리고 있었다. 그런데 이때의 대답에 의하여 또 중랑(中郞)이 되어 비단 백 필을 하사받았다.

앞서 천자의 고모인 관도공주(館陶公主), 즉 두태주(竇太主)는 당읍후 진오(堂邑侯陳午)에게 출가해 있었다. 진오가 죽자 공주는 홀어미로 살았다. 나이 쉰 남짓했는데 동언(董偃)을 총애했다. 본래 동언은 모친과 더불어 구슬을 파는 걸 생업으로 하고 있었다. 동언의 나이 13세로 모친을 따라 공주의 집에 출입했다. 좌우에 있는 자가 동언이 미소년이라 하므로 공주는 언을 만나 이렇게 말했다.

"내가 네 어미 대신에 돌봐 주마."

그대로 집에 머물게 하여 책읽기와, 말의 감정, 수레를 모는 방법, 활쏘는 법술 등을 가르쳤다. 고전을 능히 읽었다. 나이 18세에 관례(冠禮)시키고 공주가 외출할 때는 고삐를 잡게 하며, 집안에서는 침실에서 시중케 했다. 동언은 본래부터 얌전하고 인정이 깊었다. 공주를 위하여 귀인들도 언과 접촉하여 동언의 이름은 성중에 떨쳤다. 세상에서는 동군(董君)이라 불렀다. 공주는 이 기회에 돈을 써서 많은 선비들과 교제하도록 했다. 공주가 중부(中府 : 돈이나 비단을 저장하는 창고)에 명령을 내렸다.

"동군이 청하기만 하면 하루에 금 백 근, 돈 백만, 비단 천 필까지도 말 없이 내어 주도록 하라."

안릉(安陵 : 섬서성)의 원숙(爰叔)이란 원앙(爰盎)의 형의 아들로 동언과 사이가 좋았다. 이 사람이 언에게 말했다.

"그대가 사사로이 한의 공주를 시중들고 있다. 이렇듯 헤아리기 어려운 죄를 가지고 있으면서 어느 곳에 몸을 두려 하는가?"
 언은 파랗게 질려 말했다.
"진작부터 근심은 하고 있다. 어찌하면 좋을지 모를 뿐이다."
 원숙이 말하였다.
"생각컨대 선제의 사당이 먼데 도중에 머물 이궁(離宮)조차 없다. 그런데 아름다운 개오동나무와 대숲과 적전(籍田)이 있으니, 그대가 공주에게 말씀드려 장문원(長門園)에 헌납함이 좋을 것이다. 그곳이야말로 폐하께서 욕심 내고 계시는 장소다. 그리하여 폐하께서 그 계획이 그대에게서 나왔음을 알게 되면, 그대는 베개를 높이 하고 잠들 수 있으리니 겁낼 필요가 없게 된다. 언제까지나 헌납하지 않고 있으면 폐하 쪽에서 요구하게 될지도 모른다. 그리 되면 그대의 처지가 어떻게 될 것인가?"
 언은 머리를 조아리며 말했다.
"잘 가르쳐 주었다. 그리 하겠다."
 안에 들어가 공주에게 그 일을 말한즉 동의하여 곧바로 상주하여 소유지를 헌상했다. 천자는 크게 기뻐하여 두태주원(竇太主園)을 장문궁(長門宮)이라 개명하였다. 공주는 크게 기뻐하여 언을 심부름꾼으로 삼아 원숙의 장수(長壽)를 축하하기 위하여 황금 백 근을 보냈다. 원숙은 이로부터 동군을 천자에게 보이려고 획책했는데, 우선 공주가 병을 핑계하여 천자로 하여금 병 문안을 오게 만들었다. 천자가 병 문안을 와서 소원이 무엇이냐고 물었다. 공주는 감사를 드리고 말했다.
"첩은 다행히도 폐하의 두터운 은혜와 선제의 유덕의 덕택으로 입궐을 허락받아 노비를 부리는 몸이 되었습니다. 공주의 대접을

받아 갖가지 상도 받고, 화장전(化粧田)의 연공(年貢)도 받고 있
습니다. 그 은혜 하늘보다 높고 땅보다 두터우니 죽어도 갚을 길
이 없습니다. 요즘 갑자기 병이 들어 폐하보다 앞서 땅에 묻힐
듯합니다. 마음속 은밀히 서운하게 여기는 바가 있으니 부디 들
어 주옵소서. 바라건대 폐하께서는 때때로 만사를 잊고 마음을
쉬기 위하여 대궐로부터 부디 이 누옥에 왕림해 주시옵소서. 장
수를 빌어 헌배하고 한껏 즐겁게 해 드리고 싶습니다. 이 소원이
이루어지면 죽어도 한이 없겠습니다."
　천자는 말하였다.
　"고모, 조금도 걱정 마시오. 고모의 병이 나으면 많은 신하들
과 더불어 와서 폐를 끼치겠소이다."
　천자는 돌아갔다. 이윽고 공주의 병이 나아 인사차 입궐하였
다. 천자는 돈 천만을 주고 공주와 함께 술을 마셨다. 며칠 후
천자가 공주의 집에 행차했다. 공주는 스스로 요리를 하고, 앞치
마를 두르고 인도했다. 계단을 오르고 자리에 앉자마자 천자가
말했다.
　"주인을 만나고 싶소."
　공주는 그러자 땅바닥에 내려 비녀와 귀고리를 빼고 맨 발로
(사형 받을 채비) 머리를 조아리며 사과했다.
　"폐하의 신뢰를 저버렸으니 할 말이 없습니다. 첩은 사죄 받아
마땅합니다. 만일 관대한 처분을 바랄 수 있다면 부디 용서하시
기 바랍니다."
　천자도 실언을 사과했다. 공주는 비녀를 지르고 신을 신고 동
쪽 별채에 가서 스스로 동군을 데려 왔다. 동군은 녹색 머리띠를
두르고 소맷부리를 잡아 매어 마치 요리사 복장처럼 꾸미고, 공

주를 따라 천자 앞에 엎드렸다. 공주가 시킨 대로 말했다.
 "관도공주의 요리사 동언입니다. 황공하옵게도 배알합니다."
 그리고 머리를 숙였다. 천자는 일부러 일어나 인사를 받았다.
 천자의 명으로 의관을 하사 받고 방에 오르기를 허락 받았다. 도언은 달려가 의관을 받았다. 공주는 몸소 요리를 나르고 술을 따랐다. 이 때 동군은 천자에게 인정 받아 아예 본명을 버리고 '주인'으로 불리었다. 천자는 술을 마시고 매우 기분이 좋았다. 공주는 이에 천자에게 청하여 장군·제후·시종들에게 각각 알맞은 돈과 비단을 내렸다.
 이로부터 동군이 천자의 총애를 받고 있다는 소문이 세상에 퍼졌다. 군국(郡國)의 개와 말, 축국(蹴鞠)의 명인, 검객들이 일제히 동군의 집에 모여들었다. 언제나 천자를 따라 북궁(北宮)에서 놀거나 평락관(平樂觀:上林苑에 있는 건물)에서 사냥을 하거나 투계(鬪鷄)나 축국을 구경하거나, 자기가 가지고 있는 개나 말의 달리기 시합을 하거나 했는데, 천자는 이런 놀이를 크게 즐겼다. 이에 천자는 공주를 위하여 선실(宣室:未央官 前殿의 正室)에서 주연을 베풀었다. 알자(謁者)에게 명하여 동언을 초대케 했다. 이때 삭은 궁전 아래에서 창을 들고 정렬하고 있었는데, 창을 등 뒤에 돌리고 앞으로 나아가 말하였다.
 "동언에게는 참수(斬首)에 해당되는 죄가 세 가지 있습니다. 어찌하여 입궐이 가능하겠습니까."
 천자가 물었다.
 "뭐라고?"
 "언은 신하의 신분으로서 비밀히 공주와 통하고 있으니 첫째 죄요, 남녀의 풍기를 문란케 하여 혼인의 예를 어지럽히고 나라의 제도에 상처를 냈으니 둘째 죄요. 폐하께서는 아직 연세가 젊으시니 마땅히 삼대를 모범으로 할 때입니다. 그런데도 언은 경서의 가르침을 좇아 학문을 권장하려 하지 않고, 도리어 화려함을 높이고 사치에 힘써 경견(競犬)·경마(競馬)의 즐거움을 만끽하고, 귀나 눈의 욕심을 탐하여 사특하고 음란한 길을 가려 합니다. 이야말로 국가의 대적이고 임금을 혹하는 마물이라. 언이야말로 음란의 장본인이니 셋째 죄가 됩니다. 옛날 백희(伯姬)가 타 죽었을 때(송의 궁전이 불탈 때 그녀는 여자가 보모 없이 외출할 수 없다 하여 그대로 타 죽었다 함), 제후는 모조리 이것이 후회스러움을 말했습니다. 폐하께서 하시는 일과 견주어 어떻습니까?"

천자는 잠자코 말이 없더니, 이윽고 말하였다.

"짐은 이미 주석(酒席)을 마련케 했다. 끝난 뒤 마음을 고쳐 먹으리라."

삭이 말하였다.

"안 되옵니다. 본래 선실(宣室)은 선제의 정전입니다. 공적(公的)인 일이 아니고는 출입할 수 없는 곳입니다. 무릇 음란이 커지면 찬탈의 변사가 생깁니다. 그리하여 수초(豎貂)가 음란을 시작하여 역아(易牙)가 모반했습니다(수초가 스스로 거세하여 제환공의 남색이 되었다가, 환공이 병들자 역아와 더불어 그를 죽임). 경부(慶父 : 魯 莊公의 아우. 장공의 아들을 죽이고 자립하려다 실패)가 죽어 노(魯)가 비로소 편안했고, 관채(管蔡 : 周公 旦의 아우 管叔과 蔡叔. 무왕이 죽자 반란을 일으킴)가 죽임을 당하여 주(周)의 왕실은 안태를 유지했습니다."

천자가 대답하였다.

"알았다, 알았어."

이리하여 천자의 명으로 취소되고 다시 북궁에서 주연을 베풀었다. 동군을 초청하여 동사마문(東司馬門)으로 들어오게 했는데, 이때 그 문 이름을 동교문(東交門)이라 했다. 동방삭에게 황금 30근을 하사했다.

동군에 대한 천자의 총애는 이로부터 날로 시들었으며 그는 30세에 죽었다. 그 후 수년 만에 공주도 죽었다. 동군과 패릉(覇陵)에 합장되었는데, 그 후 공주나 귀인들의 부도덕한 행위가 늘어났으니 실로 동언이 그 시초였다.

당시 천하는 사치에 흐르고 인민은 상공업에 몰려 전답을 떠나는 자가 많았다. 천자는 별로 근심되지 않은 듯 삭에게 물었다.

"짐이 백성의 풍속을 고치려는데 좋은 수단이 없겠소?"

삭이 대답하였다.

"요・순・우・탕・문왕・무왕・성왕(成王)・강왕(康王) 등 상고의 일은 이미 수천년이 지났으므로 자세히 알 수 없습니다. 그러므로 소신이 뭐라고 말씀 드릴 수 없습니다. 가까운 문제(文帝) 때의 일을 말씀 드리려 합니다. 지금의 노인들은 모두 보고 들어 알고 있습니다.

문제는 천자란 높은 자리에 있어 사해 모두를 재산으로 지니면서도 자신은 수수한 검은 옷을 입고, 무두질하지 않은 가죽신을 신고, 장식 없는 가죽띠에 칼을 차고, 완골이나 부들로 짠 자리에 앉았습니다. 칼은 나무로 만들어 날이 없고, 헌 솜을 둔 무늬 없는 옷을 입었으며, 상주문(上奏文)을 넣었던 부대를 이어 궁전의 휘장으로 쳤습니다. 도덕을 장식으로 삼고 인의를 척도로 삼았습니다. 이로써 천하의 백성은 문제의 검소를 배워 자신의 귀감으로 삼았으니, 풍속이 뚜렷하게 일변했습니다. 지금 폐하께서는 성중이 좁다 하여 건장궁(建章宮)을 세우려 하십니다. 좌편에는 봉궐(鳳闕 : 문 이름), 우편에는 신명대(神明臺), 천 개의 대문과 만 개의 작은 문이 있다는 풍문입니다. 나무나 흙덩이에 수놓은 옷을 입히고, 개나 말에게도 오색의 모직물을 입히며, 궁녀들은 대모(玳瑁)로 만든 비녀를 지르고 주옥을 드리우고 있습니다. 곡예용 수레를 만들어 경주를 시키고, 색무늬로 장식된 진귀한 물건들을 수집합니다. 무게 1만 석의 종을 치고, 우레 소리 같은 큰 북을 울립니다. 광대에게 굿을 시키고 무희들에게 춤을 추게 합니다.

위에서 이렇듯 사치하면서 인민들에게만 사치하지 말라, 이농하지 말라 하신들 실천하기 어렵습니다. 만일 폐하께서 소신 삭의 계획을 받아들여 구슬로 장식한 휘장을 떼어 네거리에서 태워 없애고, 준마를 몰아내 이제 쓸모 없음을 백성들에게 똑똑히 보여 주신다면, 요순의 성대에 비길 만한 어진 정치가 될 것입니다. 《주역》에 '그 근본을 바로잡으면 만사가 이치에 맞게 된다. 털끝만큼 어긋나면 천리의 차이가 난다'고 했습니다. 부디 폐하께서는 마음을 기울여 깊이 생각해 주옵소서."

동방삭은 우스개로 천자를 곧잘 웃기곤 했다. 때로는 눈치를 보아 직언으로 간절히 간했으나 천자는 항상 그의 말을 채용했다. 공경 대신(公卿大臣)에게도 모두 태연히 농을 하고 결코 고개를 숙이지 않았다. 천자는 삭이 우스개를 잘하고 기지가 있으므로 묻기를 좋아했다. 어느 날 삭에게 물었다.

"선생이 보건대 짐은 어떠한 군주이오?"

삭이 대답했다.

"요순의 성대, 성왕·강왕의 시대라 할지라도 현대와는 비교할 수 없습니다. 소신이 보옵건대 폐하의 공덕은 오제(五帝)의 위에 있고 삼왕(三王)보다 낫습니다. 그뿐 아니라 천하의 어진 선비들을 얻어 공경대신 등이 모두 훌륭한 인재들입니다. 옛 사람으로 비긴다면 주공(周公)·소공(邵公)을 승상으로 하고, 공자를 어사대부(御史大夫: 부승상)로 삼고, 태공망(太公望)을 장군으로, 필공고(畢公高: 주 문왕의 아들.)를 습유(拾遺: 천자의 과실을 간하는 역)로 하고, 변장자(卞壯子: 옛 용사)를 위위(衛尉: 금위대장)로, 고요(皐陶: 순의 신하)를 대리(大理: 사법대신)로, 후직(后稷: 주의 시조. 농업을 백성에게 가르침)을 사농(司農)으로, 이윤(伊尹: 은의 재상. 요리사 출신)을 소부(少府: 천자의 의식을 관장)로, 자공(子貢: 공자의 제자)을 외국에 사자로 보내며, 안연(顏淵)·민자건(閔子騫: 공자의 제자)을 박사로, 자하(子夏)를 태상(太常: 예악을 관장)으로, 익(益: 순의 신하)을 우부풍(右扶風: 서울의 서부를 관장)으로, 설(契: 순의 신하)을 홍로(鴻臚: 제후를 관장)로, 관용봉(關龍逢: 桀을 간하다가 피살)을 종정(宗正: 황족을 맡음)으로, 백이(伯夷)를 경조윤(京兆尹: 서울시장)으로, 관중(管仲)을 풍익(馮翊: 서울의 동부를 관장)으로, 중산보(仲山甫: 周 宣王의 신하)를 광록(光祿: 천자를 간하는 벼슬)으로, 신백(申伯: 주 선왕의 숙부)을 태복(太僕: 천자의 마차를 관장)으로 연릉계자(延陵季子: 吳의 현인)를 수형(水衡: 川澤을 관장)으로, 백리해(百里奚: 秦의 현인)를 전속국(典屬國: 만족 담당)으로, 유하혜(柳下惠: 노의 현인. 여색에 결백)를 대장추(大長秋: 후궁 관장)로, 사어(史魚: 衛의 현인)를 사직(司直: 사법관)으로, 거백옥(蘧伯玉: 衛의 현인)을 태부(太傅: 천자의 교육 담당)로, 공부(孔父: 송의 대신. 위엄이 있었음)를 첨사(詹事: 황후와 태자의 집사)로, 손숙오(孫叔敖 : 초의 명신)를 제후의 승상으로, 자산(子産 : 정의 명신)을 군태수로, 왕자 경기(慶忌)를 기문랑(期門郞 : 기문의 경비관)으로, 하육(夏育 : 衛의 용사)을 정관(鼎官)으로, 예(羿 : 옛날 이름난 弓人)를 모두(旄頭 : 행렬의 향)로, 송만(宋萬 : 송의 力士)을 식도후(式道侯)로 한 것과 같습니다."

천자는 크게 웃었다. 이 무렵 조정에는 인재가 많았다. 천자는 다시 삭에게 물었다.

"근래에 승상 공손홍(公孫弘), 어사대부 아관(兒寬), 동중서(董仲舒)·하후시창(夏侯始昌)·사마상여(司馬相如)·오구수왕(吾丘壽王)·주부언(主父偃)·주매신(朱買臣)·엄조(嚴助)·급암(汲黯)·교창(膠倉)·종군(終軍)·엄안(嚴安)·서락(徐樂)·사마천(司馬遷) 등 모두 지혜가 많고 문재가 풍부하다. 선생 자신과 비교할 때 어떠하오?"

삭이 대답하였다.

"이를 딱딱 마주 치며, 턱을 쑥 내밀고, 입에서 거품을 뿜으며, 고개를 쳐들고 외치며, 다리와 다리를 붙이고, 궁둥이와 궁둥이를 잇대어 나아가 그 발자국은 꾸불꾸불, 걸음걸이는 비틀비틀….

그 모양을 볼 적에 소신 삭은 불초(不肖)입니다만, 그들 몇 사람 몫은 겸비하고 있습니다."

삭의 대답의 기발함은 모두 이와 같다. 무제는 이제껏 영재를 불러들여 그 능력을 헤아려 한 사람이라도 놓치지 않으려 애썼다. 당시 밖으로는 흉노나 월과 싸우며, 안으로는 새로운 제도를 만들려 했기 때문에 나라는 그야말로 다사다난했다. 공손홍 이하 사마천에 이르기까지 모두 국외로 사자로서 왕래하거나 혹은 군의 태수, 제후의 나라의 승상으로 삼공·구경에까지 출세하고 있었다. 그런데도 삭은 한 차례 태중대부가 되었을 뿐, 그 후로는 줄곧 낭(郎)이 되어 매고(枚皐)·곽사인과 더불어 좌우에 시립하여 우스꽝스런 이야기나 지껄이었다.

얼마 후 그는 상주하여 부국강병책(富國强兵策)을 이야기하는 자리에서, 자신만이 고관에 오르지 못했으니 시험 삼아 채용해 달라고 호소했다. 그 문장은 흡사 상앙(商鞅)·한비자(韓非子)의 이론을 따른 것 같으나, 논리는 방만(放漫)한데다 군소리가 많다. 길이는 수만 자이나 끝내 채용되지 않았다. 삭은 이에 한 편의 문장을 썼다. 객이 자신의 지위가 낮음을 비웃는다는 설정 아래 그에 답하여 마음의 근심을 털어 보인 것이다. 그 글에 썼다.

객이 동방삭을 비난하여 말했다.

"소진(蘇秦)·장의(張儀)는 한 차례 만승의 임금을 만나 공경재상의 자리에 올라 명예가 후세에 미쳤다. 지금 그대는 선왕의 도를 닦고, 성인의 의를 따르며, 《시》《서》 백가(百家)의 문장을 암송하니, 그 양은 역사에 적기 어려울 정도다. 입술이 해어지고 이가 빠지면서도 끝내 그치지 않으니, 학문을 좋아하고 도를 즐기는 표시는 명백하다. 스스로 해내(海內)에서 무쌍의 지름을 지녔노라 생각했다. 과연 박학·웅변이라 할 것이다. 그러나 힘을 다하고 충성을 다하여 거룩한 황제를 섬기면서도 언제까지나 벼슬은 시랑(侍郎 : 문서 기초관)에 지나지 않는다. 자리는 집극(執戟 : 보초병)에 지나지 않으니, 혹시 행실이 미치지 못함이 있어서인가? 친형제들도 형편 없이 가난하니 그 까닭은 무엇인가?"

동방 선생은 장탄식하고 하늘을 우러러보며 대답했다.

"이는 본래 그대가 알 수 없는 일이다. 그것도 한때 이것도 한

때로 똑같을 수가 없다. 본래 소진·장의의 시대는 주의 왕실이 붕괴하여 제후가 단합하지 않아, 힘으로 패권을 다투고 서로 병사를 일으켜 싸웠다. 여러 나라는 병합하여 열 두 나라가 되었으나 아직 자웅(雌雄)의 결판이 나지 않았다. 선비를 얻은 나라는 강해지고 잃은 나라는 망하기 때문에 변사(辯士)의 설이 잘 쓰이었다. 몸이 높은 자리에 오르고, 진품이 집에 가득하며, 밖에는 미창(米倉)이 있고, 명예는 후세에 미치며, 자손에게는 남은 녹을 주었다.

 지금은 사정이 다르다. 성제의 덕이 퍼져서 천하는 외경하고 제후는 복종했다. 사해의 외부까지 한 묶음이 되어 엎어 놓은 주발처럼 안정되었다. 일을 행하려 하면 손바닥 위에 물건을 굴리는 것만큼이나 손쉽다. 여기에는 어짊과 어리석음의 차별이 드러나지 않는다. 하늘의 도, 땅의 이치에 따라 만물이 각각 할 바를 얻고 있다. 그러니 편안하려 하면 얼마든지 편안케 되며, 움직이려 하면 얼마든지 힘들일 수 있고, 신분을 높이려 하면 장군까지 될 수 있고, 낮추려 생각하면 노예가 될 수 있다. 오르고자 하면 청운(靑雲) 위에 있게 될 것이며, 눌러 두려 하면 심연의 바닥에 빠질 수도 있으리라. 보살펴 주면 호랑이도 되고, 버려 두면 쥐와 같이 될 수도 있다. 이쪽이 충절을 다하고 성심을 피력하려 해도 그쪽의 의향을 알 수 없다.

 대체로 넓은 천지간에 무수한 사민(士民) 속에는 근거 없는 말을 지껄이고 관직을 탐하는 자가 헤아릴 수 없다. 마음껏 인정 받으려 해도 의식(衣食)에 곤란을 받아 출세길에 들지 못하는 자가 있으리라. 만일 소진·장의가 나와 같이 지금 세대에 태어났다면 장고(掌故 : 예악의 故實을 맡은 말직)의 자리조차 얻지 못할 것이다. 더구나 시랑(侍郞) 같은 건 엄두도 못 냈을 것이다. 그러니 '때가 다르면 일도 달라진다'라고 할 것이다. 그렇지만 몸을 수양하는 데 힘쓰지 않으면 안 된다. 《시경》에도 '종을 궁에서 치는데 소리는 밖에서 들린다'하고, '학이 언덕에서 우는데 소리는 하늘에 들린다'고 했다. 삼가 몸을 수양하면 결코 이름을 떨치지 못할 염려가 없으리라.

 태공망(太公望)은 인의가 몸에 배어 있었기 때문에 72세에 불리어 문왕·무왕에게 등용되어 그의 지론을 펼 수 있었다. 제(齊)에 봉하여져 7백 년이나 지속되었다. 그런 까닭으로 선비는 밤낮으로 꾸준히 태만하지 않고 행동에 정려하여, 마치 할미새가 날아가며 울 듯 노고를 아끼지 않았다. 옛 글에 '하늘은 사람이 추위를 싫어하기 때문에 겨울을 중지하지 않으며, 땅은 사람이 험난함을 싫어하기 때문에 넓기를 그치지 않는다. 군자는 소인의 흉흉함 때문에 그 행실을 쉽게 하지 않는다고 했다. 하늘에는 마땅함이 있고 땅에는 마땅한 형상이 있으며, 사람에게는 마땅한 행동이 있다. 군자는 그 마땅함을 따르고 소인은 그 공을 헤아린다. 《시경》에도 '예의를 그르치지 않는다면, 어찌하여 사람의 말을 근심하랴'고 했다.

 그런즉 '물이 지극히 맑으면 고기가 없고, 사람이 지나치게 따지면 벗이 없다'고 하였다. 왕관 앞에 주렴을 내리는 건 사물이 너무 밝게 보이지 않게 하기 위함이라 한다. 귀 옆에 솜뭉치를 다는 건 너무 들리지 않게 하기 위함이라 한다. 눈은 밝으나 뭐든 보려 하지 않고, 귀는 예민하나 모든 걸 들으려 하지 않으니, 큰 덕을 칭찬하고 작은 과실을 용서한다. 이는 한 사람에게서 완전함을 구할 수 없다는 뜻이다. '굽었으면 이를 바로잡아 스스로 터득하게 하고, 이를 아름답고 부드럽게 하여 스스로 구하게 하라. 이것(상대방의 능력)을 헤아려 스스로 찾아 나서게 하라'고 했으니 성인(聖人)의 교화란 이와 같을 것이라. 사람이 그 자신에게 적당한 것을 스스로 터득하기를 기대하는 것이다. 스스로 터득하면 효과가 빠르고 또한 광범하다(천자가 자기를 고관에 올리지 않음은 自得을 기다리는 셈이라는 뜻).

오늘날 초야의 선비들은 쓸쓸히 친구도 없이 혼자 지내고 있다. 옛 허유(許由) 아니면 접여(接輿 : 초의 은자)에 비길 만한 사람, 범려(范蠡 : 월왕 句踐의 謀臣)와 같은 계략, 오자서(伍子胥 : 오왕 夫差를 간하다 죽음)와 같은 충심의 소유자라 할지라도, 천하가 태평하여 만민이 도를 따르는 시대에는 거의 인정받지 못함이 당연한 일, 그대 어찌하여 나의 불우함을 의심하는고? 연(燕)이 악의(樂毅)를 등용하고, 진이 이사(李斯 : 시황의 승상)에게 맡겨도, 역이기(酈食其 : 초·한의 변사)가 제를 항복시킨 경우에는 그 연설이야말로 물의 흐름처럼 받아들여지고, 고리처럼 둥글게 뭉뚱그려진다. 하고자하는 일은 모조리 이루어지며, 공적이 산처럼 높아 천하가 안정되고 나라는 평화로워진다. 그것은 바로 시의(時宜)를 얻었기 때문이다. 속담에 '대통으로 하늘을 엿보고, 표주박으로 바닷물을 짐작하고, 풀줄기로 종을 친다'고 한다. 그것으로는 천도를 알고 저리를 분별하고 묘음(妙音)을 낼 수 없다. 이렇게 볼 때에 새앙쥐가 개를 습격하고, 돼지 새끼가 호랑이를 물어 뜯는 것과 같은 것으로서, 손이 닿자마자 부서져서 아무런 효과가 없다. 동시에 지금 어리석은 내가 그대와 맞서 본들 결국 헛된 일임은 뻔하다. 다만 내가 시세의 변천을 모르고 큰길에서 헤매고 있음을 폭로함이 차라리 나을 것이다."

동방삭은 다시 비유 선생(非有先生 : 어디에도 없다는 뜻의 가명)
의 논을 거짓으로 꾸몄다. 그 글은 다음과 같다.

 비유 선생은 오(吳)에서 벼슬했다. 나아가 옛일을 말하여 임금
의 마음을 격려함이 없고, 물러가 임금의 장점을 들어 그 공을
칭송함이 없이 무언(無言)으로 3년 동안 지냈다. 오왕은 괴이하
게 여겨 그에게 물었다.
 "나는 선대의 덕택으로 현인들의 위에 자리잡고 있다. 밤잠을
자지 않고 열심히 일하고 있다. 이제 선생은 표연히 몸을 일으켜
멀리 오의 땅에 발길을 멈추었다. 장차 과인을 도우리라 생각하
고 참으로 가상히 여겼다. 앉아도 자리가 편하지 않고 먹되 맛이
없으며, 보아도 아름답지 않고, 귀에는 종소리나 북소리를 듣지
않은 채, 허심탄회하게 고설(高說)의 일단을 들으려고 3년이나
기다렸다. 지금 선생은 나아가 정사를 도우려 하지 않고 물러나
임금의 명예를 높이려고 하지도 않는다. 능력이 있으면서도 내놓
지 않음은 불충일 것이고, 능력을 내놓아도 행하지 않음은 임금
의 불명일 것이니, 아마도 내가 불명한 탓인가?"
 비유 선생은 엎드려 '그러하옵니다'라고 대답했다. 오왕이 '이
제는 말해도 좋을 것이다. 내가 경청하리라' 했다.
 선생은 말하기를 '아무래도 안 되겠습니다. 담론이 그리 쉽겠
습니까. 대체 담론에는 눈과 귀와 마음에 거슬리는데도 일신에
도움이 되는 것도 있습니다. 눈과 귀와 마음에는 유쾌해도 몸에
해로운 것도 있습니다. 여간 현명한 군주가 아니곤 들을 수가 없
습니다'라고 하였다.
 오왕은 '그럴 수가 있을까. 중인(中人) 이상은 더불어 좋은 도

를 말해야 한다고 하는 말이 있다. 선생, 시험 삼아 말해 보라. 내가 듣겠노라' 하였다.

선생이 말하였다.

"옛날 관용봉(關龍逢)은 걸(桀)에게 엄하게 간했습니다. 왕자 비간(比干)은 주(紂)에게 직언했습니다. 이 두 사람은 생각을 깊이 한 끝에 충성을 다하여, 군은(君恩)이 아래로 닿지 못하여 만민이 소동하게 될까 염려했습니다. 그리하여 임금의 과오를 직언함으로써 악을 심하게 간한 것은 임금의 명예를 일으켜 화를 면케 하기 위함이었습니다. 지금은 사정이 다릅니다. 도리어 임금의 행동을 비방함으로써 신하의 예의를 그르친 자로 간주되어, 마침내는 재난이 몸을 덮쳐 근거 없는 악명을 입고 선조에게까지 부끄러움을 끼쳐, 천하의 웃음거리가 될 뿐입니다. 그래서 소신은 담론이 쉽지 않다고 말씀드린 것입니다.

그리하여 보좌하는 신하는 흩어지고, 아첨배가 잇달아 승진할 것입니다. 비렴(蜚廉)·악래(惡來 : 紂의 佞臣)는 어느 것에나 거짓이 많고, 말솜씨로 입신하여 비밀히 진귀한 세공품(細工品)을 헌상하여 임금의 마음에 드니, 애써 임금의 귀나 눈을 즐겁게 함으로써 다만 마음에 들기를 바랄 뿐, 옛 선례로서 깨우치려 하지 않았습니다. 걸주(桀紂)의 몸은 죽어도 치욕을 받고, 종묘는 무너지고, 나라는 불탄 벌판처럼 되었습니다. 이는 현인을 추방하거나 죽이고, 참언(讒言)만을 일삼는 무리들을 가까이한 탓입니다. 《시경》에도 '참소하는 무리 많아 사국(四國)을 문란케 한다'고 하였으니 바로 이 일을 노래한 것입니다.

그러니 허리를 굽히고 낯빛을 부드럽게 하고 말을 교묘히 하여, 싱글벙글 붙좇으며 군주의 정도(政道)에 전혀 쓸모 없게 됨은 지사(志士)·인인(仁人)으로서 행하기 어려운 노릇입니다. 그렇다고 해서 엄숙하고 솔직한 말로 간하여, 위로는 군주의 악행을 바로잡고 아래로는 백성의 해를 없애려 한다면, 폭군의 마음에 거슬리고 난세의 법에 걸립니다. 때문에 오래 살고자 하는 선비는 감히 진언하려 하지 않습니다. 깊은 산 속에서 흙을 쌓아 집을 짓고 거적자리를 얽어 문을 달아 그 안에서 거문고를 타며 좋은 옛 노래를 부르니, 이렇게 즐기는 것이 죽음을 잊는 길이기도 합니다. 그리하여 백이·숙제는 주의 세상을 피하여 수양산 기슭에서 굶어 죽었지만, 후세에 인인이라 불렸습니다. 이런즉 폭군의 행위란 대단히 무서운 것입니다. 그래서 소신은 담론이 어찌 쉽겠느냐고 말씀 드렸습니다."

이에 오왕은 아연 낯빛이 변하여 자리에서 몸을 바로 하여 귀를 기울였다. 선생이 말했다.

"접여는 세상을 피하고 기자(箕子 : 紂의 이복형)는 머리를 흐트러뜨리고 짐짓 미친 척했습니다. 이 두 사람은 모두 혼탁한 세상을 피하여 몸을 보전한 이들입니다. 만일 성명(聖明)한 군주를 만나 임금이 너그럽고 기분이 좋을 때에 열성을 다하여 나라의 안위 득실을 생각하는 변설을 해서, 위로는 임금의 몸을 안태하게 하고 아래로는 만민의 편리를 도모했다면, 오제·삼왕의 도를 역시 그대로 이룩했을 것입니다. 그러므로 이윤(伊尹)은 수치를 참고 솥과 도마를 짊어지고 요리사가 되어 탕왕(湯王)을 뵙기를 청했고, 태공망은 위수의 북쪽 강가에서 낚싯줄을 늘인 채 문왕과 만났습니다만, 의기 투합하여 꾀하는 바를 모두 계획대로 성취했습니다. 현명한 군주를 만났기 때문입니다.

먼 앞날까지 생각하여 의로써 몸을 바르게 하고 은애를 아래로 널리 펴, 인의를 기본으로 삼고 덕 있는 이를 칭찬하고, 유능한 이를 세워 나라를 어지럽히는 자를 벌 주고, 먼 나라들을 통합하여 만민을 하나로 하며 풍속을 개선하는 일, 이것이 제왕이 번영하는 길입니다. 위로 하늘이 하는 일에 변함이 없고, 아래로 인화를 깨뜨리는 일이 없으면, 천지가 조화되어 먼 나라도 따르게 되니 성왕(聖王)이라 불립니다. 그래서 토지를 나누어 직분을 정해 제후로 삼고 자손 대대로 영지를 전하여, 후세에 이름을 떨치어 오늘날까지 백성에게 칭송됩니다. 이는 탕왕·문왕을 만났기 때문입니다. 태공망·이윤은 이미 이런 신분이 되었지만, 용봉·비간 등은 그런 최후를 맞이했으니 어찌 딱한 일이 아닙니까. 그러므로 소신은 담론이란 어렵다 했습니다."

이에 오왕은 묵연히 고개를 숙이고 깊은 생각에 잠겼다가, 하늘을 쳐다보면서 두 볼에 눈물을 흘렸다.

"아, 내 나라는 아직 망하지는 않았지만, 흡사 가느다란 실에 매달려 있는 것과 같구나. 나의 세대가 끊어지지는 않았으나 역시 위태롭구나."

이에 명당(明堂:옛날 정치·제사의 堂)에서 정치를 바로잡고 군신의 질서를 세우고, 현인을 등용하고, 은혜를 떨치어 인의를 베풀고, 공 있는 자를 표창하고, 검약을 실천하고, 후궁의 비용을 감하고, 거마의 용도를 줄이고, 가기(歌妓)를 쫓아내고, 아첨하는 자를 물리치고, 음식을 소찬(素饌)으로 하고, 사치한 물건을 버리고, 건물을 낮게 하고, 정원을 없애고, 못과 굴을 메워 토지가 없는 빈민에게 나누어 주고, 궁중의 창고를 열어 빈자를 구하고, 노인을 위로하고, 고아를 불쌍히 여기고, 세금을 가볍게 하고, 형벌을 가볍게 하기 3년 만에 나라 안은 평화로워 천하는 크게 다스려졌다. 음양의 기운이 조화되고 만물이 모두 즐거움에 차게 되니, 나라에는 재해가 일어날 이변이 없고, 백성 중에는 굶거나 헐벗은 자를 볼 수 없게 되어, 집집마다 넉넉하여 감옥이 비었다. 봉황이 춤추며 내려오고, 기린이 교외에 나타나며, 하늘에서 감로가 내려 주초(朱草)가 싹이 트니, 멀리 이민족들도 좋은 평판에 따라 제 각각 공물을 가지고 조정에 찾아온다. 즉 치란(治亂)의 도나 흥망의 징조는 이처럼 명백한데 윗사람들이 실천하려 않으니 나는 잘못이라 생각한다. 그리하여《시경》에 '왕국은 주(周)의 단단한 나무 같은 제제다사(濟濟多士)를 잘 낳으니, 이로써 문왕은 편안하다'라고 한 것도 이런 뜻이다.

동방삭의 시문으로는 이상의 두 편이 가장 좋다. 그 밖에〈태산을 봉하다〉〈화씨벽(和氏璧)〉〈황태자생매(皇太子生禖)를 탓한다〉〈병풍〉〈전상의 백주(栢柱)〉〈평락관(平樂觀)〉〈사냥을 노래한다〉 외에 팔언시·칠언시 각각 상·하 편,〈공손홍에게서 수레를 빌리다〉 등이 있다. 모두 유향(劉向)이 동방삭의 저서라고 기록한 것은 진짜이되, 세상에 전하는 다른 사실은 모조리 가짜다.

찬(贊)에 말하였다.
유향이 말하기를, 그가 어릴 때 호기심으로 동방삭과 같은 시대에 산 장로와 현인에게 자주 물었다. 모든 장로들이 하는 말에, '삭은 재담을 잘하여 광대역으로서의 변설은 좋지만, 논리가 통하는 자기 설은 갖지 않았다. 곧잘 속인을 위해 고사를 지껄이길 즐겼다. 그 때문에 후세에 여러 가지 전설이 남아 있다' 하고, 양웅(揚雄) 또한 '삭은 말로써 일깨우는 내용에 순수함이 없고, 행동에는 도덕적 순수성이 없다. 뒤에 남은 말이나 책은 쓸 만한 것이 없다'고 하였다.

그러나 삭의 명성이 실제 이상으로 높은 것은, 그 재기(才氣)가 변화 무쌍하여 하나의 행동에 한정되지 않았기 때문이다. 응답의 장난기는 광대에 흡사하나, 그 말뜻은 지자(智者)를 닮았다. 논리가 통하는 간언은 충신의 그것과 같고 행동이 불측함은 마음이 비뚤어진 사람과 같다. 백이 · 숙제를 비난하고, 유하혜(柳下惠)를 칭송하고 자기 아들에게 윗사람의 환심(歡心)을 사야 한다고 훈계하였다. '백이 · 숙제가 수양산에서 굶어 죽은 것은 졸렬하다. 노자가 주(周)의 주하사(柱下史 : 도서를 맡음)의 말직을 감수하고 몸을 보전한 것이야말로 교묘한 처세다. 배불리 먹고 안전하게 세상을 살며 벼슬을 밭가는 것의 대신이라고 생각하라. 은자처럼 세상 사람을 안중(眼中)에 두지 말고 시류(時流)에 초연하여 화를 만나지 않도록 하라' 하였다.

동방삭이야말로 어릿광대의 영웅일 것이다. 그의 재담, 미래에 대한 점술, 사복(射覆) 등은 기실 보잘것없어서 서민 사이에서 행해지는 어린이나 목동들이 즐길 만한 일이다. 그러나 후세의 호사가들이 세상의 기괴한 이야기를 가지고 와서 그것을 동방삭과 결부시켰으므로 상세히 기록하였다.

공손(公孫)·유(劉)·차(車)·왕(王)·
양(楊)·채(蔡)·진(陳)·정전(鄭傳)

　공손하(公孫賀)의 자는 자숙(子叔)이며, 북지군(北地郡) 의거현(義渠縣 : 감숙성 慶陽府) 사람이다. 하의 조부 곤야(昆邪)는 경제(景帝) 때의 장군으로서 농서(隴西)의 태수가 되었으며 오초 칠국(吳楚七國)의 난을 평정하여 평곡후(平曲侯)에 봉해졌는데 저서 십수 편이 있다.
　공손하는 나이 젊어 기사가 되니 종군하여 가끔 공훈을 세웠다. 무제(武帝)가 태자 때부터 그는 사인(舍人 : 귀인 집안의 잡역)으로 있었는데, 무제가 즉위하자 태복(太僕 : 천자의 마차를 관리)으로 승진했다. 하의 부인 군유(君孺)는 위황후(衛皇后)의 언니였는데, 하는 이로 인하여 무제의 총애를 받았다.
　원광 연간(元光年間 : B.C. 134~129)에 경거장군(輕車將軍)으로서 마읍(馬邑 : 산서성)에 주둔하다가, 그 후 4년 만에 운중(雲中)에 나왔다. 다시 5년 후 거기장군(車騎將軍)으로서 대장군 위청(衛青)을 따라 출진하여 공적이 있어 남교후(南窌侯)로 봉해졌다.
　그 후 다시 좌장군으로서 정양(定襄) 지방에 나갔으나 공이 없었다. 주금률(酎金律 : 천자가 종묘에 소주를 바쳐 제사지낼 때 제후는 황금을 헌상했다. 그 황금의 질이 나쁘면 나라를 몰수함)에 걸려 영지를 몰수당했다.

다시 부조장군(浮粗將軍)으로서 오원(五原:섬서성의 경계)에 출진하여 2천여 리를 갔으나 공을 세우지 못했다. 그 후 8년 만에 마침내 석경(石慶)에 대신하여 승상이 되어 갈역후(葛繹侯)로 봉해졌다.

당시 조정에서는 사건이 많아 대신에 대한 감시가 엄했다. 공손홍(公孫弘) 이후 이채(李蔡)·엄청적(嚴靑翟)·조주(趙周) 등 세 승상이 차례로 사건에 연좌되어 죽임을 당했다. 석경은 용의주도하여 목숨만은 보전했으나 몇 차례나 견책을 받았다.

공손하가 최초로 불리어 승상을 배명(拜命)할 적에 승상의 인수(印綬)를 받으려 하지 않았다. 머리를 조아리고 울며 말하기를, '소신은 본래 촌놈으로서 말을 타고 활을 쏘는 일은 할 수 있으나, 진정 재상의 일은 감당하기 어렵나이다' 하였다.

천자와 그 좌우의 사람들은 하가 슬퍼하는 모습을 보고 눈물을 흘렸다. 천자가 '승상을 일으켜 세워라' 하였다.

하는 좀체로 일어나려 하지 않았다. 천자는 벌떡 일어나 안으로 들어가 버렸다. 하는 부득이 배명(拜命)하고 물러갔다. 좌우의 사람들이 영문을 물으니, 하가 대답하였다.

"주상께서는 현명하신데 나는 어울리지 않는다. 몸에 부치는 무거운 짐을 짊어짐으로써 신상에 위태로울 것이다."

하의 아들 경성(敬聲)은 아버지를 대신하여 태복이 되었다. 부자가 나란히 공경(公卿)의 지위에 있었는데, 경성은 사치를 일삼고 법을 지키지 않았다. 정화(征和) 연간(B. C. 92~89)에 북군의 돈 1천 9백만을 횡령했다가 탄로되어 투옥당했다.

그때 양릉(陽陵:섬서성)의 주안세(朱安世)를 체포하라는 칙명이 내렸으나 잡지 못하였다. 천자는 엄하게 안세를 수색하도록 했다. 하는 자신이 안세를 붙잡을 테니 그 공으로 경성의 죄를 용서해 달라고 청원했다. 천자가 윤허하였다. 이윽고 약속대로 안세를 체포했다.

안세는 서울의 대협객(大俠客)이었다. 공손하가 자기를 체포하는 공으로 아들의 사면을 청원했다는 말을 듣고 안세는 웃으며 말했다.

"승상의 재난은 일가 권속에까지 미칠 것이다(자기의 자백으로 승상도 연루된다는 뜻). 남산의 대로도 나의 말을 다 기록하기에 부족할 것이고(종이를 발명하기 전에는 대쪽에 글을 씀), 사곡(斜谷 : 섬서성)의 나무를 전부 쓴다 해도 나의 차꼬〔枷〕를 만들기에 부족하리라(형기가 길다는 뜻)."

안세는 마침내 옥중에서 상서하였다. 공손경성이 양석공주(陽石公主 : 무제의 딸)와 밀통한 일, 무당을 시켜서 천자를 저주하는 기도를 행한 일, 감천궁에 오르는 도중의 치도(馳道 : 천자의 전용도로)에 나무 인형을 묻어 천자를 저주하는 불길한 말을 했음을 알리었다. 천자는 법관에게 공손하를 취조하여 범한 죄를 규명케 했다. 마침내 부자가 옥중에서 죽으니 일가족이 몰살되었다. 무고(巫蠱)의 사건은 주안세로부터 비롯되어 강충(江充)에 의하여 극에 이르렀으니, 이로 인해 공주·황후·황태자가 모두 폐해졌다. 자세한 것은 강충전(江充傳)·여태자전(戾太子傳)에 있다.

유굴리(劉屈氂)는 무제의 이복형 중산정왕(中山靖王)의 아들이다. 처음 어떻게 하여 입신하게 되었는지 분명치 않다. 정화 2년 봄철에 어사대부에 대하여 다음과 같은 칙어가 내렸다(어사는 부승상. 승상이 궐석이므로 칙어를 어사에게 내림).

"본래 승상 공손하는 짐과의 오랜 친숙한 처지를 기화로 악행을 자행했다. 좋은 밭을 가꾸면서도 자제만을 위할 뿐 백성을 돌보지 않고, 국경 경비병의 군량을 비축하지 못했을 뿐 아니라, 아래로부터의 뇌물을 마음껏 받았다.

짐은 오랫동안 참고 있었으나 그는 끝내 개전함이 없다. 도리어 뇌물을 바친 국경의 군수들을 한 패거리로 삼아, 군(郡)에서 다른 비용을 절약케 하여 수레를 만들어 농민들의 손으로 국경까지 곡물을 운송케 했다. 그로 인하여 농민은 괴로움을 당하고, 특히 말을 기르는 농민은 크게 고통에 빠졌으니, 곡물 운송 때문에 새끼를 밴 말은 쓰러지고 무비(武備)는 감쇄되었다.

하급 관리들은 무리하게 세금을 매기니 백성들은 견디기 어려워 도망쳤다. 게다가 조서(詔書)를 위조하여 주안세(朱安世)를 나쁜 짓을 한 혐의로 체포했다. 이 사건은 이미 법관에 의해 바로잡았다. 이런즉 탁군(涿君:順天府) 태수 유굴리를 좌승상으로 하라. 승상·장사(長史: 승상의 비서관)를 나누어 좌·우 두 관아로 하되, 신설하는 우승상과 그 장사에는 먼 나라에서 정선된 인재를 기대하리라. 본래 친척과 친하고 현인을 세움은 주·당(唐: 堯의 시대)의 도리니라. 팽(澎: 산동성)의 2천 2백 호를 가지고 좌승상을 제후로 봉하니 팽후(澎侯)라 부르도록 하라."

그 후 여태자(戾太子)는 강충(江充)으로 말미암아 참소되니 화를 내어 강충을 죽이고 병사를 일으켜 승상의 관청을 습격했다. 굴리는 혼자 몸으로 겨우 피했으나 승상의 인수를 잃어버리고 말았다. 때마침 천자가 감천궁에 피서하고 있었는데, 장사가 재빨리 말을 타고 천자에게 보고했다. 천자가 물었다.

"승상은 무얼 하고 있는가?"

장사가 대답했다.

"승상은 일을 비밀로 하여 아직 병사를 출동 않고 있습니다."

천자는 노했다.

"사건이 이렇듯 소란한데 무슨 비밀이냐. 승상에게는 주공(周公)과 같은 모습을 발견하기 어렵구나. 주공은 관숙・채숙을 주멸(誅滅)하지 않았는가."

이리하여 승상 굴리에게 칙서를 내렸다.

"모반한 자를 체포하거나 반역자를 벤 자에게도 당연히 상을 주라. 달구지를 방책 삼아 막아라. 단도(短刀)로 접전하되 많은 인명을 살상하지 않도록 할 것이며, 성문을 굳게 닫아 모반자를 밖으로 내보내지 말라."

여태자는 강충을 죽인 뒤, 병사를 징발하여 자기의 의도를 선언했다. 천자는 병환으로 감천궁에서 서쪽의 건장궁으로 옮겨, 서울 일대와 가까운 현의 병사들을 징발하고, 중이천석(中二千石) 이하의 관리에게 배속시켜 승상이 대장을 겸하도록 했다.

태자도 사자를 파견하여 칙명이라 꾸미며, 장안의 각 관서에 구금되어 있는 죄수를 석방하고, 조정의 무기고의 병기를 징발하여 소부(少傅 : 황태자 교육 담당관) 석덕(石德)과 식객 장광(張光) 등에게 명하여 장안의 죄수들을 나누어 지휘케 했다. 여후(如侯)는 칙사의 표시인 지팡이를 들고 장수(長水)・선곡(宣曲 : 長水와 함께 기병의 집합 장소)의 흉노의 기병을 징집했다. 전원의 무장이 끝나는 바로 그 때에 시랑(侍郞) 망통(莽通)이 장안에 사자로 가려다가 만나 여후를 체포하고 호병(胡兵)들에게 말했다.

"저 칙사의 지팡이는 가짜다. 내 말을 듣지 않으면 안 된다."

그대로 여후를 베어 버리고 호의 기병들을 인솔하여 장안에 들어갔다. 또, 뱃사람들을 징발하여 대홍로(제후와 蠻國을 관장) 상구성(商丘成)에게 주었다. 본래 한의 칙사가 가진 지팡이는 붉은 색뿐이었으나, 여태자가 붉은 지팡이를 가지고 있었기 때문에 붉은 색 위에 노란 털을 붙여 구분토록 했다.

태자는 북군의 군감(軍監) 임안(任安)을 불러 북군의 병사를 내놓으라 했다. 임안은 붉은 지팡이를 받은 뒤 군문을 닫아 버리고 태자의 명령에 응하려 하지 않았다. 태자는 부하를 이끌고 나아가 장안의 시민들을 선동하여 모으니 총 수만여의 무리가 되었다. 장락궁(長樂宮)의 서문에 이르러 승상의 군대와 만나 접전하기 닷새 동안에 죽은 자가 수만 명이 되니, 흐르는 피가 길에 낭자하여 곁의 여울에 흘러들었다. 승상을 따르는 병사가 자꾸 늘어나 마침내 태자의 군사는 패했다.

태자는 남쪽 복앙성문(覆盎城門:社門)에 도망하여, 성을 빠져 나갈 수가 있었다. 마침 해가 저물었다. 사직(司直:법관) 전인(田仁)의 부대가 성문을 닫았다. 전인은 태자를 문 밖으로 내보낸 책임을 추궁받았다. 승상은 인을 죽이려 했다.

어사대부 폭승지(暴勝之)가 말했다.

"사직이라면 2천석의 관리인데, 천자께 묻지 않고 마음대로 죽여서 좋을지요?"

승상은 전인을 석방했다. 천자는 그 소식을 듣자 진노했다. 어사대부를 관리에게 인도하여 책임을 추궁했다.

"사직이 모반자를 놓쳐서 승상이 그를 목 베는 것은 법에 맞는 일이거늘, 어사대부는 어찌하여 멋대로 만류했는가?"

폭승지는 겁을 먹고 자살했다. 북군의 군감 임안은 태자의 지팡이를 받은 것이 두 마음을 품은 증거라 인정되었으며, 사직 전

인은 태자를 놓쳤다는 죄로 각각 허리를 자르는 참형에 처해졌
다. 천자가 말했다.

"시랑 망통은 반란군의 대장 여후를 잡았다. 장안의 사나이 경
건(景建)은 망통을 따라 소부인 석덕을 체포했다. 제일 큰 공훈
이라 할 것이다. 대홍로 상구성은 분전하여 반란군의 대장 장광
을 붙잡았다. 그런즉 망통을 중합후(重合侯)로, 경건을 덕후(德
侯)로, 상구성을 토후(秺侯)로 각각 봉하라."

태자의 빈객으로 동궁의 문에 출입한 자들은 모두 연좌되어 사
형하였다. 그 중에도 태자에게 딸려 병사를 내보낸 자는 모반죄
로 일족을 다 죽였다. 관리나 병사로서 태자에게 협박당해 끌려
간 자는 모두 돈황군(燉煌郡 : 감숙성)에 유배되었다. 태자가 성
밖에 있다고 하여 처음으로 장안의 각 성문에 주둔병을 두었다.
그 후 20일 남짓하여 태자는 호현(湖縣)에서 붙들렸다. 자세한 이
야기는 여태자전에 있다.

그 해 이사 장군(貳師將軍) 이광리(李廣利)는 병사를 이끌고 흉
노 정벌에 나섰다. 승상 유굴리는 이광리를 위하여 송별연을 베
풀고 위교(渭橋)에까지 전송 나가서 광리와 헤어졌다. 광리가 말
하였다.

"대감, 빨리 창읍왕(昌邑王)을 황태자로 삼도록 상주함이 좋을
것이오. 만일 창읍왕이 천자가 되면 대감은 오랫동안 안태를 누
릴 것이리라."

굴리는 그러겠노라 했다. 창읍왕은 이광리의 누이동생 이부인
이 낳은 아들이다. 광리의 딸이 굴리의 며느리이다. 그래서 두
사람은 창읍왕을 옹립하기로 했다.

이때 무고(巫蠱) 사건의 조사가 엄했다. 내자령(內者令 : 후궁의

의류를 관장) 곽양(郭穰)이 승상 부인을 고발했다. 승상 굴리가 자주 천자로부터 꾸중을 듣기 때문에 무당을 시켜 재를 지낼 적에 천자를 저주하는 불길한 말을 한 일, 게다가 이사 장군과 같이 기도하여 창읍왕을 천자로 옹립하려 한다는 것이 이유였다. 관리가 천자에게 소청하여 취조한 결과 대역부도의 죄에 해당되었다. 칙명에 의해 굴리를 부엌용 짐수레에 실어 거리로 끌고 다니다가 동쪽 시장에서 허리를 잘라 죽였고, 처자는 화양가(華陽街 : 장안 8가의 하나)에서 효수하였다. 이사 장군 이광리의 처자도 포박되었다. 흉노와 대진하고 있던 이광리는 이 소식을 듣자 흉노에 항복함으로써 그의 일족은 마침내 멸절되었다.

차천추(車千秋)의 본래 성은 전씨(田氏)이며, 선조는 제(齊)의 왕실인 전씨의 일족인데 장릉(長陵)에 이사했었다. 천추는 고조(高祖) 사당의 숙직관이었다. 마침 여태자(戾太子)가 강충(江充)에게 참언당하여 폐해진 사건이 일어났다. 천추는 '집안의 큰 사건'이라 소청하여 태자의 무죄를 밝히려 했다.

"자식이 아버지의 병기를 장난감으로 여겼을 경우, 그 죄는 오로지 매 맞는 것에 해당될 뿐입니다. 천자의 아들이 잘못하여 사람을 죽였을 경우 어떤 죄에 해당되겠습니까? 소신은 어느 때 꿈에 백발의 노인과 만났습니다만, 그 노인이 이렇게 말하라고 했습니다."

당시 무제(武帝)는 짐짓 태자가 허둥댔을 뿐 타의는 없었다고 생각했으므로, 이 말을 듣자 비로소 깨달았다. 천추를 어전 가까이로 불러들였다. 천추는 신장이 8척 남짓, 체격과 용모가 아주 당당했다. 무제는 한눈에 마음에 들었다. 천자가 말했다.

"부자의 일이란 타인이 감히 말하기 어려운 일인데도 그대만은 잘못을 명백히 해 주었다. 이는 고조 사당의 신령이 그대에게 명하여 나에게 가르쳐 준 것이리라. 그대는 이대로 내 보좌가 되었으면 좋겠다."

그 자리에서 천추를 대홍로에 임명했다. 수개월 후 마침내 유굴리를 대신하여 승상이 되고 부민후(富民侯)에 책봉되었다.

차천추는 이렇다 할 재능도 학식도 없으며 또 문벌도 공로도 없다. 단지 천자의 눈을 뜨게 한 말 한마디로써 수개월 뒤에 재상으로 제후에 봉해졌으니 세상에 희귀한 예이다.

그 후 한의 사자가 흉노에 갔다. 선우(單于 : 흉노의 왕)가 물었다.

"듣건대 한조에는 새로 승상이 임명되었다는데, 그 사람은 어떻게 승상이 되었소?"

사자가 대답하였다.

"상서하여 어떤 일을 말씀 드린 까닭입니다."

선우가 말하였다.

"그렇다면 한에서는 현인을 승상으로 쓰는 게 아니로군. 함부로 한 사나이가 상서하면 곧 그렇게 된다니."

사자는 귀국하여 선우의 말을 전했다. 무제는 사자가 칙명을 욕되게 했다 하여 법관에게 넘기려다가 석방했다.

그러나 천추는 날 때부터 인정이 매우 두텁고 지혜가 있었다. 승상의 자리에 있으면서도 그럴듯하게 일을 치뤄 나갔다. 그 점에서는 전후 몇몇의 재상보다도 나았다. 천자가 몇 년을 걸려 여태자의 사건을 조사하니, 벌을 받은 자들이 헤아릴 수 없었다. 신하들이 겁을 먹고 있음을 보고 천추는 천자의 기분을 풀어 주

고 백성의 마음을 안심시키고자 생각했다. 이에 어사대부, 중2천
석과 함께 천자의 장수를 빌고 헌배하여 성덕을 칭송했다. 천자
에게 은혜를 베풀게 하고, 형벌을 너그럽게 하고 음악을 들어 위
로하고, 마음을 편안히 하여 천하를 위하여 스스로 즐기도록 권
했다. 천자가 말하였다.

"짐의 부덕으로 좌승상 유굴리와 이사 장군 이광리가 은밀히
반란을 꾀한 것에서 비롯되어, 무고의 화난이 사대부에까지 파급
되고 있다. 짐은 이 수개월 동안 하루에 한 끼를 먹고 있는데 무
슨 음악을 듣겠는가. 사대부를 애도하매 언제나 마음이 무겁다.
지난 일은 탓하지 않는다. 그러나 무고의 사건이 처음 발각되었
을 때에 짐은 승상·어사에게 명했다. 2천석(태수 등)을 감독하여
범인을 체포하라, 정위(廷尉)를 감독하여 죄를 규명케 하라고.
그런데도 이제껏 구경(九卿)·정위가 죄상을 명백히 밝혔다는 말
을 듣지 못했다.

앞서 강충은 증거를 잡으려고 먼저 감천궁의 사람들을 취조하
고, 나아가 미앙궁·황후궁까지 파헤쳤다. 그리고 공손경성의 부
류와 이우(李禹:李陵의 4촌)의 도당이 흉노에 도망치려 했지만 관
리는 그 일을 적발하지 못했다. 최근 승상은 자신이 난대(蘭臺:
중요한 도서를 갈무리하는 곳)를 파헤치어 고(蠱)의 증거를 들춘 것
은 누구나 아는 사실이다. 지금에 이르러 많은 무당이 도망치기
는 했으나 무고는 그치지 않는다. 짐의 몸에 소름이 끼쳐 오니
멀고 가까운 데서 무고를 하는 까닭이리라. 짐은 심히 부끄럽게
여긴다. 이리해서는 장수할 생각이 없으니 미안하게도 귀공의 헌
배를 받을 수가 없다. 승상과 2천석에게 말하노니 각각 관사에
돌아가기 바란다. 《서경》에 '치우치지 말고 무리를 이루지 않으

면 왕도는 탕탕(蕩蕩)하리라'고 했다. 두 번 다시 이런 말을 하지 말지어다."

그 후 1년쯤 되어 무제는 병이 들었다. 구익부인(鉤弋夫人 : 趙씨. 그가 구익궁에 살았기 때문)이 낳은 아들을 황태자로 세웠다. 대장군 곽광(霍光), 거기 장군 김일제(金日磾), 어사대부 상홍양(桑弘羊), 승상 차천추는 천자의 유언서를 받고 어린 천자를 보살피게 되었다.

무제가 붕어했다(B.C. 87). 소제(昭帝)는 겨우 즉위했을 뿐 아직 정무(政務)를 들을 수가 없어, 정사는 모조리 대장군 곽광에 의해 결정되었다. 차천추는 승상의 자리에 있어 진실하고 중후한 덕망이 있었다. 공경이 아침에 입궐하는 기회에 곽광이 언제나 천추에게 말했다.

"앞서 승상과 함께 선제의 유언을 받았습니다. 지금 광은 안을 다스리고 승상은 밖을 다스립니다. 광이 천하를 저버리지 말게 해 주십시오."

천추는 그때마다, '예, 장군께서 마음을 다하시니 천하를 위해 지극히 경사스런 일입니다'라고 대답할 뿐 아무것도 말하지 않으려 한다. 곽광은 그래서 천추를 존귀하게 보고 길상(吉祥)이 있을 적마다 몇 차례나 승상에게 상을 내렸다. 소제 연간의 끝까지 나라가 평온하고 백성의 생활도 다소 풍부해졌다. 시원(始元) 6년(B.C. 81) 군국(郡國)에 조칙을 내려 현량·문학의 선비를 추천케 하여 백성이 무엇으로 괴로움을 받고 있는지를 물었다. 이리하여 소금과 철의 전매를 폐지하자는 논의가 일어났다.

천추는 승상으로 근무한 지 12년 만에 죽었다. 시호를 정후(定侯)라 했다. 이보다 앞서 천추가 노령이므로 천자가 우대하여,

조현(朝見) 때에는 작은 수레를 탄 채 들어오도록 허락했다. 그로 인해 거승상(車丞相)이란 별명이 붙었다.

아들 순(順)이 영지를 승계했다. 벼슬은 운중(雲中) 태수에까지 올랐다. 선제(宣帝) 때에 호아 장군(虎牙將軍)으로서 흉노를 정벌했으나, 노획물의 수효를 늘렸다는 것으로 추궁당하여 자살하니 영지는 몰수되었다.

상홍양은 어사대부로 8년 간 근무했다. 자신이 국가를 위하여 전매의 이익을 올렸다 하여 공훈을 과장하고 자제를 위해 관직을 탐하고, 곽광을 원망하여 상관걸(上官桀) 등과 모반하여 결국 주멸되고 말았다.

왕흔(王欣)은 제남군(濟南郡:산동성) 사람이다. 군현의 아전으로서 공을 쌓아 차차 승진하여 피양(被陽:산동성)의 현령이 되었다.

무제의 말년에 외국 정벌군이 자주 출병하매 군국에는 도둑이 떼를 지어 일어났다. 수의어사(繡衣御史:칙명에 의한 임시 지방 검찰관) 폭승지(暴勝之)는 도끼(형벌권의 상징)를 지니고 도둑을 쫓아 잡았다. 군율로써 처단하고 책임자인 군수 이하를 사형에 처했다. 승지가 피양에 오자 왕흔을 죽이려 했다. 흔은 이미 옷을 벗고 모탕 위에 엎드려 쳐다보며 말했다.

"사군(使君)은 권리를 독차지하여 그 위력으로 군국을 떨게 합니다. 이제 다시 소인 한 사람을 죽였다 하여 그 위광이 더해지지는 않을 것입니다."

승지는 이 말을 듣고 매우 용기 있는 자라 생각하여 죄를 면해 주고 죽이지 않았다. 그리하여 흔과 사이가 좋아졌다.

승지는 돌아가서 천자에게 은을 추천했다. 부름을 받아 우보도위(右輔都尉:서부의 경찰)가 되어 우부풍(右扶風)을 겸임했다.

무제는 이따금 안정(安定:감숙성)과 북지(北地)에 행차하여 부풍(扶風:서부 땅)에 들렀다. 숙사와 도로가 잘 정돈되어 있을 뿐 아니라 음식 준비도 잘 갖추곤 했다. 무제는 사랑스레 여겨 어가를 멈추고 왕흔을 정식 우부풍으로 임명했다. 직에 근무한 지 십수 년, 소제 때에 어사대부가 되고 차천추(車千秋)를 대신하여 승상이 되고, 의춘후(宜春侯)에 책봉되어 이듬해에 죽었다. 시호를 경후(敬侯)라 했다.

아들 담(譚)이 뒤를 이으니, 그는 제후의 한 사람으로서 창읍왕(昌邑王)을 폐하고 선제(宣帝)를 세우는 계획에 참여하여 그 공으로 봉지(封地) 3백 호가 늘게 되었다. 담이 죽고 아들 함(咸)이 뒤를 이었다. 왕망(王莽)의 아내가 곧 함의 딸이었다. 왕망이 제위를 찬탈하자 의춘후 가문은 외척이라 하여 등용되었다. 의춘후의 나라는 흔에서 대대로 이어 증손에 이르렀으나 왕망의 실각 후에 멸절되었다.

양창(楊敞)은 화음현(華陰縣:섬서성) 출신이다. 대장군 막부(幕府)의 심부름을 하다가 군사마(軍司馬)가 되었다. 대장군 곽광의 마음에 들어 차츰 승진하여 대사농(大司農)이 되었다.

원봉(元鳳) 연간(B.C. 80~75)에 도전사자(稻田使者:수확고 조사관) 연창(燕蒼)이 상관걸(上官桀) 등이 모반하는 음모를 알고 양창에게 알렸다. 창은 본시 소심한 사람이라 사태를 겁내어 위로 아뢸 용기가 없어 칭병하고 누웠다. 이 일을 간대부(諫大夫) 두연년(杜延年)에게 고하니 연년이 이를 상주했다. 사건이 끝난 뒤에 연창과 두연년은 공에 의하여 제후로 책봉되었으나, 양창은 구경(九卿)의 한 사람으로서 곧바로 보고하지 않았다는 이유로 제후가 되지 못했다.

그 후 어사대부에 승진하여 왕흔(王欣)에 이어 승상이 되고 안평후(安平侯)로 봉해졌다. 대장군 곽광은 거기장군 장안세(張安世)와 함께 창읍왕을 폐하고 다른 천자를 세우려 했다. 계획이 정해진 뒤 대사농 전연년(田延年)을 시켜 양창에게 알렸다. 창은 겁이 나서 뭐라 할 말을 잊고 등골에 땀이 흠뻑 젖은 채 '예, 예'라고 할 뿐이었다. 전연년이 옷을 갈아 입으려고 일어섰다. 창의 부인이 급히 작은 방에서 창에게 말했다.

"이는 나라의 중대사입니다. 지금 대장군께서 상의를 끝낸 뒤라 구경을 보내어 당신에게 알린 것입니다. 당신이 분명히 그 분들께 동조하지 않고 어물어물하신다면 거사 전에 죽임을 당할 것입니다."

연년이 옷을 갈아 입고 돌아왔다. 부인도 자리를 같이 하여 연년과 셋이서 말을 나누고, 승낙하는 답변으로서 대장군의 지령에 따르겠노라고 말했다. 마침내 함께 창읍왕을 폐하고 선제를 세웠다. 천자가 즉위한 지 한 달 남짓하여 양창이 죽었다. 시호를 경후(敬侯)라 했다. 아들 충(忠)이 뒤를 이었다. 망부 창이 승상으로서 다음 천자를 결정하고 국가를 평화롭게 했다는 데서, 영지 3천 5백 호를 가증(加增)시켰다.

충의 아우 운(惲)의 자는 자유(子幼)이며, 형의 덕택으로 낭(郞 : 숙위관)이 되어 상시기(常侍騎)에 보임되었다. 운의 어머니는 사마천(司馬遷)의 딸이다. 운은 처음 외조부 태사공(太史公)의 책(《사기》)을 읽고 《춘추》를 자못 익혀 재능이 있다는 평판을 받았다. 즐겨 훌륭한 학자와 교유하니 조정에서도 유명했다. 뽑히어 좌조(左曹)가 되었다. 곽씨(霍氏)의 모반을 운은 먼저 알아 시중(侍中) 김안상(金安上)을 통하여 상주케 했다. 어전에 불리어 나가 자세히 아뢰었다. 곽씨가 죽임을 당한 뒤 운 등 다섯 사람은 모두 제후로 봉해지니, 그는 평통후(平通侯)가 되어 중랑장에 승진했다.

낭관의 관청의 관례로서 낭에게 돈을 내게 하여 물건을 사고 문서를 대었으며, 돈을 내어야 외박이 허락되니 이를 산랑(山郎)이라 했다. 돈을 못 내는 낭은 병가원(病暇願)을 내도 하루밤에 외출할 수 없다. 그것도 반드시 비번(非番)인 공휴일에 한해서만 된다. 그러니 개중에는 1년 남짓 한 번도 휴가를 못 얻은 사람조차 있었다. 부자인 낭은 매일 외출하여 놀고 뇌물을 바쳐 유리한 부서를 획득하기도 하였다.

양운이 중랑장이 되자 산랑의 제도를 폐지하고 1년 간의 예산을 대사농에게 청구하여 그것을 문서의 비용으로 쓰게 했다. 병가나 비번 휴가는 모두 법령대로 실시했다. 낭·알자(謁者: 길라잡이)에게 죄과가 있으면 그때마다 상주하여 면직시키고, 시험 성적이 좋고 소행과 재능이 뛰어난 자는 천거하여 군수·구경에까지 승진케 했다.

낭관은 이 제도에 감화하여 스스로 일에 전념하니, 청탁이나 뇌물의 폐단이 근절되고, 명령하여 금지케 하니 궁중의 사람은 모두 운을 칭찬했다. 이에 뽑히어 광록훈(光祿勳: 九卿의 하나)으로 승진하여 천자의 측근으로 중용되었다.

앞서 운은 부친의 재산 5백만을 받았으나 자신이 제후로 봉해지자, 그 돈을 모두 친족에게 나누어 주었다. 계모에게는 아들이 없었는데, 이 또한 수백만 재산의 소유자였으나 죽은 뒤 모두 운에게 상속되었다. 운은 다시 이 재산을 모두 계모의 형제들에게 나누어 주었다. 두 번 1천여 만의 재산을 받았으면서도 모두 나누어 주었다. 그는 재산을 가볍게 여기고 의(義)를 좋아함이 이와 같았다.

양운은 궁중에 있어서도 결백하여 사심이 없었으므로 낭관 사이에 공평하다는 평판이 떠돌았다. 그러나 운에게는 자신의 품행의 고귀함과 뛰어난 정치의 능력을 과시하려는 마음이 있고, 사람에 대하여 잔혹한 성격으로서 즐겨 사람의 비밀을 탄로시켰다. 동료로서 자신에게 거슬리는 자가 있으면 반드시 보복했다. 자기의 능력을 믿고 사람을 괄시했다. 그 때문에 조정에서는 원망을 사는 일이 많았다. 태복(太僕) 대장락(戴長樂)과 틈이 벌어져 결국 이로 인해 패했다.

대장락과는 선제가 민간에 있을 때부터 친숙한 사이였다. 즉위하자 발탁되어 측근에 쓰이었다. 어느 때 천자의 대역을 맡아 종묘 의식의 예행 연습을 한 일이 있었다. 관청에 돌아가 서기에게 말했다.

"나는 친히 배알하고 조칙을 받아 천자 대신에 연습을 시켰지. 투후(秺侯)는 시종(侍從)이었네."

어떤 이가 상주하여 장락을 고발했다. 해서는 안 될 말이라는 이유에서였다. 장락은 양운이 사람을 시켜 고발한 것이 아닌가 의심하여 양운의 죄를 고발했다.

"고창후(高昌侯)의 수레가 북쪽 협문에 들어갔을 때 양운은 부평후(富平侯) 장연수(張延壽)에게, '듣건대 이전 폭주한 수레가 전문(殿門)에 부딪친 일이 있었던 모양인데, 대문 빗장이 부러지고 말이 죽었다 하오. 그 뒤 소제가 붕어했는데 지금 또한 같은 일이 일어났소. 이는 하늘의 명운이니 인력으로는 어찌할 수 없는 일이요'라고 하였습니다.

좌풍익(左馮翊) 한연수(韓延壽)가 죄를 범하고 투옥되었을 때, 양운이 연수는 억울하다고 상소했습니다. 낭중 구상(丘常)이 운에게 말하기를, '대감께선 풍익의 억울함을 상소하셨습니다만 그로써 구제될까요'라고 하였습니다.

운이 답하기를, '일이란 쉬운 게 아니요. 정직한 사람은 반드시 안전한 게 아니요. 내 자신부터 그걸 보장하지 못하겠는걸. 속담에 냄비 받침을 물고는 쥐도 구멍으로 도망칠 수 없다고 한 것은 옳은 말이오(한연수에게 걸려서는 자신도 죄를 면할 수 없다는 뜻)'라고 하였습니다. 또 중서알자령(中書謁者令) 선(宣)이 선우(單于)의 사자의 상서를 가지고 장군과 궁중의 고관에게 보였습니다. 운은 거기에 대해 '선우는 한 나라의 맛있는 음식이나 아름다운 물품을 받고도 냄새 난다든가 추하다든가 하며 비난했으니, 선우가 오지 않을 게 분명하다'고 하였습니다.

양운은 서각(西閣)에 올라 그곳에 그려 놓은 옛 사람의 초상을 구경했습니다. 걸·주의 그림을 가리키며 낙창후(樂昌侯) 왕무(王武)에게, '천자께서 이곳에 들르셔서 걸·주의 과실을 한둘 하문하신다면 좋은 지침을 얻을 것이오'라고 했습니다. 초상화 가운데는 요·순·우·탕 등 성인이 배열되어 있는데도, 운을 거기에는 상관 없이 유독 걸·주만을 본으로 들었습니다.

양운은 흉노의 투항자가 선우가 죽었다고 말함을 듣고, '어리석은 군주 아래서는 대신이 임금을 위해 아무리 좋은 계략을 내세워 채택되지 않아, 결국 몸 둘 바가 없게 된다. 가령 진(秦)의 시대에는 못난 신하에게 정치를 맡겨 충의로운 신하를 모두 죽였기 때문에 그로 인해 망했다. 만일 진이 훌륭한 신하에게 맡겼더라면 오늘까지 나라가 존속되었을 것이니, 예나 지금이나 한 언덕에 사는 담비와 같은 것이군' 라고 하였습니다. 양운의 이 말은 경망스레 망국을 예로 들어 당대를 비방한 말로서 백성으로서의 예의에 어긋납니다.

또 운은 소신에게 이렇게 말하기를, '정월 이래 흐린 날씨가 계속되면서도 비가 오지 않는데, 이는 《춘추》에 하후군(夏侯君)이 말했다고 기록하였다. 하동(河東)에의 행차는 다시 없을 것이다 (하동에는 토지신을 모신 제단이 있어 천자가 매년 한 차례 행차하는데, 그것이 없다는 것은 천자의 죽음을 뜻함)' 라고 했으니, 주상을 희롱하는 일은 최고의 불경으로 도에 어긋난 일입니다."

사건을 정위에게 넘겼다. 정위 우정국(于定國)이 엄하게 조사한 결과 명백한 증거가 있어 상주했다.

"양운은 죄를 인정하지 않을 뿐 아니라 호장(戶將:문지기) 존(尊)을 불러 부평후 장연수를 위협하여 '태복 장락은 내일의 목숨도 모르는 처지요, 나는 다행히도 대감과 혼인이 있소. 그때의 사건은 나와 대감과 장락과의 세 사람이 자리했을 때의 이야기니〈그때 소신은 양운의 그러한 말을 듣지 못했습니다. 양운이 혼자서 장락과 사이가 나빠졌기 때문에 무고한 것이다〉며 증언해 달라 하오' 라고 했습니다.

존이 할 수 없다고 하니, 운이 화를 내어 큰 칼을 잡으며 말하기를, '부평후가 장락 편에 붙어 증언한다면 나는 일가족 몰살이 된다. 내가 지금 말한 걸 절대로 누설치 말라. 만일 장락의 귀에 들어간다면 더욱더 내 여죄가 붙게 된다' 라고 했습니다. 양운은 다행히 구경(九卿)의 한 사람으로 숙위의 측근에까지 입신하여 천자의 신임이 두텁고 정사에까지 관여하고 있습니다. 그런데도 진실을 다함이 없고, 신하로서의 충의를 다함이 없이 주상을 원망하고 불길한 말을 함부로 자행했으니 대역무도의 죄에 해당합니다. 체포하여 규명코자 합니다."

천자는 사형은 지나치다 하여 칙명으로 운과 장락을 같이 면직하고 평민으로 강등시키는 데 그쳤다.

양운은 작위를 잃은 뒤 집에 있으면서 생업에 힘쓰고 주택을 늘리고 돈벌이에 재미를 붙였다. 1년 남짓 지났을 때였다. 운의 친구로 안정태수(安定太守) 서하(西河) 출신의 손회종(孫會宗)은 지략에 뛰어난 선비였는데, 그가 운에게 편지를 보내어 충고했다.

"대신이 파면되면 당연히 문을 닫고 황송하여 애처로운 모습을 보이지 않으면 안 되오. 재산을 축적하거나 빈객과 교제하거나 그 중의 누군가를 멋대로 추거(推擧)하거나 해서는 안 되오."

운은 재상의 아들로서 약관으로 조정에 이름을 떨쳤으나, 하루 아침에 그 빛이 사라지고 설화(舌禍) 때문에 실각했다. 내심 앙앙하여 회종에게 답서를 썼다.

"나의 재주는 쓸모 없고 행동은 더럽혀지고, 문장 실행이 모두 할 일 없게 되었소. 다행히 선대의 여록(餘祿)으로 숙위관의 일원이 되어 사변(霍氏의 난) 덕으로 작위를 얻었소. 그런데 끝내 소임을 다하지 못한 채 화를 당했소. 그대는 나의 어리석음을 측은히 여겨 훈계하는 편지를 보내어 미치지 못한 점을 깨우쳐 주니 그 친절함은 이를 데 없소. 그러나 유감스러운 것은 그대는 일의 시종을 깊이 생각함이 없이, 오로지 세속의 훼예포폄(毁譽褒

貶)에 따르고 있음이오. 어리석은 내 심중을 말씀 드리면 의향에 거리끼어 내 잘못을 꾸미는 것처럼 받아들여질 것이오. 그렇다고 가만히 있으면 공자가 제자에게 각각 그대의 뜻을 말하라고 이른 뜻에 어긋나게 되는 것이오. 그러므로 감히 우견(愚見)의 대충을 말씀 드리니 부디 굽어 살피시오.

 나의 집이 한창 번성할 무렵, 붉은 칠한 마차를 타는 이가 열이나 되었소. 지위는 경, 작위는 제후, 시종의 관을 얻어 정사에 참여했소. 그러나 그것을 기회로 방책을 세워 천하에 교화를 펼 것을 생각함이 없이, 그렇다고 동료들과 마음을 합해 힘을 모아 조정의 유루(遺漏)를 보완함도 어려웠으니, 녹을 훔쳐서 살아온 지 오래였소. 녹과 세력에 미련이 남아 물러서기가 어려웠던 터에 변고를 만나 뜻하지 않게 악담을 듣고, 몸은 북궐에 유폐되어 처자는 옥에 끌려 갔었소. 당시 나는 일가족 몰살이 된다 해도 나의 죄를 갚을 길이 없다고 생각하던 터에, 어찌 목숨을 보전하여 다시 아버지의 묘를 받드리라고 뜻하였겠소.

 생각하면 성주(聖主)의 은혜는 헤아릴 수 없을 정도이오. 군자는 도에 놀고 즐김으로써 근심을 잊으오. 소인은 몸이 편안하기만 하면 기분 좋게 죄를 잊게 되오. 가만히 스스로 생각하되 과오는 이미 커지고 품행은 일그러졌으니, 금후 오로지 농부로서 일생을 마치려는 것이오. 그리하여 스스로 처자의 앞장에 서서 힘을 합해 논을 갈고 뽕을 따고 밭에 물을 주며 생산하여 세금을 바치고 있으니, 다시 비방을 받으리라고는 생각지도 못했던 것이오. 대저 인정으로서 금할 수 없는 것은 성인도 금하지 않는 법이오. 그러므로 임금은 지존(至尊)이고 아버지는 지친(至親)이지요. 군부(君父)의 상을 입는 경우도 일정한 때가 지나면 그치게 하는 것이오. 내가 죄에 걸린 지 이미 3년이 되오.
 시골 일은 고달프오. 연중 복날과 납일(臘日:동지 뒤의 셋째 未日)에는 양을 삶고 양새끼를 통째 구워 말술로 노고를 위안하오. 나의 집은 본래 진(秦) 출신이라 진의 노래를 잘하고, 아내는 본래 조(趙:산서성) 출신이라 거문고를 타는 게 즐거움이오. 노비로서 노래하는 자 몇이 있어, 술 마신 뒤에 귓바퀴가 훈훈해질 무렵, 하늘을 우러러 질장구를 치면서 크게 노래하오. 그 가사는 이러하오.

 저 남산에 밭을 일궈도
 잡초 우거져 가꿔지지 않고,
 백 이랑의 땅에 콩을 심어도
 떨어져 콩깍지가 된다.
 인생은 행락일 뿐
 언제 부귀를 바라리오.[12]

 이날 즐거운 나머지 옷깃을 떨치며 펄럭이는 소매는 높고 낮으며 발을 구르고 장단 맞춰 춤을 추니, 제멋대로 놀아났으나 나쁘다곤 도시 생각지 않소.
 나는 다행히 녹의 여분이 있어 지금도 그걸 가지고 값이 쌀 때

---

12) 저 남산에……장안(張晏)의 주(註)에는 그 시 전체가 비유로서 풍자라 했다. 남산은 임금을, 잡초는 조정의 혼란을, 백 이랑은 백관(百官)을, 콩이 떨어졌다 함은 자신의 추방을, 콩깍지는 구부려져 있으니까 조신(朝臣)의 비열성을 표현한 것이라 하나 그렇지는 않을 것이다. 농부로서 신변의 이야기를 표현한 것이 아닐까.

에 쌀을 사들이고 비쌀 때 파니, 10분의 1 정도의 이익을 얻고 있소. 이는 소상인이 하는 짓이니 사람이 부끄럽게 여기는 일을 나는 하고 있소. 사람이 하류에 있으면 온갖 악담이 흘러드는 법, 그걸 생각하면 춥지 않은 날에도 살갗에 소름이 돋으오. 평소 나를 알고 있는 사람도 세평에 휩쓸리니 이 이상 어떤 영예가 남으리오.

동중서(董仲舒) 선생은 이렇게 말했소. '분명히 인의를 구하여 항상 백성을 감화하지 못함을 두려워하는 것은 경대부(卿大夫)의 마음이다. 분명히 재리(財利)를 구하여 언제나 가난을 겁내는 것은 서민이 하는 일이다'라고. 그런즉 길이 같지 않으면 공감하기 어려운 일이니, 지금 그대는 어찌하여 경대부의 관습으로 나를 추궁하려 드는 거요?

본래 하서(河西)는 옛날 위(魏)의 문후(文侯 : 전국 시대의 名君)가 출생한 곳으로 현인 단간목(段干木)·전자방(田子方)의 유풍이 있소. 이곳 사람들은 모두 표연(飄然)한 기개가 있고, 진퇴의 구별을 확실히 알고 있소. 앞서 그대는 고향을 떠나 안정에 부임했는데, 그곳은 산과 골짜기에 싸여 본래는 곤융(昆戎 : 蠻族의 하나)이 살던 땅으로 젊은이들은 탐욕스러웠는데, 어찌 풍속이 사람의 마음을 변하게 하였소? 종래에는 그대를 고결한 사람으로 알고 있었으나, 지금 비로소 변해 버린 그대의 마음을 깨닫게 되었소. 바야흐로 대한(大漢)이 번영하는 때이니 정려하기를 빌며, 나에 대해서 부디 마음 놓으시기 바라오."

또 양운의 형의 아들인 안평후 담(安平侯譚)은 전속국(典屬國 : 만족 관리직)이 되어 있었다. 그가 운에게 말하였다.

"서하태수 건평(建平 : 하남성)의 두연년(杜延年)은 앞서 죄에 걸려 쫓겨났습니다만, 지금은 부름을 받아 어사대부가 되어 있습니다. 숙부께선 죄도 가볍고 공훈이 있으니, 이제 곧 다시 한 번 부름을 받게 될 것입니다."

운이 말하였다.

"공훈이 있은들 무슨 쓸모가 있겠는가. 지금의 천자는 아무리 힘을 다하려 해도 다할 수가 없다."

양운은 원래 개관요(蓋寬饒)·한연수(韓延壽) 등과 사이가 좋았다. 담은 그래서 말했다.

"참으로 천자께서는 그러하십니다. 사예교위(司隷校尉 : 순찰하여 범죄를 단속하는 관리) 개(蓋)와 좌풍익 한(韓) 등은 다 같이 충성을 다했는데도 사건에 연좌되어 죽임을 당했습니다."

마침 일식(日蝕)의 이변이 생겼다. 추마(騶馬 : 천자의 副馬를 관장하는 관청)의 말구종 성(成)이 상주하여 양운을 고발했다.

"운은 과실을 뉘우치기는커녕 사치하고 있습니다. 일식의 재난은 그 탓입니다."

상주문이 정위에게 넘겨졌다. 증거를 조사하는 중에 손회종에게 띄운 편지가 발견되었다. 선제(宣帝)는 그걸 읽고 감정이 상했다. 정위는 대역무도의 죄에 해당한다고 소청하여 마침내 허리를 자르는 참형을 당했다(편지 중에 임금의 喪에 언급한 점이 문제가 됨). 처자는 주천군(酒泉郡 : 감숙성)에 유배되었다. 양담은 운을 간하지 않고 함께 주상을 원망했다는 죄로 면직되어 서인으로 강등되었다. 말구종 성은 부름을 받아 낭(郞)으로 임명되었다. 고관으로 양운과 사이가 좋았던 미앙위위(未央衛尉 : 미앙궁의 금위대장) 위현성(韋玄成), 경조윤(京兆尹) 장창(張敞), 그리고 손회종 등은 모두 면직되었다.

채의(蔡義)는 하내군 온현(河內郡溫縣) 사람이다. 명경(明經 : 경서에 밝다는 뜻. 관리 등용의 한 자격)으로 대장군의 막부에서 일했다. 집이 가난하여 항상 걸어다녔다. 막부에서 주는 보수가 다른 관청보다 적었다. 좋은 일을 하는 사람들이 돈을 추렴하여 채의를 위하여 자그마한 달구지를 사서 이를 타게 했다. 수년 후에 복앙성문(覆盎城門)의 문후(門侯 : 조석으로 대문 단속을 하는 벼슬)로 승진했다.

이윽고 칙명이 있어 한시(韓詩 : 韓嬰이 전하는 시학·《시경》의 해석서)를 지을 수 있는 이를 찾았다. 채의가 부름을 받아 임관을 기다리는 처지가 되었으나, 아무리 기다려도 배알할 기회가 오지 않아 상주문을 바쳤다.

"소신은 산동(山東)의 시골 사람으로 소행·재릉·용모 등이 보통 사람에 미치지 못합니다. 그런데도 인류을 버리지 못하는 것은 옛 스승에게 도를 듣고, 경학에 스스로 의탁함 때문입니다. 원컨대 한가로운 기회에 어전에서 온축(蘊蓄)을 피력하게 해 주시기 바라옵니다."

무제는 채의를 불러들여 《시경》을 강의케 하고 매우 기뻐하였다. 발탁되어 광록대부 급사중(光祿大夫給事中 : 논의를 맡아 천자의 곁에 있음)이 되어 소제(昭帝)에게도 강의했다. 수년이 지나 소부(少府 : 九卿의 하나)에 임명되고 어사대부에 영전되었다가 양창(陽敞)을 대신하여 승상이 되었다. 양평후(陽平侯)로 봉해졌다. 또 나라를 평화롭게 한 공에 의해서 황금 2백 근을 더 하사받았다.

채의가 승상이 되었을 때는 80여 세였다. 몸집이 작고 수염과 눈썹도 없어 마치 노파와 비슷한 얼굴인데다, 걸음걸이는 등이 구부러져 언제나 두 아전이 양쪽에서 부축해야만 겨우 걸었다.

당시 대장군 곽광이 정치의 실권을 쥐고 있었다. 논의하는 사람이 '곽광은 재상을 두는 데 현인을 뽑으려 하지 않고, 적당히 자기 말을 잘 듣는 사람만을 골랐다'라고 하였다. 곽광은 그 말을 듣고 시중·좌우조(左右曹 : 상주 문서를 관장) 및 속관(屬官)에게 말했다.

"채의는 천자의 스승이었던 까닭으로 재상이 됨이 마땅하다. 어째서 험담을 한단 말인가. 이러한 뒷공론을 세상에 들리게 해서는 안 된다."

채의는 재상으로 근무한 지 4년 만에 죽었다. 시호를 절후(節侯)라 했다. 아들이 없어 영지는 환수되었다.

진만년(陳萬年)의 자는 유공(幼公)이며 패군(沛郡) 상현(相縣) 사람이다. 고을의 구실아치로서 우수함을 인정 받아 현령이 되었다가 광릉(廣陵 : 강소성) 태수로 승진했다. 성적이 좋아 궁중에 들어가 우부풍(右扶風)이 되고 태복(太僕)으로 전직했다.

만년은 청렴·공평하고 행실을 수양했다. 그러나 사람 사귀기에 능해 외척인 허(許)·사(史)에게 뇌물을 보내어 가산이 기울어졌다. 낙릉후(樂陵侯) 사고(史高)를 더욱 섬겼다.

승상 병길(丙吉)이 병이 드니 중이천석(中二千石)들이 명함을 내놓고 문병했다. 집사가 나와 인사했다. 인사가 끝나자 모두 돌아갔으나 만년은 홀로 남아 있다가 밤에 돌아갔다. 병길이 위독하자 천자가 몸소 문병하여 대신들의 능력에 대하여 물었다. 병길은 우정국(于定國)·두연년(杜延年)·진만년을 추천했다. 만년은 마침내 정국을 대신하여 어사대부가 되니 8년 만에 죽었다.

만년의 아들 함(咸)은 자가 자강(子康)이며, 18세에 아버지의 덕으로 낭(郞)이 되었다. 출중한 재주가 있었으나 강직하여 가끔 정치적인 의견을 내세워 근신을 자극했다. 상주문이 수십 통에 이르렀으며 승진하여 좌조(左曹)가 되었다.

만년이 병으로 누워 있을 때의 일이었다. 함을 불러 침대 발치에 앉히고 훈계했는데 이야기가 야밤까지 계속되었다. 함은 졸다가 머리를 병풍에 부딪쳤다. 만년은 크게 노하여 지팡이로 때리려 했다.

"내가 너에게 훈계하고 있는데, 너는 졸며 내 말을 듣지 않으니 웬 일이야?"

함은 머리를 조아리며 사과했다.

"가르치심의 대강은 능히 알겠습니다. 남에게 아첨하지 말라는 것이지요."

만년은 그리하여 아무 말도 하지 않았다.

만년이 죽은 뒤 원제(元帝: B.C. 48~33 재위)는 함을 발탁하여 어사중승(御史中丞)으로 삼았다. 주(州)와 군의 상주문을 정리하고, 주·군의 장관을 그 성적에 따라서 분류하며, 궁중에서는 법에 의하여 검찰하는 직을 맡았다. 3공·9경이 모두 함을 존경해 마지않았다.

당시 중서령(中書令 : 상주문을 맡은 환관) 석현(石顯)이 방자하게 권력을 휘두르고 있었다. 함은 곧잘 석현의 잘못을 지적했기 때문에 석현은 함을 미워했다. 그때에 괴리(槐里:섬서성)의 영(令) 주운(朱雲)이 잔혹하여 죄 없는 사람을 죽인 사건이 일어났다. 법관이 주운을 벌 주자고 상주했으나 천자의 재가가 내리지 않았다. 함은 본래 주운과 사이가 좋았다. 주운은 함으로부터 정세를 탐지하고, 함의 권고로 상주하여 자기의 무죄를 소청했다. 이 소식을 석현이 듣고 함이 금중(禁中)의 논의를 누설했다고 상주했다. 함은 투옥되어 고문을 당했다. 사형을 감형 받아 머리를 깎이고 성단(城旦:徒刑의 한 가지)이 됨으로써 실각했다.

성제(成帝:B.C. 32~7 재위)가 즉위한 뒤 대장군 왕봉(王鳳)은, 함이 앞서 석현의 악행을 지탄했고 충직한 절개가 있음을 천자에게 아뢰어, 함을 대장군 장사(大將軍長史:부관)에 임명했다. 기주(冀州) 자사(刺史)에 승진하여 일하는 솜씨가 천자의 마음에 들어 부름을 받아 간대부(諫大夫)가 되었다가, 다시 지방에 나가 초국(楚國:강소성)의 내사(內史:侯國의 백성을 다스림), 북해(北海)·동군(東郡)의 태수로 근무했다. 경조윤(京兆尹) 왕장(王章)을 추천한 일에 연좌되어 장은 죽임을 당하고 함은 면직되었다. 다시 관계에 복귀하여 남양(南陽) 태수가 되었다.

부임하는 곳마다 서릿발 같은 위광을 떨쳤다. 관리 가운데 교활한 자나 그 지방 호족으로 법을 어긴 자가 있으면, 가차 없이 고발하여 관청으로 보내어 사공(司空:徒刑囚의 작업 감독) 밑에서 법규에 의한 정량의 작업을 시켰다. 흙을 파서 절구통을 만들고 나무로 절굿공이를 만들어 쌀을 찧도록 했다. 찧어 낸 쌀이 하루의 규정량에 미달한 자, 혹은 몰래 차꼬를 벗은 자, 복장이 규정에 벗어난 자에게는 반드시 태형을 가했다. 감독이 엄하고 작업이 고되기 때문에 고통을 견디지 못하여 목을 매어 죽은 자들이 한 해에 수백·수천에 이르렀으니, 오랫동안 방치된 시체는 구더기가 슬었으나 그 가족에게 넘기기를 허락하지 않았다.

진함의 치정은 엄연년(嚴延年:宣帝 때의 하남 태수로 엄격하기로 유명)과 비슷하나, 청렴 결백하기로는 그에게 미치지 못했다. 관할 현에서 대는 음식물은 자신이 먹어 버렸다. 사치스럽고 미식가(美食家)였다. 그러나 하급 관리를 꽉 쥐고 군의 상급 관리들에게는 문을 닫고 근신케 하여 법을 어기지 못하게 했다. 공공연하게 훈계의 서장(書狀)을 송달하여 말하였다.

"만일 각자가 뇌물을 취하여 낙을 탐하려 한다면, 한 군에 백 사람의 태수가 생기는 셈이니 어찌 용서할 수 있으랴."

하급 관리들은 함을 겁내며 호족들도 무릎을 꿇었다. 명령은 모두 지켜지고 금한 일은 곧장 중지되었다. 그러나 함이 실각한 것은 이 때문이다. 진함은 3공의 아들로서 약관으로 조정에 이름을 날렸다. 한편 설선(薛宣)·주박(朱博)·적방진(翟方進)·공광(孔光) 등은 함보다도 훨씬 뒤에 보임했으나, 모두 청렴하고 검약하여 먼저 공경에까지 입신했다. 그런데도 함은 언제까지나 군태수에 머물렀다.

그때 거기 장군 왕음(王音)이 섭정을 하고 있었는데 그가 진탕(陳湯)을 신용했다. 함은 자주 진탕에게 뇌물을 바치고 편지를 보내어, '만일 그대의 힘으로 궁중에 들어갈 수 있다면 죽어도 원이 없겠습니다'고 하였다. 그 뒤 마침내 부름을 받아 조정에 들어가서 소부(少府)가 되었다. 소부에는 보물을 관리하는 속관이 많이 있었는데, 함은 그들을 모두 조사하여 횡령죄를 적발하고 그 모든 재물을 관에서 몰수했다. 그는 속관 및 후궁의 황문(黃門: 환관)·구순(鉤盾: 御苑의 관리관)·액정(掖庭:환관으로 후궁의 부인을 관리)의 관리까지 상주·취조하니, 함을 두려워하여 모두 풀이 죽었다.

소부에 근무한 지 3년, 적방진과 사이가 벌어졌다. 방진이 승상이 되자 상주하여 함을 탄핵했다.

"함은 앞서 군수로서 이르는 곳마다 잔혹한 짓을 하고 백성에게 해독을 끼쳤습니다. 백성을 감독하는 신분임에도 불구하고 감독 받는 측에게서 뇌물을 받아 벼슬아치로서 간신 진탕에게 아부하여 천거를 구했습니다. 탐나는 것은 거리낌 없이 취하는 후안무치(厚顏無恥)한 자이니, 벼슬자리에 둘 수 없는 사람입니다."

함은 그래서 면직되었다.

얼마 있지 않아 홍양후(紅陽侯) 왕립(王立)이 함을 방정(方正 : 관리 등용의 한 자격)으로 천거하여 광록대부 급사중이 되었다. 방진은 다시 상주하여 함을 면직시켰다. 수년 후 왕립은 죄를 범하여 영지로 떠났다. 방진은 상주하여 함을 고향으로 돌아가게 하니 우울하여 죽었다.

정홍(鄭弘)의 자는 치경(穉卿)이며, 태산군 강현(泰山郡剛縣 : 산동성) 사람이다. 형인 창(昌)은 자가 차경(次卿)인데, 이 또한 학문을 즐겨 다 같이 경서에 밝고 법률·정치에 통했다. 차경은 태원(太原)과 탁군(涿郡)의 태수가 되고, 홍은 남양 태수(南陽太守)가 되었는데 둘 다 치적이 뚜렷했다. 두 사람이 낸 교조(敎條)와 법도는 후세의 본보기가 되었다. 차경은 형벌이 너무 엄격하여 홍의 공평함에 미치지 못했다. 홍은 회양(淮陽 : 하남성)의 상(相)으로 승진하여 성적이 좋았으므로, 서울에 들어가 우부풍(右扶風)이 되었는데, 사람들이 그를 칭찬했다. 위현성(韋玄成)을 대신하여 어사대부가 되었다. 6년간 근무했으나 경방(京房)과의 논쟁이 화가 되어 면직되었다. 자세한 이야기는 경방전에 있다.

찬(贊)에 말하였다.

소위 염철론(鹽鐵論)은 시원(始元) 연간(B. C. 86~81)에 일어났다. 문학·현량을 불러 나라를 위하여 유익한지 어떤지를 물었다. 모두 의견을 말하였다.

"바라건대 여러 나라의 염철 전매제(專賣制), 주세법(酒稅法), 균수(均輸 : 어떤 지방의 특산물을 관청에서 사들여 여러 나라에 비싸게 파는 것)의 제도를 폐지하여, 농업을 중점으로 하여 상업을 누르고, 천하의 백성과 이윤을 다투는 일이 없도록 했으면 좋겠습니다. 이래야만이 교화의 실을 거둘 것입니다."

어사대부 상홍양(桑弘羊)이 말하였다.

"이 제도야말로 변경을 평화롭게 하고 이적(夷狄)을 억누르는 수단이 될 것이다. 국가의 대 사업이니 중단할 수는 없다."

당시 양편이 서로 힐난하여 그 의논의 기록이 상당한 분량에 이르렀다. 선제(宣帝) 때에 이르러 여남(汝南 : 하남성)의 환관(桓寬), 자(字)를 차공(次公)이라 하는 자가 《공양춘추(公羊春秋)》를 익혀 낭(郎)으로 뽑히어 여강(廬江 : 안휘성) 태수의 승(丞 : 차관)이 되었다. 박학으로 글을 잘 지었는데, 이 사람이 염철의 문제를 제기하여 논쟁을 펴서 수만 자의 책을 저술했다. 환관은 또 그 장단점을 연구하여 일가(一家)의 본보기를 이루었다. 그 글에 말하였다.

"공경과 현량·문학과의 논의를 살펴보건대 내가 평소 생각한 바와 다르다. 여남(汝南)의 주선생(朱先生)의 말에 의하면, '당시 영재가 다투어 세상에 나왔다. 현량으로 뽑힌 무릉(茂陵 : 섬서성)의 당생(唐生), 문학에 선발된 노(魯)의 만생(萬生) 등 60여 명이 모두 조정에 모여, 유교에 의한 교화를 주장하고 태평을 불러들일 근원을 말했다. 지혜 있는 자는 원대한 계책을 조언하고, 인정이 깊은 자는 백성에의 은혜를 강조하고, 용기 있는 자는 결단력을 보이고, 웅변가는 변설을 떨쳐서, 열을 내어 한 걸음도 물러서지 않았다'라고 했다. 자세하지는 않으나 이 말로써 대체의 상황을 짐작할 수가 있을 것이다.

중산(中山 : 하북성)의 유자(劉子)는 왕도를 강조하여 현대의 결함을 교정하여 바른 길로 돌아가도록 촉구했으니, 확고한 교양으로 폭이 넓은 군자였다.

구강(九江 : 강서성)의 축생(祝生)은 참으로 정직성을 발휘하여 불만을 토로하고, 공경(公卿)을 비난하며 완고하게 굴하지 않았으니, 강어(強禦 : 禦는 善을 방해한다는 뜻)를 두려워하지 않는 사람이라 할 것이다.

어사대부 상홍양은 현세를 기초로 하여 시세(時世)의 변화에 적응하여 당면한 이익을 올리는 방책을 내세웠다. 바른 법도는 아니지만 대유생(大儒生)·노선생(老先生)조차 설복시킬 수가 없었으니, 박식하고 사리에 투철한 사람이었다. 그러나 공경의 권력을 가지고도 옛 도를 따르지 않고, 처음부터 상리(商利)에 의존하여 신분에 과분한 지위에 있었고(상홍양은 본래 장사꾼 출신) 도가 아닌 행동을 했다(상관걸과 모반). 과연 목숨을 잃고 일가족에까지 죄가 미쳤다.

차천추(車千秋)는 재상의 지위에 있어 사북(추요)에 해당하였으나, 아가리를 오므린 주머니처럼 아무것도 말하지 않고 보신(保身)만을 위했으니 한심하고 못났도다.

저 승상·어사(御史) 두 관청의 인사들은 바른 의논으로 재상을 보좌함이 없이, 같은 패거리를 이루어 같은 행동을 잘하여 아첨과 추종으로 윗사람의 비위만을 맞추었으니, 국량이 좁은 무리를 어찌 셀 수 있겠는가."

양왕손(楊王孫)·호건(胡建)·주운전(朱雲傳)

　양왕손(楊王孫)은 무제 때의 사람이다. 황제(黃帝)·노자(老子)의 도를 배우고 천금의 재산이 있었는데, 건강에 좋은 것이라면 구하지 않는 것이 없었다.
　병들어 임종할 때 자식에게 유언하였다.
　"나를 벌거벗긴 채 묻어 주기 바란다. 참모습으로 돌아가고 싶어. 그러니 꼭 내 뜻대로 해 주기 바란다. 내가 죽으면 부대를 만들어 그 속에 시체를 넣고 땅을 7자 정도 파서 시체를 내리고 난 뒤, 다리로부터 부대를 찢어 살이 땅에 착 붙도록 하여라."
　아들은 입을 다물고 유언을 좇지 않으리라 생각했으나, 아버지의 명령을 저버릴 것이 꺼림칙하고, 그렇다고 명령에 따르자니 차마 그럴 수도 없었다. 그리하여 왕손의 친구인 기후(祁侯)를 만나러 갔다. 기후는 왕손에게 편지를 보냈다.
　"병환 중에 계시다는 말씀 듣고 유감스럽게도 주상을 모시고 옹(雍 : 하남성)에 가야 될 터이라 문병조차 못합니다. 부디 마음을 단단히 가져 근심하지 마시고 약을 잡수시어 양생하시기 바랍니다.
　듣건대 왕손께서는 나체로 장사 지내라고 유언하셨다 하는데, 만일 죽은 자에게 지각이 없다면 몰라도 혹시 있다면 지하에서 시체에 수치가 됩니다. 나체로 선조 앞에 나가지 않으면 안 되기 때문입니다. 그러므로 나는 당신을 위해서도 찬성할 수 없습니다. 게다가 《효경(孝經)》에도 《관곽(棺槨)과 의금(衣衾 : 관 속에 넣는 옷과 이부자리)을 만든다' 했습니다. 이것도 성인이 정한 관습이니 굳이 무슨 규칙처럼 자신이 생각한 걸 고집할 필요는 없습니다. 부디 신중히 생각하시기 바랍니다."

왕손이 답장하였다.

"듣건대 옛날 성왕(聖王)은 인정에 끌려 죽은 아비를 들에 버리지 못해 죽은 자를 위한 정례를 정했다고 합니다. 지금에 이르러서는 그 규정을 훨씬 넘어 지나치게 사치한 것이 되어 있습니다. 그리하여 나는 세상의 잘못을 바로잡기 위하여 나체로 묻어 달라 한 것입니다.

도대체 사치로운 장례란 실제로 사자에게는 무익한 것, 게다가 속인들은 다투어 남보다 화려하게 하려고 재산을 탕진하면서 지하에 묻게 됩니다. 심한 경우에는 오늘 묻었다가 하루도 채 아니되어 내일 다시 파헤치니, 시체를 들에 버려 두는 것과 무엇이 다르겠습니까.

그리고 대저 죽음이란 산 것이 모습을 바꾸는 것, 물건이 궁극에 이르는 상태입니다. 갈 데로 가고 변할 것으로 변하고 나면 그것은 참모습으로 되돌아갔다 할 것입니다. 참모습으로 되돌아가면 거기는 캄캄하고 색도 없고 소리도 없어, 그야말로 대도(大道)의 실상(實相)에 부합하게 됩니다.

무릇 겉을 꾸며 세상에 자랑하고 수의(壽衣)를 정중하게 장식하여 참모습을 가리게 되면 갈 곳에 가지 못하고, 변할 모습으로 변하지 못하는 꼴이 되니, 이는 물건이 그 바탕을 잃는 것이 됩니다.

그리고 내가 들은 바로는 정신이란 하늘의 것,[13] 육체는 땅의 것, 정신이 육체를 떠나면 각각 참모습에 돌아갑니다. 그리하여 사자의 정신을 귀(鬼)라 하는데, 귀는 귀(歸)의 뜻입니다. 그 시체는 홀로 버려져 있을 뿐, 무슨 지각이 있으리오. 비단으로 똘똘 말아 곽과 관으로 격리하여 팔다리와 몸을 꼭꼭 얽어 맨데다 입에는 옥이나 돌을 물리니, 모양을 바꾸려 해도 바꿀 수가 없게 됩니다. 바싹 마른 고깃덩이가 되어 천년이 지나 관이 썩어서야 겨우 흙으로 돌아가 참다운 삶의 집에 안착하게 됩니다. 그야말로 어찌 오랫동안 객으로 행동하도록 합니까.

옛날 요 임금의 장례식은 나무를 파서 관통을 만들어 풀로 묶고, 묘혈(墓穴)도 아래는 지하수의 물줄기를 끊지 않을 정도이며, 위는 시체의 냄새가 풍기지 않을 정도밖에 파지 않았습니다. 그리하여 성왕은 살아 있는 동안의 봉양(奉養)이 청렴했으면서도 죽은 뒤의 장례식도 조촐했으니, 쓸데없는 데 노력하지 않고, 보람 없는 데 재산을 낭비하지 않은 것입니다.

지금 재물을 허비하여 화려한 장례식을 가짐으로써, 돌아감을 붙잡고 가려는 것을 가로막으나, 죽은 이는 아무것도 모르고 살아 있는 사람은 아무 이득도 없으니, 이를 이중의 미혹(迷惑)이라 하겠습니다. 아, 나는 싫습니다."

결국 유언처럼 나체로 묻었다.

---

13) 정신은 하늘의 것 ──《열자》 천서(天瑞) 편에 '정신은 하늘의 것, 육체는 땅의 것, 하늘에 속함은 맑으며 흩어지고, 땅에 속함은 흐리고 모인다. 정신은 형체를 떠나 각각 그 진(眞)에 들어간다. 그러므로 이를 귀(鬼)라 한다. 귀는 귀(歸)이다. 그 진택(眞宅)에 돌아간다'라고 했다. 양왕손의 말은 이에 기초를 둔 것일 듯하다.

호건(胡建)의 자는 자맹(子孟)이며 하동군(河東郡 : 산서성) 사람이다. 무제의 천한(天漢) 연간(B.C. 100~97) 북군정(北軍正 : 북군의 검찰관)의 승(丞 : 부관)에 임시로 임명되었다. 가난하여 거마를 살 길이 없어 언제나 도보로 다녔다. 병졸과 기거를 같이하여 그들을 위로함으로써 크게 심복(心服)케 하였다.

그때 감군어사(監軍御史)가 나쁜 짓을 저질렀다. 북군 병사의 담을 일부 헐어내고 상점을 만든 것이다. 건은 이 어사를 죽이려고 부하의 병졸들에게 말했다.

"내가 자네들과 함께 어떤 자를 죽이고자 하니, 내가 '잡아라' 하면 잡고 '베어라' 하면 베어라."

마침내 병사와 말을 검열하는 날이 되었다. 감군어사와 호군(護軍 : 大司馬에 속하는 헌병)의 장교들이 단 위에 줄 지어 앉았다. 건은 병졸을 이끌고 뛰어 단 아래에 이르러 경례하고 그대로 단 위로 올랐다. 병졸도 따라 올랐다. 건은 어사를 가리키며, '저 자를 잡아라' 하고 외쳤다. 병졸들이 우루루 달려들어 끌어내렸다. 건이 말했다.

"베어라."

마침내 어사의 목을 베었다. 호군의 장교들은 모두 놀랐다. 도무지 영문을 몰랐다. 그러나 건은 사전에 작성한 상주문을 호주머니에 넣고 있었는데, 드디어 상주했다.

"신이 듣자오니 군의 수칙이란 무용(武勇)으로써 대중을 누르고, 악인을 죽여 잘못을 금한다 하였습니다. 지금 감군어사는 공공연히 부대의 담장을 뚫어 상리(商利)를 추구하여 사사로이 군수품을 매매하였습니다. 의지가 굳센 마음가짐이나 용맹한 절도는 추호도 보이지 않으니, 이래서는 사대부의 앞에 설 수 없습니다. 가장 도에 어긋나는 불공평한 일로서 이를 문관의 재판에 건다면 보통 죄가 아닐 것입니다. 그런즉《황제이법(黃帝李法 : 병서)》에 의하면, '진지(陣地)가 된 이후 정문을 통하지 않고, 벽에 구멍을 내어 출입하는 자 있으면 이를 간인(姦人)이라 부른다. 간인은 모조리 사형'이라 했습니다.

지금 삼가 군법을 살피오니 '군정(軍正)은 장군에 속하지 않는다. 장군에게 죄가 있으면 이를 주상할 수가 있다. 2천석(校尉·都尉 등) 이하의 장교에 대하여는 처벌할 수가 있다'라고 되어 있습니다. 군정의 승이 어사를 죽인 것은 법 위에서는 의의(疑義)가 있겠습니다만, 일을 단속하는 자로서는 일일이 주상께 번거로움을 드리는 게 아니라 여겨, 소신의 독단으로 베었습니다. 황공하옵게 보고 드리옵니다."

이에 대하여 소칙(昭勅)을 내렸다.

"사마법(司馬法)에 의하면 '조정의 기밀은 군에 들어가지 않고, 군중(軍中)의 기밀은 조정에 들어가지 않는다'고 했다. 군중의 문관의한 의견을 들을 필요가 있겠는가. 삼왕(三王 : 禹·湯·文王)은 때로 군중에서 서약을 했다. 백성이 미리 결심할 수 있게 하기 위해서였다. 때로는 적과 싸우려 할 때 서약했다. 백성에게 결사의 각오를 시키기 위함이었다. 타락한 어사를 목 벤 것도 전군의 사기를 높이기 위함일 것이다. 그러므로 어찌 그대를 의심하랴."

호건은 이로 인해 유명해졌다. 후에 위성(渭城 : 섬서성)의 현령이 되었는데 그의 행정은 자못 평판이 좋았다.

이 무렵 소제(昭帝)는 어렸다. 황후의 부친 상관안(上官安) 장군은 천자의 누나 개공주(蓋公主)의 정부 정외인(丁外人)과 사이가 좋았다. 정외인은 마음이 교만하여 방자하게 굴었는데, 전 경조윤(京兆尹) 번복(樊福)을 미워했으므로 식객에게 명하여 사살했다. 하수인은 개공주의 집에 숨어 관리가 감히 체포할 수가 없게 되었다. 위성 현령 호건은 관리와 병사를 이끌고 집을 포위하여 범인을 잡았다. 개공주가 소식을 듣고 정외인, 장군 상관안 등과 함께 많은 종과 식객들을 데리고 가서 포졸들을 닥치는 대로 쏘니, 포졸들은 뿔뿔이 흩어져 도망쳤다.

 개공주는 복야(僕射 : 활쏘기를 맡은 벼슬)를 보내어 '위성현령의 부하 유요(游徼:경찰)들이 공주의 집 노복에게 상처를 입혔다'라고 추궁케 했다. 호건은, '유요는 직무를 다했을 뿐 아무런 죄가 없다'라고 답변했다. 개공주는 화를 내어 사람을 시켜 상주하여 호건을 고발했다.

 "호건은 선제의 장녀인 개공주를 모욕하고, 공주의 집 대문에 활을 쏘고, 부하 유요들이 노복에게 상해를 입힌 것을 알면서도 변명할 뿐, 일부러 하수인을 취조하려고도 하지 않습니다."

 대장군 곽광은 그 상주문을 받았으나 묵살해 버렸다. 그 후 곽광이 병이 들자 상관안의 부친 걸(桀)이 대신 정사를 보았는데, 그가 상주문을 법관에게 주어 호건을 체포하니 건은 자살했다. 관리며 현민들이 억울함을 호소했다. 지금도 위성에는 그의 사당이 있다.

 주운(朱雲)의 자는 유(游)이며 노(魯 : 산동성)에서 태어나 평릉(平陵 : 섬서성)에 이사하였다. 젊었을 적에 협객(俠客)들과 어울려 그들의 도움으로 원수를 갚은 일이 있다. 키가 8척 남짓, 풍채가 매우 당당하며 용기와 완력으로 유명했다.

나이 40이 되어 마음을 고쳐, 박사(博士) 백자우(白子友)에게 사사하여 《주역》을 배우고, 또 전장군(前將軍：前軍의 장군) 소망지(蕭望之)로부터 《논어》를 배웠다. 《주역》《논어》를 모두 통달했고 작은 속사에 구애됨이 없이 배포가 컸는데, 당시 사람들은 그를 존경했다.

　원제(元帝) 때(B.C. 48~33) 낭야(琅邪：산동성)의 공우(貢禹)가 어사대부가 되었다. 화음현(華陰縣：섬서성)의 임시 부지사(副知事) 가(嘉)가 상소하였다.

　"정치의 요체는 현인을 얻는 데 있습니다. 어사의 자리는 재상의 부(副)로서 구경(九卿)의 위에 있사오니 사람을 선발하지 않으면 안 됩니다. 평릉의 주운은 문무의 재릉을 겸비하고 충정과 지략이 있습니다. 6백 석의 녹을 주어, 시험 삼아 임시 어사대부에 임명하여 능력을 다하게 함이 좋을 듯합니다."

　천자는 그것을 공경에게 넘겨 가부를 물었다. 태자소부(太子少傅：태자의 보육을 맡음) 광형(匡衡)이 대답하였다.

　"대신이란 나라의 기둥이며 만민이 우러러보는 대상이오니 명주(明主)가 신중히 선발해야 됩니다. 고서에도 '아랫사람이 위의 작위 있는 사람을 경시하고 천한 자가 대신의 지위를 운운하게 되면, 나라가 흔들려 백성이 불안해진다'고 했습니다. 마차에도 탈 수 없는 천한 자를 구경의 위에 발탁하려 합니다. 국가를 중시하고 사직을 숭앙하는 길이 아닙니다. 요가 순을 쓰고 문왕이 태공망(太公望)을 기용했을 때도, 시험한 후에 벼슬을 주었습니다. 더구나 주운 따위를 시험하지 않고 어찌 쓰겠습니까. 주운은 본래 용(勇)을 즐겨 자주 법을 어겨 망명했습니다. 《주역》을 배워 다소의 사법(師法)은 터득했습니다만, 그 행동에는 그럴 듯한 장점도 없습니다. 한편 어사대부 공우는 결백하고 염직하며 경학에 통하여 백이(伯夷)·사어(史魚: 춘추시대 衛의 賢大夫)의 풍모가 있습니다. 천하에 모르는 자가 없습니다. 그런데도 가는 왜곡하여 주운을 칭찬함으로써 어사대부를 맡기려 하고 있습니다. 이처럼 함부로 추천하는 데는 어떤 사념(邪念)이 있지 않나 의심됩니다. 나쁜 싹은 일찍 뽑아 버리지 않으면 안 됩니다. 마땅히 담당 법관에게 내리어 흑백을 밝혀야 하옵니다."

가는 마침내 연좌되었다.

이 무렵 소부인 오록충종(五鹿充宗)은 신분이 높고 천자의 총애도 받았다. 그는 《양구역(梁丘易)》(易學의 일종)을 배웠다. 선제(宣帝) 때부터 《양구역》의 설이 호평을 받고 있었는데, 원제는 특히 이것을 좋아하여 딴 학설과의 차이를 조사하기 위해 충종에게 타파의 역학자와 토론을 명했다. 충종은 존귀한 신분을 빙자하여 웅변으로 말하니, 학자들이 아무도 대항할 수가 없었다. 그리하여 병을 핑계로 아무도 모이려 하지 않았다. 주운을 추천하는 이가 있었다. 운이 부름을 받고 들어갔다. 옷자락을 걷고 자리에 오르더니 버젓이 고개를 들어 질문했다. 목소리가 쩡쩡 울렸다. 논쟁이 벌어지자 오록충종의 아픈 곳을 찔렀다. 유생들은 다음과 같은 문구를 지어 수군거렸다.

"오록(五鹿)은 뿔이 긴데 주운(朱雲)이 그 뿔을 꺾었다."

이리하여 박사로 임명되었다. 두릉(杜陵: 섬서성)의 현령에 진출하여 일부러 망명자를 놓아 주어 문책을 당하게 되었으나, 마침 대사령이 내려 죄를 면했다. 방정(方正)에 선발되어 괴리(槐里)의 현령이 되었다.

당시 중서령(中書令) 석현(石顯)이 실권을 잡고 오록충종과 한

패가 되어 있었다. 백관이 이를 꺼렸다. 다만 어사중승(御史中丞) 진함(陳咸)만은 약관으로 기백이 있어 석현 등에게 붙지 않고 주운과 손을 잡았다. 운은 자주 상소했다.

"승상 위현성(韋玄成)은 몸을 붙여 지위를 보전하는 데만 급급하여, 하등 논의의 응수도 못하고 있습니다."

그리고 진함도 자주 석현을 비난했다.

이윽고 법관이, 주운이, 구실아치에게 분부하여 살인한 혐의를 조사하였다. 군신이 조현(朝見)하는 자리에서 천자가 승상에게, 주운의 관리로서의 성적에 대하여 물었다. 승상 위현성은 운이 포악하여 성질이 나쁘다고 답했다. 그때 진함도 어전에 있었는데 이를 듣고 운에게 귀뜸했다. 운이 자기의 억울함을 상서하려 하니, 함이 상주문의 초고를 만들었다. 승상이 당사자이기 때문에 진함이 대신 어사중승(御史中丞)에게 넘겨 주기를 부탁했는데 상주문이 승상에게로 갔다. 승상은 관리를 배치하여 조사해서 살인죄를 성립시켰다.

주운은 피하여 장안에 들어가서 다시 진함과 상의했다. 승상은 자세히 사실을 폭로하여 진함을 고발·상주했다.

"진함은 숙위(宿衛)의 사법관의 신하로서 다행히 조현에 참여할 수 있었던 것을 기화로, 조정에서 들은 바를 누설하여 주운에게 은밀히 알렸습니다. 더구나 주운을 위해 상주문의 초고를 만들어, 어사중승인 자신에게 안건이 넘어오도록 계략을 꾸몄습니다. 그 후 주운이 망명 죄인임을 알면서도 교제했습니다. 주운이 잡히지 않은 것은 그런 까닭입니다."

천자는 이에 함과 운을 투옥시켰다. 사형을 감하여 성을 쌓는 죄수가 되어, 그들은 원제의 대가 끝날 때까지 세상에 나오지 못했다.
 성제(成帝) 때(B.C. 32~7)에 이르러 전의 안창후 장우(安昌侯張禹)가 천자의 스승이었던 까닭으로 벼슬이 특진하여 매우 존중되었다. 운이 상서하여 천자를 배알케 되었는데, 공경이 늘어서 있는 곳에서 운이 말했다.
 "지금 조정 대신들은 위로 주상을 광정(匡正)함이 없고, 아래로 백성을 이롭게 함이 없이 모두 시위소찬(尸位素餐)하고 있사오니, 공자가 '비열한 사내와 더불어 임금을 섬길 수 없다' '지위를 잃을 듯 싶으면 못할 짓이 없다'고 말씀한 것에 해당합니다. 소신은 바라옵건대, 상방(尙方 : 천자의 器物을 만드는 관청)의 참마검(斬馬劍)을 하사하시어, 비굴한 자의 목을 쳐서 나머지 대신들의 본보기로 삼으시기를 원합니다."
 천자가 물었다.
 "그건 누구인가?"
 주운이 대답하였다.
 "안창후 장우입니다."
 천자는 진노했다.
 "미천한 관리의 분수로 상관을 욕하고, 조정의 한가운데서 황제의 스승을 모독하다니. 그 죄 용서 않으리라."
 어사가 주운을 끌어 냈다. 운이 궁전의 난간에 매달리니 난간이 부러졌다(折檻의 어원). 운이 소리쳤다.
 "소신은 지하에서 관용봉(關龍逢:桀을 간하다 죽음)과 비간(比干:紂를 간하다 죽음)을 만나 친구가 되면 만족하려 하지만, 폐하의 평판은 어찌 될 것입니까(바른 말 하는 선비를 죽였다 하며 악평이 남으리라)."

어사는 그대로 운을 끌고 가 버렸다. 이에 좌장군 신경기(辛慶忌)가 관을 벗고 인끈을 풀고(면직을 각오한 표시) 궁전 아래서 머리를 조아리며 말했다.

"이 신하는 본래 지나치게 정직하여 세상에 알려졌사오며, 만일 그 자의 말이 옳다면 죽여서는 안 됩니다. 설령 그 자의 말이 틀렸다 하더라도 용서해 주시는 게 당연하온즉, 소신은 감히 죽음으로써 간하옵니다."

경기는 머리를 땅에 부딪쳐서 피가 흘렀다. 천자는 기분이 풀어져 겨우 운의 죄를 문제 삼지 않게 되었다. 그 후 난간을 수리하게 되었는데 천자가 말했다.

"바꾸지 말고 그냥 이어 놓아라. 직신(直臣)을 표창하기 위해서이다."

주운은 그 후 다시는 벼슬하지 않았다. 언제나 호현(鄠縣 : 섬서성)의 시골에 살면서 때로는 달구지를 타고 외출하여 유생들을 방문했다. 가는 곳마다 모두 그를 환대했다.

운은 70여 세에 집에서 죽었다. 병이 들었어도 의사를 부르거나 약을 먹거나 하지 않았다. 유언하기를, '평소에 입는 옷을 입혀 관에 넣어라. 관은 몸이 빠듯하게 들어갈 만큼의 크기로 하고, 구덩이는 곽이 들어갈 만큼 파서, 봉분의 높이는 한 길 다섯 자로 하라'고 당부했다.

평릉의 동쪽 성 밖에 장사지냈다.

곽광전(霍光傳)

　곽광(霍光)의 자는 자맹(子孟)이며 표기장군(驃騎將軍) 거병(去病)의 아우다. 부친 중유(中孺)는 하동군 평양현(平陽縣: 산서성) 사람이다. 현의 하급 관리로서 평양후(平陽侯)의 집에 파견되어 자질구레한 일을 하던 중 그 집의 시중 드는 계집 위소아(衛少兒)와 사통하여 거병을 낳았다. 중유는 임무를 마치자 집에 돌아가 장가들어 광을 낳았다. 그 길로 소아와의 사이가 끊어져 서로 소식도 모르고 지냈다.
　오랜 후 소아의 누이동생 위자부(衛子夫)가 무제(武帝)의 총애를 받아 황후가 되었다. 거병은 황후의 언니의 아들로서 입신하게 되었다. 커서 비로소 자기의 부친이 곽중유라는 사실을 알았다. 그렇다 해서 찾아가지는 않았다. 마침 표기장군에 임명되어 흉노를 정벌하러 갔는데, 길이 하동을 거치게 되어 있었으므로 하동 태수가 교외까지 마중 나와 스스로 쇠뇌를 짊어지고 앞장서게 되었다. 평양의 숙소에 당도하자 관리를 시켜 곽중유를 맞이하게 했다. 부름을 받고 중유가 급히 달려와 배알하니, 장군은 그를 맞아 절하고 무릎을 꿇고 말했다.
　"거병은 지금껏 당신의 아들임을 알지 못했었습니다."
　중유는 옷을 잡고 머리를 조아리며 말하기를, '장군에게 이 늙은이의 목숨을 의지할 수 있는 것은 하늘이 가호해 준 때문이오'

하였다.
 거병은 중유를 위하여 밭과 택지며 노비를 많이 사 주고는 가
버렸다. 돌아오는 길에 다시 들러 광을 데리고서 서쪽으로 장안
에 당도했다.
 당시 곽광의 나이 열 살 남짓, 낭(郎)에 임명되어 차차 승진하
여 제조시중(諸曹侍中 : 궁중에서 상소를 분담)이 되었다. 거병이 죽
은 뒤 광은 봉거도위(奉車都尉 : 천자의 수레를 관리)에 광록대부(光
祿大夫)를 겸하게 되었다. 밖에 나가서는 천자의 수레를 지키고,
궁중에 들어와서는 좌우에 시중하여 궁중에 출입하기 20년 남짓,
소심하고 조심스러워 한 번 과실도 없었으므로 천자의 눈에 크게
들었다.
 정화(征和) 2년(B. C. 91) 위태자는 강충(江充) 때문에 실각했
고, 연왕 단(燕王旦)·광릉왕 서(廣陵王胥)는 다 같이 결점이 많았
다. 당시 무제는 연로하였다. 마음에 든 구익(鉤弋 : 궁녀) 조첩여
(趙婕妤)에게 아들이 있었는데 천자는 이를 후사로 삼고, 대신으
로 보좌케 하는 데는 곽광 밖에 없다 생각했다. 그리하여 천자는
환관 화공(畫工)에게 명하여, 주공(周公 : 성왕의 숙부)이 어린 성
왕(成王)을 업고 제후를 인견하고 있는 그림을 그리게 하여 이를
곽광에게 하사했다.
 후원(後元) 2년(B. C. 87) 봄, 무제는 오작궁(五柞宮)에 놀러 가
거기서 위독하게 되었다. 곽광이 울면서 물었다.
 "만일 폐하께 어떤 일이 생긴다면 누구를 후사로 정함이 좋겠
습니까?"
 천자가 대답하였다.
 "경은 아직 앞서 준 그림의 뜻을 모르는가. 막내아들을 세워

경이 주공의 구실을 행하여 주오."
 광은 머리가 땅에 닿도록 꾸벅이며 사양하여 말하였다.
"소신은 김일제(金日磾)에 미치지 못합니다."
 일제도 말했다.
"소신은 외국인이올시다. 곽광에 미치지 못합니다."
 천자는 광을 대사마(大司馬 : 三公의 하나) 대장군으로 하고 일제를 거기(車騎)장군, 상관걸(上官桀)을 좌장군, 수속도위(搜粟都尉 : 쌀의 징발을 맡는 벼슬) 상홍양(桑弘羊)을 어사대부(御史大夫)로 삼았다. 모두 용상 아래에서 임명을 받아, 천자의 유언을 받들어 젊은 임금을 보좌하게 되었다. 이튿날 무제가 붕어하니 황태자가 제위를 계승하였는데 이가 소제(昭帝)였다. 천자는 나이 겨우 8세, 정사는 모두 곽광에 의해 이루어졌다.
 이보다 앞서 후원(後元) 연간(B.C. 88~87)의 일이다. 시중 복야(僕射 : 시종무관) 망하라(莽何羅)가 아우 중합후 통(重合侯通)과 대역을 음모했는데, 그때 광과 김일제·상관걸 등이 힘을 합하여 그 형제를 주멸했다. 그때의 논공행상은 아직껏 이루어지지 않은 채였다. 무제가 병이 들자 밀봉한 조서에, '짐이 죽으면 봉을 뜯어 쓰여 있는 대로 따라라'고 말해 두었다. 그 조서에 의한즉 김일제를 투후(秺侯)로, 상관걸을 안양후(安陽侯)로, 곽광을 박륙후(博陸侯)로 봉하라 했다. 모두가 앞서 반역자를 체포한 공으로 제후로 봉해진 것이다.
 당시 위위(衛尉) 왕망(王莽)의 아들 홀(忽)은 시중(侍中)이었는데, 다음과 같은 말을 퍼뜨렸다.
"선제가 병환 중에 계실 때 나는 일각도 곁에서 떠난 일이 없다. 그 세 사람을 제후로 하라는 유언 따위는 없었는데, 그들이 짐짓 꾸며 놓은 짓일 거야."
　곽광은 이 말을 전해 듣고 엄하게 왕망을 꾸짖었다. 그는 홀을 독살했다.
　곽광은 천성이 냉정하며 세세한 일까지 주의가 미치는 꼼꼼한 성미였고, 키는 겨우 일곱 자 세치로, 살결은 희고 훤한 얼굴에 아름다운 수염이었다. 궁궐의 문을 출입할 때마다 멈추거나 나아갈 때의 걸음이 일정했다. 낭이나 복야 등이 가만히 눈여겨 보니 한 치도 어긋남이 없었다. 광의 단정함은 이로써도 짐작할 수가 있으리라. 비로소 어린 임금을 보좌하여 정치를 마음대로 하게 되니, 천하 사람들은 두근거리는 가슴으로 광의 행동을 지켜 보았다.
　어느 날 밤 전중에 괴이한 일이 있어 여러 신하들이 놀랐다. 광은 변괴에 대비하려 상부새랑(尙符璽郎:옥새를 지키는 숙직원)을 불러들여 옥새를 맡기려 했는데 낭이 듣지 않았다. 광이 완력으로 옥새를 뺏으려고 하니, 낭이 칼자루에 손을 얹고 말했다.
　"소인의 목은 뺏을 수 있을망정 옥새를 뺏을 수는 없습니다."
　광은 갸륵하다 생각하여 이튿날 칙명으로 그 낭의 녹을 2등급 올렸다. 사람들은 모두 광을 훌륭한 사람이라 칭찬했다.
　광은 좌장군 상관걸과 인척 관계가 있어 사이가 좋았다. 광의 장녀가 걸의 아들 안(安)에게 시집갔다. 그에게 딸이 있어 나이가 소제(昭帝)와 배필이 될 만하였다. 걸은 무제의 누이 악읍(鄂邑)의 개공주(蓋公主)에게 주선을 부탁하여, 안의 딸을 후궁에 넣어 궁녀가 되게 했다. 수개월 후에 황후가 되었다.
　황후의 부친 상관안(上官安)은 표기장군이 되어 상락후(桑樂侯)에 봉해졌다. 곽광이 때때로 휴가로 궁전을 비우게 될 때, 걸이 입조하여 광 대신에 정사를 결재했다.
 상관걸 부자는 존귀해짐에 따라 개공주의 은혜를 느꼈다. 개공주는 신변이 쓸쓸하던 터에 하간(河間 : 하북성)의 정외인(丁外人)을 총애하고 있었는데, 걸과 안은 정외인을 위해 제후의 신분을 주려고 생각하여, 공주와 결혼한 자는 제후로 삼는다는 국가의 관례를 적용시키자고 제의했으나 곽광이 허락하지 않았다. 그러자 다음에는 광록대부를 시킴이 어떠냐고 의논했으나 그 역시 허락하지 않았다. 개공주는 이 일로 크게 곽광을 원망했다. 상관걸과 안은 몇 차례나 정외인을 위해 관작을 요구했는데도 허락 받지 못해 이 또한 치욕으로 여겼다.
 원래 무제 때부터 상관걸은 이미 구경의 한 사람이 되어 지위가 광의 위에 있었다. 오늘날엔 부자가 함께 장군이 되어 황후와 이어지는 권위가 있다. 황후가 상관안의 딸이니 곽광은 황후의 외조부인데, 조정의 실권을 독점하고 있는지라 상관 부자는 이로부터 그와 권력을 다투게 되었다.
 연왕 단은 자기가 소제의 형인데도 제위에 앉지 못했기 때문에 언제나 원한을 품고 있었다. 한편 어사대부 상홍양은 주세법(酒稅法)과 염철 전매제(鹽鐵專賣制)를 창설하여 국가를 위하여 이익을 올리었다. 그 공훈을 미끼로 자기 자제에게 관작을 줄 것을 요구했다가 거절 당했기 때문에 이 또한 곽광을 미워했다. 이에 개공주·상관걸·안·상홍양 등이 연왕 단과 공모하여 사람을 시켜, 연왕 단의 상서라고 사칭하여 아뢰었다.
 "광(光)은 낭·우림(羽林 : 近衛騎兵)을 총검열할 때, 길을 벽제(辟除)하고 태관(太官)을 먼저 배치하였습니다(천자의 거둥처럼). 또, 소무(蘇武)는 앞서 흉노에 사자로 가서 20년 동안 구류되었으나 끝내 항복하지 않았는데, 귀국하니 겨우 전속국(典屬國)에 임명되었을 뿐입니다. 그런데 대장군인 장사(長史) 양창(楊敞)은 아무런 공적이 없는데도 수속도위가 되었습니다. 또 광은 멋대로 대장군 막하의 교위(校尉)의 수를 늘려 뽑았습니다. 광이 멋대로 전권(專權)하니 비상한 사태에 이를지도 모릅니다. 소신 단은 연왕의 임명서를 되바쳐 궁궐을 경비하러 들어가 간신의 변을 감시하려 합니다."

이 상주문을 광이 휴가로 없는 사이를 노려 상정했다. 대리 상관걸이 이 사건을 법관에게 넘기면, 상홍양은 대신들과 더불어 광을 체포하여 파면할 작정이었다.

상주문이 봉정되었으나 천자는 법관에게 넘기려 하지 않았다. 이튿날 아침에 광이 그 일을 듣자 어전 앞의 화실(畫室)에 머물러 안으로 들어가려 하지 않았다. 천자가 물었다.

"대장군이 어디 있는가?"

좌장군 상관걸이 대답했다.

"연왕이 대장군의 죄를 고발했기 때문에 안에 들어오지 못하고 있습니다."

천자가 칙서로 대장군을 불렀다. 광은 안에 들어가자 관을 벗고 머리가 땅에 닿도록 꾸벅이며 사과했다. 천자가 말했다.

"장군이여, 관을 쓰시오. 짐은 이 상주문이 허위임을 알고 있소. 장군에게는 죄가 없소."

광이 말하였다.

"폐하께서는 어떻게 그걸 아십니까?"

천자가 대답했다.

"장군이 광명정(廣明亭 : 장안성 동쪽의 주막)에 간 것은 다름 아닌 낭 등을 총점검하려 한 것이오. 장군이 교위를 뽑은 지 오늘까지 열흘도 못 되는데, 먼 곳에 있는 연왕이 어찌 안단 말이오. 게다가 장군이 모반을 꾀했다 한들 교위 한두 사람으로 족할 까닭이 없소."

이때 천자의 나이 14세. 상서(尙書)나 좌우의 사람들이 모두 놀랐다. 이 상주문을 봉정한 자는 결국 도망쳤다. 천자는 급히 체포하라 명했다. 걸 등이 떨며 천자에게 말하였다.

"별일이 아닙니다. 끝까지 조사할 만한 것이 못됩니다."

천자는 들으려 하지 않았다. 그 후 걸의 일당으로 광을 욕하는 자가 있으면, 천자는 그때마다 화를 내며 이렇게 말했다.

"대장군은 충신이야. 선제(先帝)의 뜻으로 짐을 보좌하는 사람이니, 감히 헐뜯는 자 있으면 죄를 묻겠다."

이로부터 걸 등은 아무 말도 하지 못하게 되었다. 그래서 계획을 세웠다. 개공주에게 준비시켜 광을 초대해서 복병(伏兵)하여 광을 쏘아 죽이고, 천자를 폐위시켜 연왕을 맞아들여 이를 천자로 세우려는 것이었다. 사건이 탄로되었다. 광은 상관 부자, 상홍양·정외인의 일족 모두를 사형에 처했다. 연왕과 개공주는 자살했다.

곽광의 위엄은 천하를 떨게 했다. 소제가 성년이 된 후에도 그냥 광에게 맡겨 10년이 지났다. 백성의 생활은 윤택해지고 사방의 이적(夷狄)도 복종했다.

원평(元平) 원년(B.C. 74)에 소제가 붕어했다. 후사가 없었다. 무제의 여섯 아들 중 광릉왕 서(廣陵王胥)만이 남아 있다. 여러 신하들이 누구를 옹립할까 하고 상의하니 모두 광릉왕을 지지했다. 광릉왕은 본래 소행이 불량하여 선제가 책봉하지 않았던 사람이다. 광은 내심 불안했다. 낭의 한 사람이 상서했다.
"주(周)의 태왕(太王)은 장남 태백(太伯)을 폐하여 막내인 왕계(王季)를 세웠고, 문왕은 장남 백읍고(伯邑考)를 폐하여 무왕을 세웠습니다. 적재라야 합니다. 장자를 폐하여 막내를 세워도 좋습니다. 광릉왕은 종묘의 제사를 승계하기 어렵습니다."

이 말은 광의 심정과 꼭 맞았다. 광은 이 상서를 승상 양창(楊敞) 등에게 보여 그 낭을 구강태수(九江太守)로 발탁했다. 그날 소부(少府) 겸 대홍로 사락성(史樂成), 종정(宗正) 유덕(劉德), 광록대부 병길(丙吉), 중랑장 이한(利漢)을 파견하여 창읍왕 하(昌邑王賀)를 맞이하게 했다.

하(賀)는 무제의 손자로 창읍애왕(昌邑哀王)의 아들이다. 도성에 도착하여 즉위한 뒤에도 음란한 행위가 그치지 않으니 광은 걱정했다. 친구로서 옛날 자기의 막하에 있었던 일이 있는 대사농(大司農) 전연년(田延年)에게만 상의했다.

연년이 말하였다.

"장군은 나라의 주석(柱石)입니다. 그 분이 불가하면 어찌하여 황태후에게 말씀하여 다시 어진이를 골라 세우지 않습니까."

광이 말하였다.

"지금도 그러리라 생각하고 있소. 그러나 옛날에도 같은 예가 있었나요(광은 학식이 없다)."

연년이 대답하였다.

"이윤(伊尹)은 은의 재상으로 암군(暗君)인 태갑(太甲)을 폐하여 나라를 평화롭게 했습니다. 후세 사람들은 이윤의 충의를 찬양하고 있습니다. 장군이 만일 이 일을 성취하게 된다면 이 또한 한의 이윤이라 말할 수 있습니다."

광은 그리하여 연년을 불러 자기의 참모격으로 삼아 은밀히 거기장군 장안세(張安世)와 계획했다. 마침내 승상·어사·장군·제후·구경·대부·박사 등을 초지하여 미앙궁(未央宮)에서 회의했다. 곽광이 입을 열었다.

"창읍왕의 소행은 광기가 지나쳐 틀림없이 나라를 위태롭게 할 것이니 어찌하면 좋겠소?"

여러 신하들은 모두 놀라서 낯빛이 변했다. 아무도 발언하지 않고 다만 '예, 예'라고만 할 뿐이었다. 전연년은 자리를 떠나자 칼자루에 손을 얹고 말했다.

"선제(先帝)는 장군에게 어린 아이[昭帝]를 맡기고 장군에게 천하를 안겨 주었습니다. 그야말로 장군이 충의롭고 현명하여 유씨(劉氏: 한실의 姓)를 편안히 할 수 있다고 믿었기 때문입니다. 지금 백성은 솥의 물처럼 들끓고 사직은 기울어지려 합니다. 게다가 한의 천자 대대로 시호에 효(孝)란 글자가 붙는 것은(이를테면 武帝의 정식 시호는 孝武帝) 원만하게 천하를 보호하고 선조의 제사를 끊기지 않게 하기 위한 뜻입니다. 만일에 한실의 핏줄이 끊어진다면 장군은 죽어서 무슨 면목으로 지하의 선제(先帝)를 만나겠습니까. 오늘의 의논은 일각의 유예도 있어서는 안 됩니다. 군신 가운데 답변을 주저하는 자가 있으면 소인의 칼로 베어 버리겠소."

광은 사과하여 말했다.

"구경(九卿) 여러분은 나를 탓해 주기 바라오. 천하가 불안하므로 겁을 내고 있는 것이니 나를 탓함이 당연하오."

이에 회의에 참석한 이들이 모두 머리를 조아려 말했다.

"만민의 목숨은 장군에게 달려 있습니다. 대장군의 영대로 따르겠습니다."

광은 즉시 여러 신하들과 더불어 황태후를 뵙고, 창읍왕이 천자의 임무에 적합치 못한 이유를 자세히 아뢰었다.

황태후는 이에 수레를 타고 미앙궁의 승명전(承明殿 : 천자가 학자 등을 引見하는 곳)에 가서, 문지기들에게 창읍에서 온 여러 신하들을 들여놓지 못하도록 분부했다. 창읍왕은 태후가 왔다는 소식에 인사하러 입조했다. 태후는 창읍과 서로 엇갈려 수레를 타고 온실전(溫室殿)에 돌아왔다. 승명전에서는 중황문(中黃門 : 환관의 우두머리)이나 환관이 각각 문을 지키고 있다가 창읍왕이 들어오자마자 문을 닫아 버렸다. 창읍의 여러 신하들은 안에 들어가지 못하였다.

왕이 말했다.

"무슨 짓인가?"

대장군 곽광이 무릎을 꿇고 말했다.

"황태후께서의 분부로 창읍의 여러 신하들은 들여놓지 말라고 하셨습니다."

왕이 말하였다.

"그렇다면 천천히 할 일이지 어찌하여 그렇게 사람을 놀라게 하는가?"

광은 사람을 시켜 창읍에서 온 군신들을 모두 쫓아내고 금마문(金馬門) 밖에 머물게 했다. 거기장군 장안세는 우림기(羽林騎)를 이끌고, 2백여 명을 포박하여 정위(廷尉) 직할의 조옥(詔獄 : 칙령에 의한 중대 범죄자를 가두는 감옥)에 보냈다. 죽은 소제의 시중(侍中) 중상시(中常侍)에게 명하여 왕을 감시하게 했다. 광은 좌우의 사람들에게 주의시켰다.

"잘 지켜라. 왕이 갑자기 돌아가시거나 자살하시거나 했다가는 나는 천하에서 임금을 죽인 악명을 듣게 되니까."

왕은 그래도 자기가 폐위되는 것을 눈치 채지 못하고 좌우의 사람에게 이렇게 말했다.

"대장군은 나의 오랜 군신들을 모두 끌어갔는데 그들이 무슨 죄를 지었다는 건가?"

이윽고 왕을 부르라는 황태후의 명이 있었다. 왕은 태후가 부른다는 소식을 듣고, 두려워서 이렇게 말했다.

"나에게 무슨 죄가 있어 부르는 것인가?"

태후는 구슬이 달린 저고리를 입은 화려한 옷차림으로 병사들의 장막 안에 앉아 있었다. 시종 수백명이 모두 병기를 손에 들고 기문(期門: 殿門의 하나)을 지켰다. 무사는 방패를 들고 계단 아래에 정렬했다. 신하들이 차례로 전(殿)에 올랐다. 태후는 창읍왕을 불러 어전에 엎드리게 하고 조칙(詔勅)을 듣도록 명했다. 광은 여러 신하와 연명하여 왕을 고발·상주했다. 상서령(尚書令)이 그 상주문을 읽어갔다.

"승상 양창, 대사마 대장군 곽광, 거기장군 장안세, 도료장군 범명우, 전장군 한증, 후장군 조충국, 어사대부 채의, 의춘후 왕담, 당도후 위성, 수도후 조창락, 두후 도기당, 태복 두연년, 태상 소창, 대사농 전연년, 종정 유덕, 소부 사락성, 정위 이광, 집금오 이연수, 대홍로 위현, 좌풍익 전광명, 우부풍 주덕, 장신소부 부가, 전속국 수무, 경보도위 조광한, 사예교위 피병, 제리문학 광록대부 왕천, 송기·병길·석·관·승·양·장행·하후승, 태중대부 덕, 조앙이 황공하옵게도 태후 폐하께 말씀 드리옵니다.

소신 창 등이 죽을 죄를 지어 머리를 조아립니다. 천자가 오래도록 종묘를 지키고 해내를 통일하기 위해서는 자애와 효행·예의·상벌을 근본으로 삼지 않으면 안 됩니다.
　소제는 일찍이 세상을 떠나 후사가 없습니다. 소신들은 합의한 결과 다음 결론에 이르렀습니다. 예(禮)에 '남을 후사로 삼은 사람도 그의 아들이 된다'고 했습니다. 그리하여 창읍왕을 후사로 정함이 좋다고 했습니다. 그래서 종정·대홍로·광록대부를 보내어, 칙사의 표시인 지팡이를 가지고 창읍왕을 모시어 상주(喪主)가 되게 했습니다. 그런데도 참최(斬衰 : 부친상)를 입었으면서도 도시 슬퍼하는 마음이 없었습니다. 예의에 어긋나 상경 도중에는 날것을 먹고 부하로 하여금 여자를 약탈케 하여 수레에 태워 자신의 숙사에 넣었습니다.
　왕이 이르러 알현하자 황태자로 세워졌습니다만, 언제나 남몰래 닭고기나 돼지고기를 먹고, 황제의 신새(信璽)·행새(行璽: 옥새 이름)를 선제의 관 앞에서 받아들자 자기의 자리에 돌아가서 곧장 봉함을 뜯어 옥새를 보고 그대로 봉하지 않았습니다.
　또 시종에게 번갈아 칙사의 표시인 지팡이를 들려서 창읍에 있는 시종·말구종·요리사·관노 등 2백여 명을 끌어들여 언제나 궁중에 동거케 하여 놀았습니다. 그 때문에 왕 스스로 부새랑(符璽郞)이 근무하는 곳으로 칙사의 지팡이를 가지러 가기 16회에 이릅니다. 조석으로 곡할 때조차 시종에게 교대로 칙사의 지팡이를 들고 따르게 했습니다. 왕이 쓴 편지에 이런 것이 있습니다.
　'황제로부터 시중(侍中 : 창읍 시대의 侍從) 군경(君卿)에게 말한다. 지금 중어부령(中御府令) 고창(高昌)을 보내어 황금 천 근을 군경에게 하사한다. 이것으로 열 사람의 아내를 얻음이 좋다.'

선제의 관이 전전(前殿)에 있는데도 왕은 악부(樂府)의 악기를 징발하여 창읍의 악사를 궁중에 끌어들여, 북을 울리고 노래를 부르고 피리를 불며 연극과 음악을 시켰습니다.

장례를 마치고 돌아와서도 전전에 올라 종과 경(磬)을 쳐서 울렸습니다. 태일(泰壹) 등 종묘의 악사를 연도(輦道: 천자의 전용도로)와 모수(牟首: 閣道)에 불러들여 피리와 북으로 노래와 춤을 시키고 갖가지 악기를 연주하게 했습니다.

장안주(長安廚)에서 세 가지 태뢰(太牢: 소·양·돼지의 희생)를 징발하여, 각실(閣室) 안에서 괴상한 제사를 지내고 제사가 끝나자 시종과 더불어 음복했습니다. 어가에다 호랑이 가죽을 씌우고 난새를 수놓은 기를 달아, 북궁·계궁을 달려 나가 돼지나 호랑이 싸움을 구경했습니다.

황태후가 타시는 작은 말이 끄는 수레를 끌어 와서 관노를 작은 말에 태우고 궁중에서 놀았습니다. 소제의 궁녀 몽(蒙) 등과 음란한 짓을 하고는 액정령(掖庭令: 후궁의 계집종을 감독)에게 분부하여 한 마디라도 누설하면 참형에 처한다고 위협했습니다."

이에 태후가 소리쳤다.

"그만하라. 이건 사람의 자식으로서 이런 비도(非道)가 있을 수 있겠느냐?"

왕은 자리를 떠나 엎드렸다. 상서령은 다시 읽어 내려갔다.

"제후·왕, 2천석의 인수(印綬)·흑수(黑綬)·황수(黃綬)를 가지고 와 창읍에서 온 낭과 환관, 방면한 노예들에게 채워 주기도 했습니다. 칙사의 지팡이에 붙어 있는 노란 술을 붉은 색으로 바꿨습니다.

궁중의 창고에서 금전·도검·옥그릇, 채색 비단 등을 꺼내어 같이 노는 사람들에게 상으로 주었습니다. 시종이랑 관노들과 더불어 한밤중에 술을 마시고 곤드레만드레하였습니다.

　태관(太官)에게 명하여, 천자에게 바치는 수라상은 본래대로 하라 했습니다. 식감(食監)이 '아직 상중(喪中)에 계시오니 평소의 음식을 잡술 수 없습니다'라고 말씀드린 결과, 왕은 다시금 태관을 향하여 '빨리 수라상을 준비하라. 식감을 통하지 않아도 좋다'라고 분부했습니다. 태관이 수라상을 만들려 하지 않자, 왕은 바로 시종을 밖으로 내보내 닭과 돼지를 사 오게 했습니다. 한편 문지기에게는 이제부터 매일 가져 오는 닭과 돼지고기를 통과시키라고 명했습니다.

　멋대로 밤에 온실전(溫室殿)에 아홉 사람의 시중드는 사람을 세워놓고 자형(姊兄)과 창읍관내후(昌邑關內侯)를 초대했습니다. 선제의 상중임에도 선조의 제사도 아직 끝나지 않은 때에 조서를 작성하여 사자에게 칙사의 지팡이를 들려서 세 가지 태뢰로써 부친 창읍애왕의 사당에 제사를 지내게 하고, 제문 속에다 '사자황제(嗣子皇帝)'라 자칭하고 있습니다(昭帝의 후사로 들어왔으니 부친의 영전에서 '嗣子'라 할 수 없다).

　왕이 옥새를 받은 지 겨우 27일. 사자가 사방 팔방으로 칙사의 지팡이를 가지고 여러 관청에 칙명이라고 징발한 것이 모두 1,127건이었습니다. 문학·광록대부 하후 승과 시중 부가 등이 자주 왕의 과실에 대하여 간하다가, 승은 조서로 위협받아 질책 당하고 가는 투옥되었습니다. 왕의 음란과 광기는 제왕의 예법을 벗어나 한의 제도를 어지럽게 했습니다. 소신 양창 등이 자주 간언했습니다만, 왕의 행실은 고쳐짐이 없어 날이 갈수록 심해지니, 나라가 위태롭고 천하가 문란해질 것입니다.

소신 양창 등은 삼가 박사 패(博士覇), 전사(雋舍)·덕(德)·우사(虞舍)·사(射)·창(倉)과 합의했습니다만 모두가 말하기를 '고조(高祖)께서는 공업을 세워 한의 태조가 되었고, 문제는 인자하고 검소하여 태종이 되었다. 지금 폐하는 소제의 뒤를 이어 행실이 음란·사특하여 도에 벗어났다. 《시경》에 〈아직 모른다 하나 이미 아들을 안았다〉(지혜가 어리다 하나 생리적으로는 어른이므로 죄를 면할 길이 없다)고 했다. 오형(五刑)의 죄가 3천인데 불효보다 큰 죄는 없다. 주의 양왕(襄王)은 어머니와 사이가 나빴다. 그래서 《춘추》에는 〈천왕(天王)이 나와서 정(鄭)에 있다〉고 기록하였다. 불효의 죄 때문에 〈출(出)〉이라 기록하여 천하와 인연이 끊어졌음을 명백히 하고 있는 것이다. 종묘는 한 사람의 군주보다 중하다. 폐하는 고조의 사당에 알현하여 정식 임명을 받지 않았다. 하늘의 질서를 받들고 선조의 사당을 받들어 만민을 어린 자식으로 기를 수가 없다. 폐위함이 당연하다'고 하였습니다.

원하옵건대, 관리인 어사대부 채의(蔡誼), 종정 유덕(劉德), 태상 소창(蘇昌)과 태축(太祝) 등으로 하여금 태뢰를 갖추게 하여 고조 사당에 이 일을 고해 주시기 바랍니다. 소신 양창 등은 죽음을 무릅쓰고 말씀드립니다."

황태후는 이상의 상주를 재가했다. 곽광은 왕에게 일어나서 예를 갖추어 태후의 조명을 받으라고 촉구했다. 왕이 말했다.

"천자에게 간쟁(諫爭)의 신하 7명이 있으면, 무도한 천자도 천하를 잃는 일이 없다고 들었는데…."

광이 말하였다.

"황태후가 폐위하라 명하셨소. 어찌 천자가 될 것이오."

왕에게 몰려들어 그의 손을 붙잡고 인수(印綬)를 풀어 태후에게 바치고, 왕을 부축하여 궁전에서 내려 금마문으로 나가니 군신(群臣)이 따라가 전송했다. 왕은 서쪽을 향하여 절하며 이렇게 말했다.

"이 몸이 어리석어 한조의 일을 감당할 수 없구나."

일어나서 천자의 부거(副車)에 탔다. 대장군 곽광이 창읍왕의 저택까지 배웅했다. 광이 사과했다.

"임금의 행동은 스스로 천명을 끊은 것이라 하겠습니다. 소인들은 무능하고 겁쟁이라서 목숨을 버리고 은혜를 갚지 못했습니다만, 소인으로서는 차라리 임금님께 배신당할망정 국가를 저버릴 수가 없다고 생각했습니다. 임금님, 부디 건강하소서. 이후 두 번 다시 만날 수 없을 것입니다."

광은 눈물을 흘리며 떠났다.

군신이 아뢰었다.

"옛날 폐위·방축된 사람은 먼 지방에 물러나 정치에 참여치 못하게 했습니다. 창읍왕 하(賀)를 한중(漢中) 방릉현(房陵縣 : 섬서성)으로 옮겼으면 합니다."

태후의 조칙이 내려 왕을 창읍에 돌려 보내어 휴양할 채읍(采邑) 2천 호를 하사했다. 창읍의 군신은 보좌를 잘못하여 왕을 악의 구렁에 빠뜨린 죄로 책임을 추궁 받았다. 광은 2백여 명을 모두 사형에 처했는데, 먼저 옥사에서 끌어내어 거리를 돌리는 중에 죄수들이 큰 소리로 외쳤다.

"마땅이 죽여야 할 자를 안 죽였더니, 우리가 도리어 다스림을 받는구나."

광은 조정 안에 앉아 승상 이하를 모아 누구를 세우면 좋을지

상의했다. 광릉왕은 훨씬 전부터 될 수 없다고 결정이 났고, 연자왕(燕刺王)은 모반하여 죽었다. 그의 아들도 논의의 대상이 안 되었다. 근친 중에는 오직 위태자(衛太子)의 손자, 즉 황증손(皇曾孫)이 민간에 남아 있을 뿐인데 모두 칭찬하였다. 광은 마침내 다시 양창 등과 상주했다.

"예에 의하면 사람의 도란 친족을 가까이하기 때문에 선조를 존중하고, 선조를 존중하기 때문에 종손을 곤경합니다. 종손에 후사가 없으면, 지손(支孫)에서 훌륭한 이를 택하여 후사로 정하라 했습니다. 무제의 증손 병기(病己 : 宣帝의 아명)는 무제 때에 칙명이 있어 궁중에서 길렀사온데 지금 나이 18세입니다. 《시경》《논어》《효경》을 스승에게서 배워 소행이 검소하고 인자하여 사람을 사랑한다 하오니, 소제의 뒤를 이어 선조의 사당을 계승하면 만민을 아들처럼 기를 수가 있을 것입니다. 소신은 죽음을 무릅쓰고 아뢰옵니다."

황태후는 재가했다. 광은 종정 유덕을 상관리(尙冠里)에 있는 황증손의 집으로 보내었다. 목욕을 하게 하고 은사(恩賜)한 옷을 입혔다.

태복은 영렵거(軨獵車 : 사냥용 수레)로 황증손을 맞아 종정의 관청에서 재계시켰다. 미앙궁에 들어가 황태후를 배알하고, 양무후(陽武侯)로 책봉되었으니 이 이가 선제(宣帝)이다.

이듬해 선제가 칙명을 내렸다.

"무릇 덕 있는 이를 칭찬하고 큰 공에 상을 주는 것은 고금을 통한 도이다. 대사마 대장군 곽광은 궁궐을 지키는 데 충의를 다하고, 천자의 은덕을 선양하고 절의를 굳게 지켜 종묘를 편안하게 했다. 이제 하북과 동무양(東武陽)의 땅을 가지고 광에게 1만

7천 호를 더 봉한다."

 이리하여 본래의 식읍과 합하여 2만 호가 되었다. 재삼 하사 받은 상이 황금 7천 근, 돈 6천만, 잡색의 비단 3만 필, 노예 170명, 말 2천 필, 저택 1 구획이었다. 소제 때부터 광의 아들 우(禹), 형의 손자 운(雲)은 모두 중랑장이었고, 운의 아우 산(山)은 봉거도위(奉車都尉) 시중으로서 호(胡)·월(越)의 병사를 지휘하고 있었다. 광의 두 사위는 미앙위위(未央衛尉)와 장락위위(長樂衛尉)였고, 아우의 사위, 외손은 모두 봉조청(奉朝請:벼슬아치가 아니면서 조회에 불리는 지위)으로서 제조(諸曹)·대부·기도위(騎都尉)·급사중(給事中)이니, 친척들이 기맥을 통하여 조정에 뿌리를 뻗고 있었다.

 광은 후원(後元) 연간부터 만기(萬機)를 장악하고 있었으므로, 선제가 즉위하자 정치의 실권을 반환하려 했으나 천자는 겸손하여 받지 않았다. 만사를 먼저 광에게 말하고 그 다음에 친자에게 아뢰는 것이 상례였다. 광이 매일 아침 배알할 때마다 천자는 낯빛을 고치어 광에게 예로 대함이 너무 심하였다.

 곽광이 정권을 잡은 지 전후 20년. 지절(地節) 2년(B.C. 68) 봄에 병으로 위독하게 되었다. 천자는 몸소 병문안을 가서 그를 위해 눈물을 흘렸다.

 광은 상서하여 은혜를 사례하였다.

 "원컨대, 소신의 영지 중 3천 호를 나누어 형의 손자 봉거도위 산에게 주어, 그를 제후로 삼아 소신의 형 표기장군 거병(去病)의 제사를 받들게 해 주시기 바랍니다."

 상서가 승상어사에게 내리니, 즉일로 광의 아들 우를 우장군에 임명했다.

광이 죽었다. 천자와 황태후는 몸소 광을 조문했다. 태중대부 임선(任宣)과 시어사(侍御史) 다섯 사람이 칙사의 지팡이를 가지고 장례식을 감독하고, 중2천석이 장군 휘하의 병사로서 무덤을 만드는 일을 지휘했다. 하사품으로 돈·비단, 수놓은 잠옷 100 벌, 옷 50상자, 구슬 적삼, 가래나무로 짠 관, 측나무 속으로 만든 관 뚜껑, 전나무로 된 부장용(副葬用) 관 열 다섯 개, 동원(東園 : 장례 기물을 만드는 곳)에서 만든 온명비기(溫明秘器 : 옻나무 상자 바닥에 거울을 붙여 시체 위에 덮음) 등이었다. 모두가 천자의 제도에 따른 것으로 광의 관을 영구차에 실어 노란 덮개로 덮었다. 수레의 왼쪽에는 깃발, 재관(材官 : 쇠뇌를 쏘는 부대)·경거(輕車) 등, 북군에서 다섯 부대의 병사를 차출하여 무릉(茂陵 : 무제의 사당)까지의 사이에 정렬시켜 보냈다. 시호를 선성후(宣成侯)라 내렸다. 삼하(三河 : 하동·하내·하남)의 병사를 동원하여 구덩이를 파서 봉분을 만들게 했다. 사당에는 제수를 위해 3백 호의 식읍을 두고 장관 보좌관이 옛 법대로 받들어 지켰다. 장례식이 끝나자 형의 손자 산을 낙평후(樂平侯)로 봉하여, 봉거도위의 자격으로 상서(尚書)의 일을 겸임하게 했다. 천자는 곽광의 공적을 생각하여 다음과 같은 조칙을 내렸다.

"고(故) 대사마 대장군 박륙후(博陸侯)는 무제를 경호하여 받들기 30여 년, 소제를 보좌하기 10여 년이었다. 나라의 큰 어려움을 만나(소제의 後嗣 문제) 스스로 정의를 지키고 삼공·구경·대부를 이끌고 만세의 계획을 정하여 국가를 평화롭게 했다. 천하의 백성은 덕택으로 안심하게 되었다. 그 공적은 위대하다. 짐은 심히 기쁘게 생각한다. 그의 자손 대대의 세금을 감면하고, 그 작위와 영토를 안심하고 누리도록 하라. 소상국(蕭相國)을 본

떠 우대하라."
 이듬해 여름, 태자의 외조부 허광한(許廣漢)을 평은후(平恩侯)로 봉했다. 다시 다음과 같은 조칙이 내렸다.
 "선성후 곽광은 궁궐을 지켜 충의를 다했고 국가를 위해 수고했다. 선인(善人)을 칭찬하는 것은 그 자손에게까지 이르게 하라는 말이 있다. 이제 광의 형의 손자 중랑장 운(雲)을 관양후(冠陽侯)로 봉하라."
 우(禹)는 이미 광의 뒤를 이어 박륙후가 되었다. 부인 현(顯)은 광이 생전에 스스로 만들어 놓은 묘역을 다시 크게 넓혀 세 군데에 출입문을 세우고, 묘도를 쌓아 북으로는 소령궁(昭靈宮)에 임하고, 남으로는 승은궁(承恩宮)에 나가도록 했다. 광의 사당을 훌륭하게 꾸미고 사당에서 영항(永巷 : 官婢가 대기하는 곳)까지 통하게 하여, 남편의 비첩을 그곳에 머물러서 지키게 하였다.
 저택을 넓히고 무늬를 그린 폭신한 자리와 황금으로 칠한 차체와 솜을 두어, 가죽으로 싼 차바퀴를 가진 화려한 손수레를 만들었다. 그것을 계집종이 오색 끈으로 끌면 현은 거기에 타고 집안을 돌아다녔다.
 처음 곽광은 노예 감독 풍자도(馮子都)가 마음에 들어 여러 가지 상의를 하곤 했다. 현이 홀어미가 되어서는 그자와 놀아났다. 한편, 우·산도 저택을 손질하고 말을 달려 평락관을 달리곤 했다. 운은 당연히 조회에 참석하지 않으면 안 되는데도, 자주 칭병하고 비밀히 외출하여 많은 식객과 더불어 황산원(黃山苑)에서 몰이사냥을 했다. 조회에는 하인을 시켜 명함을 들여보냈으나 아무도 견책할 사람이 없었다. 또 현과 그 딸들은 밤낮으로 장신궁(長信宮 : 上官太后가 사는 곳)의 전중(殿中)에 드나들며 거리낌이 없었다.
 선제는 민간에 있을 때부터 곽씨의 오랜 위세의 정도를 알고 있었기 때문에 내심으로 편치 않았다. 곽광이 죽고 나서 천자가 비로소 친정(親政)하게 되니, 어사대부 위상(魏相)이 곁에서 시종했다. 현은 우·운·산에게 말했다.
 "너희들, 대장군의 소득(所得)을 귀중히 하지 않으면 안 된다. 지금 어사대부가 천자의 곁에 있다(어사대부는 부승상으로 관리의 감찰직). 딴 사람이 한 번 너희들의 결점을 노려본다면 제 몸을 보전할 수 있겠는가."
 그 후 곽광과 어사대부. 이 두 집은 양가의 노예가 행렬의 선후를 다투게 되었다. 곽가(霍家)의 노예가 어사부에 들어가서 대문을 차려 했다. 어사가 머리를 조아리며 사과하고 떠났다. 타인이 그 사실을 곽가에 전하여 현 등은 비로소 걱정하게 되었다.
 곧 어사대부 위상이 승상에 임명되었는데, 이따금 한가한 때에 황제를 배알하고 정도(政道)의 이야기를 올렸다. 평은후와 시중 김안상(金安上) 등은 궁중에 무상으로 출입했다. 당시 곽산은 여전히 상서(尙書)로 있었는데, 천자는 지방 아전과 백성의 상소는 상서를 통하지 않아도 좋다고 했다. 여러 신하들이 배알하고 상서를 경유함이 없이 천자와 논의할 수 있게 되었다. 이로부터 곽씨는 천자를 심히 원망하게 되었다.
 선제는 즉위하자 곧 불우했던 때의 허비(許妃)를 황후로 세웠다. 현은 자기의 막내딸 성군(成君)을 귀여워하고 있어 이를 출세시키려 하여 비밀히 산과의(產科醫) 순우연(淳于衍)에게 명하여 독약을 섞어 허후(許后)를 죽여 버렸다. 이에 곽광에게 권하여 성군을 입궐시켜 대신 황후가 되었다. 자세한 이야기는 외척전

(外戚傳)에 있다.
 당초 허후가 급사했을 때, 법관은 의사들을 체포하여 순우연이 황후의 간병을 하면서 소홀히 한 점을 추궁한 끝에 감옥에 가두었다. 법관이 장부를 압수하고 엄하게 취조하니, 현은 사건이 탄로될까 겁을 내어 자세한 사실을 광에게 고했다. 광은 크게 놀랐다. 자기가 고발하려 하다가 여의치 않아 주저하고 있었다. 그때 상소가 있었는데, 그 끄트머리에 광이 '순우연은 무관하다'고 자서(自署)했다.
 광이 죽은 뒤 그 소문이 조금씩 누설되었다. 이때 천자는 비로소 소문을 들었으나 아직 진위를 판가름하기 어려웠다. 이에 광의 사위 도료장군 겸 미앙위위 평릉후 범명우(范明友)를 광록훈(光祿勳)으로 좌천하고, 둘째 사위 제리중랑장 우림감(諸吏中郞將 羽林監) 임승(任勝)을 지방으로 보내어 안정(安定) 태수로 삼았다. 몇 개월 뒤 다시 광의 자형 급사중 광록대부 장삭(張朔)을 촉군(蜀郡) 태수로, 손서 중랑장 왕한(王漢)을 무위(武威) 태수로 전출시켰다.
 얼마 뒤에 광의 맏사위 장락위위 등광한(鄧廣漢)을 소부(少府)에 좌천시켰다. 다시 곽우를 대사마에 임명하여 작은 관을 쓰게 하고 인수를 없애며, 우의 지휘하에 있는 우장군의 숙위병·속관을 폐지했다. 단순히 우의 관명만을 곽광과 같은 대사마로 붙인 것이다. 그리고 범명우의 도료장군의 인수를 거둬들여 단순한 광록훈으로 했다. 광의 가운데 사위 조평(趙平)이 산기기도위(散騎騎都尉) 광록대부가 되어 숙위병을 지휘하게 되었으나 역시 인수를 몰수했다. 곽씨 일족이 지휘하고 있던 호월기(胡越騎)·우림기(羽林騎), 미앙궁과 장락궁의 위위(衛尉)에 속한 위병은 모두 천자가 친하게 믿고 있는 허(許)·사(史)의 자제가 대신 지휘하게 되었다.

우(禹)는 대사마가 되었으나 병을 빙자하고 출근하지 않았더니, 그가 우장군 때의 장사(長史) 임선(任宣)이 문병을 왔다. 우가 말하였다.

"나는 병이 아닐세. 지금 천자는 우리 가문의 장군(곽광)의 도움이 없었으면 지금의 자리에 즉위할 수 없었을 터인데, 장군 무덤의 잔디가 아직 마르지도 않은 지금, 우리 집을 모조리 내쳐버리고, 허와 사(史)의 자제를 임명하여 나의 인수를 빼앗아 갔네. 이렇게 되면 막판이지."

임선은 우의 원한이 큰 걸 보고 이렇게 말했다.

"대장군의 시대는 다시 돌아오지 않습니다. 대장군께서는 온 나라의 권리를 한 손에 쥐고 생사를 마음대로 했습니다. 정위 이충(李种)·왕평(王平), 좌풍익(左馮翊) 가승호(賈勝胡), 승상 차천추(車千秋)의 사위인 소부 서인(徐仁) 등은 모두 대장군의 뜻을 거역하여 하옥되어 죽었습니다. 사락성(史樂成)은 비천한 집의 출신입니다만 대장군에게 사랑을 받아 구경에까지 출세하여 제후로 봉해졌습니다. 백관 이하는 단지 풍자도·왕자방(王子方) 등에게 아첨했으니, 승상 따위는 어디 있느냐 하는 식이었습니다. 그것도 한때 지금도 한때, 지금은 허가와 사가가 천자의 혈연이니 뽐내는 게 당연합니다. 대사마께서 그것을 원망하신다면 내 생각으론 잘못인 줄 압니다."

우는 말이 없었다. 며칠 후 나가 근무했다.

현과 우·산·운은 자기 집 세력이 날로 더욱 깎이고 있음을 보고 서로 만나 울며 비운을 원망했다. 산이 말했다.

"지금은 승상이 모든 걸 처리하고 천자가 이를 신용하고 있다. 대장군 시대의 법령을 모조리 뜯어 고쳐 공전(公田)을 빈민에게 나눠 주었다. 이는 대장군의 잘못을 천하에 알린 것이다. 게다가 유생들은 대개 빈민의 아들로서 멀리서 굶주리고 헐벗다가 온 사람이라, 무작정 과격한 말을 하고 겁냄이 없다. 대장군은 언제나 이를 자기의 원수라 여겼다. 그런데 지금 폐하는 즐겨 유생과 대화하고 각기 의견서를 쓰게 하고 있다. 이 중에는 우리 가문의 일을 이러쿵 저러쿵하는 자가 많다.

어느 날 이렇게 상주한 자가 있었다.

"대장군 때에는 군주가 약하고 신하가 강하여 권력을 독점하고 있었습니다. 지금 그 자손이 실권을 쥐고 형제들이 갈수록 교만해져 마음껏 방자하게 굽니다. 이래서는 제실(帝室)이 위태롭다는 걸 몰랐습니다. 이 무렵 천변지이(天變地異)가 가끔 일어난 것도 모두가 그들 때문입니다."

그 문구의 격심함은 더 말할 나위 없다. 나는 그 상소를 물리치고 봉정하지 않았다. 그 후 상소하는 자가 갈수록 지능적이 되고, 상소할 때마다 반드시 중서령을 불러 받게 하고 상서(尙書)를 경유하지 않았으니, 더욱 우리를 믿지 않게 되었다."

현이 말하였다.

"승상은 곧잘 우리 집 험담을 한다는데 자기에게는 허물이 없는가."

산이 대답하였다.

"승상은 청렴한 사람인데 어디에 흠이 있겠어요? 거기에 비해 우리 집 아우나 사위들은 대체로 단정치 못해요. 게다가 소문에 의하면 민간에서는 곽가에서 누군가 허황후를 독살했다고 떠들고 있다는데, 설마 그런 일이야."
 현은 소스라쳐 놀랐다. 당황하여 사건의 자세한 경위를 산·운·우에게 고백했다. 그들은 놀라며 말했다.
 "그런 일이 있었으면 왜 진작 우리들에게 말하지 않았어요? 천자가 사위들을 여기저기로 몰아내는 것도 그 때문이었군요. 이는 큰 사건이라 형벌이 가볍지 않을 테니 어찌하면 좋겠어요?"
 이에 비로소 흉계가 싹텄다. 조평의 식객 석하(石夏)는 점성(占星)에 능했다. 그가 조평에게 말했다.
 "혹성(惑星)이 마부좌(馬夫座)의 자리에 앉아 있습니다. 마부좌란 태복이나 봉거도위(奉車都尉)에 해당됩니다. 태복·봉거도위가 면직되거나 죽게 될 것입니다."
 조평은 내심 곽산을 걱정했다. 곽운의 장인 이경(李竟)의 친구 장사(張赦)가 운의 일족 행동을 보고 이경에게 말했다.
 "지금 승상과 평은후가 일을 맡고 있습니다. 자당(현)께서 태후에게 말씀드려 우선 이 두 사람을 죽여야 합니다. 그렇게 되면 폐하를 움직이는 데는 태후에게 달려 있습니다."
 장안의 평민 장장(張章)이 이 일을 밀고했다. 사건이 정위에게 내려져 집금오(執金吾)가 장사·석하 등을 체포했다. 그 뒤 조칙으로 그 이상 체포하지 말라 했다. 산 등은 더욱 겁을 내어 이렇게 말했다.
 "이는 천자가 태후를 꺼리어 사건을 규명하지 않으려 한다. 그러나 악의 단서가 이미 발각되었다. 게다가 허후를 죽인 일이 있다. 폐하가 아무리 너그럽고 인자하나 아마도 좌우에서 가만히 있지 않을 것이다. 잠시 동안은 이 정도로 견딜 수 있지만 언젠가는 드러나게 된다. 그렇게 되면 우리 일족은 몰살당한다. 그러니 차라리 선수를 치는 게 좋을 것이다."

마침내 딸들로 하여금 집에 돌아가 남편들에게 보고하게 했다. 사위들도, 모두 '어디로 피하겠는가' 하였다.

마침내 이경이 제후·왕과 은밀히 결탁하고 있다는 혐의를 받게 되었는데, 그 자백 내용이 곽가에도 걸렸다.

조칙이 내려 운과 산은 숙위에 적합하지 않다는 이유로 면직되어 자택으로 돌아갔다. 광의 딸들은 태후에게 대하는 행동이 무례하였다. 풍자도는 자주 죄를 범했는데, 천자는 이런 일로 곽가를 꾸짖었다. 산·우 등은 크게 두려워했다.

현은 집 안의 우물물이 넘쳐 마당 가득히 흘러 부뚜막이 나무 위에 걸려 있는 꿈을 꾸었다. 또 현의 꿈에 대장군이 나타나서 이렇게 말했다.

"아이들은 아직 붙들리지 않았는가? 빨리 알리어 체포하라."

집 안에 갑자기 쥐가 많아져 사람과 부딪치거나 꼬리로 땅 위에 동그라미를 그리곤 했다. 부엉이가 가끔 집 안의 나무 위에서 울고 대문이 저절로 부서지기도 했다. 상관리에 있는 운의 저택의 대문도 부서졌다. 지나가던 사람이 본 바로는 운의 집 지붕 위에 사람이 타고 앉아 기와를 뜯어서 땅으로 떨어뜨리고 있었다. 곁에서 자세히 보니 아무것도 떨어지지 않았다. 모두 크게 이상하게 여겼다. 우(禹)가 꿈을 꾸었다. 수레와 말소리가 점점 가깝게 들리며 자기를 체포하러 오는 꿈이었다.

집안이 온통 근심에 싸였다. 산이 말했다.

"승상은 멋대로 종묘에 바치는 양과 토끼와 개구리를 죽였다. 이것으로 죄에 빠뜨리자."

그리하여 상의한 계획은, 태후에게 말하여 박평군(博平君)을 위하여 연회를 베풀고 승상·평은후 이하를 초대한다. 범명우·등 광한이 태후의 명을 받아 승상·평은후의 목을 벤다는 것이다. 계획은 했으나 아직 실행하지 않았다. 운이 현도(玄菟) 태수에 임명되고, 태중태부 임선(任宣)이 대군(代郡) 태수로 임명되었다. 산은 또 비밀 서류를 베낀 것으로 죄가 되었다. 현은 그를 위해 상주하여 장안성 서쪽의 저택을 헌상하고, 말 천 필을 바쳐 산을 속죄하려 했으나 천자는 허락하지 않았다.

마침 그때에 사건이 탄로되었다. 운·산·명우는 자살했다. 우는 허리를 자르는 참형을 받고 현과 딸들은 모두 사형에 처해졌다. 곽황후만은 죽음을 면하여 폐위되어 소대궁(昭臺宮)에서 살았다. 곽가와 연좌되어 몰살된 집이 수천에 이르렀다. 천자는 이에 다음과 같은 조칙을 내렸다.

"전날 동직실 영사(東織室令史) 장사가 위군(魏郡)의 호족 이경을 통하여 관양후 곽운 등과 대역을 모의했다고 보고해 왔다. 짐은 대장군 곽광을 위하여 눌러 무사하게 하면서 그들이 개전하기를 바랐다. 그런데 지금 대사마 박륙후 곽우와 그의 모친 선성후 부인 현, 그리고 광의 형제의 아들 관양후 은, 낙평후 산과 사위들은 대역을 꾀해 백성을 미혹하려 했다. 선조의 가호로 사전에 발각되어 모든 죄값을 받았다. 짐은 심히 유감으로 생각한다. 곽가 일족에 속아 한 패가 되었던 자 중에 연계가 병신(丙申)의 날 이전에 있어 사건을 눈치채지 못했던 자는 모두 석방하라. 평민 장장은 미리 탐지하여 기문(期門) 동충(董忠)에게 고하고 동충은 좌조 양운(楊惲)에게 고하니, 양운이 시중 김안상(金安上)에게 고했다. 양운은 부름을 받아 사정을 보고했다. 그 후 장장이 상소하여 위에 다다르니, 시종 사고(史高)와 김안상 등은 자발적으로 사건을 고발하여 곽가 일족을 궁중에 들어오지 못하도록 진언하고, 그 결과 그들의 흉계를 막아냈다. 모두 동등한 공훈이 있다. 장장을 박성후(博成侯)로, 동충을 고창후(高昌侯)로, 양운을 평통후(平通侯)로, 김안상을 도성후(都成侯)로 사고를 낙릉후(樂陵侯)로 봉하라."

이전 곽가가 호사스러웠을 때 무릉(茂陵)의 서복(徐福)이 이렇게 말했다.

"곽가는 틀림없이 망하네. 대저 사치하면 불손해진다. 불손하면 반드시 주상을 모욕한다. 주상을 욕하는 것은 도에 어긋나는 것이다. 게다가 남의 위에 있게 되면 세상이 반드시 미워한다. 곽가는 권력을 지닌 지 오래이니 미워하는 사람들도 많다. 천하에서 미움 받고 게다가 행동이 도에 어긋나 있다. 이야말로 망할 것임에 틀림없다."

이에 상주하였다.

"곽가 일족의 위세는 너무 지나칩니다. 폐하께서 만일 곽가를 총애하신다면, 적당한 기회에 이를 눌러 멸망에 이르지 않도록 주의하게 하셨으면 합니다."

세 차례나 상주했으나 그때마다 흘려 버렸다. 그 후 곽가 일족은 주멸되고 밀고한 자는 모두 제후로 봉해졌다. 이에 어떤 이가 서복을 위하여 상주했다.

"소신은 이러한 비유의 이야기를 듣고 있습니다. 어떤 집에 들른 손님이 부뚜막의 굴뚝이 곧고 그 곁에 장작이 쌓여 있음을 보고 주인에게 '굴뚝을 구부리고 섶나무를 먼 곳으로 옮겨라. 그렇지 않으면 화재가 난다'고 했습니다. 주인은 묵묵히 답하지 않았습니다. 과연 그 집에 갑자기 불이 났습니다. 이웃 사람들이 불끄기에 나서서 다행히 꺼졌습니다. 그리하여 소를 잡고 술을 준비하여 이웃들에 사례했습니다. 소방을 지휘한 사람이 상좌에, 그 밖에는 공의 순서대로 앉았습니다. 그런데 굴뚝을 구부리라고 충고한 사람은 초대객 속에 들지도 않았습니다. 어떤 이가 주인에게 말했습니다. '앞서 만일 그 사람의 말을 들었더라면 소나 술의 낭비가 없고, 처음부터 화재가 일어나지 않았을 것이다. 지금 공을 갚기 위해 손을 불렀으나, 애초에 충고한 사람에게는 은혜를 갚지 않고 머리털이 그슬리고 턱에 화상을 입은 사람을 상좌에 앉히는가' 하니, 주인은 비로소 깨닫고 충고한 사람을 초대했다고 합니다.

지금 무릉의 서복은 가끔 상주하여, '곽가는 멀지 않아 이변을 일으킬 것이니 방지하십시오'라고 하였습니다. 앞서 서복의 말을 취했더라면 나라에서 토지를 가르고 작위를 주는 소비가 없이도 되었을 터이며, 신하로서 반역을 일으켜 몰살 당하는 실패도 겪지 않고 끝났을 터입니다. 원하옵건대 패하께서는 잘 생각해 주옵소서. 섶나무를 옮기고 굴뚝을 구부리는 방책을 세운 사람을, 머리털이 그슬리고 턱에 화상을 입은 사람 이상으로 우대하여 주옵소서."

천자는 그제서야 서복에게 비단 20필을 하사하고 그후 낭에 등용했다.

선제(宣帝)가 즉위한 직후 고조 사당에 배알했다. 대장군 곽광과 함께 수레를 탔다. 천자는 내심 크게 광을 꺼리어 등에 가시가 박힌 것 같은 심정이었다. 그 후 거기장군 장안세가 광을 대신하여 함께 타니, 천자는 마음이 한결 가벼워져 상대방에게 몸을 가까이했다.

광이 죽자 일족은 마침내 사형되었다. 그래서 세상에는 이렇게 전해지고 있다.

'군주를 떨게 하는 위엄의 소지자는 오랫동안 길러질 수 없다. 곽가의 화는 곽광이 대가를 함께 탈 때부터 싹텄다.'

성제(成帝 : B.C. 32~7) 때에 와서 광을 위하여 묘지기 집 1백 채를 두고 아전과 병졸이 사당을 지키게 되었다. 원시(元始) 2년에 곽광 숙부의 증손 양(陽)을 박륙후로 봉하여 식읍은 1천호를 하사했다.

찬(贊)에 말하였다.

곽광은 젊을 때부터 궁중에 출사해 층계와 문지방 사이에 서서 늠름한 태도를 가지니 그 충의를 군주가 인정했다. 어린 임금을 위탁 받아 한실의 주석이 되고, 조정에 임해서는 어린 임금을 지키고, 연왕(燕王)의 야망을 꺾고, 상관 부자를 쓰러뜨리고, 임기응변의 조처로 적을 제압하여 충절을 다했고, 황태자의 폐위 여부를 결정하는데도 대의 명분을 위해서는 단호히 움직이지 않았다. 마침내 국가를 바른 궤도에 올려 사직을 안태하게 하고, 소제·선제를 옹립하여 스스로 그의 보호역이 되었다. 주공(周公)과 이윤(伊尹)의 공일지라도 곽광 이상일 수는 없다.

그러나 곽광은 학문이 없고 이치를 몰랐다. 아내의 흉계를 감추고 딸을 황후로 세워 신분에 지나친 욕심이 들어 집이 기우는 화를 입었다. 그러므로 그가 죽은 후 겨우 3년 만에 일족이 주멸(誅滅)되었다. 불쌍한지고. 옛 곽숙(霍叔)은 진(晉)에 봉해졌다. 진은 곧 하동이었으니 광은 곽숙의 후예가 아닌가.

전불의(雋不疑)·소광(疏廣)·우정국전(于定國傳)

전불의(雋不疑)는 자가 만천(曼晴)으로 발해군(渤海郡) 사람이다. 《춘추》를 읽어 군에서 문학이 되었는데, 행동거지가 예의에 밝아 여러 군에 이름이 널리 알려졌다.

무제(武帝)의 말년, 군국(郡國)에 떼도둑이 봉기했다. 폭승지(暴勝之)는 직지사자(直指使者)로서 수를 놓은 옷을 입고, 도끼를 지니고 도둑을 체포하고 여러 고을을 검찰했다. 동으로는 해안에 이르기까지 명령에 따르지 않는 자는 군율로써 엄하게 처벌하여 주와 군에 그 위세를 떨쳤다. 폭승지는 이전에 전불의가 출중한 인물임을 들어 알고 있었다. 발해에 도착하자 관리를 보내어 만나기를 청했다.

전불의는 진현관(進賢冠)을 쓰고 나무에 조각을 새긴 자루가 붙은 큰 칼을 차고, 옥환과 옥결(玉玦)을 허리에 매달고, 소매가 열린 옷에 폭 넓은 띠를 두르고 위의를 갖추어 승지의 문에 나아가 만나기를 청했다. 문지기가 칼을 풀게 하려니 불의가 말했다.

"칼은 군자의 무비(武備)이다. 몸을 지키기 위한 것이니, 굳이 풀 필요가 없느니라. 안 된다면 그냥 물러가리다."

아전이 그 말을 승지에게 전하자, 승지가 작은 문을 열어 그를 청하여 모습을 보니, 용모가 고상하고 엄격하며 의관도 자못 당당하였다. 승지는 급히 신을 신고 내려가 맞이했다. 사랑에 들어 주객의 자리가 정해지자, 불의는 마루에 두 손을 짚고(경의를 표하는 것. 당시는 마루에 자리를 깔고 앉았다) 말하였다.
"소인은 바닷가에 칩거합니다. 폭공자의 위명(威名)은 전날부터 들었으나 이제야 뵙고 말씀 드립니다. 대개 벼슬아치가 되어 강함이 지나치면 부러지고 부드러움이 지나치면 부패하는 법입니다. 위엄을 떨치면 그 위에 은혜를 베풀어야만 공을 세워 이름을 날리고, 하늘이 주는 복록을 길이 유지할 수 있습니다."
승지는 불의가 보통 인물이 아님을 깨닫고 경건히 그 충고를 받아들여 예를 갖추어 응대했다. 이야기가 당세의 정책에 미쳤다. 승지 주위의 속관(屬官)은 본래 고을에서 정선된 관리들로서, 그들이 불의의 말을 경청하고 경탄하지 않는 이가 없었다. 밤이 되어서야 불의는 물러갔다.
승지는 마침내 상주하여 불의를 추천했다. 부름을 받아 조정에 이르러 청주 자사(青州刺史)에 임명되었다.
이윽고 무제가 붕어하고 소제(昭帝)가 즉위했다. 당시 제(齊) 효왕(孝王)의 손자 유택(劉澤)이 군국의 호걸들과 결탁하여 모반하려 했다. 먼저 청주 자사 불의를 죽이려는 계획이었다.
그 일이 탄로되어 불의가 체포하여 전원 사형에 처했다. 불의는 뽑히어 경조윤(京兆尹)이 된 뒤에 돈 1백만을 하사받았다. 서울의 관민은 그의 위엄과 신의에 경복했다.
언제나 불의가 현을 순찰하고 그 곳의 죄인 재판의 공정성 여부를 조사하고 돌아오면, 그의 모친은 반드시 오늘은 재판을 뒤집고 가볍게 해 준 게 있느냐, 또는 몇 사람의 목숨을 도왔느냐 하고 물었다. 만일 가볍게 형을 풀어 준 죄인의 수효가 많으면 모친은 크게 기뻐하여 음식을 잘 먹고 기분이 좋아 말도 잘했으나, 때로 한 명도 도와 주지 않았을 때는 모친은 화를 내어 밥을 먹지 않았다. 이 때문에 불의는 관리로서 엄격했으면서도 잔혹하지는 않았다.

시원(始元) 5년((B.C. 82). 한 사내가 누런 송아지가 끄는 수레를 타고 노란 기를 세우고 노란 홑옷을 입고, 노란 모자를 쓰고(노랑은 천자의 색깔) 북궐에 들어와서 자칭 위태자(衛太子)라고 말했다. 공거령(公車令)이 이를 천자께 알렸다. 공경·군·중2천석에게 칙명이 내렸다. 그 자가 진짜인지 어떤지 알아보라는 것이었다. 장안에 있는 이민(吏民) 수만 명의 구경꾼이 몰려 왔다. 우장군은 궁문 아래에 병사를 정렬시켜 비상 사태에 대비하였다. 승상·어사·중2천석 등은 감히 말하지 못했다. 경조윤 불의는 뒤늦게 도착했으나, 속관들을 질책하고 자칭 위태자를 포박하게 했다. 어떤 이가 불의에게 말했다.

"진위(眞僞)를 아직 가름할 수 없는 터이니 신중하게 다룸이 좋을 것이오(진짜라면 현재의 昭帝의 맏형으로서, 마땅히 제위에 오를 법한 사람이니까)."

불의가 말하였다.

"여러분들, 너무 위태자에게 신경을 쓸 필요가 없소. 옛날 위의 태자 괴외(蒯聵)는 부친 영공(靈公)의 노여움을 사서 도망했소. 영공의 사후 유언으로 괴외의 아들 첩(輒)이 뒤를 이었는데, 이를 듣고 괴외가 다시 위로 돌아오려 한 것을 첩이 단연 거부한 사실이 있소.《춘추》에서는 첩이 취한 태도가 옳았다고 적혀 있소. 위태자는 선제(先帝)의 꾸중을 듣고도 자결하지 않고 도망친 자로서, 지금 스스로 나타났지만 그건 죄인이오."

드디어 조옥(詔獄)으로 보냈다. 천자와 대장군 곽광은 이를 듣고 불의를 경탄할 만한 사람이라고 생각하여 이렇게 말했다.

'공경 대신은 경학(經學)을 배우고 대의(大義)에 밝은 사람을 채용해야 한다.'

이리하여 불의의 명성은 조정 안에 확고하게 되었다. 높은 자리에 있는 사람들도 감히 그에게는 따를 수 없다고 자인했다.

대장군 곽광은 자기 딸을 불의와 결혼시키려 했으나, 불의가 굳이 자신은 어울리지 않는 신분이라 하여 사양했다. 얼마 있지 않아 병으로 직을 그만두고 고향에서 죽었다. 서울의 사람들은 불의의 일을 잊을 수가 없었다. 그 후 조광한이 경조윤이 되었는데 그는 이렇게 말하였다.

"나는 나쁜 일을 금지시키는 데는 관리나 백성을 꿈쩍 못하게 할 자신이 있다. 그러나 조정의 일에 있어서는 전불의를 도저히 따를 수 없다."

결국 정위(廷尉)가 앞서의 정체 불명의 사내를 취조하여 간계(姦計)를 밝혀냈다. 이 사나이는 원래 하양(夏陽) 태생으로, 성은 성(成), 이름은 방수(方遂)로 호현(湖縣: 하남성)에 사는 점쟁이였다. 본래 위태자의 사인(舍人)이었던 자가 방수에게 점을 치러 온 일이 있었는데, 그가 방수에게 이렇게 말했다.

"당신의 모습이나 얼굴이 영낙없는 위태자요."

방수는 이 말을 듣고 마음속으로 됐다 싶었다. 잘 되면 부귀한 몸이 되리라 생각하고 당장 위태자라 자칭하고 궁궐로 찾아온 것이다. 정위는 동향인으로 얼굴을 잘 알고 있는 장종록(張宗祿) 등을 참고인으로 불러들였다. 마침내 방수는 주상을 속인 무도한 자라 하여, 허리를 자르는 참형을 당했다. 일설에 의하면 성은 장(張), 이름은 연년(延年)이라고도 한다.

소광(疏廣)은 자가 중옹(仲翁)이며, 동해군 난릉현(蘭陵縣: 산동성) 사람이다. 젊어서부터 학문을 즐기고 《춘추》에 밝았다. 집에 사숙(私塾)을 여니 먼 데서 학생들이 찾아들었다. 나중에 부름을 받아 박사·태중대부(太中大夫)가 되었다.

지절(地節) 3년(B.C. 67). 황태자가 책봉되어 병길(丙吉)이 태부(太傅)로 선발되고, 소광이 소부(少傅)로 임명되었다. 수개월 후 병길은 어사대부로 승진되고, 소광은 태부로 이동했다.

소광의 형의 아들 수(受)는 자가 공자(公子)인데, 이 또한 현량에서 태자가령(太子家令)으로 발탁되었다. 그는 예의가 바르고 지혜가 뛰어난 데다 언변이 좋았다. 선제가 태자궁에 거둥했을 때 그가 응대했다. 주연이 베풀어지자 그는 천자의 장수를 축하하여 헌배했다. 그의 말솜씨며 태도는 매우 여유 있고 우아했다. 천자는 크게 마음에 들었다. 이윽고 그를 소부에 임명했다.

태자의 외조부인 특진평은후(特進平恩侯) 허백(許伯)은 태자가 아직 어리다는 핑계로 자기 아우인 중랑장 순(舜)에게 태자궁의 일을 감독케 하고 싶다고 건의했다. 천자는 이의 가부를 소광에게 물었다. 광이 대답했다.

"태자란 나라의 후계자로서 천자 다음 가는 분입니다. 그 분의 사우(師友)로는 천하의 영재를 고르지 않으면 안 됩니다. 단지 외가인 허씨만을 가까이하는 것은 좋지 않습니다. 게다가 태자에게는 원래 태부·소부가 붙어 있으며, 관속이 이미 갖추어져 있습니다. 지금 허순에게 태자궁의 감독을 맡긴다는 것은 천하에 도량이 좁음을 보이는 것이 될지언정, 태자의 덕을 천하에 넓히는 길은 아닙니다."

천자는 그 말의 옳음을 느끼고 승상 위상(魏相)에게 말했다. 위상은 관을 벗고 사정에 어두웠음을 사죄하고 이렇게 말했다.

"그 사람은 우리들이 따를 수 없는 인물입니다."

소광은 이로 인해 도량이 넓은 사람으로 존중되어 자주 포상을 받았다. 태자가 조회에 참예할 때마다 수행하여 소광 등도 천자를 배알했다. 태부인 소광이 앞에 서고, 소부인 수가 뒤를 따르니 숙질이 함께 태자의 사부(師傅)가 된 것이다. 조정의 사람들은 모두 명예로운 일이라고 떠들어댔다.

소광 등이 자리에 있는 지 5년, 황태자의 나이 12세가 되어 《논어》《효경》에 통했다. 어느 날 소광이 수에게 말했다.

"나는 이렇게 듣고 있다. '족함을 알면 욕됨이 없고, 멈추는 것을 알면 위태로움이 없다. 공을 다하고 물러서는 것이 천도(天道)이니라'는 말이다. 지금 우리들은 벼슬하여 2천석에까지 올랐다. 관리로서의 출세도 명예도 이제 충분하다. 이렇게 되어 언제까지나 벼슬길에서 떠나지 않고 있으면 후회하지 않을 수 없는 일도 있으리라. 그러느니 차라리 우리 숙질이 함께 함곡관(函谷關)을 나가, 고향에 돌아가서 은거하여 천수(天壽)를 누리는 게 어떻겠느냐?"

소수는 머리를 조아리며 대답했다.

"숙부님의 말씀대로 하겠습니다."

즉일로 숙질은 함께 병가원을 냈다. 만 3개월이 지났는데도(당연히 면직이 되어야 한다) 계속 휴가를 주었다. 소광은 그냥 위독이라 칭하여 상주하고 사퇴를 청원했다. 천자는 두 사람이 매우 늙은 까닭이라 여겨 그들의 사퇴를 허락하고 황금 20근을 특히 하사했다. 황태자는 50근을 보냈다. 공경대부와 친구들, 동향의 후배들이 송별연을 동도문(東都門) 밖에서 베풀었다. 환송하는 사람들의 수레가 수백대, 석별을 나누고 갔다. 길가의 구경꾼들까지, '훌륭한 분들이군, 저 두 대부들은' 하고 탄식하며 눈물을 흘리는 사람조차 있었다.

소광은 고향에 돌아간 뒤 매일 가족을 시켜 술과 음식을 마련하게 하여, 친족과 옛 친구 등 빈객을 초대하여 더불어 즐겼다. 가끔 가족에게, '그 금은 남아 있는가? 아직도 얼마나 있는가?'라고 묻고는 아낌 없이 팔아서(당시 황금은 화폐로 쓰였다) 그것으로 잔치 준비를 하도록 했다.

이런 지 1년 남짓 되었다. 소광의 자손이, 그 형제와 노인들로 광의 사랑과 신임을 받는 이들에게 슬쩍 말했다.

"우리들 자손의 처지로서는 은거하고 계시는 동안에 재산의 기반을 닦아 놓았으면 싶습니다. 그런데도 오늘날 잔치로 재산을 낭비해 버려 거의 바닥이 날 지경이니, 아저씨의 의견이라 하고서 은거 중에 밭과 집을 사 두도록 권해 주셨으면 합니다."

이에 노인이 한가한 때를 틈타 소광에게 그 방침을 설명했다.

광이 말했다.

"내가 별로 자손의 일에 무관심한 것은 아닐세. 생각컨대 묵은 밭과 집이 있네. 만일 자손이 그 안에서 힘들여 일만 한다면 의식에 궁함이 없이 여느 사람들처럼 살 수 있을걸세. 지금 이 위에다 재산을 불려 남겨 놓으면 반드시 자손이 게을러질 것이다. 현명하더라도 재산이 많으면 그 기개를 손상하게 되고, 어리석은 주제에 재산이 많으면 허물을 불리는 결과가 되네. 게다가 대체로 부(富)란 뭇사람의 원한일세. 나는 지금까지 자손을 교화함이 없었는데, 그 허물을 늘리고 원한을 만들고자 하지 않겠네. 게다가 그 금은 천자께서 노신(老臣)의 보양을 위해 베풀어 주신 은사금이네. 그런즉 마음 편히 마을 사람들이나 친지들과 더불어 하사금을 나눠 쓰며 짧은 여생을 보내고 있으니, 이 또한 좋은 일이 아니겠는가?"

이리하여 가족들은 기꺼이 그 뜻을 받아들였다. 소광·소수는 함께 장수를 누리었다.

우정국(于定國)은 자가 만천(曼倩)이며, 동해군(산동성) 담현(郯縣) 사람이다. 그의 아버지 우공(于公)은 현의 옥사(獄史)와 군의 결조(決曹 : 재판관)로 근무한 바가 있다. 재판이 공정했으니 법망에 걸린 자일지라도 우공에 의해 판결을 받으면 누구 하나 원망하지 않았다. 군내에서는 우공이 살아 있을 때 그를 위해 사당을 지었는데, 우공사(于公祠)라 했다.

동해군에 효성이 지극한 며느리가 있었다. 젊은 나이에 과부가 되었는데 어린애가 없었다. 시어머니를 모시고 알뜰하게 보살폈다. 시어머니는 며느리를 개가시키려 했지만 굳이 듣지 않았다. 시어머니가 이웃 사람에게 말하였다.

"며느리가 나를 보살피느라 여간 고생이 아닌데, 자식도 없는 데다가 수절(守節)을 하고 있네. 내 이제 늙어서 언제까지나 젊은 며느리의 짐이 되어 있어서야 되겠는가."

그 후 시어머니는 목을 매달아 자살했다. 시누이가 관청에 고발하기를, '올케가 우리 어머니를 죽였다'고 했다. 관리는 효부를 체포했다. 며느리는 시어머니를 죽이지 않았다고 주장했다. 관리가 고문하여 며느리는 허위 자백했다. 조서를 군의 관청에 올렸다.

우공은 말하기를, '이 며느리는 시모를 봉양하기 10여 년이 지났으나 효행이 지극한 것으로 유명했으니, 시모를 죽였을 리가 없다'라고 주장했으나 군의 태수가 듣지 않았다. 우공은 논쟁했으나 끝내 태수를 설득할 길이 없자, 마침내 그 조서를 가슴에 품고 큰 소리로 울었다. 그대로 병을 핑계 삼아 직을 떠났다. 태수는 결국 판결을 내려 효부를 사형에 처했다.

동해군은 그로부터 3년 동안 가뭄이 계속되어 온통 초목이 말라 붙었다. 그 뒤 신임 태수가 도임했다. 가뭄의 원인을 점괘로 알고자 했다. 우공이 말했다.

"효부를 사형에 처함은 부당한데 전임 태수가 무리하게 처단했으니, 아마도 그게 원인이 되어 천벌이 내렸는지 모릅니다."

이에 태수는 소를 잡아 몸소 효부의 무덤에 제사지내고 그 무덤을 효부의 무덤이라 표창했다. 그러자 갑자기 큰 비가 내려 풍년이 들었다. 고을 사람들은 모두 이로써 우공을 크게 존경했다.

우정국은 젊었을 때 부친에게서 법률을 배웠다. 부친의 사후 정국은 현의 옥사와 군의 결조가 되었다. 정위(廷尉)의 서기가 되었다가 선발되어 어사중승(御史中丞)의 사무관이 되었다. 모반자의 사건을 조사하여 재능이 인정됨으로써 시어사(侍御史)에 발탁되었다가 어사중승으로 승진했다.

마침 이때 소제가 붕어하고 창읍왕이 부름을 받아 즉위했는데 소행이 음란했다. 정국은 상주하여 간언했다. 그후 창읍왕이 폐위되고 선제가 즉위했다. 대장군 곽광이 상서(尙書)의 일을 겸하고 있어, 창읍왕을 간한 군신의 이름을 써 내어 상주함으로써 모두 1계급씩 승진시켰다. 정국은 이 기회에 광록대부에 임명되고, 상서의 일까지 맡아 크게 신임을 받았다. 몇 년 후 수형도위(水衡都尉)로 승진하여 정위로 특진되었다.

우정국은 이에 스승을 맞아 《춘추》를 배웠다. 자신이 경서를 가지고 북쪽을 향하여 앉아 제자의 예의를 갖췄다. 사람됨이 겸손하고 순하며 특히 경학을 익힌 선비를 존중하였다. 비천한 신분이어서 마차에 탈 수 없는 사람일지라도, 지나칠 때는 반드시 대등(對等)의 경례로써 지극한 우대를 했다. 학사는 모두 정국을 칭찬했다.

정국이 미심쩍은 사건을 재판하여 판결을 내림에 있어서는 애써 의지할 곳 없는 백성들을 측은히 여기고, 의심스런 죄는 되도록 가벼운 쪽을 따르도록 하여 자세하고도 신중을 기했다. 조정에서는 정국을 평판하여 이렇게 말했다.

"장석지(張釋之)가 정위로 있을 때에는 억울한 백성이 없었으며, 우정국이 정위가 되니 백성이 억울한 벌을 받지 않는다."

정국은 술을 즐겨 몇 섬(漢의 1섬은 19.8리터)을 마셔도 자세가 흐트러지지 않았다. 겨울철에 행하는 결심(決審) 서류 조사도 술을 마실수록 정신이 맑아졌다. 정위로서 근무한 지 18년 만에 어사대부로 승진했다.

감로(甘露) 연간(B.C. 53~50) 황패(黃霸) 다음으로 승상이 되고 서평후(西平侯)로 봉해졌다. 3년이 지나 선제가 붕어하고 원제(元帝)가 즉위했다. 정국은 중임을 치른 옛 신하라 각별히 존경받았다. 당시 진만년(陳萬年)이 어사대부가 되었는데, 8년 간 승상 정국과 함께 자리에 있으면서 한 번도 뜻을 거스르는 일이 없었다. 그 후 공우(貢禹)가 어사대부가 되어 때때로 정국의 의견을 반박했다. 그러나 정국이 정무에 아주 익숙했으므로 항상 승상의 의론이 옳았다. 그러나 원제는 즉위한 직후이며, 관동(關東)은 연이어 재해를 입어 이재민이 관중에 몰려들었다. 상소로 문제가 있는 것은 그 허물이 대신에게 돌아왔다. 그리하여 천자는 조회가 있는 날에 자주 승상과 어사대부를 인견했는데, 그들이 들어가 칙명을 받으려 할 때마다 천자는 조목별로 직무의 태만을 지적하여 꾸짖었다.

"좋지 않은 관리는 도둑의 횡행으로 성적이 떨어질까 겁내어, 무고한 양민을 의심하고 죄 없이 사형에 처하는 일조차 있다. 때로는 도둑이 발생해도 관리는 빨리 체포하지 않고, 도리어 피해자의 가족을 잡아 들이는 일까지 있다. 그 후로는 감히 다시 신고하지 못하므로 피해가 커진다. 백성은 혼이 억울한 죄에 걸리고 고을에서는 아예 조사하려고도 하지 않는다. 그리하여 조정에 직접 호소하는 자가 대궐에 몰리는 형편이다.

2천석 벼슬아치(지방장관이나 都尉·校尉)의 선임이 적절하지 않기 때문에 많은 재직자가 그 임무를 다할 수 없다. 백성의 논밭에 재해가 있어도 관리는 면세 조치를 취하지 않고 조세 납입을 독촉하니, 백성은 이중으로 곤란을 겪는다.

관동의 피난민은 굶고 헐벗은 데다 질병에 시달리고 있다. 짐은 이미 관리에게 명하여 쌀을 보내고, 관의 곡창을 비우고 조정의 창고를 열어 굶주린 백성을 구제케 하고 헐벗은 자에게는 옷을 주었으나, 봄철이 되면 아마 그래도 부족하게 될 것이다.

지금 승상·어사는 도대체 무슨 일을 함으로써 이 하늘의 노여움을 풀려고 하는지, 생각대로 조목별로 써서 짐의 허물을 말하라(옛날에는 천자의 허물이 재해를 부른다고 믿었다)."

정국은 상주하여 자기의 죄를 사과했다.

영광(永光) 원년(B.C. 43) 봄에 서리가 내리고 여름철에 추운 날이 계속되어 태양이 푸르고 빛을 잃었다. 천자는 다시 조칙을 내려 추궁했다.

"동쪽에서 온 낭(郎)이 있는데 그의 말에 의한즉, 민간에서는 기근 때문에 아비가 자식을 버리고 자식이 아비를 버린다고 한다. 승상·어사와 민정을 살피는 관리가 숨기고 말을 안 했는가? 그렇지 않으면 동쪽에서 온 낭이 사실을 과장했는가? 무슨 까닭으로 관리와 낭의 이야기가 이토록 차이가 나는가? 짐은 그 사실을 알고 싶다.

금년 수확은 예견할 수 없는 바, 만일 홍수가 지거나 가뭄이 든다면 그 피해가 심대할 것이다. 공경들은 일을 미연에 방지하고, 이미 그렇게 된 사태를 구제할 대책을 가지고 있는가 없는가? 각자 거리낌 없이 답하라."

정국은 황공하여 자신을 탄핵하는 상주문을 바치고, 승상이 쓰는 관인을 반납하고 사퇴원을 냈다.

"경은 짐을 돕는 데 게을리하지 않았다. 모든 일을 경이 맡았으니 허물이 없다는 건 성인만이 가능하다. 지금 주(周)·진(秦)의 폐단을 이어받아 풍속이 퇴폐하고 있으니, 백성들은 예의를 알지 못하고 음양의 기운은 조화되지 않았다. 재해가 일어나는 것은 하나의 원인에 의하는 것이 아니다. 성인도 유추(類推)하여 알 수 있으니 더구나 범인이야 더욱 알 길이 없다. 밤낮으로 재해의 원인을 생각하고 있으나 지금껏 자세히 알 길이 없다. 경서에도 '모든 곳에 죄가 있으면 그 죄는 짐에게 있다' 했거늘 경이 승상의 자리에 있으나, 혼자서 책임 질 까닭이 없다. 군국(郡國)의 상(相)과 목(牧)으로서 부적당한 자를 검찰하여 언제까지나 백성들을 괴롭히지 않도록 하는 게 좋을 것이다. 경은 오래 정치의 대강을 장악하고 지혜를 다하라. 몸을 아끼고 병이 들지 않도록 하라."

정국은 끝내 병이 위독하다고 평계하여 사양했다. 천자는 부득이 편히 탈 수 있는 수레와 네 마리의 말과 황금 60근을 하사하고 직을 면하여 집에 돌아가게 했다. 수년 뒤 70여 세로 죽었다. 시호를 안후(安侯)라 했다.

아들 우영(于永)이 뒤를 이었다. 젊을 때부터 술을 즐겨 허물이 많았다. 나이 30 가까이 되어서야 비로소 마음을 고쳐 먹고 행동을 삼갔다. 부친의 덕택으로 시중 중랑장(侍中中郎將)·장수교위(長水校尉)가 되었다. 정국이 죽으니 복상(服喪)하는 방법이 예절에 맞아 효행의 평판이 높았다. 그 후 열후(列侯)의 신분으로 산기 광록훈(散騎光祿勳)이 되어 어사중승(御史中丞)에 이르렀다. 관도공주(館陶公主) 시(施)와 결혼했다. 시는 선제의 장녀로서 성제(成帝)의 고모가 된다. 어질고 몸가짐이 바른 부인이었다.

우영은 뽑혀서 장가들게 된 것이다. 천자는 그를 승상에 임명하고자 생각하던 터에 마침 그가 죽었다. 그의 아들 염(恬)이 뒤를 이었다. 그는 불초의 아들로서 행실이 좋지 않았다.

앞서 우정국의 아버지 우공은 이문(里門)이 부서져 늙은이들이 고치려 들었을 때 이렇게 말했다.

"좀더 이문을 높고 폭이 넓게 하여, 덮개가 높은 사마(駟馬)가 통과할 수 있게 하라. 내 재판의 방법은 많은 음덕을 쌓았을 것이다. 지금껏 한 번도 무고한 죄인을 만든 일이 없었으니까. 그러니 내 자손 중에는 반드시 출세하는 자가 있을 것이다(출세하면 사마를 타고 귀향한다).

과연 아들 정국의 대에 와서 그가 승상이 되고, 손자 영(永)이 어사대부가 되었다. 모두 제후로 봉해지고 작위가 후세에 전하게 되었다.

위상(魏相)·병길전(丙吉傳)

　위상(魏相)은 자가 약옹(弱翁)이며 제음군 정도현(濟陰郡定陶縣) 태생으로 평릉(平陵)에 이주했다. 젊었을 때 《주역》을 배웠으며, 군의 말단 관리가 되었다. 현량(賢良)에 뽑혀 천자의 책문에 좋은 성적으로 합격하여 무릉(茂陵)의 현령이 되었다.
　얼마 후 어사대부 상홍양(桑弘羊)의 식객이 어사라 사칭하고 현의 역참(驛站)의 숙사에 유숙했다. 현령의 승(丞 : 차관)이 곧장 인사하러 오지 않았다고 객이 노하여 승을 포박했다. 위상은 어쩐지 괴이하게 여겨져 객을 붙들어 그 죄를 규명하여 기시(棄市)하니 무릉이 잘 다스려졌다.
　그 후 하남 태수로 영전했다. 나쁜 짓을 엄하게 단속하니 지방의 호족들도 두려워 복종했다. 마침 이때 승상 차천추(車千秋)가 죽었다. 이전부터 천추의 아들이 낙양(洛陽)의 무고령(武庫令)으로 있었다. 부친이 죽은 뒤에 위상이 군수로서 엄격했으므로, 오랫동안 이곳에 있다가는 죄에 걸릴지도 모르겠다고 느껴 스스로 사직하고 떠나 버렸다. 위상은 속관을 보내어 뒤를 쫓아 불러들이려 했으나 드디어 돌아오려 하지 않았다. 위상은 혼자서 애석히 생각하며 말했다.
　'대장군께서 이 무고령이 사직했다고 듣게 되면, 틀림없이 승상이 죽으니까 내가 그의 아들을 냉대했다고 생각할 것이다. 위

태로운 일인걸.'

 무고령은 서쪽으로 가서 이윽고 장안에 당도하니, 대장군 곽광이 과연 그 일로 위상을 추궁하며 말했다.

 "어린 천자가 즉위한 지 얼마 되지 않은 중대한 때다. 함곡관(函谷關)은 서울의 요소이며, 무고는 귀중한 무기를 모은 곳이라 생각하여 승상의 아우를 관도위(關都尉)로 삼고, 승상의 아들을 무고령으로 임명한 것이다. 그런데 이제 하남 태수는 국가의 대계를 깊이 생각함이 없이 승상이 죽음을 기화로 그 아들을 쫓아내다니 무슨 천박한 처사인가?"

 그 후 위상이 무고한 죄인을 죽였다고 고발한 자가 있어 사건이 법관의 손에 넘어갔다. 하남의 병졸로서 관내 여러 관청의 경비를 담당하고 있는 2, 3천 명이 대장군의 행렬을 가로막고 입을 모아, '저희들이 1년 더 여기 머물러 근무할 테니 그 조건으로 태수의 죄를 용서해 주시기 바랍니다'라고 호소했다. 또 하남의 늙은이와 젊은이 1만여 명이 함곡관을 에워싸고 조정에 직접 호소하러 갈 테니 관을 통과하게 해 달라고 요구했다. 관지기가 이 일을 위에 알리었다. 그러나 대장군은 무고령의 일을 마음속에 품고 있었으므로 드디어 위상을 정위에게 넘겨 하옥하였다. 오랫동안 옥살이를 하다가 겨울을 넘기고 은사(恩赦)로 석방되었다.

 다시금 칙명에 의하여 임시로 무릉의 현령을 배명했으며, 양주(楊州) 자사로 승진했다. 군국의 상(相)과 군수를 엄밀히 조사하여 많은 사람을 좌천 또는 파면했다.

 위상은 병길(丙吉)과 사이가 좋았다. 당시 병길은 광록대부였는데, 위상에게 다음과 같은 편지를 보냈다.

 "조정은 이미 그대의 성적을 소상히 알고 있어 곧 발탁될 것이다. 부디 일에 조심하여 자중하고 예봉(銳鋒)을 밖으로 드러내지 않도록 하라."

위상은 그 충고가 옳다고 생각하여 엄격성을 늦추게 되었다.

양주에 있은 지 2년 만에 중앙에 불리어 간대부(諫大夫)가 되고, 다시 하남 태수를 배명했다. 몇년 후에 선제(宣帝)가 즉위하자 위상을 조정에 불러 대사농(大司農)에 임명했다. 뒤에 어사대부(御史大夫)로 승진했다.

4년 후에 대장군 곽광이 죽었다. 천자는 생전의 공적을 생각하여 그의 아들 우(禹)를 우장군에 임명하고, 광의 형의 아들 낙평후(樂平侯) 산(山)에게 다시 상서(尙書)의 일을 겸하게 했다. 위상은 평은후(平恩侯) 허백(許伯)의 중개로 상소했다.

"《춘추》에는 경의 직을 세습으로 하는 것을 비난하여 송(宋)의 대신이 3대를 잇고, 노(魯)의 계손(季孫)이 권력을 제멋대로 휘두른 것을 미워하고 있습니다. 둘 다 나라를 어지럽히고 위태롭게 한 때문입니다.

후원(後元) 이래 인사의 권한은 왕실을 떠났으며, 정치는 모조리 대장군의 뜻대로 되고 있습니다. 지금 대장군 곽광이 죽었는데, 그 아들인 우(禹)가 우장군이 되어 있습니다. 광의 형의 아들은 국가의 기밀을 쥔 지위(상서)에 취임하고, 그의 아들 형제와 사위들은 권력을 배경으로 무관이 되어 있습니다. 광의 부인 현(顯)과 그 딸들은 장신궁(長信宮)의 명부에 이름을 기재하여, 때로는 밤에까지 출입하고 있습니다. 아마도 그 교만함과 방자함을 억제할 수 없게 될 것입니다. 어떻게 해서라도 그 권력을 박탈하고 음모를 미연에 파괴함으로써 만세의 기틀을 다지고 참다운 공신의 세상을 만들었으면 합니다."

또 관례에 의하면 상주하는 사람들은 반드시 두 통의 봉서를 작성하여 한쪽에는 부(副)라 적지 않으면 안 되는데, 상서의 직에 있는 자가 먼저 그 부본의 봉을 뜯어 내용이 마땅하지 않으면 주상하지 않고 각하한다. 위상은 허백의 중개로 부본의 제도를 폐지하여 백성의 소리가 중도에서 막히지 않도록 했으면 좋겠다고 아뢰었다. 선제는 그 의견을 기꺼이 받아들였다. 위상에게 명하여 궁중에 들어와 자문에 답하게 했다. 위상의 의견은 모조리 채용되었다.

곽씨 일족이 허후(許后)를 죽인 음모가 비로소 천자께 알려졌다. 천자는 이에 우·운(雲)·산 등 세 제후를 파면하여 집에 돌아가게 했다. 곽가의 친척은 모두 조정에서 쫓겨나 지방관으로 전임되었다. 이때 위현(韋賢)이 노쇠했다는 이유로 면관(免官)되니, 마침내 위상이 뒤를 이어 승상이 되었다. 고평후에 봉해지고 식읍이 8백호였다.

곽씨 일족은 위상을 미워하면서도 두려워했다. 이에 태후의 조칙이라 사칭하여 우선 위상을 불러 내어 죽이고, 그 후에 천자를 폐하려는 음모를 꾸몄다. 사건이 탄로되어 일족은 주멸되었다.

선제는 비로소 자신이 정권을 장악하게 되었으며, 나라를 다스리는 데 힘을 다했다. 여러 신하들을 정선하여 직책에 어울리는 실적을 요구했다. 이에 위상은 모든 관직을 총괄하여 크게 천자의 마음에 들었다.

원강(元康) 연간(B.C. 65~62)에 흉노가 침입하여 차사국(車師國)에 주둔하고 있는 한의 군사를 쳤는데 한군은 이길 수가 없었다. 천자는 후장군 조충국(趙充國)과 상의했다. 흉노가 약해진 틈을 타서 출병하여 그들의 요지를 격파하여 다시는 서역(西域)을 어지럽히지 못하도록 하자는 것이었다. 위상이 간하였다.
"소신이 알고 있는 바로는, 난국을 구하고 폭군을 죽이는 싸움을 의병(義兵)이라 하며, 이런 싸움을 하게 되면 천하의 임금이 될 수 있습니다. 적이 도전해 옴으로써 부득이 맞서게 되는 것을 응병(應兵)이라 하는데, 이런 싸움에서는 반드시 이깁니다. 사소한 일로 다투어 노여움을 참지 못하고 싸우는 걸 분병(忿兵)이라 하는데, 이런 싸움에서는 반드시 집니다. 타인의 토지나 재산을 탐내어 싸우는 걸 탐병(貪兵)이라 하는데, 이렇게 되면 나라가 문란해집니다. 자기 나라의 큰 힘을 믿고 백성이 많음을 자랑하여, 적에게 위세를 보이기 위한 싸움을 교병(驕兵)이라 하는데, 이러한 싸움에선 나라가 망합니다. 이와 같은 다섯 가지 길은 단순한 인사(人事)일 뿐 아니라 천도(天道)입니다.
전부터 흉노는 우리에게 호의적이어서 사로잡은 한인을 돌려보내고 아직까지 국경을 침범하지 않았습니다. 차사국의 둔전병과 싸웠다 하여 마음에 꺼리실 정도는 아닐 것입니다. 지금 듣자온데, 장군들로 하여금 군사를 일으켜 흉노의 땅에 들어가게 하시려 한다 하오니, 이러한 싸움을 뭐라 이름해야 좋을지 소신은 모르겠습니다.
지금 변경의 고을은 극히 곤궁에 빠져 부자간에 한 벌의 개·양 갖옷을 함께 입으며, 풀열매를 먹고 굶주림을 견디는 형편입니다. 평소 자기의 목숨을 이어 가는 데도 어려울 지경인데, 전쟁에 동원한다는 건 어려운 일입니다. '전쟁 뒤에는 반드시 흉년이 든다'고 합니다. 그 뜻은 백성이 전쟁을 슬퍼하여 괴로워하는 기운이 치솟아 천지 음양의 조화를 깨뜨리니 흉작이 된다고 하는 것입니다. 그러니 군사를 일으켜 승리한다 하더라도 뒷날의 근심이 있습니다. 아마도 재해의 변이 전쟁 때문에 생기기 때문일 것입니다.

지금 군국의 군수나 상(相)은 매우 인선이 옳지 못해 지방의 풍속은 경박을 극하고 홍수와 가뭄이 그치지 않습니다. 금년만도 자제가 부형을 죽이고, 아내가 남편을 죽인 수를 합계해 보니 전부 2백 22명에 이릅니다. 지금 천자의 측근들은 이를 근심하지 않고, 군사를 일으켜 이적(夷狄)에게 사소한 원한을 갚으려 하고 있습니다. 이는 마치 공자가 '나는 계씨(季氏 : 魯의 최고위직)의 근심이 전유(顓臾 : 노의 속국. 노에 배반하니 계씨가 치려 함)에 있지 않고, 담장(대궐) 안에 있음을 두려워한다'라고 함에 해당될 것입니다. 원하옵대 폐하께서는 평창후(平昌侯)·낙창후(樂昌侯), 기타 식견이 있는 사람들과 자세히 의논하시어 결재해 주셨으면 합니다."

천자는 위상의 의견을 따라 계획을 중단했다.

위상은 《역경》에 정통하고 정통(正統)의 학설을 계승하였다. 즐겨 한조(漢朝)의 고사와 옛사람이 정치상의 이해에 대하여 상주한 글을 읽고, '현재 힘써야 할 일은 고사를 삼가 지키는 일뿐이다'고 생각했다. 그래서 수차에 걸쳐 한초 이래 국가의 임기(臨機)의 시책과 가의(賈誼)·조조(鼂錯)·동중서(董仲舒) 등 뛰어난 신하의 의견을 조목별로 써서 이를 시행하기 바란다고 아뢰었다.

"듣자온데 명군이 위에 계시고 어진 재상이 아래에 있으면 임금은 안락하고 백성은 화합한다 했습니다. 소신 위상은 다행으로 승상의 자리에 있습니다만, 국법을 받들어 교화를 넓히고 사방을 다스려 폐하의 성덕을 선양하지 못하였습니다. 많은 백성들이 농사를 버리고 상업에 몰리기 때문에, 굶주리고 헐벗어 배고프고 추운 기색이니 폐하께 근심을 끼치고 있습니다. 소신 위상의 죄는 만번 죽어 마땅합니다. 소신은 지혜와 능력이 얕아 나라의 대강이나 적의한 조처에 어두워 백성의 형편을 걱정하면서도 이제껏 취할 바를 모르고 있습니다.

삼가 생각컨대 선제의 덕망은 자비스러움이 극히 두텁고 정치에 애쓰시며 백성을 염려했습니다. 홍수와 가뭄의 재해를 근심하고 가난한 백성을 위해 곡창을 열어 굶주린 자를 구했습니다. 간대부(諫大夫)와 박사를 파견하여 천하를 순행시켰습니다. 그들은 풍속을 살피고 현인을 천거하며 억울한 사건을 공평하게 다스리니, 그 수레가 길에서 서로 마주칠 정도였습니다. 선제는 지출을 억제하고 조세를 가볍게 하며 산이나 못에 드나듦을 막지 않았습니다. 말에게 곡물을 먹이는 일, 술 파는 일, 쌀을 매점(賣占)하는 일 등을 금했습니다. 위급함을 구하고 빈곤자에게 양식을 주어 민심을 편안케 하고, 백성의 편의를 꾀하는 길이 매우 정비되었습니다. 소신은 전부를 말씀드릴 수 없습니다. 죽음을 무릅쓰고 고사의 조서(詔書) 모두 23건을 주상하옵니다.

소신이 삼가 생각하옵건대, 제 왕의 정책은 반드시 농사를 근본으로 하여 축적에 힘써서 수입을 헤아려 지출을 제한함으로써 흉년에 대비함입니다. 나라에 6년 분의 비축이 없으면 이미 위급합니다. 원정(元鼎) 2년(B.C. 15)에 평원(平原 : 산동성)·발해(하북성)·태산(太山 : 산동성)·동군(東郡 : 하북성) 등이 모두 재해를 입어 백성들이 길 위에서 굶어 죽었습니다. 군수가 어려움을 미리 고려치 않았기 때문에 이런 지경에 이르렀던 것입니다. 밝은 조칙으로 구제되어 가까스로 소생할 수 있었던 것입니다. 올해에는 흉년이 들어 곡물 값이 폭등하였으니, 가을의 수확이 있어도 양식을 댈 수 없는 자가 있을 것입니다. 봄이 되면 더욱 심각해져서 구제하기 어렵게 될 것입니다. 서강(西羌)을 아직 평정하지 못하여 군대가 국외에 나가 있사온데, 전쟁이 또 일어난다면 소신은 한심하게 생각합니다. 빨리 그 대비를 도모함이 마땅합니다. 부디 폐하께서는 만민에게 마음을 기울여 선제의 성덕을 본받아 나라를 편안하게 해 주옵소서."

천자는 그 정책을 시행했다.

위상은 또 자주 《역음양(易陰陽)》과 《명당월령(明堂月令)》을 간명하게 기록하여 상주했다.

"소신 위상은 다행히 대신의 반열에 들었사오나, 직무를 다하지 못하고 교화를 펴지도 못하였습니다. 그 때문에 음양의 기운이 이제껏 조화되지 못하고 재해가는 아직껏 종식되지 않으니 그 책임은 소신에게 있습니다. 소신이 알고 있는 바로는 《주역》에 '천지는 순(順)으로써 움직인다. 그러므로 일월이 잘못되지 않고 사시가 틀리지 않는다. 성인은 순으로써 움직인다. 그러므로 형벌이 공정하여 백성이 따른다'고 하였습니다.

천지의 변화는 반드시 음양에 연유하고 있습니다. 음양의 기능은 계절을 기준으로 합니다. 동지나 하지의 절후가 되면 팔풍(八風: 팔방의 바람)의 순서가 성립되고 만물의 생명이 싹을 트게 됩니다. 각각 계절에는 정해진 직분이 있어 서로가 침해할 수 없습니다.

이를테면 동방신(東方神) 태호(太昊)는 팔괘(八卦) 중 진(震: 木)을 본뜨며, 그림쇠(컴퍼스)를 손에 들고 봄을 다스립니다. 남방의 신 염제(炎帝)는 팔괘의 이(離: 火)를 본뜨며, 저울을 손에 들고 여름을 다스립니다. 서방의 신 소호(少昊)는 팔괘의 태(兌:

金)를 본뜨며, 굽은 자〔曲尺〕를 손에 들고 가을을 다스립니다. 북방의 신 전욱(顓頊)은 팔괘의 감(坎 : 水)을 본뜨며, 저울의 추를 손에 들고 겨울을 다스립니다. 중앙의 신 황제(黃帝)는 팔괘의 곤(坤 : 土) 간(艮 : 山)을 본뜨며, 먹줄을 잡고 토왕(土旺)의 날을 다스립니다. 이처럼 오제(五帝)가 다스리는 데는 각각 정해진 계절이 있습니다. 동방의 괘〔震〕로써 서방을 다스릴 수 없고, 남방의 괘〔離〕로써 북방을 다스릴 수 없습니다. 봄에 태괘(兌卦 : 秋)의 정책을 행하면 기근이 오며, 가을에 진괘(震卦 : 春)의 정책을 쓰면 때 아닌 꽃이 피고, 겨울에 이괘(離卦 : 夏)의 정책을 행하면 숨어 있어야 할 양기가 새어나고, 여름에 감괘(坎卦 : 冬)의 정책을 쓰면 우박이 내립니다.

현명한 임금은 공손히 하늘을 받들고 마음을 다하여 백성을 기릅니다. 그러므로 천문(天文)의 벼슬을 두어 4계절을 다스리고 계절에 응하여 백성에게 일을 줍니다. 임금의 동정(動靜)이 도(道)를 따르고 음양에 순응돼 있으면 일월은 언제나 빛나고 풍우는 시절에 맞게 내리고 한서(寒暑)가 알맞게 돌아옵니다. 이 세 가지가 질서를 이루면 재해가 생기지 않고 오곡이 결실을 맺으며, 길쌈이 이루어지고 초목이 무성하며 조수(鳥獸)가 번식하니, 백성은 요절하거나 병을 앓는 일이 없게 되고 의식이 남아 돌게 되는 것입니다. 이렇게 될 때 임금은 숭앙을 받게 되며 백성은 기뻐하게 되니, 상하에 원망이 없고 정령(政令)이 지켜지며, 예의를 가르칠 수가 있게 될 것입니다.

풍우가 때를 못 맞추면 농잠을 해치게 됩니다. 농잠을 해치면 백성은 헐벗고 굶주리게 됩니다. 헐벗고 굶주리는 신세가 되면 염치가 없어지니, 도둑과 반란은 여기서 생기게 됩니다. 소신의 어리석은 생각으로는, 음양이야말로 정치의 근본이고 뭇 생물의 목숨으로 여깁니다. 고래의 성현으로서 이에 따르지 않은 이가 없었습니다.

천자의 행동은 모름지기 천지에서 모범을 취하지 않으면 안 됩니다. 그러하온데 고황제께서 지으신 《천자소복제팔(天子所服第八)》(천자가 입는 여덟 가지 옷)에는 다음과 같은 말이 있습니다.

양장(襄章)은 장락궁에서 칙명을 받았다. '군신이 모여 천자가 천하를 평화로이 다스리기 위해서는 어떤 옷을 입어야 할지 의논토록 하라'는 칙지(勅旨)였다.

상국(相國 : 승상) 소하(蕭何), 어사대부 주창(周昌)은 공손히 장군 왕릉(王陵), 태자태부 숙손(叔孫) 등과 상의한 결과 다음과 같은 결론에 이르렀다. '춘하추동에 천자가 입는 의복은 천지의 분수에 따름과 동시에 천지의 중심인 인화(人和)를 얻지 않으면 안 된다. 그럼으로써 천자·왕후(王侯) 등 국토를 소유한 임금으로부터 아래로는 만민에 이르기까지, 천지에 따라 4계절에 순응하여 국가를 다스리게 되면 몸에 재앙이 없이 장생할 수 있다. 이야말로 종묘를 받들고 천하를 편안케 하는 예제(禮制)이다. 신하가 법대로 청했다. 그 취지에 따라 맡은 환관 조요(趙堯)는 봄옷을, 이순(李舜)은 여름옷을, 예탕(倪湯)은 가을옷을, 공우(貢禹)는 겨울옷을 관장하자는 의식(儀式)으로, 네 사람이 각자 한 계절씩을 〈맡았다〉고 대알자(大謁者) 양장이 주상하니, 천자는 이를 옳다고 하였습니다.'

문제 때 2월에 은혜를 천하에 베풀었습니다. 즉 효제(孝悌)로써 농사에 힘쓰는 사람과 전쟁에 지친 이에게 포상을 내리고 전사자를 제사지내는 일 등이었는데, 이는 계절에 맞지 않는 일이었습니다. 어사대부 조조는 당시 태자가령(太子家令)으로 있었는데, 상주하여 그 불가함을 말한 바 있습니다.

　소신 위상은 삼가 생각하오니, 폐하의 은덕은 극히 깊사온데도 재해가 여전히 그치지 않습니다. 이는 폐하의 정령이 계절과 맞지 않은 데가 있어 그렇지 않은가 싶습니다.

　원하옵건대, 폐하께서는 경서에 밝고 음양에 밝은 네 사람을 골라, 각각 한 계절씩을 맡아 그 계절에 있어 해야 될 일을 명언하여 음양을 조화하게 한다면 이보다 더한 다행이 없겠습니다."

　위상은 자주 정치상 적합한 방책을 상주하고 그때마다 천자는 받아들였다. 그는 군국의 관리가 휴가를 마치고 고향에서 관청으로 돌아왔을 때, 반드시 지방에서 들었던 소문을 말하게 했다. 만일 여러 고을에서 역적이나 큰 바람이나 큰 비의 재해가 있었는데도 군수가 보고를 하지 않으면 위상은 반드시 이를 주상했다. 당시 병길(丙吉)이 어사대부였는데, 두 사람은 마음을 합하여 정치를 보좌했다. 천자는 두 사람을 존중했다. 위상은 본래 엄격・강직했으나 병길의 관대함에는 미치지 못했다.

　위상이 정치에 관여한 지 9년, 신작(神爵) 3년(B.C. 59)에 죽었다. 시호를 헌후(憲侯)라 했다. 아들 홍(弘)이 작위를 이었으나, 감로(甘露) 연간(B.C. 53~50)에 죄를 범하여 강등되어 관내후(關內侯)가 되었다.

　병길(丙吉)은 자가 소경(少卿)이며, 노(魯:산동성) 출신이다. 법률을 배워 노의 사법 서기가 되었다. 공로를 쌓아 차차 승진하여 정위우감(廷尉右監)에까지 올랐으나, 법에 저촉되어 파직되자

노에 돌아가 고을의 사무관이 되었다.

무제 말년에 무고(巫蠱) 사건이 일어났다. 병길은 본래 정위우감이었으므로 부름을 받아 서울로 갔다. 칙명으로 무고에 관련된 군저(郡邸)의 감옥을 관리했다.

당시 선제(宣帝)는 겨우 생후 수개월로, 무제의 증손이면서도 위태자(衛太子) 사건에 연좌되어 이에 투옥되어 있었다. 병길은 이를 애처롭게 여겼다. 게다가 마음속으로 위태자의 죄가 무고함을 믿고 있었기 때문에 더욱 죄 없는 증손을 불쌍히 생각했다. 병길은 착실하고 친절한 여자 죄수를 골라 증손을 소중하게 보살피게 하고, 조용하고 건조한 장소에 두게 했다.

병길은 무고 사건을 조사했으나 몇 년이 걸려도 결판이 나지 않았다. 후원(後元) 2년(B.C. 87)에 무제가 병환으로 장양궁과 오작궁 등 이궁에 왕래하고 있었다. 운기(雲氣)를 점치는 자가, '장안의 감옥 안에서 천자의 기운이 있습니다' 했다. 이에 무제는 사자를 보내어 서울 안의 관청과 조옥(詔獄)에 수용되어 있는 죄수의 이름을 써 내게 하여 죄의 경중을 묻지 않고 모조리 죽여버리도록 전했다. 내알자령(內謁者令) 곽양(郭穰)이 사자로서 밤중에 군저의 옥사에 도착했다. 병길은 문을 닫고 사자를 거부하여 들여놓지 않았다. 병길이 말했다.

"천자의 증손이 계시오. 딴 서민조차 죄 없으면 죽일 수 없거늘 더구나 천자의 증손을 죽일 수 있겠소."

맞서 대결하다가 마침내 날이 새었으나 곽양은 문 안에 들어갈 수가 없었다. 되돌아가 천자에 보고하고, 겸하여 병길의 죄를 탄핵했다. 무제는 홀연 깨달았다.

천자가 말하였다.

"이는 하늘이 그렇게 시킨 거야."
곧 천하에 대사령을 내렸다. 앞서 군저의 감옥에 갇혀 있던 죄수만 병길의 힘을 입어 살게 되었는데 은혜가 사해에 미쳤다.

증손은 병으로 거의 절망적인 상태에 빠진 일이 이따금 있었다. 병길은 몇 차례나 유모에게 주의를 주어 의사를 보내거나 약을 지어 보내는 등, 육친과 같은 마음으로 보살피고, 사재로써 증손의 의식을 마련해 주었다.

그 후 병길은 거기장군 군시령(軍市令)이 되어 대장군 장사(長史 : 부관)로 영전했다. 대장군 곽광은 무척 병길을 존경했다. 조정에 들어가 광록대부 급사중(光祿大夫給事中)이 되었다.

소제가 붕어하니 후사가 없었다. 대장군 곽광은 병길을 보내어 창읍왕 하(昌邑王賀)를 맞이했다. 하는 제위에 앉았으나 소행이 음란했기 때문에 폐위되었다. 곽광은 거기장군 장안세(張安世) 등 여러 대신들과 누구를 천자로 책봉할 것인가를 의논했으나 결론이 나지 않았다. 병길이 곽광에게 의견서를 제출했다.

"장군은 무제를 섬기어 어린 것을 받아서 천하의 중임을 맡았습니다. 그런데 소제는 일찍 붕어하고 후사가 없어, 해내가 걱정하고 두려워 빨리 뒤를 잇는 임금이 결정되기를 원하고 있습니다. 무제의 장례식 날, 장군은 대의(大義)로써 후사를 세웠습니다만, 그 분이 바람직하지 못한 사람이었기 때문에 장군은 또한 대의로써 폐위하였습니다. 천하가 모두 복종하고 있습니다. 오직 지금 나라와 종묘, 인민의 목숨은 장군의 일거에 달려 있습니다. 소인이 은밀히 서민의 소문을 듣고 그 뒷공론을 들어 살피건대, 제후나 종실은 아직 민간의 소문을 못 들은 것 같습니다. 그런데 무제의 유언으로 양육된 증손으로, 이름을 병이(病己)라 하는 분이 후궁에 있던 조모의 친정에 계십니다. 소인은 앞서 군저에 파견되어 있을 때 어린 모습을 잘 기억하고 있습니다. 이제 나이는 벌써 18,9세에 이르렀을 것입니다. 경서에 밝고 재능이 뛰어나며, 소행이 점잖고 태도가 온건한 분입니다. 부디 장군은 자세히 의논하시고 시귀(蓍龜)로 점친 것을 참조하여, 우선 입시(入侍)케 해서 천하에 사람됨을 알린 연후에, 대사를 결정하여 주시면 크게 다행으로 여기겠습니다."

곽광은 그 의견이 옳다고 여겼다. 마침내 황증손을 천자로 세우기로 하고, 종정(宗正) 유덕(劉德)과 병길을 보내어 증손을 후궁에서 영접토록 했다. 선제가 즉위하자 곧 병길에게 관내후(關內侯)의 작위를 하사했다.

병길은 중후한 인격자로서 결코 선행을 자랑삼는 일이 없었다. 증손을 뜻밖에 만난 뒤에도 그는 옛날의 은혜를 말하지 않았으므로, 조정에서도 그의 공로를 확실히 알지 못했다.

지절(地節) 3년(B.C. 67)에 황태자를 책봉하고 병길이 태자태부가 되었다가 수개월 뒤 어사대부로 영전했다. 곽씨 일족이 주멸되고 선제가 스스로 정치를 하게 되자 병길은 상서의 일을 보게 되었다.

이때 궁중의 계집종 칙(則)이 민간에 있을 때의 전 남편으로 하여금 상주문을 올리게 했는데, '칙은 이전에 어린 천자를 보살핀 공이 있습니다'고 하였다. 이 상주문을 액정령(掖庭令)에 넘겨 고문케 하니 칙은, '당시의 사자 병길 대감께서 사정을 잘 아십니다'라고 하여 면대시켜 달라고 주장했다. 액정령은 칙을 데리고 어사의 관청에 나아가 병길에게 보였다. 병길은 기억하고 있었기 때문에 칙에게 말했다.

"너는 이전 황증손을 보살필 때 행동이 좋지 않았으므로 태벌을 당했었지. 그런데 어찌 공이 있다 하는가? 위성(渭城)의 호조(胡組)와 회양(淮陽)의 곽징경(郭徵卿)만이 은혜가 있을 뿐이다."

병길은 별도로 호조 등 옛날 어린 임금의 급양에 노력이 컸던 실상을 주상했다. 천자는 병길에게 명하여 호조와 곽징경을 찾았으나 두 사람 모두 죽은 뒤였다. 그들의 자손이 남아 있었으므로 각각 후한 상을 받았다. 한편 천자의 특별한 뜻으로 칙을 석방하여 자유민으로 하고, 돈 10만을 하사했다. 천자는 이때 친히 보고 물었으므로, 병길이 옛 은덕이 있으나 끝내 말하지 않은 것을 알았다. 천자는 병길을 대현(大賢)이라 하여 승상에게 칙어를 내렸다.

"짐이 아직 미천했을 때, 어사대부 병길은 짐에 대하여 옛 은덕이 있었다. 그 은혜야말로 보통이 아니었다. 《시경》에도 '덕의 갚음이 없을 수 없다'고 했지 않은가. 그러니 병길을 박양후(博陽侯)로 봉하여 1천 3백호의 식읍을 수여하라."

후로 봉하려는 계제에 병길은 마침 병으로 위독하였다. 천자는 병길의 생전에 수여하려 생각하고 사자를 병상에 보내어 후의 인수(印授)를 붙여 주려 했다. 천자는 병길이 그대로 죽지 않을까 걱정했다. 태자태부 하후승(夏侯勝)이 말했다.

"이 사람은 아직 죽지 않습니다. 소신은 음덕 있는 자는 반드시 기쁜 보답을 받으며 나아가 자손에게 미친다고 듣고 있습니다. 지금 병길은 아직 보답을 받기 전에 병이 심합니다만 그대로 죽을 병은 아닙니다."

그 후 과연 병이 나았다. 병길은 상주하여 굳이 사양하기를, 아무런 실적도 없는데 포상을 받아서는 안 된다고 아뢰었다.

천자가 말하였다.

"짐이 그대를 후로 봉하는 것은 실적이 있었기 때문이오. 그런데도 그대는 후의 인수를 반환하니 이는 짐의 부덕을 드러내는 것이오. 지금 천하가 무사하니, 부디 마음을 편히 하여 걱정함이 없이 의사를 불러 약을 먹고 몸을 잘 보살피도록 하오."

그 후 5년, 위상(魏相)에 이어 승상이 되었다.

병길은 본래 사법 관계의 말직으로부터 출세했으나, 그 후 《시경》《예기》를 배워 모두 대의(大義)에 통하였다. 승상이 되어서는 관대함을 주로 하고 예의와 겸양을 좋아했다. 속관으로서 횡령죄를 범하여 직책에 어울리지 않는 자가 있으면 반드시 오랜 휴가를 주었다(그대로 퇴직케 하기 위하여). 결코 증거를 잡아 조사하는 일이 없었다. 어떤 사람이 병길에게 말했다.

"그대는 한조의 승상이면서도 나쁜 관리가 사복을 채우고 있는데도 징계하지 않는 까닭이 무엇인지요?"

길이 대답하였다.

"대체 삼공(三公)의 관청이라는 데서 지체 낮은 관리를 취조했다는 평판이 있게 되면 나는 비루해질 것이오."

후에 딴 사람이 병길과 바뀌어 승상이 되고서도 그대로 이것이 준례가 되어, 삼공의 관청에서는 속관을 심문하지 않게 되었는데, 병길이 이 시초가 되었다.

병길은 속관 서기에 대하여 애써 그 과실을 묵과하고 좋은 점을 칭찬했다. 병길이 타는 수레의 마부는 술을 즐겨 이따금 일을 방치한 채 놀러 가곤 했다. 어느 때 병길을 모시고 외출했는데, 취하여 승상 수레의 앉는 자리에 토했다. 서조(西曹)의 장관이 그 마부를 쫓아내 버리자고 제의하니 병길이 말했다.

"취한 것쯤의 과실을 가지고 한 장부의 생업을 앗아버리면 이 사람은 몸 둘 바가 없게 되네. 서조여, 잠자코 참아 주게. 기껏 승상 수레의 앉는 자리를 더럽힌 것뿐이라네."

그대로 두고 파직하지 않았다.

그 마부는 변경 출신으로 국경의 요새에서 보내는 급한 보고나 경비의 일을 잘 알고 있었다. 어느 날 외출했는데, 역참의 기병이 흰 것과 붉은 것의 자루 속에 넣은 변두리 고을에서의 급한 보고서를 가지고 말을 타고 달려오는 것을 보았다. 마부는 이에 기병의 뒤를 쫓아 염탐한 결과, 호군(胡軍)이 운중(雲中)·대군(代郡)에 침입했음을 알게 되었다. 급히 관청에 돌아가 병길을 만나보고 사정을 알린 다음 덧붙여 이렇게 말했다.

"아마도 호군이 침입한 변경 군의 장관 중에는 노쇠하여 싸움에 견디기 어려운 사람도 있을 것이옵니다. 미리 조사하심이 좋을 것이옵니다."

병길은 지당한 말이라 여겨 동조(東曹)를 불러 내어, 병경의 군의 장관을 조사하여 자세히 그 사람됨을 조목별로 써 내도록 했다. 아직 그 일이 끝나지 않은 중에 천자로부터 승상과 어사대부의 부름이 있고, 호군이 침입한 군의 장관에 관하여 하문이 있었다. 병길은 자세히 답변했으나 어사대부는 갑작스러운 일이라 자세한 것을 몰라 꾸짖음을 당했다. 반면에 병길은 천자로부터 변경의 일을 항시 마음에 두고 직무에 충실했다고 인정 받았으니 이는 마부의 덕분이었다. 병길은 이에 탄식하여 말했다.

"군자로서 포용하지 못할 사람이 없구나. 각각 장점이 있는 법이다. 앞서 마부의 말을 듣지 않았더라면 결코 폐하의 칭찬을 받지 못했을 거야."

속관은 이 일로 하여 더욱 병길을 훌륭한 사람이라 생각했다.

병길이 또 어느 날 외출했다. 청도(淸道 : 귀인의 행차 때 앞에서 잡인의 통행을 금하는 사람)가 크게 싸우고 있는 무리들과 마주쳤다. 사상자가 길에 즐비했다. 병길은 모르는 척하며 통과해 버렸다. 수행하던 속관이 마음속으로 기이하게 여겼다. 병길은 한참을 가다가 소를 몰고 가는 사람과 만났는데, 소가 헐떡이며 혀를 빼 물고 있었다. 병길은 수레를 멈추게 하고 말 탄 속관을 시켜 그 소가 지금까지 몇 리를 걸어왔는지 물어보라 했다. 속관은 속으로 생각했다.

'승상께선 앞서 물어야 할 건 묻지 않고, 뒤에선 묻지 않아도 좋을 건 묻는구나. 모두 잘못돼 있다.'

어떤 이가 이 일로 병길을 책하니 병길이 말했다.

"백성이 싸워 살상한 것은 장안령(長安令)이나 경조윤(京兆尹)의 직책으로 경비하고 체포해야 될 일이니, 연말에 가서 승상이 그들의 잘잘못을 감안하여 상주하고 상벌함으로써 끝나는 일이다. 승상이란 사소한 일에 관계하지 않는 법이니, 노상에서 싸우는 일을 물 바가 아니다.

바야흐로 지금은 봄철이니, 소양(少陽)의 기운이 지배하는 때이다. 그러니 크게 더울 까닭이 없을 터이다. 만일 그 소가 얼마 안 되는 길을 걸었을 뿐인데도 더위 때문에 헐떡이고 있었다면, 사계의 기운이 어지러워져 있어 재해가 일어나지 않을까 근심된다. 삼공은 천지 음양의 기를 조화시키는 데 힘쓸 일이므로, 소의 때아닌 헐떡거림은 승상의 직(職)으로서 근심해야 될 일이기 때문에 물었노라."

그 사람은 이에 감복하여, '병길 대감께선 대체(大體)를 아신다'라고 했다.

오봉(五鳳) 3년(B.C. 55) 봄에 병길은 병들어 위독하게 되었다. 천자는 몸소 병 문안을 가서 물었다.

"경에게 만일의 경우가 생겼을 때, 누구를 승상의 대신으로 삼으면 좋겠소?"

길은 사양하여 말했다.

"군신의 소행과 능력은 폐하께서 가장 잘 아실 터이오니, 어찌 소신이 분별할 수 있겠습니까."

천자가 끝까지 추궁해 물으니, 병길은 머리를 땅에 닿도록 꾸벅이며 아뢰었다.

"서하(西河) 태수 두연년(杜延年)은 법률에 밝고 나라의 관습을 잘 알고 있사옵니다. 앞서 구경(九卿)으로 근무한 지 10여 년, 지금은 지방에 있사오나 정치에 유능하여 평판이 높습니다. 정위(廷尉) 우정국(于定國)은 법 집행에 면밀하고 공평하여, 천하의 백성들은 그 덕으로 무고한 죄에 걸리지 않고 살 수 있습니다. 태복(太僕) 진만년(陳萬年)은 계모를 섬기어 효도하고 성실함이 행동에 넘쳐 있습니다. 이 세 사람의 능력은 모두 소신에 비해 뛰어납니다. 폐하의 뜻대로 하옵소서."

천자는 이제껏 병길의 말이 모두 옳았기 때문에 그 의견을 받아들였다. 길이 죽은 뒤 어사대부 황패(黃霸)를 승상으로 하고, 서하 태수 두연년을 불러들여 어사대부에 임명했다. 마침 이때 두연년이 노년을 이유로 사퇴를 청했으므로, 정위 우정국을 대신 어사대부로 삼았다. 황패가 죽자 우정국이 승상, 태복 진만년이 어사대부가 되었다. 이들은 모두 그 자리에 있어서의 책임을 다했다. 천자는 병길이 사람을 보는 눈이 있다고 칭찬했다.

병길이 죽었다. 시호를 정후(定侯)라 했다. 아들 현(顯)이 작위를 이었으나, 감로 연간에 죄를 범하여 강등되어 관내후가 되었다. 벼슬은 위위(衛尉)와 태복에 이르렀다.

앞서 병현은 젊었을 적에 제조(諸曹)로서 어느 날 고조 사당의 제사에 참여했다. 제사의 전날 밤에 제물을 차려놓을 때가 되어서야 비로소 사람을 시켜 제복을 가져오게 했다. 승상 병길은 크게 화를 내며 부인에게 이렇게 말했다.

"종묘의 제사는 가장 중요한 일인데, 그 애는 도무지 삼가는 마음이 없으니, 우리 집의 작위를 잃게 하는 건 그 애일 것이다."

부인이 중간에 들어서 겨우 처벌을 면했다.

병길의 둘째아들 우(禹)는 수형도위(水衡都尉), 막내인 고(高)는 중루교위(中壘校尉)가 되었다.

원제(元帝) 때(B.C. 48~33) 장안의 사오(士伍 : 병졸) 존(尊)이란 자가 있어 상주했다.

"소신이 젊었을 때 군저의 낮은 관리로 근무했사온데, 선제께서 황증손으로 군저의 감옥에 계심을 은밀히 보았습니다. 당시 사자로서 감옥을 관리하고 있던 병길은 황증손이 무고한 죄에 연좌되고 있음을 보고, 자비의 마음을 일으켜 가슴 아파 눈물을 흘리고, 여도형수(女徒刑囚) 호조를 골라 황손을 보살피게 했습니다. 병길은 언제나 소신을 데리고 하루에도 두 차례 황손이 주무시는 군저의 뜰을 살폈습니다. 그 후 투옥자의 명단을 써 내라는 칙명을 받고도 병길은 끝내 대난을 막아 준엄한 형벌에 걸릴 것도 불사했습니다.

대사령이 내린 뒤, 병길은 군저의 관리를 맡은 관리 수여(誰如)

에게 일러 황손을 군저와 같은 관아에 두어서는 안 된다고 하였습니다. 수여를 시켜 경조윤에게 편지를 보내어 황손을 호조와 더불어 경조윤에게 보냈습니다. 그러나 경조윤이 받지 않아 돌아왔습니다.

호조는 형기가 끝나 돌아가게 되었사온데 황손이 호조를 그리워하므로, 병길은 자신의 돈으로 호조에게 임금을 주어, 군저에 머물러 곽징경과 함께 보살피게 하여 수개월 뒤에야 호조를 돌아가게 했습니다.

그 후 소내색부(少內嗇夫 : 궁중의 창고지기)가 병길에게 '황손의 양육비는 조령(詔令)에 규정된 바 없으므로 양식을 내 줄 수 없다'고 말했습니다. 그때 병길은 자기가 봉록으로써 얻은 쌀과 고기를 다달이 황손에게 공급하였습니다.

병길이 병으로 누워 있을 때는 곧 소신 존에게 명하여 조석으로 황손을 보살피게 하되, 자리와 요가 젖어 있지 않나 살피고, 아침저녁으로 황손을 떨어져서 밖에서 노는 일이 없도록 호조와 곽징경을 각별히 감시하게 했습니다. 또 맛있고 부드러운 음식을 드린 일도 한두 번이 아닙니다. 덕택에 황손은 목숨을 보전하여 귀하신 몸이 크게 성장하셨습니다. 그것만으로도 병길의 공덕은 무한한 것입니다. 당시 병길로서는 황손이 천자가 되리라고 짐작하여 보수를 바라고 한 것은 아닙니다. 다만 자비심이 마음속에서 크게 우러났기 때문입니다. 개지추(介之推)가 다리의 살점을 깎아 굶주린 임금(晉文公)을 먹여 생명을 연장케 한 예라 할지라도 병길의 은혜에 어찌 비할 수 있겠습니까.

선제(宣帝) 때에 소신은 상주하여 이러한 사정을 아뢰었으며, 다행히 상주문이 병길의 손에 들어갔으나 그는 겸손한 사람으로서 자기 공을 자랑함을 싫어하는 터라, 자신의 문장을 삭제하여 오로지 호조와 징경의 공만으로 바꾸었습니다. 호조와 징경은 다 같이 밭과 집을 하사 받고 돈을 받았으며, 병길은 박양후로 봉해졌습니다. 소신 존의 공이란 호조와 징경에 미칠 바가 못 됩니다. 소신은 이미 늙어 살림은 구차하고 죽음이 눈앞에 다가오고 있습니다. 끝까지 말하지 않으면 이 큰 공이 알려지지 않고 말 것을 두려워하여 말씀 드리옵니다. 병길의 아들 현은 가벼운 죄에 얽히어 작위를 빼앗기고 관내후가 되었습니다. 소신의 어리석은 생각으로는 그 작위와 영지를 반환하시어 고인의 공덕을 갚음이 옳을까 하옵니다."

이보다 앞서 병현은 10여 년 간 태복으로 있었는데, 속관과 짝이 맞아 부정의 이익을 취하여 1천여 만 전을 횡령했다. 사예교위(司隷校尉)가 취조하고 그 죄가 매우 괘씸하다고 탄핵하여 체포하겠다고 천자에게 청하니, 천자가 말했다.

"고 승상 병길은 옛 은덕이 있어 짐은 차마 그 대를 끊을 수 없다."

이에 현을 면직하고 4백 호분의 소령(所領)을 삭감하는 데 그쳤다. 그 후 성문교위(城門校尉)에 임명되었다. 현이 죽고 아들 창(昌)이 관내후의 작위를 이어받았다.

성제(成帝) 때에 폐지된 공신의 제사를 재흥키로 되었다. 병길의 옛 은덕이 크다 하여 홍가(鴻嘉) 원년(B.C. 20)에 승상·어사대부에게 다음과 같은 조칙을 내렸다.

"듣건대 공덕 있는 자를 찬양하고, 끊기려 하는 혈통을 계승케 하는 일은, 종묘를 중시하고 널리 성현을 불러 들이는 길이라 한다. 고 박양후 병길은 제실에 구은(舊恩)으로써 공이 있었으므로, 제후로 봉해진 사람인데 지금 그 제사가 끊겨 있다. 짐은 심히 안타깝게 생각한다. 본래 선인을 포상하여 자손에게 미치게 함은 고금의 통의(通義)라, 그러므로 병길의 손자 중랑장 관내후 창을 박양후로 봉하여 조부의 뒤를 계승하게 하라."

나라에서 32년 동안 끊은 것을 이에 다시 이었다. 병창은 제후를 아들에게 전하여 손자의 대까지 계승됐으나 왕망(王莽) 때에 끊어졌다.

찬(贊)에 말하였다.

옛사람이 이름을 붙일 경우, 반드시 근사한 데서 취했다. 멀리는 외계의 사물에서 취하고, 가까이는 그 몸에서 취했다. 그리하여 경서(經書)에는 군(君)을 원수(元首)라 하고, 신하를 고굉(股肱)이라 이름했다. 군신은 한 몸으로서 서로가 얽혀 성립됨을 밝힌 것이다. 그런즉 군신이 서로 도움은 고금의 상도(常道)요 자연의 추세이다. 가까운 데서 한의 재상을 볼진대 고조가 나라의 기틀을 닦을 때는 신하의 필두(筆頭)였다. 선제가 중흥의 사업을 할 때에는 병길·위상이 그 이름을 떨쳤다. 이 시대에는 관리의 인사에 질서가 있어 모든 직이 잘 다스려졌다. 공경의 대부분이 그 자리에 어울리는 인물이었으며, 천하에는 예양(禮讓)의 풍조가 일어났다. 위상·병길의 행동을 볼진대, 신하는 임금의 울타리란 것이 결코 빈말이 아니다.

조광한(趙廣漢)·장창(張敞)·왕존(王尊)·왕장전(王章傳)

　조광한(趙廣漢)은 자가 자도(子都)이며, 탁군(涿郡) 여오현(蠡吾縣 : 하북성 博野縣) 사람이다. 여오현은 본래 하간군(河間郡)에 속했었다.
　광한은 젊어서 군의 관리와 주(州)의 아전이었는데, 결백하고 영리하며 선비를 우대하기로 이름이 널리 알려져 있었다. 무재(茂材)로 뽑히어 평준령(平準令 : 물가 통제관)이 되었다가 청렴함이 인정되어 양적(陽翟)의 현령으로 영전되었다. 통치의 성적이 뛰어나서 경보도위(京輔都尉)로 승진하였다가 임시로 경조윤이 되었다.
　마침 소제(昭帝 : B.C. 86~74)가 붕어하게 되니, 신풍(新豊 : 섬서성)의 두건(杜建)이 경조윤의 속관으로서 평릉(平陵)의 무덤 공사를 감독하게 되었다. 두건은 본래 의협심이 강한 사람인데 부하를 시켜 부정한 이익을 꾀했다. 광한은 이를 듣고 우선 완곡한 말로 충고했으나 고쳐지지 않았다.
　이에 그는 두건을 체포하여 취조하고 법에 걸었다. 궁중의 귀인·호족·명망가들이 두건을 위하여 말렸으나 광한은 끝내 듣지 않았다. 그러자 두건의 일족과 부하들이 두건을 탈취하려고 음모했다. 광한은 이 계획의 주모자 이름과 동정을 탐지하고 관리를 보내어 이렇게 말하게 했다.

"너희들은 이러이러한 계획을 하고 있는데, 그러다간 너희들조차 몰살을 당할 것이다."

몇 속관에게 명하여 두건을 끌고 가서 기시(棄市)하니, 감히 가까이하려는 자가 없었다. 서울 사람들이 광한을 칭찬했다.

이 무렵 창읍왕이 부름을 받아 제위에 올랐으나 음란한 행동이 심하여, 대장군 곽광이 군신과 더불어 왕을 폐위하고 선제를 옹립했다. 광한도 선제 옹립의 일에 참여한 공으로 관내후의 작위를 하사 받았다.

영천(潁川) 태수로 옮겼다. 영천군의 호족으로 원씨(原氏)와 저씨(褚氏)가 있었다. 일족이 모두 포악하고 그 식객이 도둑질을 하는데도, 이전의 군수는 아무도 체포·금지할 수가 없었다. 광한은 부임한 지 수개월 만에 원·저의 우두머리를 붙잡아 사형에 처하니 군 전체가 떨었다.

그 이전 영천에서는 유지와 명문의 집들이 서로 인척 관계를 맺어, 관리나 민간인 속에도 그 도당이 형성돼 있었다. 광한은 이를 걱정하여 일당 중에서 부릴 만한 자를 격려하여 앞잡이로 하고 군수의 밀명을 받게 했다. 밖을 나돌아 범죄의 소문을 들었을 경우, 죄명이 성립되면 가차 없이 법에 의하여 처벌했다. 그런 경우 광한은 일부러 누가 밀고했는지를 밖에 누설하여, 그들 동료끼리 원한이 맺히도록 만들었다. 또 관리에게 지시하여 투서를 받는 대통을 내걸고, 투서가 있으면 그 투서자의 이름을 지우고 짐짓 유지나 호족의 자제가 투서한 양 보이게 했다. 그 후 호족과 대가가 서로 원한을 품게 되어 원수의 관계에 놓이니, 악당은 흩어져 몰락하고 풍속은 크게 개선되었다. 관리나 백성이 서로 고발하는 것을, 광한은 자기의 귀와 눈 대신으로 삼았으니 도둑이 발생할 리 없으며, 설혹 발생한다 하더라도 반드시 붙들리기 마련이었다. 모든 정무가 잘 이루어지니 광한의 위명은 멀리까지 떨쳤다. 흉노의 투항자조차, '광한 태수 이름은 흉노 땅에까지 크게 알려져 있습니다' 라고 말했다.

본시(本始) 2년(B.C. 72)에 나라에서 다섯 장군을 파견하여 흉노를 쳤다. 광한을 불러들여 태수의 자격으로 병사를 이끌고 포류 장군(蒲類將軍) 조충국(趙充國) 휘하에 종군토록 명했다. 종군하였다가 귀환하자 다시금 임시 경조윤이 되고, 1년이 지나 수령(守令)이 되었다.

광한은 지방 장관으로서 온후한 태도로 부하를 대하여, 관리를 위로하고 대우함이 극진했다. 일에 공적이 있으면 공을 아랫사람에게 미루고 이렇게 말했다.

"속관 아무개가 한 일이지, 내가 한 일이 아니네."

그러한 일이 진정 지성에서 우러난 것이었으므로 이를 본 관리는 모두 진정을 토로하여 숨기는 일이 없었다. 광한을 위하는 일이라면 쓰러져도 좋다고 생각할 정도였다. 광한은 총명하여 관리들 각자의 능력이 어디에 어울리며, 얼마나 성실하게 일하고 있는지를 뚫어보고 있었다. 개중에 임무에 어긋나는 자가 있으면 반드시 정보를 탐지하여 우선 경고하고, 그래도 개심하지 않으면 비로소 체포했다. 도망칠 여지가 없었다. 취조하면 죄상이 곧바로 드러나게 되므로 황공하여 자백했다.

광한은 본래 정력가였으며 천성적으로 관리직에 정통했다. 관리나 인민을 접견하여 밤새도록 잠을 안 자는 일이 많았다. 구거(鉤距)를 가지고 사실을 알아내는 데 요령이 있었다. 구거란 이를테면 말값을 알려고 한다면 우선 개값을 묻고, 다음에 양값을 묻고, 다시 소값을 묻고 난 뒤에 말값을 묻는 식으로, 그것들의 값을 참작하여 비교 유추하게 되면 말값의 비싸고 쌈이 사실인가 아닌가를 알게 되는 것을 말한다. 다만 광한과 같은 정밀한 두뇌의 소유자만이 할 수 있을 뿐, 여느 사람이 흉내 낼 수 있는 일이 아니다.

고을 안의 도둑이나 마을의 불량배의 소굴, 또는 어떤 관리가 어떻게 뇌물을 받았는가 등을 소상히 알고 있었다. 한번은 장안의 젊은이들 몇이 마을의 외진 빈 집에 모여 강도질을 음모했는데, 채 이야기가 끝나기도 전에 광한이 관리를 보내어 체포했다. 규명하니 자초지종을 고백했다.

소회(蘇回)라는 부자가 낭(郎)이 되어 있었는데, 두 사내가 그를 인질로 잡아 재물을 강탈하려 한 일이 있었다. 얼마 후에 광한이 관리를 이끌고 그 집에 당도했다. 광한 자신은 안 뜰에 서서 장안의 부지사 공사(龔奢)에게 명하여, 집문을 두드리고 범인에게 타이르게 했다.

"경조윤 조대감께서 두 사람에게 부디 원하는데, 인질을 죽이지 말라. 낭이란 궁중을 숙직하는 관리이다. 두 사람이 인질을 석방하고 팔짱을 끼고 나온다면 나쁘게는 하지 않을 것이다. 혹시 대사령이라도 내린다면 출옥할 수도 있을 것이다."

두 사람은 놀랐다. 그들은 광한의 이름을 평소에 듣고 있었기 때문이다. 곧장 문을 열고 나타나 마당에 내려 머리를 조아렸다. 광한은 그들에게 사례했다.

"낭을 무사히 돌려 보내 주어 고맙다."

두 사람을 감옥에 보내되, 관리에게 대우를 잘하게 하여 술과 고기를 먹이게 했다. 겨울이 되어 마침내 끌려 나와 처형하는데,

미리 두 사람을 위하여 관과 수의(壽衣) 등을 마련한 뒤에 사형됨을 알렸다. '죽어도 유한이 없습니다' 라고 두 사람이 말했다.

광한은 어느 날 명령서를 내어 호현(湖縣 : 하남성)의 도정장(都亭長)을 불러들였다. 도정장은 서쪽으로 향하여 군계(郡界)에까지 왔다. 군계의 정장이 농담으로 말했다.

"관청에 가거든 조대감께 내가 안부 전하더라고 말해 주게."

호현의 도정장이 관청에 이르렀다. 광한은 그와의 용건이 끝나자 이렇게 말했다.

"군계의 정장이 나에게 안부 전하라 하지 않던가. 왜 나에게 그걸 전하지 않나?"

도정장은 머리를 조아리고, 실은 부탁을 받았노라고 자백했다. 광한이 그래서 말했다.

"돌아가는 길에 군계의 정장에게 나의 안부를 전해 주게. '직무에 힘써서 실적이 있도록 하라고. 경조윤은 그대의 후의를 잊지 않겠다' 고 말이네."

광한의 숨어 있는 나쁜 일을 적발하는 기술은 신기하여 모두 이와 같았다.

광한은 천자께 청원하여 장안의 유요(游徼 : 경찰)·옥리(獄吏)의 녹을 백석(百石)으로 올려 주었다. 그 후 백석의 관리는 모두 자중하게 되었으며, 법을 어기고 뇌물을 받기 위하여 무고한 죄인을 구류하는 따위의 악폐가 없어졌다. 서울의 정치는 밝아지고, 관리와 백성들은 그를 칭찬하여 마지않았다. 장로들은 입을 모아 한초(漢初) 이래 서울을 다스린 사람으로 광한을 따를 이가 없다고 했다.

좌풍익(左馮翊)이나 우부풍(右扶風)도 장안을 다스리는 같은 벼슬아치였는데(우풍익은 동부, 우부풍은 서부, 경조윤은 도읍 중심지를 다스렸는데 이 셋을 三輔라 함), 법을 어긴 범인을 쫓다보면 대부분이 경조윤의 관할지를 벗어나 이보(二輔)에 들어가 있었기 때문에 광한이 탄식하여 말했다.
"내가 지배하는 땅을 문란하게 하는 것은 언제나 이보로군. 만일 나에게 삼보를 다 통치케 하라면 조금은 손쉬울 텐데."
앞서 대장군 곽광(霍光)이 정치를 맡고 있을 때에 광한은 그 밑에서 일했다. 광이 죽은 뒤 광한은 천자의 뜻을 마음속으로 알아차렸다. 장안의 관리를 동원하여 스스로 지휘해서, 곽광의 아들 박륙후 우(博陸侯禹)의 집에 이르러 곧장 문 안에 들어가서 비밀히 고기가 술을 팔고 있지 않나 수색하여(술은 전매) 술청과 술독을 때려 부수고, 도끼로 문 빗장을 파괴한 뒤 돌아왔다. 당시 곽광의 딸은 황후였다. 이 소식을 듣자 천자를 보고 울었다.
천자는 마음속으로 광한의 처사를 잘했다고 생각하여 사정을 물었다. 이후로 광한은 귀족·외척·대신들에게 비위만 있으면 가차 없이 처치했다. 평소 대대로 벼슬하는 집의 자손으로서, 신진 기예의 젊은이를 기용하여 콧대가 세고 날카로운 용기를 기르고 있었다. 사건만 발생하면 질풍처럼 덤벼들었으니 아무도 회피할 길이 없었다. 대체로 과단성 있는 계략이 많았으나 귀찮은 일에는 대범했으니, 광한이 최후로 실각한 것은 이 때문이었다.
앞서 광한의 식객이 장안의 저자에서 술을 밀매한 일이 있었다. 승상의 속관이 이를 추방했다. 식객은 소현(蘇賢)이란 사내가 밀고하지 않았나 하고 의심하여 이를 광한에게 고했다. 광한은 장안의 부지사에게 명하여 소현을 취조하게 했다. 헌병인 우(禹)가 일부러, '소현은 기사로서 패상(覇上)에 주둔하라는 명을 받고도 부임하지 않고 직무를 태만했다'고 탄핵했다.
 현의 아버지가 상주하여 자식의 억울함을 호소하여 광한을 고발했다. 사건이 법관에게 넘겨 다시 한 번 조사하게 하였다. 우는 유죄가 되어 허리를 자르는 형에 처해졌다. 법관은 광한을 체포하겠노라고 청했다. 천자의 배려로 불구속 심문을 받게 되매 광한은 마침내 자백했다. 마침 이때 사령이 내려 1등급 감봉만으로 사건이 마무리되었다.
 광한은 소현과 동향인 영축(榮畜)이 사주한 것으로 의심하여, 그 후 딴 법률에 얽어 영축을 사형에 처했다. 어떤 이가 상주하여 이 일을 고발했다. 사건이 승상·어사에게 넘겨져 증거 조사가 매우 엄했다. 광한은 가깝고 믿을 수 있는 장안 사람을 승상부의 문지기로 삼아, 승상의 집안에 비행이 없나 염탐하게 했다.
 지절(地節) 3년(B.C. 67) 7월의 일이다. 승상의 집 계집종이 잘못을 범하여 목 매달아 죽었다. 광한은 이 소식을 듣자 승상의 부인이 계집종을 질투하여 승상의 관사에서 살해하지나 않았나 하고 의심했다. 승상은 당시 종묘에 소주를 바치는 제사 마련 때문에 사당에 묵고 있었다. 광한은 이 정보를 얻자, 중랑 조봉수(趙奉壽)를 보내어 승상을 넌지시 깨우치게 했다. 이로써 위협하여 자기 사건을 끝까지 추궁하지 못하도록 하려는 셈이었다. 그러나 승상은 듣지 않았다. 도리어 광한의 조사를 더욱 엄하게 했다. 광한은 승상 부인의 사건을 고발하려고 하여 우선 점성(占星)을 아는 태사(太史)에게 물으니, '금년에는 사형을 받는 대신이 있을 것입니다'라고 말했다. 광한은 곧장 상주하여 승상의 죄를 고발하니, 칙어가 내렸다.
 "그 사건을 경조윤이 다스려라."

광한은 사태가 절박함을 알고 있었으므로, 그 길로 몸소 관리와 포졸을 이끌고 승상의 관청에 돌입하여 승상 부인을 불러내어 안뜰에 꿇어앉혀 구술서를 받고, 노비 10여 명을 데리고 와서 계집종 살해의 사실을 추궁했다. 승상 위상(魏相)은 상주하여 다음과 같이 변명했다.

"소신의 처는 정말 계집종을 살해한 일이 없습니다. 광한은 자주 법을 어기고도 복죄함이 없이 교묘한 사기술로 소신을 위협함으로써 소신으로 하여금 손을 늦추어 광한의 고발을 중단하게 하려고 합니다. 원하옵건대 분별 있는 사자를 보내어 광한이 조사한 소신의 집 사건을 재조사하도록 하옵소서."

사건이 정위(廷尉)에게 넘겨져 조사를 받게 되었다. 그 결과 판명된 사실에 의하면, 승상 자신이 계집종의 과실을 책하여 매를 때렸고, 계집종은 집을 나가 본가에 돌아가 죽은 것으로, 광한의 보고와는 크게 달랐다. 사직(司直) 소망지(蕭望之)가 광한을 탄핵하여 상주했다.

"광한은 대신을 모욕하고 또한 협박했습니다. 주상을 섬기는 몸으로서 절의를 배반했으며, 나라의 교화를 그르치게 했으니 그 죄가 막심하옵니다."

선제는 가증한 자라고 여겨 광한을 정위의 재판에 넘겼다. 이 죄 외에 무고한 죄인을 살해한 일, 재판에서 고의로 사실을 왜곡한 일, 임의로 기사(騎士)를 쫓아내어 군사에 손실을 끼친 죄목 등이 열거되었다. 천자가 정위의 구형을 재가하니 대궐 문에 연좌하여 호곡하는 이민(吏民)이 수만명이었다. 개중에는, '소신은 살아 있어도 천자의 도움이 되지 않는 몸이오니, 경조윤 조대감 대신에 죽게 해 주옵소서. 그리하여 계속 대감께서 인민을 보살피게 해 주옵소서'라고 말하는 자조차 있었다. 그러나 광한은 마침내 허리를 자르는 참형에 처해졌다.
　광한은 비록 법에 저촉되어 사형이 되었으나 경조윤으로서는 청렴하고 명석했으니, 그 위광은 호족을 누르고 서민이 안심하여 살 수 있게 하였다. 인민은 광한을 추모하여 지금껏 그 덕을 구가하고 있다.

　장창(張敞)은 자가 자고(子高)이며, 본래 하동군 평양현(平陽縣 : 산서성) 사람이다. 조부 유(孺)는 상곡(上谷) 태수였으나 후에 무릉으로 옮겼다. 아버지 복(福)은 무제를 섬겨 광록대부에까지 올랐다.
　장창은 그 후 선제(宣帝 : 즉위 전)를 따라 두릉(杜陵)으로 옮겼다. 창은 본래 마을에서 월급을 받다가 군 태수의 하위직으로 임명되었다. 효렴(孝廉)으로 뽑혀 감천(甘泉) 창고의 장관이 되어 차차 승진하여 태복(太僕)의 승(丞 : 차관)에까지 올랐다. 태복 두연년(杜延年)은 창을 높이 평가했다.
　이 무렵 창읍왕(昌邑王)이 부름을 받아 즉위했으나 난폭한 행실이 많았다. 이에 장창이 상주하여 간했다.
　"소제(昭帝)께서는 일찍이 붕어하시어 후사가 없었습니다. 대신이 우려하여 훌륭한 분을 골라 선조의 제사를 이으시도록 했습니다. 태자로 맞이하는 날에는, 오직 도착이 늦다고 안타까워할 정도였습니다. 지금 폐하께서는 장년으로 비로소 제위에 오르셨습니다. 천하는 눈을 크게 뜨고 정도(政道)를 지켜 보며, 귀를 기울여 평판을 들으려 합니다. 하온데 나라를 보좌하는 대신은 아직 포상하지 않았는데도, 창읍에서 데려 온 말구종 따위를 먼저 승진시켰사오니, 이는 크게 잘못된 일입니다."

그 후 10여 일 만에 창읍왕 하(賀)는 폐위되었다. 장창은 엄하게 간한 일로 유명해져 예주(豫州) 자사로 발탁되었다. 자주 상주하여 충언했으므로 선제는 창을 불러들여 태중대부(太中大夫)로 삼아, 우정국(于定國)과 더불어 상서(尙書)의 일을 맡겼다. 항상 정론을 펴서 대장군 곽광(霍光)의 기분을 상하게 하여, 파견군의 비용 삭감을 맡는 자리로 옮겨져, 지방으로 쫓겨 함곡관(函谷關)의 도위(都尉)가 되었다.

선제가 즉위한 지 얼마 안 되고 폐왕 하가 창읍에 있으니, 천자는 속으로 그를 꺼리어 장창을 산양(山陽) 태수로 삼았다.

얼마 후 대장군 곽광이 죽고 선제가 비로소 친정(親政)을 하게 되었다. 광의 형의 손자 산(山)·운(雲)을 봉하여 제후로 하고, 광의 아들 우를 대사마(大司馬)로 삼았다. 얼마 후 산과 운이 과실을 범하여 파면되고 곽씨의 여러 사위와 친척이 많이 지방 관리로 전임되었다. 장창은 이 소식을 듣고 상소하였다.

"신이 듣자온데, 옛날 공자(公子) 계우(季友)는 노(魯)에 공이 있고, 조쇠(趙衰)는 진(晉)에 공이 있으며, 대부 전완(田完)은 제(齊)에 공이 있어, 모두 자손 대대로 그 관직과 식읍을 차지하고 있었습니다(춘추 시대의 일). 그러나 후대에 와서 전씨는 제를 빼앗고, 조씨는 진을 분할하고, 계씨는 노의 정권을 전단했습니다. 이리하여 공자가 《춘추》를 지어 성쇠의 원인을 밝히고 작위 세습을 가장 비난하였습니다.

앞서 대장군은 새 천자를 고르는 대계(大計)를 결정하고 종묘를 편안케 하여 천하를 안정시켰습니다. 그 공훈은 과연 적지 않습니다. 하오나 저 주공(周公)은 7년 섭정을 했을 뿐인데, 대장군은 20년 동안 나라의 운명을 독단으로 장악했습니다. 그 전성 시대에는 천지의 운행에 영향을 주고 음양의 기를 범했습니다. 달이 기울고 일식하며 한낮이 캄캄하고 밤이 훤하며 대지진으로 땅이 갈라지고, 땅 속에서 불길이 솟아나며, 천체의 현상이 틀려지는 등, 불길한 징조가 헤아릴 수 없을 정도였습니다. 이는 오로지 음(陰)이 지나치게 뻗으므로, 즉 신하의 전횡으로부터 생긴 것입니다. 조신은 마땅히 분명함이 있어야 합니다.

'폐하께서는 고 대장군을 우대함으로써 이미 충분히 그 공덕을 갚았습니다. 요즘 보좌하는 대신이 정권을 마음대로 이용하고 외척이 너무 강대해져 군신의 분수가 분명하지 않습니다. 원하옵건대 곽씨의 세 제후를 파면하여 은거하게 하고, 위장군 장안세(張安世)에게는 의자와 지팡이를 하사하여 은퇴하게 하소서. 때때로 사자를 보내어 문안케 하고 필요할 때 불러들여 제후의 신분으로 천자를 가르치게 하옵소서' 라고 말씀드려야 합니다.

폐하께서는 이에 대하여 일단 곽씨에게 은애를 보임으로써 그 의견을 재가하지 않으시다가, 군신이 정의를 내세워 끝내 간한 후에 겨우 윤허하시게 되면, 천하의 사람들은 반드시 폐하께서 고인의 공덕을 잊지 않고 계시다고 생각할 터이니, 곽씨도 대대로 아무런 근심 없이 지내게 될 것입니다.

그러하오나 지금 조정에는 이와 같은 직언을 하는 자가 없고, 폐하 스스로 곽씨를 물러서게 하는 문안을 만들지 않으면 안 되니, 이는 마땅한 정책이 아닙니다. 지금 산·운 두 제후는 이미 쫓겨났습니다. 인정이란 누구든 다를 바 없습니다. 소신의 마음으로 헤아리옵건대, 대사마 우와 그 일족은 반드시 불안에 떨 것입니다. 대체로 가까운 신하로 하여금 자기 몸의 위험을 느끼게 한다는 것은 좋은 계책이 아니옵니다.
 소신 장창은 조정의 공식 석상에서 생각한 바를 모두 공술하고 싶으나, 마침 먼 고을을 지키고 있는 관계로 뜻을 이루지 못하고 있습니다. 본래 심중의 자세한 것은 입으로 다 할 수 없으며, 말의 미묘한 것은 글로써 표현키 어렵습니다. 은(殷)의 이윤(伊尹)은 다섯 차례 걸왕(桀王)에게 봉직하고, 다섯 차례 탕왕(湯王)에게 봉직했습니다.
 상국 소하(蕭何)는 한신(韓信)을 장군으로서 고조에게 추천했습니다만, 몇 년이 지나서야 겨우 뜻이 이루어졌습니다. 더구나 천리나 떨어져 있는 곳에서 편지로 요지를 말씀 올리오니, 더욱 뜻을 제대로 밝히기 어렵습니다. 부디 폐하께서는 굽어 살피시기 바라옵니다.”
 천자는 창의 계획을 그럴듯하게 여겼으나 불러들이지는 않았다. 얼마 후 발해(하북성)·교동(膠東:산동성)에 도적이 봉기했다. 장창은 상주하여 자기에게 퇴치하도록 맡겨 달라고 청했다.
 “신이 듣자온데, 충효의 도란 집에 있을 때는 마음을 아버이에게 다하고, 벼슬할 때에는 힘을 임금에게 다하는 것이라고 합니다. 대체 작은 나라의 범용한 임금일지라도 목숨을 아끼지 않는 신하가 있는 법입니다. 더구나 성명한 천자께는 말할 나위도 없습니다. 지금 폐하께서는 태평 성대를 그리고 정사에 진력하심에 밤낮을 가리지 않으십니다. 군신은 각자 신명을 내던지고 노력해야 될 터입니다. 소신이 다스리는 산양군(山陽郡)은 호수 9만 3천에 인구는 50만 이상입니다. 아직 체포하지 못한 도적은 77명이옵고, 다른 여러 공무의 성적도 거의 이와 같습니다. 소신 창은 우둔하여 성려(聖慮)를 보좌할 재능이 없어서 오랫동안 한적한 고을에 있습니다. 몸이 편하다 하여 나라의 일을 잊는다면 충효의 절의가 아닙니다.

 듣자온대, 교동·발해와 이웃 군은 몇 년이나 흉작이 계속되니 도적이 봉기하여 관청을 공격하고, 죄수를 탈취하며 저자 거리를 뒤지고 제후를 위협하기에 이르렀다 합니다. 이리하여 관리는 규율을 잃고 악당을 방임 상태로 놓아 두었습니다. 소신 창은 감히 몸을 아끼어 죽음을 회피하지 않고 오직 밝은 조칙대로 처리하겠습니다. 힘을 다하여 포악한 무리를 무찔러 의지할 데 없는 인민을 위로하려 합니다. 만일 일이 진전되기 시작하면 가는 곳마다의 군이 어떤 원인으로 피폐되었으며, 어떻게 하면 번영하게 될지 자세한 내용을 조목대로 들어 아뢰겠습니다."

 상주문이 봉정되자 천자는 장창을 불러들여 교동의 상(相:제후국의 최고위직)으로 임명하고 황금 30근을 하사했다. 창은 하직하고 임지로 향했는데, 떠날 때 다음과 같이 청원하였다.

 "만만찮은 군을 다스리는 데는 상벌에 의하지 않고는 권선징악을 할 수 없습니다. 관리가 도둑을 잡아 공을 세우게 되면, 그때마다 삼보(三輔)에 비길 각별한 대우를 해 주시기 바랍니다."

 천자는 이를 허락했다. 창은 교동에 부임하자 현상 제도를 마련하여, 도둑이 서로 동료를 붙잡거나 죽이거나 하면 죄를 면하는 길을 터 놓았다. 도둑을 체포하여 공을 세운 관리로서 그 이름이 상서(尙書)에게 품신되어 현령으로 선임된 이가 수십명이었다. 이리하여 도둑의 무리는 분열되어 차차 서로 체포하고 목베게 되었다. 아전과 백성은 창과 일치 화합하여 나라 안이 드디어 안정되었다.

 얼마 후의 일이었다. 황태후가 자주 사냥을 나갔다. 창이 상서하여 간했다.

"신이 듣건대, 옛날 진(秦)의 소왕(昭王)은 음란한 음악을 즐겼습니다만, 엽양후(葉陽后)는 이 때문에 정(鄭)·위(衛)의 음악을 들으려 하지 않았습니다. 초(楚) 장왕(莊王)은 수렵을 즐겼습니다만, 번희(樊姬)는 그 때문에 새·짐승의 고기를 먹지 않았습니다. 입이 맛있는 것을 먹기 싫어했거나 귀가 음악을 듣기 싫어했을 리 없습니다. 그런데도 마음을 누르고 즐기려는 욕망을 끊은 것은, 그로써 두 임금을 선도하여 종묘의 제사를 온전히 하였습니다. 예에 의하면 임금의 모친이 문을 나설 때는 덮개 있는 수레를 타고, 당(堂)에서 내릴 때는 보모가 시중 들고 진퇴함에 있어 허리에 찬 구슬을 울리고, 몸에 찬 것은 모조리 끈으로 굳게 묶으라고 되어 있습니다. 이는 고귀한 여인이 몸을 조심하여 기분대로 행하지 않도록 하기 위함입니다.

지금 황태후께서는 정숙하신 인품으로 자애가 깊고 관대하심을 제후들 모두가 알고 있습니다. 다만 약간 사냥을 즐기심이 지나치다는 평판이오니, 만일 이 소문이 천자께 들린다면 역시 좋을 까닭이 없습니다. 제발 옛날의 예를 본받아 이후의 행적을 삼가심으로써, 황후나 후궁의 모범이 되어 신하로부터 칭송을 받게 된다면 소신은 매우 다행으로 여기겠습니다."

이 상주문이 봉정되자 태후는 사냥을 중단하고 두 번 다시 나가지 않았다.

당시 영천(潁川) 태수 황패(黃霸)가 행정의 치적이 제일이라 하여, 서울에 들어가 경조윤(京兆尹)을 겸하게 되었다. 황패는 수개월 근무했으나 뜻대로 잘 되지 않아 면직되어 영천으로 돌아갔다. 그러자 어사에게 칙명이 내렸다.

"그럼 교동의 상(相) 장창이 경조윤을 겸임하게 하라."

조광한이 사형된 후 경조윤에 임명된 이로서 황패 등 몇 사람이 있었으나, 한결같이 그 직에 적합하지 않았다. 서울은 차차 황폐하여 갔다. 장안 시장에는 도둑이 많아 상인들이 시달렸다. 천자는 이에 대해 장창에게 물으니 창은 금할 수 있다고 답했다.

창은 경조윤의 업무를 시작하면서 장안의 늙은이로부터 사정을 들었다. 그에 의하면 도둑의 두목 몇 사람이 있는데, 모두 좋은 집에 살며 외출할 때는 부하들이 기마로 수행하니, 이웃에서는 훌륭한 어른으로 여기고 있었다.

창은 그 두목들을 불러들여 책문했다. 그리고 그들의 죄를 너그럽게 해 주고, 묵은 빚을 부하 도둑들을 내 놓는 것으로 갚게 해 준다는 조건을 제시했다. 두목이 말했다.

"오늘 갑자기 관청에 불려 왔기 때문에 부하들이 아마도 놀랄 것입니다. 임시 아전으로 임명해 주시기 바랍니다."

창은 전원을 아전으로 임명하여 휴가를 주어 돌아가게 했다. 두목이 잔치를 베푸니 부하들이 모두 축하하기 위하여 와서 술을 마셨다. 취했을 때에 두목은 짐짓 그들의 옷에 황토 흙을 묻혀 두었다. 관리들이 마을의 문에 앉아 나오는 자들을 감시하고 있다가, 옷에 황토가 붙어 있으면 모조리 붙잡았다. 이리하여 하루에 수백 명을 포박했다. 저지른 죄를 추궁하니 백 번 이상이나 훔친 자도 있었다. 모두 의법 처단하였다.

이리하여 비상을 알리는 큰 북을 울리는 일도 없이 시장에 도둑이 없어지니, 천자는 훌륭하다고 생각했다.

장창은 사람됨이 기민하여 상벌을 확실히 하였으며 악인을 발견하면 반드시 체포했다. 그러나 때로는 법률을 떠나 묵인하는 너그러움도 있었다. 창이 경조를 다스리는 방법은 거의 조광한의 전례를 따랐다. 계략을 꾸미고 간첩을 이용하며, 숨겨진 죄를 들추어 내고 나쁜 일을 금지하는 일은 광한에 미치지 못했지만, 창은 본래 《춘추》를 배워 경학으로써 보충했다. 그의 정책은 상당히 유자(儒者)의 도를 혼합하고 있어, 가끔 어질고 착한 이를 표창하며 결코 형벌에만 의지하지 않았다. 이 때문에 그는 끝까지 몸을 보전하여 사형을 면할 수 있었던 것이다.

경조윤은 서울을 맡아 다스리는데, 장안 중에 인구가 가장 많고 번화한 지역을 담당하므로 삼보(三輔) 중에서 더욱 어려운 직책이다. 군국의 태수나 상(相)이 좋은 성적을 올리면, 서울에 들어와 임시로 경조윤이 되고 이윽고 본관(本官)이 되는 것이나, 재임 기간이 길면 2, 3년, 짧게는 수개월이나 1년으로, 갑자기 비방을 당하여 명예를 떨어뜨리고 죄과로써 파면되기 일쑤였다. 다만 광한과 창만이 오랫동안 그 직을 견뎠다. 창은 경조윤으로서 조정에 큰 문제가 야기되었을 때마다 고금의 예를 들어 적절한 조처를 진술했다. 그리하여 공경이 모두 인정하고, 천자는 자주 그 의견을 따랐다.

그러나 장창은 태도에 위엄이 없었다. 때로는 조회가 파한 뒤 마차를 안 타고 말만 탄 채 장대가(章臺街 : 장안의 거리 이름)를 달리거나, 마부에게 수레를 달리게 하면서 자기의 부채로 말을 때리기도 했다. 또는 아내를 위하여 눈썹을 그리기도 하니, 장안의 사람들이, '장경조(張京兆)는 눈썹이 아름다워' 하고 수근거렸다. 법관이 이 일로 창을 탄핵했다. 천자가 창에게 물으니 그는 답했다.

"소신이 듣고 있는 바로는 규방 안의 부부 사이에는 눈썹을 그리는 것 이상의 일이 있다고 합니다."

　천자는 창의 유능함을 아껴 그 이상 책하지 않았다. 그러나 끝내 고위직에는 오르지 못했다.

　창은 소망지(蕭望之)·우정국(于定國)과 사이가 좋았다. 처음에 창과 정국 등은 함께 창읍왕을 간한 공으로 발탁되었다. 정국은 대부 겸 상서(尙書)가 되고, 창은 지방에 나가 자사(刺史)가 되었다. 이때 망지는 대행(大行:大鴻臚의 속관)의 승(丞)이었다. 그 후 망지는 먼저 어사대부가 되고 정국은 뒷날 승상에 올랐다. 이에 비하여 창은 끝내 군수에 불과했다. 장창이 경조윤으로서 근무한 지 9년, 광록훈(光祿勳:九卿의 하나) 양운(楊惲)과 사이가 좋았으나, 그 후 양운이 대역죄로 사형을 당하게 되니 창도 연좌되었다. 공경은 양운의 동료나 친구가 관직에 있어서는 안 된다고 주상하여 그들은 모두 파면되었으나, 장창의 탄핵문만은 천자가 쥐고 내려 보내지 않았다.

　창은 적포연(賊捕掾:두둑을 잡는 하급 관리)인 서순(絮舜)에게 어떤 사건의 수사를 명령하였다. 순은 창이 탄핵으로 당연히 파면될 것으로 생각하여, 명령 받은 일을 하지 않고 멋대로 집에 돌아가 버렸다. 어떤 이가 순에게 주의를 주자 순이 말했다.

　"나는 그 분을 위해 많은 일을 했어. 이젠 단 닷새 밖에 남지 않은 경조윤인걸. 이 이상 무슨 수사 따윌 하겠는가."

　창은 순의 말을 듣자 곧 관리를 보내어 순을 체포하여 감옥에 넣었다. 이때 한 해가 거의 저물어 나머지 며칠을 남기고 있어(봄이 되면 사형 집행이 안 된다), 취조관이 밤낮으로 순을 심문하여 끝내 사형 받을 사건으로 만들었다. 순은 마침내 끌려 나와 사형을 받게 되었는데, 창은 주부(主簿)에게 판결문을 지니게 하여 순에게 말했다.

"닷새 밖에 안 남은 경조윤의 솜씨를 보았는가. 이제 겨울이 다 갔는데 너는 더 연명하고 싶지 않은가?"

그러고는 순을 기시(棄市)하였다. 마침 봄이 되어 억울한 죄를 조사하러 다니는 사자가 파견되었다(봄은 생명의 계절이므로 죄인을 살리는 정책을 취함). 순의 가족은 시체를 차에 싣고, 솟장에 창이 쓴 판결문을 곁들여서 사자에게 호소했다. 사자는 창이 무고한 자를 학살했노라고 주상했다. 천자는 창의 죄가 대수롭지 않다고 여겨, 창을 별도의 가벼운 죄에 복역시킴으로써 당면한 고발에서 벗어나게 하려고 생각했다. 그래서 우선 공경이 앞서 '장창은 양운과 가까웠으니 관직에 둘 수 없다'고 탄핵했던 상주를 재가함으로써 파면하여 서민으로 강등하였다.

창은 파면 요구의 상주가 재가된 후 입궐하여 인수를 반환하고는 곧바로 궁문에서 나와 망명했다.

몇 달이 지나자 서울의 관리와 인민의 기강이 해이해져, 비상을 알리는 북이 자주 울렸다. 기주(冀州 : 산서성)의 관할 구역에서는 도둑의 큰 무리가 발생했다. 천자는 장창의 치적을 상기하고 사자를 파견하여 창의 거처를 찾아내어 그를 불렀다. 창은 앞서 무고한 자를 죽였다는 죄로 탄핵된 일이 있었기 때문에 사자가 부르러 오자, 처자 가족이 모두 울며 떨었다. 그러나 창은 홀로 웃으며 말했다.

"나는 스스로 망명하여 평민이 되었다. 체포하러 왔다면 군의 관리가 왔을 게다. 지금 조정에서 사자가 왔는데, 필시 천자께서 나에게 벼슬 자리를 주시려는 게 틀림없는 일이다."

즉각 여행 채비를 하고는 사자를 따라갔다. 공거(公車 : 衛尉의 속관)에게 가서 상주했다.
 "소신은 이전에 구경의 말석을 더럽히고 경조윤으로 근무했습니다만, 적포연 서순을 죽인 죄로 문책을 받았습니다. 순은 본래 소신이 중하게 여겨 온 관리였으므로 자주 소신의 은혜를 입고 있었습니다. 소신이 탄핵으로 면직이 될 것으로 짐작하여, 명령서를 받고 사건 수사에 나가야 함에도 그대로 집에 돌아가 잤습니다. 그러고도 소신을 '닷새 밖에 남지 않은 경조윤'이라고 했습니다. 은혜를 배반하고 의리를 잊었으며, 교화를 손상시키고 풍속을 경박하게 한 것입니다. 소신은 순을 매우 괘씸하게 여겨 법을 왜곡하여 사형에 처했습니다. 소신 장창은 확실히 무고한 죄인을 죽였습니다. 순의 재판은 처음부터 정당한 게 아니었습니다. 법을 밝혀 사형에 처하여도 원한이 없겠습니다."
 천자는 창을 인견하여 기주 자사로 임명했다. 창은 망명한 신분에서 재차 사명을 띠고 고을을 다스리게 되었다. 임지에 당도해 보니 광천왕(廣川王:景帝의 아들)의 나라에서는 무법자가 무리를 지어 잇달아 일어났으나 다스리지 못하였다. 창은 탐정꾼을 시켜 도둑이 사는 곳을 수색하여 그 두목을 사형에 처했다. 광천왕의 첩의 형제와 임금의 친족 유조(劉調) 등이 도둑과 교제하고 있어 그들의 은닉처가 되어 있었다. 관리가 도둑을 체포하려고 뒤를 쫓다 보니, 그들이 모두 왕궁 안으로 들어갔다. 창은 스스로 군국(郡國)의 관리를 지휘하여 마차 수백 대로 왕궁을 포위했다. 유조 등을 수색하여 결국 궁전의 서까래 안에서 찾아냈다. 창의 속관들이 격투 끝에 전원 목을 베었다. 창은 그들의 목을 왕궁의 문 밖에 효수하고, 이어 광천왕을 탄핵하는 상주문을 올렸다. 천자는 광천왕을 차마 중형에 처할 수가 없어 그 호수(戶

數)를 삭감하는 데에 그쳤다.
 창이 임지에 있은 지 1년 남짓 만에 도적이 사라졌다. 임시 태원(太原 : 산서성) 태수가 되었다가 1년 만에 본관이 되었다. 태원군은 잘 다스려졌다.
 이윽고 선제(宣帝)가 붕어하고 원제(元帝)가 즉위했다. 대조(待詔 : 천자의 조칙을 기다리는 벼슬) 정붕(鄭朋)이 창은 선제의 명신이므로 황태자의 호위(護衛)로 삼으면 좋겠다고 추천했다. 천자는 전 장군 소망지에게 의견을 물었다. 망지가 대답했다.
 "창은 능력 있는 관리로서 어려운 곳을 다스리는 데는 적합한 사람이나, 사람됨이 경솔하니 호위로서는 마땅치 않습니다."
 천자는 사자를 보내어 창을 불러들여 좌풍익(左馮翊)으로 임명하려 했는데, 마침 그때 창은 병으로 죽었다.
 창이 사형에 처한 태원의 관리 가족이 창을 원망하여 두릉(杜陵)까지 뒤를 쫓아와 창의 가운데 아들 황(璜)을 찔러 죽였다. 창에게는 세 아들이 있었는데 모두 도위(都尉 : 경찰서장)의 벼슬에 이르렀다.
 앞서 창이 경조윤으로 있었을 무렵, 창의 아우 무(武)는 양국(梁國 : 하남성)의 상(相)으로 있었다. 당시 양왕은 오만불손한 데다 민간에는 유지들이 많아 다스리기 어렵다는 평판이 있었다. 창은 무에게 어떻게 양을 다스리겠느냐고 물었다. 무는 형을 존경하되 꺼리어서 겸손하여 대답하지 않았다. 창은 아전에게 명하여 관문까지 전송하게 하고는, 타일러서 그가 스스로 묻는 것처럼 말했다. 무가 대답했다.
 "교활한 말을 부리는 데는 재갈과 채찍을 호되게 해야 된다. 양국은 큰 나라이지만 쇠약해 있다. 주후혜문관(柱後惠文冠)으로 엄하게 다스릴 뿐이다."

 주후혜문관이란 진(秦) 때 사법관이 썼던 관으로, 그가 말한 뜻은 형법을 가지고 양을 다스리겠다는 것이다. 전송하고 온 관리가 그 말을 전했다. 창은 웃으며, '자네의 말대로라면 아우는 반드시 양을 잘 다스릴 것이다' 하였다.

 무는 도임하자 치적이 있었으니 또한 유능한 관리였다.

 창의 손자 송(悚)은 왕망(王莽) 때 군수가 되었다가 제후로 봉해졌다. 박학하고 문아(文雅)한 점에서는 창 이상이었으나, 정치의 수완은 그에게 미치지 못했다. 송이 죽으니 창의 가계(家系)는 끊어졌다.

 왕존(王尊)은 자가 자공(子贛)이며 탁군(涿郡) 고양현(高陽縣) 사람이다. 어려서 부모를 여의고 숙부에게 의탁하였는데, 숙부는 습지대에서 양을 기르게 했다.

 왕존은 그 사이에 몰래 공부하여 사서(史書)에 능하였다. 13세에 직업을 구하여 감옥의 사환으로 고용되고, 수년 후에는 태수 관청의 심부름꾼이 되었다. 태수가 행정에 관한 칙유(勅諭)의 조목을 물으면 왕존은 막힘 없이 술술 대답했다. 태수는 기특하게 여겨 서기로 보임하여 옥사(獄舍)를 감독하게 했다.

 얼마 뒤 왕존은 병이라 핑계하여 관직을 버리고, 군의 학관(學官)을 스승으로 삼아 《서경》《논어》를 배워 대충 대의를 이해했다. 다시 불리어 군수의 속관이 되어, 재판 사무에 관여하여 군의 결조(決曹 : 재판을 관장하는 곳)의 서기가 되었다. 수년 후 관례에 따라 유주(幽州) 자사의 종사(從事)에 임명되었다. 한편 군 태수는 왕존이 청렴함을 알고 요서(遼西)의 염관장(鹽官長)으로 임명했다. 자주 상주하여 시의책(時宜策)을 논했는데, 글이 승상·어사에게 내려갔다.

초원(初元) 연간에 직언(直言 : 등용의 한 자격)에 선발되어 괵(虢 : 섬서성)의 현령으로 영전하고, 다시 옮겨 임시 괴리(槐里) 현령이 되어, 미양(美陽) 현령을 겸하게 되었다.

정월에 미양의 한 부인이 의붓자식의 불효를 호소하여, '아이가 나를 아내로 삼고 질투하여 나를 매로 때립니다'라고 했다. 왕존은 이 소식을 듣고 관리를 보내어 체포하여 취조하니 그가 자백했다. 왕존이 말했다.

"법률 조문에는 어머니를 아내로 삼았을 경우의 규정이 없다. 성인도 차마 정하지 못했을 것이다. 이는 경서에서 이른바 조옥(造獄 : 법관이 그때그때 경우에 알맞게 만드는 형벌)이다."

존은 법정에 나가 불효자를 끌어내 나무 위에 형틀을 놓아 앉히고, 말 탄 아전 다섯 사람을 시켜 활을 쏘아 죽이니, 아전과 백성이 크게 놀랐다(봄철 사형 집행은 예외).

그 후 천자가 옹(雍)에 거둥하는 도중 괵에 들렀다. 왕존은 괵의 예법대로 접대했는데, 현령으로서 성적이 좋다고 인정되어 안정군(安定郡) 태수로 발탁되었다. 부임하자 소속 현에 교시(敎示)를 내렸다.

"현령이나 승·위(尉)는 법을 받들어 현성을 지키는 관리로서 백성의 부모와도 같다. 강자를 누르고 약자를 도우며 은혜를 펴는 등 매우 수고한다. 태수는 오늘 부임했다.

원컨대, 제관은 몸을 바르게 하기를 노력하여 아랫사람을 거느리도록 하라. 전에 부정을 저질렀어도 개심했으면 나와 더불어 일을 하고 싶다. 자기의 직분을 충분히 헤아려 결코 법에 저촉되는 일이 없도록 하라."

다시 교시를 내려 연(掾)·공조(功曹)를 훈계했다.

"각자 정려하여 태수를 도와 봉공하라. 쓸모 없는 자는 스스로 직을 물러남으로써 언제까지나 유능한 후배의 길을 막지 않도록 하라. 대저 날개를 가다듬지 않으면 천리를 날 수 없고, 문 안이 정리되지 않고선 밖을 정돈할 수 없다. 관청의 승(丞)은 속관의 행적·능력을 알아보고 분별하여 보고하라. 능력 있는 자를 우대하고 부(富)로써 상하를 정함이 없도록 하라. 백만의 부를 누리는 상인일지라도 정사를 의논하기에는 부족하다.

옛날 공자가 노(魯)를 다스릴 때 7일 만에 소정묘(少正卯)를 사형에 처했다 한다. 지금 태수는 업무를 시작한 지 한 달이 되었다. 오관연(五官掾: 숙위장의 속관) 장보(張輔)는 범과 이리 같은 마음을 가지고 법을 어기고 직무를 더럽혀 오기만 했다. 한 고을의 돈이 모조리 장보의 집에 들어가게 되었다. 하지만 그것이 제 몸을 망치는 실마리가 되었다. 이제 장보를 체포하여 감옥에 보낸다. 당직의 사법관은 관청에 와서 태수의 명령을 받아라. 승이여, 조심하라. 장보의 뒤를 따라 투옥되리라."

장보는 투옥된 지 며칠 만에 죽었다. 그 교활한 불법 행위와 백만에 이르는 부정 이득을 모조리 적발했다. 왕존의 위엄이 군내에 떨쳐 도적은 산산히 흩어져 이웃 군계로 도망쳤다. 많은 토호들이 죄에 얽히어 사형되거나 벌을 받았다. 왕존은 잔학성을 추궁 받아 면직되었다.

복직되어, 호강장군(護羌將軍) 휘하의 교위로 옮겨 군량과 하물을 호송하게 되었는데, 강족(羌族)이 반란하여 수송로를 차단하고 수만 군사로 왕존을 에워쌌다. 왕존은 천여 기(騎)의 군사로 강적(羌賊)의 진지를 돌파했다. 그 공훈이 미처 천자에게 보고되기 전에 멋대로 부서를 떠났다 하여 문책 받았으나, 사면(赦免)을 만나 면직되어 귀가하였다.

탁군 태수 서명(徐明)은 왕존이 언제까지나 칩거하고 있기는 아까운 인재라고 추천하니, 천자가 왕존을 미현(郿縣: 섬서성)의 현령에 임명하였다가 익주(益州) 자사로 영전시켰다. 그 이전 낭야(琅琊: 산동성)의 왕양(王陽)이 익주 자사를 하고 있었다. 관할 구역을 살피고 공래산(邛郲山)의 꾸불꾸불한 고개에 이르러 왕양은 탄식했다.

"돌아가신 부모가 남겨 주신 소중한 몸인데, 어찌 자주 이런 험한 곳을 오르겠는가."

그 후 병이라 핑계하고 사직했다. 이제 왕존이 자사가 되어 같은 고개에 이르러 아전에게 물었다.

"이는 왕양이 겁내던 길이 아닌가?"

아전이 대답했다.

"그러하옵니다."

왕존은 말구종을 질책했다.

"더 빨리 달려라. 왕양은 효자였으나 왕존은 충신이다."

왕존이 임지에 있은 지 2년, 변두리 밖의 사람을 부하로 삼았으며, 만족들은 그 위엄과 신의에 복종했다. 박사 정관중(鄭寬中)이 칙사로서 각지의 풍속을 살펴 왕존의 치적을 아뢰어 동평(東平: 산동성)의 상(相)에 영전되었다.

당시 동평왕(宣帝의 아들)은 천자의 지친(至親)으로써 교만하여 법을 지키지 않아 호위나 국상(國相)이 연좌된 일이 잦았다. 왕존이 국상으로서 동평을 다스리게 되었다. 천자의 옥새를 누른 조서를 받들고 궁중 뜰에 들어갔다. 아직 왕이 조서를 받으러 오기 전에, 왕존은 조서를 지닌 채 관사로 가서 밥을 먹은 뒤에 돌아왔다. 조서를 전달한 뒤에 왕을 알현하니 태부가 앞에 앉아 있다가 상서(相鼠)의 시(무례를 풍자)를 읊었다. 왕존이 말했다.

"천을 씌운 북을 가지고 뇌문(雷門) 앞을 지나는 따위의 짓은 말아 주시오(천을 씌운 북은 울리지 않음. 뇌문은 越의 會稽의 문. 북이 있어 그 소리가 낙양까지 들림. 너희 소인들이 떠들어 봐야 쓸데없다는 뜻)."

왕은 발끈 화를 내고 일어서서 후궁으로 들어가 버렸다. 왕존도 바로 뛰어 나와 관사로 돌아갔다. 그 이전에 왕은 자주 비밀히 궁문을 출입하여 나라 안을 말을 타고 다니며 왕후나 첩의 친정을 내왕하고 있었다. 존은 부임하자 곧 기장(廐長: 궁중 말을 관리하는 벼슬아치의 장)을 불러 경고했다.

"왕이 외출할 때는 꼭 관속을 데리고 수레의 방울을 울려야 한다. 이후 작은 수레를 메우라고 명령하거든 머리를 조아리고 간하여, '국상의 분부로 전처럼 할 수 없습니다' 라고 하라."

뒷날 존이 왕을 뵈니, 왕이 맞이하여 당에 오르라고 청하였다. 존이 왕에게 말했다.

"존이 국상이 되어 오니 사람들이 모두 존을 슬퍼했습니다. 소인이 조정에 받아들여지지 않기 때문에 임금님의 상(相)으로 보낸 것으로 알고 있기 때문이죠. 천하는 모두 임금님을 용자(勇者)라 하나 다만 자신의 신분을 믿고 하는 짓이니, 어찌 용자라 말할 수 있으리까. 존 같은 사람이 곧 용자입니다."

왕은 낯빛이 변해 가지고 존을 노려보았다. 때려 죽이고 싶었던 것이다. 왕은 곧 짐짓 기분이 좋은 양으로 존에게 말했다.

"국상이 찬 칼을 보고 싶소."

존은 겨드랑이를 들고 돌아보며, 곁에 있는 시랑(侍郞)에게 말했다.

"여보게, 내 칼을 빼어 임금님께 보여 드리게."

왕의 심산으로는 존 스스로가 칼을 빼게 되면, '국상이 칼을 빼어 왕에게 덤빌 셈인가?'라고 하여 죄에 얽을 작정이었다. 그런데 존에게 속셈만을 보여 주고 말았다. 게다가 평소 존의 고명(高名)함을 듣고 있었기 때문에 완전히 존에게 기가 꺾였다. 왕은 술을 따르고 음식을 갖추어 서로 매우 즐겼다.

태후(太后) 징사(徵史)가 존의 일을 천자에게 상주했다.

"왕존은 국상으로서 오만불손합니다. 왕은 아직도 혈기가 왕성하여 참아내기 어렵습니다. 저는 모자가 함께 죽을까 두렵습니다. 지금 저로서는 왕을 이 이상 존과 만나게 할 수 없습니다. 폐하께서 유의하시지 않으면 저는 자살하고만 싶습니다. 왕의 도리를 잃음을 차마 못 보겠습니다."

존에게 마침내 죄를 씌워 파면하여 평민으로 만들었다.

대장군 왕봉(王鳳)이 주청하여 존을 자기 군중의 사마(司馬)에 임명했는데, 발탁되어 사예교위(司隸校尉)가 되었다.

앞서 중서알자령(中書謁者令) 석현(石顯)은 천자의 총애가 두텁고 권력을 독차지하여 비행을 자행했다. 승상 광형(匡衡), 어사대부 장담(張譚)은 모두 아부하고 두려워서 현을 섬겨 감히 말하지 못하였다. 이윽고 원제(元帝)가 붕어했다. 성제(成帝 : B. C. 32~7 재위)가 즉위 초에 석현을 중태복(中太僕 : 황태후의 마차를 관리)에 전임하니 권력을 잃었다. 광형·장담 등은 비로소 석현의 구악을 주상하고 그를 파면하기를 청원했다. 이때 존은 두 사람을 탄핵했다.
 "승상 형, 어사대부 담은 삼공(三公)의 위치에 있어 오상(五常 : 다섯 가지 도리)·구덕(九德 : 사람이 지켜야 할 아홉 가지 덕)을 다스려야 할 몸으로서, 정책을 통괄하고 교화를 넓히고 풍속을 개량함을 임무로 하는 자입니다. 그럼에도 불구하고 중서알자령 석현이 권세를 멋대로 휘두르고 상벌을 행하고, 욕망대로 거리낌 없이 행동하여 천하의 해가 되어 있음을 알면서도 곧바로 주상하여 벌 주지 않고, 아부·추종함으로써 그 한 패가 되어 천자를 기만하였으며 악을 숨기고 나라를 어지럽혔습니다. 대신으로서 보좌하는 의(義)가 없습니다. 모두 도리가 아니었사오나 이는 사령(赦令)이 내리기 전의 일입니다. 사령이 내린 후 형·담은 석현을 고발했습니다만, 스스로의 불충의 죄는 말하지 않고, 도리어 선제(先帝)께서 나라를 위태롭게 한 자를 중용했음을 드러내어 '백관이 석현을 두려워하기를 주상보다 심하다' 는 따위의 망언을 하고 있습니다. 이는 임금을 낮추고 신하를 높임이니, 해서는 안 되는 말로서 대신의 체통을 잃었습니다.
 그리고 정월에 폐하께서는 곡대(曲臺)에 거둥하시어 친히 임석하시고, 당직을 마친 위사(衛士)에게 음식을 내리셨습니다.
 광형은 중이천석(中二千石) 홍로 호상(浩賞) 등과 함께 전문 아래 앉아 있었습니다. 형은 남쪽, 상 등은 서쪽으로 향하고 있었습니다. 형은 상을 위해 동쪽을 향한 자리를 만들고 상을 불러 앉게 하여 사담을 하고 있었습니다. 형은 폐하께서 임석하시고 백관이 일을 맡아 보고 있으며 만인이 참석하는 모임임을 알면서도, 부정(不正)한 자리(東向은 예에 어긋남)를 만들어 아랫사람을 상좌에 앉혔습니다. 공석에서 동료에게 치사스런 혜택을 베푼 것입니다. 이는 예에 어긋나는 행위이며 조정의 작위를 문란케 하는 일입니다.

형은 또 관노(官奴) 우두머리를 궁중에 들어가게 하여 폐하의 동정을 살피게 했는데, 그가 돌아와 '물시계가 14각(오전 9시 반)이 되면 폐하께서 임석하십니다'고 했습니다. 형은 짐짓 폐하의 소식을 듣고도 태평하게 앉은 채, 낯빛을 고치고 자세를 바로잡지도 않았습니다. 폐하를 받들고 존경하는 마음이 없이 교만합니다. 모두 불경죄에 해당됩니다."

불문에 붙이라는 조칙이 내렸다. 그러나 광형은 부끄럽고 송구하여 관을 벗고 사죄하며, 승상과 제후의 인(印)끈을 반환했다. 천자는 즉위 초라 대신을 갈기가 어려웠다. 이에 어사중승(御事中丞 : 관리의 비행을 탄핵)에게 넘겨 실정을 조사하게 했다. 중승은 왕존을 탄핵하였다.

"왕존은 함부로 사령 이전 일을 꾸며 내어 비방하고 왜곡하여 몇 대신을 고발했습니다. 정법(正法)을 무시하고 사소한 과실을 날조하여 재상의 얼굴에 흙칠을 하고 공경을 모욕했사오니, 이는 국가를 업신여기고 폐하를 받들기에 불경한 것입니다."

조칙을 내려 왕존을 좌천하여 고릉(高陵)의 현령으로 삼았으나, 수개월 뒤 병으로 면직되었다.

마침 이때 남산의 떼도적 붕종(傰宗) 등 수백 명이 아전과 백성에게 해를 끼쳤다. 이에 전 홍농(弘農) 태수 부강(傅剛)을 보병교위(步兵校尉 : 연대장)로 임명하여 적사사(迹射士 : 짐승의 발자취를 더듬어가서 쏠 수 있는 사람) 천 명을 이끌고 체포하게 했다. 1년 남짓 되었으나 체포하지 못하니, 이에 어떤 이가 대장군 왕봉에게 말했다.

"천자의 도읍지에 수백 명의 도둑이 있는데, 군대를 내보내도 체포할 수 없으니 사방의 이적(夷狄)에게 위엄을 보이기 어렵습니다. 유능한 경조윤을 선임해야겠습니다."

이에 왕봉이 존을 추천했다. 부름을 받아 간대부(諫大夫)가 되고 임시로 경보도위(京輔都尉)를 겸하여 경조윤의 일을 하게 되었다. 그러자 한 달 사이에 도적이 퇴치되었다. 광록대부로 영전하고 임시 경조윤이 되었다가 본관이 되어 3년이 지났는데, 조정의 사자 대우에 무례했다 하여 견책을 당하였다. 사예교위(司隷校尉)가 임시 서기 방(放)에게 조서를 받들어 보냈는데, 방은 조서를 바치며 존에게 관리를 풀어 사람을 체포하도록 명했다. 방이 존에게 말했다.

"칙명에 의한 체포이니 기밀이 누설되지 않도록 하시오."

존이 말하였다.

"사자는 일에 공정하시군요. 아무래도 경조윤은 곧잘 인사를 누설하는 자란 말이지요?"

방이 말하기를 '지금 곧 관리를 보내 주시오'라고 하였다.

존은 다시 말했다.

"조서에 '경조윤'이라는 말이 없으니 관리를 보낼 수 없소."

장안의 투옥자가 3개월 동안에 천 사람 이상이었다. 존이 밖에 나가 소관 현을 순찰하고 있을 때, 곽사(郭賜)라는 사내가 존에게 호소했다. 허중(許仲)의 일족 10여 명이 그의 형 곽상(郭賞)을 죽이곤 당당히 집에 돌아갔는데도 관리는 아예 잡으려 하지도 않았다는 것이다. 존은 현의 순찰을 마치고 돌아와 상주했다.

"강자가 약자를 학대하지 않고 각기 맡은 바 소임을 다하면 너그러운 정치가 퍼져 음양이 조화되어 갈 것입니다."

어사대부가 그를 탄핵하여 주상했다.
"존은 여전히 포악하며 밖에서 큰 소리를 치고 오만하게도 폐하를 비방합니다. 이래서는 국가의 위신이 날로 땅에 떨어지오니, 구경(九卿)의 자리에 두어서는 안 됩니다."
존은 죄를 입어 파면되었다. 많은 관리와 백성들은 존을 칭찬하여 그를 아쉬워했다. 호현(湖縣)의 삼로(三老 : 촌장) 승흥(乘興) 등이 상주하여 호소했다.
"왕존이 서울을 다스렸을 때 날로 눈에 띄게 성적이 올랐습니다. 왕년에 남산의 도적이 산을 방패로 횡행하여 양민에게서 재물을 약탈하고 공무를 집행하는 관리를 죽이니 길을 마음 놓고 지나갈 수도 없고, 성문조차 경계하지 않으면 안 되는 형편이었습니다. 보병교위(步兵校尉)가 토벌에 나섰으나, 병사와 민중이 세월과 돈을 낭비했을 뿐 체포하지 못했습니다. 두 사람의 경(卿 : 경조윤)이 그 책임으로 파면되었습니다. 도적 떼는 더욱 강성해지고 관리는 의기가 소침하였으며, 소문이 사방에 퍼져 나라의 근심거리가 되었습니다. 당시 도적을 체포하거나 죽이는 자가 있으면 아낌없이 돈이나 작위의 은상을 주겠노라 했었습니다. 관내후 정관중은 부름을 받아 들어간 전 사예교위 왕존에게 떼도적을 잡는 계략을 묻고, 왕존은 간대부 겸 경보도위를 임명받아 경조윤의 일을 행하게 되었습니다.
왕존은 충의를 다하고 노심초사하여 밤낮으로 직무에 애쓰며, 저자세로 선비를 위로하고 도망치려는 관리를 격려하여 저상된 사기를 북돋우어 주었습니다. 20일 동안에 도적떼가 무너져서 두목의 목을 베었습니다. 이에 비로소 도적에 의한 혼란이 없어져서 백성들이 마음 놓고 농업에 종사하게 되자, 존은 가난한 자를 위무하고 지방의 세도가를 퇴치했습니다.

　장안에서 오랫동안 뽐내고 있던 악질적인 세도가로 동시장의 장사꾼 가만(賈萬), 성서(城西)의 만장(萬章)·장금(張禁)·조방(趙放), 두릉(杜陵)의 양장(楊章) 등은 다 같이 악인들과 모의해서 도당을 조직하여, 불량배들을 부하로 길러 법을 어기고 세상의 정도를 어지럽히며, 약한 자의 재산을 뺏고는 상대방을 함부로 부리고 영세 어민을 괴롭히니, 백성에게는 승냥이와 이리가 되었습니다. 몇 대의 경조윤이 20년 동안에 퇴치할 수 없었던 것입니다. 왕존은 정법을 가지고 규명하여 모조리 복죄시키니, 이로써 세도가는 없어지고 관리와 백성은 크게 기뻐했습니다. 왕존이 대란을 평정하고 포학한 자를 죽인 공은 종래에 볼 수 없던 드문 일로서, 명장도 할 수 없는 것입니다. 그 후 정식 경조윤으로 승진했습니다만, 왕존에게 각별한 포상이 없었습니다.

　지금 어사대부가 '왕존은 지나친 형벌로써 음양의 조화를 깨뜨리고 나라 근심의 씨가 되며, 조서를 준봉할 마음이 없으며, 정치를 핑계 삼아 비뚤어진 일을 일삼고, 겉으로는 공경하는 척하면서 실은 하늘을 속이는 자이다'라고 탄핵하였습니다. 그 원인은 어사의 승(丞) 양보(楊輔)에게서 나왔습니다. 양보는 본래 왕존의 서기로서, 성격이 음험하고 남의 험담을 잘하며 마음이 비뚤어진 자입니다. 곧잘 붓끝을 놀려 사람을 죄에 빠뜨리기를 좋아합니다. 보는 늘 술에 취하여 왕존의 노예 우두머리 이가(利家)에게 들렀는데, 이가가 보의 머리를 잡고 뺨을 때렸으며, 이가의 형의 아들 굉(閎)은 칼을 빼들고 보를 죽이려 했습니다. 보는 이 때문에 깊은 원한을 품고 왕존을 해치려 하였습니다. 아마도 보가 속으로는 원한을 품고 겉으로는 공무를 핑계하여, 그 사건을 입안(立案) 획책하고 사실을 과장하여 고발 사태에까지 끌고 가, 거짓을 보태어 원한을 풀려고 한 것이 아니겠습니까.

옛날 백기(白起)는 진(秦)의 장군으로서 동으로는 한(韓)·위(魏)를 무찌르고, 남쪽으로 초(楚)의 서울 영도(郢都)를 함락했으나, 응후(應侯)의 참언에 의하여 두우(杜郵: 咸陽의 수도 부근)에서 자결했습니다. 오기(吳起)는 위(魏)에 벼슬하여 서하(西河) 태수가 되어 진·한(韓)으로 하여금 싸움을 걸지 못하게 했으나, 참언하는 자가 무고하여 추방 당해 초로 도망쳤습니다. 진은 참언을 받아들여 명장을 죽이고, 위는 참언을 곧이들어 어진 태수를 쫓아냈으니, 이는 모두 일방적인 말만을 들은 불명(不明) 때문에 사람을 잃어버린 것입니다.

신 등이 마음 아픈 것은, 왕존은 행실이 바르고 충의 일념으로 봉공(奉公)하였습니다. 탄핵할 때는 장군·재상도 꺼리지 않고, 악을 제거함에는 강호(强豪)도 피하지 않았습니다. 제압하기 어려운 도적을 주멸하여 나라의 근심을 해결하여 공을 세우고, 직책을 다하여 조정의 위신을 보호했습니다. 참다운 국가의 일꾼이며 난관을 극복한 관리이며, 이제 죄가 없는데도 원수의 손에 걸려 무고의 문서에 해를 입어 종래의 공훈으로 죄를 상쇄하는 은전조차 없었습니다. 공경 등에 의한 복심(覆審)의 조처조차 얻음이 없이, 다만 원수의 일방적인 고발에 의해 공공씨(共工氏: 堯 시대의 제후. 幽州에 유배됨)처럼 크게 미움을 받아 억울한 죄를 소청할 기회조차 없는 것입니다.

왕존은 서울이 어지러워 도둑 떼가 봉기했으므로 능력을 인정 받아 뽑혀 구경의 한 사람으로 임명되었습니다. 그런데 적을 평정하여 세도가가 복죄한 뒤 바로 간교(奸巧)에 의하여 파면되었습니다. 한 사람의 왕존의 몸으로 3년 사이에 갑자기 어질다가 갑자기 몹쓸 사람이라니 어찌 심하지 않습니까.

공자도 '그를 사랑하면 살리려 하고, 그를 미워하면 죽이려 하니 이것이 미혹이니라' '남을 여러 번 헐뜯어 곧이듣게 하는 참언을 행하지 않으면 현명하다 할 것이다'고 했습니다. 원하옵건대 공·경·대부·박사·의랑(議郞)에게 이 사건을 넘기어 왕존의 사람됨을 정확히 살피도록 해 주셨으면 합니다.

대체로 신하로서 음양의 조화를 해치는 짓을 함은 사형에 해당됩니다. 정치를 핑계 삼아 비뚤어진 짓을 하게 되면 추방형에 해당됩니다. 진실로 어사의 탄핵문 그대로라면, 왕존이야말로 궁문 앞에서 사형을 당하든가(少正卯의 경우) 아니면 사람이 안 사는 먼 곳으로 추방하든가(共工氏의 경우), 아무튼 면직만으로는 안 될 것입니다. 또 왕존을 천거한 자도 마땅히 부당한 인사의 책임으로 죄를 물어야 될 것입니다. 만약 어사의 탄핵문이 사실과 달라 법문을 왜곡하여 죄를 날조함으로써 무고한 사람을 함정에 빠뜨렸다 하면 이를 벌해야 마땅할 것입니다. 이렇게 해야만 참언하는 입을 징계하고, 사람을 속이는 나쁜 버릇을 근절할 수 있을 것입니다. 총명하신 폐하께서는 부디 자세히 조사하신 뒤에 흑백을 분명히 가려 주시기 바라옵니다."

천자는 다시 왕존을 서주(徐州) 자사에 임명하였다가 동군(東郡) 태수로 영전시켰다. 얼마 뒤 황하의 물이 범람하여 호자(瓠子: 하북성)의 금제(金隄)를 침식했다. 백성들은 둑이 끊겨 피해가 커지지 않을까 겁내어 당황했다. 왕존은 스스로 관민을 지휘하여 백마를 제물로 삼아 강 속에 던져 넣고 물의 신(神) 하백(河伯)을 제사지냈다. 왕존은 또 스스로 보옥을 바치고 무당에게 축원을 올리게 하여, 자기 몸을 희생하는 대신에 금제를 지켜 달라고 빌고, 그대로 남아 둑 위의 움막집에 앉아 있었다. 수천·수만 관민들이 앞다투어 머리를 조아리며 제발 그만두라고 만류했으나, 존은 끝내 일어서려 하지 않았다. 마침내 더욱 물이 불어 둑이 끊기자 관민은 비명을 지르며 산산히 흩어져 달아났다. 다만 주부(主簿) 한 사람만이 울면서 존의 곁에 남아 우뚝 서 있었다. 그러는 중 차차 물이 줄어들었다. 되돌아온 관리와 백성들은 왕존의 용기 있는 행동에 감복했다. 백마현(白馬縣)의 삼로(三老: 촌장) 주영(朱英) 등이 이러한 사정을 주상했다. 천자가 관리에게 명하여 조사하게 하니 모두 상주한 글의 내용과 같았다. 이리하여 어사에게 조서를 내렸다.

"동군에서 황하가 넘쳐 금제를 허물어뜨리는데, 석 자면 둑이 무너질 위기에 이르러 백성들은 겁을 내어 도망쳤다. 그런데도 태수는 몸으로써 밀어닥치는 물과 싸워, 일발의 위기에 임하여 일신의 위태로움을 돌보지 않음으로써 사람들을 안심시켰다. 관리와 백성들이 되돌아와 작업을 시작하여 수재가 나지 않았으니, 짐은 자못 그를 가상하게 여긴다."

왕존의 녹을 중이천석으로 하고 황금 20근을 더 하사했다.

수년 후 왕존은 재직 중에 죽으니, 관리와 백성들이 그를 기념하였다. 존의 아들 백(伯)도 경조윤이 되었으나, 나약하여 임무를 감당할 수 없다 하여 면직되었다.

왕장(王章)은 자가 중경(仲卿)이며, 태산군 거평현(泰山郡鉅平縣: 산동성) 출신이다. 젊었을 때 문학에 선발되어 벼슬길에 올랐으며, 차차 승진하여 간대부(諫大夫)에 이르렀는데, 조정에서 직언(直言)하기로 유명하였다.

　원제(元帝)는 처음에 왕장을 좌조중랑장(左曹中郞將)으로 발탁했다. 어사 중승(御史中丞) 진함(陳咸)과 사이가 좋았는데, 함께 중서령 석현(石顯)을 공격하다가 그의 함정에 빠졌다. 진함은 사형을 면하여 삭발형(削髮刑)을 당하고 왕장은 면직되었다.

　성제(成帝)가 즉위하자 왕장을 불러들여 간대부로 임명했다가 사예교위(司隸校尉)로 영전시켰다. 대신과 귀족들은 왕장을 꺼렸다. 경조윤 왕존(王尊)이 면직된 뒤, 후임자는 그 임무를 감당하지 못했다. 이에 왕장이 뽑히어 경조윤이 되었다.

　당시 성제의 외숙부 대장군 왕봉(王鳳)이 섭정으로 있었다. 왕장은 왕봉에 의하여 추천되었음에도 불구하고, 왕봉의 전횡을 마땅치 않게 여겨 그에게 가까이하려 하지 않았다.

　마침 일식(日蝕)이 있었다(일식은 신하가 임금을 능가함을 상징). 왕장은 상소하여 인견되어, 왕봉을 중용함은 불가하니 다시 충직한 어진이를 뽑아 쓰도록 말했다. 천자는 그때 왕장의 말을 받아들였으나 차마 왕봉을 퇴임시킬 수가 없었다. 왕장은 이 일로 하여 의심 받아, 드디어 왕봉의 계략에 빠져 대역죄에 몰렸다. 자세한 기록은 본서의 원후전(元后傳)에 있다.

　처음에 왕장은 서생으로서 장안에서 학문을 익히며 아내와 단둘이 살았다. 그는 병이 들었으나 이불이 없어 덕석을 쓰고 누워 있었다. 이제 죽는다고 생각해 아내에게 고별하고 눈물을 흘리니 아내가 성을 내며 나무랐다.

　"당신은 서울 안에서 가장 훌륭한 분이며, 조정에 있는 이라도 당신보다 나은 사람은 아마 없을 것입니다. 그런데 지금 병이 들고 가난하다 하여, 스스로 분발하지 아니하고 도리어 울고 있으니 참으로 못났구려."

그 후 왕장은 관리가 되어 승진하여 경조윤에까지 올랐다. 그러나 더욱 천자에게 인정 받으려고 상소하려 하니 아내가 말리며 말했다.

"사람이란 만족할 줄 알아야 합니다. 혹시 덕석을 쓰고 누워 울던 때의 일을 잊지나 않았나요?"

왕장이 말하였다.

"여자가 알 일이 아니오."

마침내 상소했다. 과연 아내가 두려워하던 대로 정위(廷尉)의 감옥에 갇히고 처자도 모두 포박 당했다. 장의 막내딸은 나이 열두 살이었는데 한밤중에 벌떡 일어나 큰 소리로 울면서 말했다.

"늘 감옥에서 죄수를 점호할 때 꼭 아홉 사람까지 부르는데, 웬일인지 오늘 밤은 여덟 사람으로 끝났어. 아버지는 늘 반항하셨으니 먼저 죽임을 당할 사람은 반드시 아버지일걸."

이튿날 물으니 장은 과연 죽었다. 처자는 모두 합포(合浦: 광동성)로 옮겨졌다. 대장군 왕봉이 죽은 뒤 봉의 아우 성도후(成都侯) 상(商)이 또한 대장군이 되어 섭정했다. 천자에게 상주하여 왕장의 처자를 원래의 고을로 돌아가게 했다. 그 가족은 모두 무사하여 진주를 캐서 수백만의 재산을 이루고 있었다. 당시 소육(蕭育)이 태산군 태수를 하고 있었는데, 관비로써 왕장의 본래의 밭과 집을 사서 반환해 주었다.

왕장은 경조윤으로 근무한 지 두 해 만에 죄가 없는데도 사형되었다. 민중은 매우 원통하게 여기어 그를 기념하여 왕존・왕장・왕준(王駿)을 삼왕(三王)이라 불렀다. 준은 전기(傳紀)가 있으며 그는 왕양(王陽)의 아들이다.

외척전(外戚傳)

　무제(武帝)의 첩 이부인(李夫人)은 본래 가희(歌姬) 출신이었다. 처음에 부인의 오빠 연년(延年)은 천성적으로 음악을 터득하여 가무를 잘했으므로 무제가 그를 아꼈다. 새로운 가곡이나 변주곡을 지을 때마다 듣는 사람들이 모두 감동했다. 이연년이 천자를 모시고 있을 때 일어나서 춤추며 노래했다.

　　북방에 가인(佳人) 있어 세상에 뛰어나 우뚝하네.
　　한 번 돌아보면 성(城)을 기울게 하고, 다시 돌아보면 나라를 기울게 하리.
　　어찌 모르랴, 성과 나라가 기우는 것을.
　　가인은 다시 얻기 어렵도다.

천자는 탄식하며 말했다.
"훌륭하다. 세상에 그런 사람이 있을까?"
　평양공주(平陽公主 : 무제의 누이)가 연년의 누이동생이 있음을 말해 주었다. 그래서 천자가 그녀를 불러들여 만나보니 과연 예쁘고 춤을 잘 추었다. 이리하여 총애를 받아 첫아들을 낳았는데 이 분이 곧 창읍애왕(昌邑哀王)이 되었다.
　이부인이 젊은 나이에 죽으니, 천자는 불쌍히 여겨 그 모습을 감천궁(甘泉宮)의 벽에 그리게 했다. 위사후(衛思后)가 무고 사건으로 폐위된 지 4년 만에 무제가 붕어(崩御)하자, 대장군 곽광은 천자의 생전의 의향에 따라 이부인을 배향(配享)하고 추존(追尊)하여 효무황후(孝武皇后)라고 이름했다.

앞서 이부인이 위독할 때 천자가 친히 병문안을 갔다. 부인은 이불을 뒤집어 쓰고 사례하며 말했다.

"소첩은 오랫동안 병석에 누워 있어 얼굴이 야위어 폐하를 뵐 수 없습니다. 원하옵건대, 창읍왕과 형제를 잘 부탁드립니다."

천자가 말하였다.

"부인의 병이 심한 모양이구려. 그렇지만 일어나 잠깐 얼굴이라도 보이면서, 왕과 형제의 일을 부탁하는 게 좋지 않겠소?"

부인이 말하였다.

"여자란 화장을 아니한 맨얼굴로 임금이나 아버지를 뵙지 않는 법이라고 하였습니다. 소첩이 보기 흉한 몰골로 폐하를 뵈올 수 없사옵니다."

천자가 말하였다.

"부인, 한 번만 보여 주오. 장차 천금을 하사하고 그대의 형제에게도 높은 관직을 주리다."

부인이 말하였다.

"높은 관직을 주시는 일은 폐하께 달려 있사오니, 소첩이 뵙는 일과는 무관한 일이옵니다."

천자는 되풀이하며 얼굴을 보여 달라고 간청했으나, 부인은 마침내 등을 돌리고 흐느껴 울면서 한 마디의 대답도 하지 않았다. 이에 천자는 불쾌하게 자리에서 일어났다. 부인의 자매가 부인을 추궁하며 말했다.

"그저 잠깐 폐하께 얼굴을 보여 드리고 형제의 일을 부탁할 수 없었어요? 왜 그렇게 섭섭하게 해 드리지요?"

"폐하께 얼굴을 보여 드리지 않은 건 도리어 형제의 뒷일을 확실히 부탁하려 한 것이야. 나는 얼굴이 예뻐 천한 신분임에도 폐하의 총애를 받았지. 대체 용모로 사람을 섬기는 자는 용모가 변하게 되면 사랑도 식는 법이며, 사랑이 식으면 은혜도 끊긴단다. 폐하께서 연연히 나에게 미련을 두는 것은, 그야말로 평소의 용모가 아름다웠던 까닭이야. 그런데 지금 나는 야위어 얼굴이 전날과 다르므로, 틀림없이 소름이 끼치어 내게 침을 뱉고 싶은 기분이 되셨을 거야. 그렇게 되면 두 번 다시 내 생각을 하거나 내 형제들에게 관심을 두려고 하시지 않을 것이다."

이부인이 죽자 천자는 황후의 예로 그녀를 장사지냈다. 그 후 천자는 부인의 오빠 이광리(李廣利)를 이사장군(貳師將軍)으로 삼고 해서후(海西侯)로 봉했다. 또 이연년을 협률도위(協律都尉 : 음악을 맡는 관리)에 임명했다.

천자는 이부인을 언제까지나 잊을 수가 없었다. 제(齊)의 사람 소옹(少翁)이 부인의 혼을 불러내 보일 수 있다고 했다. 그리하여 밤에 촛불을 나란히 켜 놓고 휘장을 치고 술과 고기를 늘어 놓고, 천자에게 딴 휘장 안에서 멀리 바라보도록 하였다. 그러자 이부인과 모습이 흡사한 미인이 휘장으로 들어와 앉았다가 이내 천천히 걸어 나가버렸다. 그 이상 가까이 다가 앉아 볼 수가 없었다. 천자는 더욱더 부인이 그리워 슬퍼하며 시를 지었다.

진짜인가 가짜인가?
서서 그를 바라보니

펄럭이듯 흐느적거리는 걸음이 그리 더딘가?

악부(樂府 : 궁중의 음악당)의 악사들에게 명하여 그 시를 관현으로 노래하게 했다. 천자는 또 이부인을 위하여 부(賦)를 지어 애도했다.

아름답고 가냘퍼 날씬했는데 오래지 않아 명이 끊어졌네.
새 궁을 꾸며 서서 맞이하였건만 사라져 고향에 돌아오지 않는다.
구슬퍼라, 생생하던 것이 시듦이여, 숨어 무덤에서 사니 그리움에 가슴 아프네.
상여와 말을 산릉(山陵)에 풀어 놓았으니 갑자기 햇빛 없는 긴긴 밤이 되었구려.
썰렁한 가을 기운에 계수나무 가지(부인을 비유)가 떨어져 없어지고
혼은 외로이 먼 데를 생각하고 정(精)은 떠돌아 인간 세계를 벗어났다.
지하에 의탁하여선 오래 있고, 애석하여라, 예쁜 꽃이 반쯤도 못 피었으니.
끝내 돌아오지 못함을 생각하니 아득히 날아갔다고 여겨지네.
꽃술을 간직한 채 바람을 기다리니 짙은 향기가 퍼지는구나.
고운 얼굴에 야들야들하고 화려했으니, 바람에 나풀거려도 더욱 단아하였지.
잔치에서 놀 때는 기둥을 의지하여 잔잔한 물결처럼 고운 눈썹 움직였네.
이미 흥분하여 마음이 달렸으나 홍안을 감추고 보이지 않는구려.

기쁨으로 가까이했으나 드디어 이별했으니, 밤에 꿈을 깨니 몽롱하구나.
갑자기 죽어 돌아오지 않고 혼백은 흐트러져 날아갔네.
영혼의 산란함이여, 슬프도다, 배회하며 주저하는구나.
길을 가는데 해는 멀리 떠서 드디어 황홀하게 사라진다.
서쪽으로 넘어가니 이미 보이지 않고,
상사(想思)와 동경(憧憬)으로 적적하여 말이 없으니
생각이 물결처럼 흘러 슬픔이 가슴에 서리네.

난(亂:全篇의 大旨)으로 읊는다.

아름다운 광채를 포용하고 붉은 꽃이 졌으니,
질투하는 궁녀들이야 어찌 비교가 되랴.
바야흐로 한창 나이에 요절(夭折)하니,
형제들이 더욱 흐느껴 눈물을 흘렸네.
슬픔이 고을에 넘쳐 울음 소리 그치지 않았다.
울림에는 반응이 있는데 메아리도 없구나.
야윈 미인은 한숨 쉬며 어린 자식을 한탄하였다.
울며 말이 없어도 소원이 있어,
인자(仁者)는 맹세 않고 친함으로 다짐하느니,
이미 떠나 버린 이 돌아오지 않아도 믿음이야 어이하리.
이승을 떠나 어둠 속으로 가버렸으니,
다시 옛 뜰에 돌아오지 못하네.
아, 슬픈지고, 혼령이여.

그 후 이연년의 아우 계(季)는 궁녀와 간통한 죄를 입었고, 광리는 흉노에게 항복하여 멸족당하였다.

소제(昭帝) 상관황후(上官皇后)의 조부 걸(桀)은 농서군(隴西郡) 상규현(上邽縣 : 감숙성) 사람이다. 젊었을 때에 우림랑(羽林郎 : 근위병)이 되었다가, 이어 기문랑(期門郎 : 궁문 호위병)이 되었다. 무제를 수행하여 감천궁(甘泉宮)으로 가는데, 마침 사나운 바람으로 어가가 나아갈 수 없어, 그 덮개를 벗겨 상관걸에게 맡겼다. 걸은 덮개를 들고 바람을 받으면서 끝까지 어가 뒤를 따랐다. 비가 내리자 덮개를 천자의 머리 위에 쳤다. 천자는 그의 재주와 힘을 기특하게 여겨 미앙구령(未央廐令 : 太僕의 속관)으로 승진시켰다. 천자가 어느 날 병이 났다. 병이 나아 말을 보니 말이 많이 야위어 있었다. 천자는 진노하여 말했다.

"이봐라, 내가 다시는 말을 보지 못할 줄 알았는가?"

그래서 걸을 법관에게 인도하려 하니 머리를 조아려 말했다.

"소신은 옥체가 미령하시단 말씀을 듣고 밤낮으로 근심이 되어, 사실은 말에까지 생각이 미치지 못했습니다."

말을 마치자 눈물이 주르르 흘렀다. 천자는 충의(忠義) 깊은 자라 생각하여 이로부터 가까이하여 시중(侍中 : 시종관)이 되었는데 차차 승진하여 태복(太僕)에 이르렀다. 무제의 병이 위독해지자 곽광을 대장군, 태복 상관걸을 좌장군으로 임명하여, 함께 천자의 유언을 받들어 어린 천자를 보좌하였다. 걸은 이전에 모반한 망통(莽通)을 목 벤 공으로 안양후(安陽侯)로 봉해졌다.

앞서 걸의 아들 안(安)이 곽광의 딸과 결혼하였기 때문에 서로 친숙하게 지냈다. 광이 휴가를 받아 조정에 없게 되면 걸이 언제나 광을 대신하여 조정에 들어가 정무를 결재했다. 소재는 얼마 전에 즉위했는데, 나이 8세라, 천자의 큰 누나 악읍(鄂邑)의 개장공주(蓋長公主)가 궁중에 살면서 천자의 뒷바라지를 하고 있었다. 개장공주는 아들의 식객인 하간(河間)의 정외인(丁外人)을 은밀히 사랑하고 있었다. 천자와 대장군은 소문을 듣고 있었지만, 공주와 충돌하고 싶지 않아서 조서를 내려 정외인을 공주의 시종으로 임명했다. 공주는 주 양씨(周陽氏:淮南王의 외가)의 딸을 후궁에 들여 천자의 배우자로 삼으려 생각했다. 당시 상관안에게도 딸이 있었는데 즉 곽광의 외손녀라, 안은 곽광의 힘을 빌어 후궁에 들여보내려고 생각했다. 그러나, 광은 아직 어리다고 듣지 않았다. 안은 평소부터 정외인과 사이가 좋았으므로 외인을 설득하였다.

"듣건대 개장공주께서는 양씨의 딸을 후궁에 들여보내려 하신다 하거니와, 내 딸도 맵시가 좋으오. 만일 공주님의 도움으로 기회를 보아 궁중에 들 수 있어 황후에 책봉이 된다면, 우리 부자는 조정에 시봉하면서 동시에 황후의 친정으로 존중을 받게 되오. 이것의 성취 여부는 오로지 그대의 힘에 달려 있소. 한실(漢室)의 관례로서는 반드시 제후를 공주의 남편으로 삼고 있소. 그런즉 그대는 염려할 것 없이 제후에 봉해질 것이오(사례로 그렇게 해 주겠다는 말)."

정외인은 기뻐하여 공주에게 그렇게 전했다. 공주는 그럴듯하다고 여겨 조서를 내려 상관안의 딸을 불러들여 궁녀로 삼고, 상관안을 기도위(騎都尉:近衛騎兵長)에 임명했다. 한 달 남짓 만에 드디어 안의 딸을 황후로 삼으니 나이 겨우 6세였다.

상관안은 황후의 부친으로서 상락후(桑樂侯)로 봉해졌다. 식읍이 1천 5백 호이며 거기장군(車騎將軍)으로 승진하니, 날로 오만해지며 음탕했다. 궁중에서 대접을 받고 나와서는 식객들에게 이렇게 말했다.

"내 사위[昭帝]와 마셨는데 참으로 유쾌하오. 그 옷이나 장식을 보고 집에 돌아오면 내 것들을 태우고 싶어지는구려."

안은 술에 취하면 발가벗고 규방에 갔다. 계모나 부친의 첩 또는 계집종 등과도 간음했다. 아들이 병사하니 우러러보며 하늘을 욕했다(하늘은 중국 사람에 있어선 최고의 神格).

안은 자주 대장군 곽광에게 들어붙어 정외인에게 제후의 작위를 주라고 청했다. 상관걸도 아무런 재능도 없는 정외인에게 관직을 주라고 청했다. 그러나 곽광은 정론을 주장하면서 두 사람의 부탁을 들어 주지 않았다. 게다가 걸의 장인이 좋아하는 충국(充國)이 태의감(太醫監 : 侍醫)으로서 궁중에 함부로 들어감으로써 하옥되어 사형을 기다리게 되었는데 곽광은 구하려 하지 않았다. 겨울의 마지막 달도 끝나려 한다(사형은 섣달 그믐까지 끝냄). 공주는 충국을 위하여 말 20필을 조정에 바치어, 속죄하여 사형을 면하게 했다.

이리하여 상관걸과 안의 부자는 매우 곽광을 원망하며 공주를 후덕하게 여겼다. 부자는 연왕 단(燕王旦)이 천자의 형이면서 제위에 앉지 못했을 뿐 아니라, 또한 곽광을 원망하고 있음을 알았다. 즉각 광의 과실을 적어 연왕에게 주어 연왕으로 하여금 상주문을 올려 광을 고발케 하고, 또 정외인을 위하여 제후의 작위를 간청하도록 했다. 연왕은 크게 기뻐하면서 상주하여 말했다.

"옛날 자로(子路)는 누나를 여의고 1년상이 지났어도 상복을 벗지 않았습니다. 공자가 꾸짖자 자로가 말하기를 '저는 불행히도 형제가 적으므로 상복을 차마 벗을 수 없습니다'라고 했습니다.

그러자 공자는 '잘못을 보고 인(仁)을 안다'라고 말씀했습니다 (자로의 행위는 잘못이나, 그 잘못으로써 그의 仁愛를 알 수 있음). 지금 저와 폐하께 개장공주는 단 한 분의 누님입니다. 폐하께서는 다행히 공주를 정외인이 시종하게 했습니다. 그러니 정외인에게 제후의 작위를 하사함이 어떨까 합니다."

이와 같은 상주문이 봉정되었다. 천자가 곽광에게 물었으나 광은 끝내 듣지 않았다. 연왕이 곽광의 죄과를 고발함에 이르러 천자는 한층 괴이하게 생각하여 더욱더 광과 친해져서 상관걸 부자를 멀리했다. 걸과 안은 크게 노여워하여 드디어 무리를 지어 곽광을 죽이고, 연왕을 꾀어 내어 그 역시 죽이며, 천자를 폐하여 걸을 천자로 세우려고 음모했다. 어떤 이가 물었다.

"황후를 어찌하면 좋겠소?"

안이 말하였다.

"사슴을 쫓던 개가 토끼에게 마음을 빼앗기면 어찌하랴. 게다가 우리는 황후의 덕으로 고관직에 앉은 것이니, 일단 군주의 마음이 변하여 서민으로 강등시켜 살게 되어도 어쩔 수 없는 것이지. 이는 백대 만에 한 번 있는 기회야."

사건이 탄로되어 연왕과 개장공주는 모두 자살했다. 자세한 이야기는 곽광전에 있다. 걸과 안의 일족은 모두 멸족이 되었으나, 황후는 나이가 젊고 또 음모에 가담하지 않은데다 곽광의 외손녀라 폐하지 않고 그냥 두었다. 황후의 모친은 이전에 죽어 무릉(茂陵)의 외곽 동쪽에 장사지냈다. 추존(追尊)하여 경부인(敬夫人)이라 하고, 식읍으로 2백 호를 두어 태수의 부관이 법대로 받들어 지켰다. 황후는 사사로이 노비를 보내어 걸과 안의 무덤을 지키게 했다.

곽광은 황후가 천자의 총애를 독차지하여 아들 낳기를 소원하였으나 천자는 몸이 아팠다. 측근과 시의(侍醫)가 곽광에게 부탁하여 합환(合歡)을 삼가지 않으면 안 된다고 말했다. 이에 광은 궁녀들도 모두 앞뒤를 막고 발목을 졸라 매는 고쟁이를 입고 많은 띠를 두르게 하며, 후궁을 나아가지 못하게 했다.

황후로 책봉된 지 10년 만에 소제가 붕어했다. 황후의 나이는 14,5세였다고 한다. 창읍왕 하(賀)가 부름을 받아 즉위하자, 황후에게 황태후의 존호를 바쳤다. 곽광과 황태후가 함께 의논하여 하를 폐하고 선제(宣帝)를 세웠다. 선제가 즉위하자 태황태후(太皇太后)가 되었다. 황후는 책봉된 지 47년 만에 52세로 건소(建昭) 2년에 승하했다. 평릉(平陵)에 소제와 합장하였다.

사황손(史皇孫 : 衛太子의 아들, 무제의 손자)의 왕부인(王夫人)은 선제(宣帝)의 모친이다. 이름은 옹수(翁須)이며, 태시(太始) 연간에 사황손의 총애를 받았다. 황손의 처첩에는 칭호도 작위도 없었다. 모두가 가인자(家人子 : 평민의 자식이란 뜻)로 불렸다.

정화(征和) 2년(B.C. 91)에 선제를 낳았다. 선제가 탄생한 지 수개월 뒤에 위태자와 황손은 실각하여 식솔들도 모두 연좌되어 죽임을 당하였다. 시체를 거둬들여 장사지내려는 사람이 없었는데 오직 선제만 안전하였다. 선제가 즉위한 뒤, 모친 왕부인을 추존하여 시호를 도후(悼后)라 하고, 조모 사양제(史良娣 : 양제란 女官의 자리)를 여후(戾后)라 하여 모두 이장하여 식읍을 두고 장승(長丞)에게 관리하도록 했다. 자세한 이야기는 여태자전(戾太子傳)에 있다.

지절(地節) 3년에 천자가 외조모 왕온(王媼)을 찾아냈다. 왕온의 아들은 무고(無故), 무고의 아우 무(武)는 함께 사자를 따라 궁중에 들어갔다. 그때 황소가 끄는 수레를 타고 갔으므로, 세상 사람들은 왕온을 황우구(黃牛嫗)라 불렀다.

 앞서 천자가 즉위하여 몇 차례나 사자를 보내어 외가를 찾았으나, 워낙 오래 되어 대개는 비슷하나 진짜가 아니었다. 왕온을 찾아서 천자는 태중대부(太中大夫) 임선(任宣)에게 명하여 승상·어사들과 같이 조사하도록 했다. 동향(同鄕)의 온을 알고 있는 이들이 모두 왕구(王嫗)라고 주장했다.

 그 노파가 말하기를, 이름은 망인(妄人)이며, 집은 본래 탁군(涿郡) 여오평향(蠡吾平鄕: 하북성)에 있었다는 것이다. 14세에 동향의 왕경득(王更得)에게 시집갔다. 경득이 죽자 개가하여 광망현(廣望縣: 하북성)의 왕내시(王迺始)의 아내가 되어 아들 무고와 무, 딸 옹수를 낳았다. 옹수는 나이 8,9세 때 광망절후(廣望節侯)의 아들 유중경(劉仲卿)의 집에서 기식했다. 중경이 왕내시에게 말하였다.

 "나에게 옹수를 주시오. 내가 잘 길러 줄 터이니까."

 그리하여 왕온은 옹수에게 비단 홑옷을 지어 주어 중경의 집으로 보냈다. 중경은 옹수에게 가무를 가르쳤다. 옹수는 친정과 내왕하여 여름과 겨울옷을 가지고 갔다. 그로부터 4,5년 만에 옹수가 돌아와 말하였다.

 "한단(邯鄲: 하북성)의 가장아(賈長兒)가 예기(藝妓)를 구하러 왔는데, 중경 나리께선 나를 팔아 넘길 셈이에요."

 온은 바로 옹수와 도망쳐 평향(平鄕)으로 갔다. 중경은 수레에 왕내시를 태워 함께 온을 찾아 나섰다. 온은 궁지에 빠진 옹수를 데리고 돌아왔다.

"저의 딸은 댁에 살았습니다만, 한 푼의 돈(몸값)도 받지 않았습니다. 어찌하여 타인에게 팔려고 합니까?"
 중경은 속임수로 '아니오' 하였다.
 그 후 며칠 지나서 옹수는 장아의 마차에 실려 왕온의 문 앞을 지나며 큰 소리로 외쳤다.
 "전 끌려 가게 됐어요. 유숙(柳宿)에 가게 될 거예요."
 온과 내시는 유숙에 가서 옹수를 만났다. 그들은 서로 붙들고 울었다.
 온이 말하였다.
 "내가 너를 위해 호소해 볼 테니까."
 옹수가 대답했다.
 "어머니, 내버려 둬요. 어디를 가든 못 살 것도 아니고, 이제 호소해도 소용 없어요."
 온과 내시는 되돌아와서 돈을 마련하여 딸의 뒤를 좇았다. 중산군(中山郡) 노노현(盧奴縣 : 하북성)에 이르러 옹수가 예기들과 함께 있는 걸 발견했다. 동료 다섯 사람이 한 방에서 살고 있었다. 그날 밤 온은 옹수와 함께 잤다. 이튿날 내시는 그 자리에 머물러 옹수를 지켜 보고, 온은 돈 마련 때문에 일단 돌아갔다. 딸의 뒤를 좇아 한단에까지 가려고 생각한 것이다. 온은 집에 돌아가자 쌀을 팔아 돈으로 바꾸려 했으나, 미처 돈과 바꾸기 전에 내시가 돌아와 말했다.
 "옹수는 이미 가 버렸어. 나는 뒤따를 돈도 없었고…."
 그대로 헤어진 채 지금껏 옹수의 소식을 듣지 못했다. 가장아의 아내 정(貞)과 가무 교사 수(遂)가 말하기를, 20년 전 태자사인(太子舍人) 후명(侯明)이 장안에서 예기를 구하러 장아에게 와서 옹수 등 다섯 사람을 요청했다. 장아는 수에게 명하여 장안에 데리고 가서 그들을 모두 태자의 집에 들여보냈다고 말했다.

또 광망현의 삼로(三老 : 촌장) 경시, 유중경의 아내 기(其) 등 45명의 말을 들어도 모두 확실한 증거가 있었다.

이에 임선이 주상했다.

"왕온이 도후의 모친임이 분명합니다."

천자는 모두 인견하여 무고와 무에게 관내후(關內侯)의 작위를 하사하고, 한 달 사이에 썩 많은 포상을 내렸다.

이윽고 어사에게 칙서를 내려 외조모의 호를 박평군(博平君)이라 하고, 화장료(化粧料)로서 박평·여오의 두 현 1만 1천 호의 식읍을 내렸다. 외숙부 왕무고(王無故)는 평창후(平昌侯)로, 무(武)는 낙창후(樂昌侯)로 봉하고, 식읍은 각각 6천 호였다.

이보다 앞서 내시는 본시(本始) 4년에 병사했다. 그 뒤 3년 만에 집의 형편이 가까스로 부귀하게 되었다. 내시에게도 이어 시호를 추종하여 사성후(思成侯)라 불렀다. 탁군에 조서를 내려 그 묘를 정리하여 식읍 4백 호를 두고 장승이 법에 따라 지키도록 조처했다.

1년 남짓하여 박평군이 죽으니, 시호를 사성부인(思成夫人)이라 했다. 조서가 내려 사성후의 관을 옮겨 봉명고성묘(奉明顧成廟 : 황손과 왕부인의 사당)의 남쪽에 합장하고 식읍과 그 장승을 두었다. 이에 따라 자연히 탁군의 사성원(思成園)은 없어졌다.

왕씨의 집에서 제후가 된 이는 두 사람이다. 무고의 아들 접(接)은 대사마(大司馬 : 육군 대신) 겸 거기장군이 되고, 무의 아들 상(商)은 승상에까지 출세했다. 왕상에 대해서는 따로 전기(傳紀)가 있다.

선제(宣帝)의 허황후는 원제(元帝)의 모친이다. 부친인 허광한(許廣漢)은 창읍(昌邑:산동성) 사람으로서, 젊은 시절에 창읍왕의 낭(郎:숙위관)이 되었다.
　무제(武帝)를 수행하여 감천궁에 갔을 때 실수하여 딴 낭의 안장을 자기 말에 지웠다. 그것이 발각되어 법관은 천자의 행차에 수행하면서 도둑질을 했다는 죄로 사형을 받게 되었다. 천자의 배려로 본인이 원한다면 궁형(宮刑)에 대신해도 좋다는 조서가 내렸다. 그 후 환자승(宦者丞:小府의 속관)이 되었다. 상관걸이 반역을 꾀했을 때 광한이 범죄의 수사를 분담했다. 상관걸이 궁중에서 유숙하는 방 안에 수천 개의 밧줄이 있었다. 길이는 두어 자로 사람을 포박하기에 꼭 알맞은 것이었는데, 궤짝 속에 가득 채워 놓았다.
　광한은 수색할 때 그걸 발견치 못했으나 다른 관리가 가서 발견했다. 광한은 직무 소홀을 추궁 받아 귀신(鬼薪:徒刑. 땔나무 담당)의 형에 처해져 땔감을 궁중으로 나르다가, 그 후 폭실 색부(暴室嗇夫:궁녀 환자를 재우는 방의 수위)가 되었다.
　당시 선제는 궁중에서 길러져 황증손(무제의 증손)이라 불렸는데 광한과 같은 관사에 있었다. 이때의 액정령(掖庭令:환관) 장하(張賀)는 본래 위태자 집의 아전이었다. 위태자가 실각하자 장하도 연좌하여 궁형(宮刑)에 처해졌으나, 옛날의 은의를 잊지 못해 왕증손을 아끼며 보살폈다. 증손이 성인이 되자, 장하는 자기의 손녀와 혼인시키려고 생각했다.
　이때 소제는 비로소 즉위했는데(18세), 키가 8척 두 치였다. 장하의 아우 안세(安世)는 우장군이었는데, 대장군 곽광과 뜻을 같이 하여 정치를 보좌하고 있었다. 안세는 형 하가 황증손을 칭찬하며, 자기의 손서로 삼으려는 것을 알고 성을 내며 말했다.
"증손은 곧 위태자의 아들이 아닌가요. 어쨌든 서인으로 폐하께서 주시는 옷과 먹을 것을 받아 사는 것만도 충분할 터이니, 다시는 손녀를 준다고 말하지 마시오."

그리하여 하는 단념했다.

당시 허광한에게는 평군(平君)이란 딸이 있었다. 나이는 14,5세로 내자령(內者令 : 후궁의 의류를 관장하는 환관) 구후씨(歐侯氏)의 며느리가 될 예정이었으나, 혼례를 치르기 전에 구후씨의 아들이 죽었다. 광한의 처는 딸을 데리고 점쟁이에게 가서 인상을 보아 달라고 했다. 점쟁이가 말했다.

"따님은 틀림없이 훌륭한 신분으로 출세하게 됩니다."

어머니는 극히 만족했다.

장하는 색부 허광한에게 딸이 있다는 소식을 듣고 주안상을 차리고 광한을 초대했다. 술잔이 오고 간 뒤, 하가 이야기를 끄집어냈다.

"증손은 천자와 가까운 혈통이라, 설사 사람이 못났다 하더라도 관내후(關內侯 : 작위뿐 實封이 없는 제후)는 될 터이니 아내로 삼음이 좋을 겁니다."

광한은 승낙했다. 이튿날 광한의 처는 그 말을 듣고 화를 냈다. 광한은 처가 더 말을 못하게 하려고 중간에 사람을 내세워 상관인 액정령에게 중매를 부탁하게 했다. 그리하여 마침내 증손과 결혼했다. 1년 후 딸은 뒷날의 원제(元帝)를 낳았다. 그로부터 수개월 뒤 증손은 천자가 되고 아내 평군은 궁녀가 되었다.

이때 곽광 장군에게 막내딸이 미혼으로 있었는데 황태후와 친했다. 공경(公卿)은 새로 황후를 세우기로 꾀하여 모두 은밀히 곽장군의 딸을 마음에 두고 있었다. 그러나 섣불리 말을 입 밖에 내지 못했다.

천자는 조서를 내려, 자기가 미천한 신분이었을 무렵 차고 있던 칼을 찾았다. 대신은 천자의 의향을 깨닫고, 상주하여 허씨를 세워 황후로 삼았다.

허씨가 이미 황후가 되었는데도 곽광은, 황후의 부친 광한은 형을 받은 사람이라 군국(郡國)의 임금으로서는 적당하지 못하다 하여 1년 남짓 끌다가 겨우 창성군(昌成君)으로 봉했다.

곽광의 부인 현(顯)은 막내딸을 궁중에 들여보내어 출세시키고자 했으나 그런 구실이 없었다. 이듬해 허황후는 산월이 임박하여 병이 들었다. 여의(女醫) 순우연(淳于衍)은 곽광의 신임을 얻어, 오랫동안 궁중에 들어가 황후를 간병하는 처지였다. 순우연의 남편 상(賞)은 궁궐의 문지기인데 아내 연에게 말했다.

"궁중에 가기 전에 곽부인에게 인사하러 들러 보오. 나를 안지감(安池監)으로 임명토록 청해 주오."

연은 남편의 말대로 곽부인 현에게 전했다. 현은 이에 문득 생각이 나서 곁의 사람을 밖으로 내보낸 뒤, 연을 자(字)로 부르며 (친함을 뜻함) 이렇게 말했다.

"소부(少夫 : 연의 字), 참으로 좋은 일을 알려 주었구려. 나도 그대에게 알리고 싶은 게 있는데 들어 줄지?"

"부인께서 말씀하시는 거라면 뭐든 들어야지요."

"장군께서는 평소부터 막내딸인 성군(成君)을 사랑하여, 마음껏 출세를 시켰으면 하시는데, 그 일에 대하여 부디 소부의 힘을 빌리고 싶군요."

"그건 또 무슨 말씀입니까?"

"아이를 낳는다는 건 여자의 큰일인데, 살 수 있는 것은 열에 하나 정도죠. 지금 황후는 달이 찼습니다. 그러니 이 기회에 독을 약에 섞어 처치해 버렸으면 어떨까 하는데, 그리 되면 성군은 황후의 뒤를 잇게 되겠지요. 만일 그대의 덕으로 성사만 되면 부귀를 함께 누리게 될 것이오."

"약은 몇 사람의 의사가 함께 짓게 됩니다. 그리고 독이 있을까 보아 미리 맛보는 사람이 있으니, 어찌 가능하겠습니까?"

"소부가 하는 수단에 달려 있어요. 장군은 천하를 자기 손에 쥐고 있으니 누가 뭐라 하겠어요. 곤란하게 되었을 때는 도와 드리지요. 처음부터 그대가 할 마음이 없다면 별 수 없지만…."

연은 한참 만에 대답했다.

"힘을 다해 보겠어요."

그리하여 부자(附子)를 가루로 만들어, 장정궁(長定宮 : 황후의 궁전)에 가지고 들어갔다. 황후가 잠든 사이에 연은 부자를 꺼내어 주임 의사가 만든 큰 덩어리의 환약 속에 섞어 넣고, 그것을 황후에게 먹게 했다.

이윽고 황후가 말했다.

"머리가 찌르는 것같이 아파 오는데, 혹시 약 속에 독이라도 넣었는가?"

"당치도 않은 말씀입니다."

황후는 그대로 고통이 심해지더니 마침내 승하했다. 연은 궁중에서 나와 현을 만났다.

수고했다고만 할 뿐, 크게 사례하려 하지 않았다(다른 사람에게 알려질까 경계). 그 후 어떤 이가 상주하여 의사들의 간병 소홀을 고발했다. 그리하여 전원이 조옥(詔獄)에 투옥되어 대역죄로 몰렸다. 현은 일이 급하게 되었으므로 떨며 남편 곽광에게 자초지종을 고백하고 이어서 말했다.

"실수로 이렇게 되었으니, 관리에게 말하여 연을 엄하게 다루지 않도록 해 주세요."

광은 크게 놀라 입을 다문 채 말이 없었다. 그 후 이 사건의 논고문이 상주되었다. 곽광은 그 끄트머리에, '연은 혐의 없음'이라고 스스로 서명해 놓았다.

허후는 황후가 된 지 3년 만에 죽었다. 시호를 공애 황후(恭哀皇后)라 했다. 두릉(杜陵 : 선제의 능)의 남쪽에 장사지냈는데 이곳이 두릉 남원(杜陵南園)이다. 그 후 5년이 되어 황태자가 책립되었다. 그리하여 태자의 외조부 창성군 허광한을 평은후(平恩侯)로 봉하여 특진의 자리를 주었다. 그 후 4년. 다시 광한의 두 아우 순(舜)·연수(延壽)를 각각 박망후(博望侯)·낙성후(樂成侯)로 봉했다. 이리하여 허씨 일족에게 제후가 된 이는 모두 세 사람이었다.

광한이 죽으니 시호를 대후(戴侯)라 했다. 후사가 없었기 때문에 대(代)가 끊어졌다. 남국의 근처에 묻혔다. 식읍 3백호를 두고 장승을 시켜 법대로 지키게 했다.

선제는 연수를 대사마 겸 거기장군에 임명하여 정치의 보좌를 시켰다.

원제(元帝)가 즉위하자, 연수의 둘째아들 가(嘉)를 다시 평은후로 봉하고 대후의 뒤를 이었으며, 또한 대사마 겸 거기장군이 되었다.

선제의 곽황후(霍皇后)는 대사마 대장군 박륙후 광(博陸侯光)의 딸이다. 모친인 현(顯)이 순우연(淳于衍)을 시켜 황후를 암살하고 나서는, 이어 딸 성군(成君)을 위해 혼수감 옷을 짓고, 후궁으로 넣기 위한 도구를 갖추곤 곽광을 졸라 딸을 궁중에 넣었다. 과연 성군은 황후의 자리에 앉았다.

앞서 허후는 미천한 신분으로 최고의 자리에 오른 지 얼마 안되었으나, 시종·마차·복장 등이 극히 검소했다. 5일 만에 한 번씩 장락궁(長樂宮)에 있는 황태후에게 문안하고 손수 선물을 드리고 음식을 올리는 등, 며느리로서 알뜰하게 시중했다.

곽후가 황후가 되어서도 역시 허후의 의례를 본따 행동했다. 그러나 황태후는 곽후의 이질녀였다. 그래서 황태후는 언제나 엄숙하게 곽후를 정중히 대우했다. 황후의 마차나 시종들은 극히 화려하고, 속관들에게 하사하는 포상이 대단하여 허후 때와는 차이가 많았다. 천자가 총애하여 규방을 독점하고 있었다.

곽황후가 책립된 지 3년 뒤에 부친 광이 죽었다. 그 후 1년 만에 천자는 허후가 낳은 아들을 황태자로 책립했다. 허후의 부친 창성군은 평은후로 봉해졌다. 현은 분함을 참을 수가 없어, 밥이 목구멍에 넘어가지 않아 피를 토했다. 현이 말했다.

"그 자식은 뭐야. 천자가 민간에 계셨을 때의 아들이 아닌가. 어찌하여 황태자가 될 수 있나. 만일 지금의 곽후에게 아들이 있다면, 도리어 제후가 되었을 게 아닌가."

다시금 황후를 교사하여 황태자에게 독약을 먹이도록 권했다. 황후는 자주 태자를 불러 음식을 내렸다. 그러나 호위자가 먼저 맛보므로, 황후는 독약을 품 속에 넣어 가지고 있으면서도 먹일 수가 없었다.

그 후 허후를 죽인 사건이 차츰 사람의 입에 오르기 시작했다.

현은 마침내 사위 및 형제들과 반역을 꾀했다. 그러나 탄로되어 모두 주멸되었다. 천자는 관리를 보내어 황후에게 다음과 같은 명령서를 주었다.

"황후는 악인에게 현혹되어 길을 잃었다. 부덕한 마음을 품고 독약을 숨겨 가지고 모친인 박륙선성후 부인(博陸宣成侯夫人) 현과 함께 태자를 없애려 음모했다. 남의 어머니다운 은애가 없다. 종묘를 받들 의복이 어울리지 않는다. 천명을 이어받는 데에 알맞지 않다. 불민한지고, 궁전에서 물러나라. 황후의 인수(印綬)를 관리에게 반환하라."

곽후는 황후가 된 지 5년 만에 폐위되어 소대궁(昭臺宮)에 칩거했다. 그 후 12년 만에 운림관(雲林館)에 옮기니 자살하였다. 곧 오정(昆吾亭)의 동쪽에 장사지냈다.

앞서 곽광과 그의 형 거기장군 거병(去病)은 함께 공적에 따라 제후로 봉해져 높은 자리에 올랐다. 선제는 광의 연고로 거병의 손자 산(山)과 산의 아우 운(雲)을 모두 제후로 삼으니, 곽가에서는 전후 제후가 넷이었다.

원제(元帝)의 왕황후(王皇后)는 성제(成帝)의 모친이다. 그 집안에서는 제후가 열 사람, 대사마(大司馬)가 다섯이었다. 외척으로 이보다 융성한 예는 없다. 따로 왕황후전이 있다.

성제(成帝)의 허황후(許皇后)는 대사마 겸 거기장군 평은후 가(平恩侯嘉)의 딸이다.

원제(元帝 : B. C. 48~33 재위)는 모친 공애후(恭哀后)가 황후로 얼마 되지 않아 곽씨에게 독살당한 것을 슬퍼하여, 가의 딸을 간

택하여 황태자비로 삼았다.

이리하여 비로소 처음으로 태자의 집에 가마를 타고 들렀을 때, 원제는 가까이 부리고 있는 중상시(中常侍) 환관을 보내어 새 색시를 바래다 주게 했다. 환관이 돌아와서 태자가 기뻐하는 모습을 보고했다. 원제는 기뻐하며 좌우의 사람들에게 말했다.

"술을 따라 짐을 축하해 주오."

좌우 사람들이 모두 만세를 불렀다.

허비는 이윽고 아들을 낳았으나 자라나지 못했다. 성제가 즉위하자 허비로 책봉되어 황후가 되었다. 다시 딸을 낳았으나 역시 잃었다.

그런데 황후의 부친 허가(許嘉)는 원제 때부터 대사마 겸 거기장군으로서 국정을 보좌해 온 지 8,9년이 되었다. 성제가 즉위하자 다시금 큰 외숙부 양평후(陽平侯) 왕봉(王鳳)을 대사마 겸 대장군에 명하여 허가와 동등한 지위에 앉혔다. 두흠(杜欽)이 말하기를, '관례에 따르자면 황후의 부친은 천자의 외숙부보다 중히 여겨야 한다'라는 의견으로 왕봉에게 말했다.

"거기장군은 지극히 귀하신 분이니, 장군께서는 그 분을 존중하고 공경하여 기분을 상하지 않도록 하십시오. 약간의 잘못이 쌓이고 쌓이면 사이가 벌어질 터이니, 각별히 조심하셔야 할 겁니다. 장군 위청(衛青)이 나날이 출세하여 개후(蓋侯)를 능가했을 때의 사건은 최근에도 늙은이들은 다 알고 있습니다(위씨가 너무 세력이 커졌으므로 주멸됨). 아무쪼록 살피시기 바랍니다."

이윽고 천자는 왕봉에게만 중임을 맡기려 생각하고 허가에게 조칙을 내렸다.

"장군은 가문이 혁혁하고 몸이 귀하오. 관리로서의 번거로운 일을 당하지 않는 게 좋을 듯하니, 황금 2백 근을 하사하오."

그 후 1년 남짓하여 허가가 죽으니 시호를 공후(恭侯)라 했다.

허후는 총명하여 사서를 즐겨 읽었다. 태자비였던 때부터 황후에 이르기까지 줄곧 천자의 총애를 받았고, 후궁의 여자는 거의 등한히 하는 지경이었다. 황태후나 천자의 외숙들은 천자에게 후사가 태어나지 않음을 근심했다. 게다가 당시에는 자주 천변지이(天變地異)가 있었다. 유향(劉向)·곡영(谷永) 등은 모두 그 허물이 후궁에 있다고 아뢰었다. 천자는 그 의견에 따라 황후궁과 궁중의 비용을 삭감했다. 황후는 다음과 같은 상주문을 올렸다.

"소첩은 무명옷을 입고 현미를 먹으며 지내는 가난한 집에서 자라났으며, 그 위에 나이가 어리고 어리석어 사물에 대한 분별도 못합니다. 다행히 초가집을 떠나 후궁의 청소부로 일하게 되었습니다(궁녀가 되었다는 겸사). 지나친 총애를 입고 분수에 넘치는 자리에 앉아 있습니다. 행실을 제대로 닦지 못한 채 헛되이 관직을 맡고 있어 구실을 다하지 못하고 있습니다. 이따금 규칙을 어기고 제도를 짓밟은 죄는 마땅히 추방의 형을 당한다 해도 책임을 면할 길이 없습니다.

그런데도 임인(壬寅)의 날, 대장추(大長秋)가 받은 조칙에 의하면 황후의 의식(儀式)·의복·수레와 관서에서 징발하는 물건, 그 외에 친정에 있는 자와 시종들에게 주는 물건 등, 그 모두를 경령(竟寧 : 원제 마지막 해의 연호) 이전의 관례에 따르라고 돼 있었습니다. 소첩은 돌이켜 생각해도, 초방(椒房 : 황후의 거실)에 든 이래 친정에 물건을 보냄에 관례를 벗어난 일이 없었습니다. 그 때마다 반드시 폐하의 재가를 얻어서 했습니다. 이 점 거듭 조사해 주셨으면 좋겠습니다.

지금은 참으로 시세에 따라 제도도 변하고 있습니다. 장단점을 보충함으로써 한 나라의 또 다른 큰 제도가 나오지 않는다면 그걸로 족한 게 아니겠습니까. 자세한 것까지는 반드시 같을 수 없습니다. 이를테면 경녕 이전과 황룡(黃龍 : B.C. 49. 선제 마지막 해의 연호) 이전과는 서로 똑같을 수가 없습니다(경녕 전의 시대는 검소, 황룡 전은 선제의 시대로 사치함). 황후궁에 있는 관리란 어리석은 자들로서, 한 차례 그러한 조칙을 받고도 소첩으로 하여금 손조차 마음대로 움직이지 못하게 합니다.

조칙에는 여러 관서에서 물건을 징발하지 말라고 했습니다만, 그것은 아마도 미앙궁(未央宮 : 천자가 있는 궁)은 황후의 것이 아니니, 황후는 거기서 멋대로 징발해서는 안 된다는 뜻일 것입니다. 그런데도 관리는 황후에게 딸린 관서에서도 징발해서는 안 된다고 말하고 있습니다. 소첩은 은근히 곤경에 빠져 있습니다. 소첩은 다행히 화장료로서 영지를 받고 있으므로 그 중에서 약간 징수해서 쓴다 한들 도리에 어긋나지는 않을 것으로 믿습니다.

또 조칙은 의복을 만드는 재료 등 모두를 경녕 이전과 같이 하라고 하셨습니다. 관리는 실제로 조서의 진의를 잘 모르고 있기 때문에 소첩의 옷차림과 행동을 예전대로 하지 않으면 안 된다고 말하고 있습니다. 예를 들면, 소첩이 이러이러한 병풍을 만들어 어느 곳에 놓으라고 한다면, 그들은 곧 관례가 없다고 말합니다. 또 소첩이 무엇을 주문하여 그것을 곧 입수하지 못하면, 반드시 칙령으로 그러한 일은 안 된다고 거부합니다.

이상 두 가지는 참으로 실행할 수 없는 일입니다. 폐하, 부디 살펴 주시기 바랍니다. 관리는 마음이 비뚤어져 언제나 사람을 불행에 빠뜨리려 합니다. 소첩이 다행히 위세를 떨쳤을 때조차 사소한 일을 가지고도 사람을 성가시게 했습니다. 더욱이 요즘은 날로 심할 뿐입니다.

　게다가 그 조서를 받는다면 그들은 이제 어디에도 호소할 수 없게끔 사람을 못 살게 굴 것입니다. 폐하께서는 소첩이 초방에 있는 걸 잘 살피셨으면서도 소첩에게 뭐 하나 주시려 하지 않았사오니 새삼 뭐가 필요하다 하겠습니까. 만일 사부(私府 : 황후의 일용품을 저장해 둔 창고)에서 조금씩 갖다 쓰지 않는다면 대체 어디서 얻어야 하겠습니까.

　이전 황후가 멋대로 측근자를 시켜 값싼 견직물을 거둬들이고, 한편으론 '천자의 말씀에 따라 고쳐 놓으런다' 라는 핑계로 폐하의 견직물을 가져 오게 하고는 값싼 그것과 슬쩍 바꿔치기를 하여 좋은 것을 사물(私物)로 해 버린 일이 있어 측근자들에게 원한을 샀습니다. 소첩은 이러한 일은 감히 부끄러워서 못합니다.

　또 관례에 의하면, 황후의 조부모를 위한 제사의 제물은 소 한 마리입니다만, 소첩의 조부의 형인 대후(戴侯 : 허광한)와 조부 경후(敬侯 : 허연수)에게는 특별한 은혜로서 소와 양과 돼지를 바치도록 허락돼 있습니다. 그러나 이것도 모두 통례(소만 바침)에 따르지 않으면 안 되게 되어 있습니다. 폐하, 부디 가엾이 여겨 주시기 바랍니다.

　지금 관리는 처음으로 조칙을 받아 문면만을 훑어보고는 곧장 '황후에게 알리는 바, 다시는 이전처럼 사부에서 물건을 가져다 쓰면 안 됩니다' 라고 미리 말해 왔습니다. 시작이 이럴진대, 더 간다면 소첩을 못 살게 구는 정도가 아마도 사람다운 생활을 못 하게끔 심하리라 여깁니다.

　이제 황후의 수레 행렬을 줄이고, 종전처럼 미앙궁에서 가져다 선물을 해서는 안 되며, 또한 황후의 의복은 관례대로 입으라는 정도라면 딴 말을 하지 않겠습니다. 그러나 그 밖의 것은 너무 심합니다. 그러므로 소첩의 박명을 원망할 뿐입니다. 기필코 경녕 이전의 시대를 따르라고 말씀하십니다만, 대체로 모든 제도에 대하여 경녕 이전을 지금 시대와 비교하여 똑같게 할 수 있겠습니까.

종전엔 친정에 술과 고기를 보냈을 경우에도 반드시 폐하께 문의하고 나서 일을 결정해 왔습니다. 또 지금은 붕어하신 선제(宣帝) 폐하의 궁녀 양미인(梁美人 : 미인은 궁녀의 계급)에게 보내는 화장료만 해도 이토록 적거나 심하지는 않았습니다.

이러한 사례는 한이 없어, 일일이 글로써 쓸 수 없습니다. 소첩 스스로가 배알한 기회에 말씀을 올리려 생각합니다. 폐하, 부디 잘 살펴 주시기 바랍니다."

천자는 이에 유향·곡영의 말을 듣고 답장으로 삼았다.

"황후가 말한 말은 잘 들었소. 무릇 태양이란 모든 양(陽)의 상징으로, 하늘에서 빛나는 것 중의 가장 귀한 것이니, 왕자(王者)의 상징은 임금의 자리에 해당되오. 대체로 음이 양을 침식하여 그 본체를 가린다 함은 하위자가 상위자를 뛰어넘고, 아내가 남편 위에 오르며, 천한 자가 귀한 자를 덮어 누르는 데서 일어나는 천변이 아닌가요. 《춘추》에 기록돼 있는 2백 42년 사이에는 많은 천변지이(天變地異)가 있었으나 일식처럼 큰 이변은 없었소. 한의 건국 이래 여씨(呂氏)와 곽씨(霍氏) 때문에 일식이 나타난 일이 있소. 지금 추찰컨대 역시 이와 같은 징조가 있었던 게 아니었을까요?

지금 제후는 한의 관습에 구속되어 있고, 제후를 꼼짝 못하게 누르고 있소. 그런데 어찌 난 같은 게 일어나겠소. 장군·재상·대신은 충성을 마음속으로 다하고 바른 도를 따르고 있으니, 어찌 상관걸 모반 같은 게 있을 것인가. 뿐더러 재야의 호걸이라 한들 진승(陳勝)이나 항량(項梁:秦에 반역)과 같은 무리가 있을 리 없소. 흉노·이적(夷狄)이라 하더라도 묵돈(冒頓)·질지(郅支)와 같은 부류가 있을 턱이 없지. 외국도 중국을 따라 모든 만족이 복종하여 왔소. 풍속이 다른 백성조차 우리 미풍을 숭상하여 천하는 우리의 덕을 따르고 있소. 설혹 그들이 사심(邪心)을 품고 있다 하더라도 염려할 것은 없어요. 더구나 아무런 사심도 없는 지금은 더욱 평화롭지 않은가요.

천변지이의 원인을 이적에서 찾아봤자 아무것도 없고, 신하 사이에서 찾아봐도 그럴 만한 것이 없으니, 후궁 이외에 해당하는 곳이란 없소. 앞서 건시(建始) 원년(B.C. 32) 정월. 흰 기운이 영실(營室)에 나타난 일이 있었는데, 영실이란 천자의 후궁이오. 정월이란 《서경》에 의하면 황극(皇極)이요, 황극이란 왕기(王氣)의 극이라는 뜻이오. 백(白)이란 서방(西方)의 기운이니, 봄이 되면 당연히 꺼질 것이오. 그리하여 바야흐로 왕기의 극인 달에 처하여 꺼져야 할 기운이 후궁에 발생하고 있소. 이는 왕후나 첩 속에 임신하여 무사히 아들을 낳을 자가 없음을 보여 주는 것으로, 후사가 없이 천한 자가 일어남을 명시하는 징조였소.

그 해 9월이 되자 오이만한 유성이 문창성(文昌星)에서 나와 자미궁(紫微宮)을 뚫었는데, 꼬리가 꿈틀거리는 용과 같아 구진(鉤陳)에 닿았다 하오. 이것 역시 이변의 원인이 분명히 후궁에 있음을 명시하는 것이었지. 그 후 북궁(北宮)의 우물물이 넘쳐 지형과 반대로 남쪽으로 역수하는 따위의 사건(물은 음, 남쪽은

양. 황후가 천자를 능가한다는 뜻)이 일어나, 여러 군에 홍수가 나서 백성들을 익사하게 한 일이 있었소.

  그 후 서울에 홍수가 밀어 닥친다는 소문이 퍼져 백성들이 겁을 내고, 그 소식을 들은 한 소녀가 궁전에 뛰어들었는데도 경비하는 자가 전혀 눈치를 채지 못했던 괴상한 사건도 있었소. 본래 황하란 음에 속하는 강의 우두머리로 사독(四瀆 : 四大江. 양자강·황하·회수·제수)의 왕자(王者)이오. 그것이 크게 무너져 산을 허물어 마을을 넘쳐 흘렀으니, 이는 분명히 음기가 지나치게 융성하여 정도를 벗어나게 하는 일의 반영이었소.

  지난 달에는 쥐가 나무 위에 집을 지은 괴사가 있었으며, 또 까치의 날개가 빛깔이 변한 사실도 있었다 하오. 2월 경자날에는 태산(泰山)의 구역 안에서 새가 제 둥지를 태우는 사건이 일어났소. 《역경》에 '새가 그 둥지를 태운다. 처음엔 나그네가 웃다가 뒤에는 소리쳐 운다. 소를 푸닥거리로 잃게 되니 흉사로다'라고 했소. 그 뜻은 임금이 백성 위에 처하는 것은 마치 새가 둥지에 사는 것과 같다. 백성을 돌보지 않으면 그들이 떠나버리니, 마치 새가 제 둥지를 태우는 것과 같소. 때문에 처음에는 유쾌히 웃다가도 뒤에는 소리쳐 울며 달아나는 결과가 되오. 백성이 임금을 잃는다는 건 소가 털이 없는 것과 같으니 흉사이지. 태산이란 새로운 임금이 왕조 교대를 하늘에 고하는 장소를 말하며, 지금 괴상한 사건이 마침 그 태산에 일어났다 함은 심히 두려운 일이오.

  3월 계미의 날. 서쪽에서 큰 바람이 일어 선조의 사당을 흔들고 휘장과 자리를 걷어 올려 망가뜨렸으며, 나뭇가지를 꺾고 뿌리를 뽑아 넘어뜨리고, 수레를 뒤집어 놓고, 난간이나 지붕을 파괴했소. 종묘에까지 재앙이 있었으니 한심스러움을 견디기 어렵소이다.

4월 기해(己亥) 날. 해가 동정(東井 : 성좌의 이름)의 부근에 이르러 일식이 일어났다. 그러자 삽시간에 태양이 초승달처럼 되어 거의 캄캄해질 지경이었다. 기(己)는 술(戌)과 가깝다(오행으로 中央土), 해(亥)는 또한 물에 해당한다(12지를 오행으로 따져 亥는 물, 水는 음). 이는 분명히 음이 지나친 증거이니 그 원인은 황후에게 있는데, 이것이 술기(戌己)에 있어 군주의 몸(태양)을 침식하는 결과가 된 것이오. 황극(皇極 : 정월)에서는 후사가 끊어질 징조가 보였고, 동정의 일식에 있어서는 재앙이 서울에까지 미칠 것이 명시되었으니, 괴사가 이토록 많이 모여 있소. 가지(황후)가 줄기(임금)보다 굵을수록 이변이 일어날 횟수도 늘어나오. 눈에 보이는 재해는 달이 갈수록 절박하고, 구제할 길이 없는 근심은 날이 갈수록 심해지오. 하늘의 책벌은 이렇듯 역연하니, 어찌 그냥 좌시할 수 있겠소?

《서경》에 있는 말이오. 은(殷)의 고종이 융제(肜祭 : 제사 이튿날 또 지내는 제사)를 지내는 날, 그곳에 꿩이 날아와서 솥에 앉아 울었다. 고종이 두려워하니 재상 조기(祖己)가 '옛날 위대한 임금은 이변을 당하여 정사를 바로잡았습니다' 하였소. 《서경》에는 또 '쉬는 때라도 한가히 쉬어서는 안 된다. 오형(五刑)의 집행을 신중히 하여, 그로써 삼덕(三德 : 정직 · 剛克 · 柔克)을 완성케 하라' 고도 했소. 위의 조기의 말은 딴 뜻이 아니라, 황후궁과 후궁을 바르게 고치라는 뜻이오.

이제 황후는 짐이 명한 개혁이 편리하니 그렇지 않으니 하여 의문을 품고, 그걸 명함에 일일이 조목조목으로 써서 대장추를 보내어 바치게 했소. 무릇 관리가 법을 어겼을 경우 너무 무리하게 벌을 주어서는 안 되오. 대체로 구부러진 나무를 곧게 고칠 경우, 흔히 반듯한 모양보다도 도리어 반대 방향으로 구부러지는 예가 많은 것은 고금의 통례인 것이오. 게다가 비단이나 물품을 검약한다든가, 선조의 제사에 있어 제물을 소 한 마리로 줄인다든가 하는 일은 황후의 신분으로서는 미덕을 높이는 길이며, 그것은 도리어 짐의 깊은 정의 발현인 것이오. 폐해의 뿌리를 뽑지 않으면 천재(天災)가 잇달아 일어나 결국 나라조차도 위태롭게 되는 법이지. 고서(古書)에도 '검약함으로써 재난을 당한다 함은 전혀 없는 일이다'라고 씌어 있소.

참으로 황후는 사치를 하고 싶으오? 황후가 만일 그렇다면 짐도 무제(武帝) 선왕(가장 사치함)을 본받아야 할 것이오. 그렇게 되면 감천궁이나 건장궁 같은 것도 다시 한 번 고쳐 세워야 할 것이오. 그러나 세상의 풍속은 해마다 바뀌게 되고 달마다 날마다 변하게 되오. 일을 당하여 적절하게 조처하고 시세에 따라 고쳐야 하며, 옛날의 나쁜 습관을 모방해서는 안 되오.

군자의 도란 관습에 따름을 기꺼이 하고 개혁을 꾀함에 있소. 옛날 노(魯)의 사람이 재화를 쌓아 놓을 창고를 지으려 했을 때 민자건(閔子騫)은, '옛 관습대로 하시오. 어찌 일부러 고쳐 만들 필요가 있겠습니까'라고 말했소. 민자건도 개혁을 싫어했을 것이오. 《시경》에 '옛 사람들은 없을지라도 아직도 전형(典刑)이 있다. 이를 따르지 않아 대명(大命)은 이로써 기울어졌도다'라고 했소. 문제(文帝) 선왕은 짐의 스승이며(가장 검소함), 황태후는 황후의 모범이오. 황태후께서는 당시 불우하여 신분에 알맞은 대우를 못 받았으며, 황후는 지금 짐의 총애를 입으며 후한 대우를 받고 있으니, 결코 황태후의 관습을 넘어선 사치를 해서는 안 될 것이오.
 황후여, 가슴에 새기어 도덕을 지키고, 선대의 관습에 등짐이 없이 의에 따라 행동하도록 노력하면서 부도(婦道)에 맞도록 하오. 모든 경비를 줄여서 검약을 기본으로 하오. 황태후께 효행하여 문안드리기를 게을리하지 마오. 명예를 아끼고 행실을 바로하면 남들의 악담은 저절로 그치게 되오. 여러 후궁들에게 모범을 보여 그들이 황후에게 배우도록 하오. 황후여, 깊이 생각하여 소홀하지 말아 주오."
 당시 대장군 왕봉이 정사를 맡고 있었는데 위세와 권력이 더욱 성하였다. 그 후 3년에 일식이 자주 일어났다. 왕봉이 일식의 원인이라고 상주하는 자가 많았으나, 곡영(谷永) 등은 그때마다 그 탓을 허씨에게 미루었다. 허씨는 스스로 왕봉이 자기 편으로 되어 주지 않음을 깨달았다. 이윽고 허후에 대한 천자의 총애도 차차 시들어 갔다. 게다가 후궁 중에 새로운 사랑을 받는 사람이 많아졌다. 황후의 언니 평안강후 부인(平安剛侯夫人) 알(謁) 등이 황후에 대한 천자의 마음을 돌이키려고 기도하고, 천자의 아이를 밴 후궁 왕미인과 왕봉 등을 저주했다. 이 일이 탄로되자, 태후는 크게 노하여 일당을 관리에게 넘겨 고문하였다. 알 등은 사형이 되고, 허후도 연좌되어 폐위 당하여 소대궁에 옮겨졌다. 친족은 모두 고향인 산양군에 돌아가고, 황후의 친정 조카 평은후 허단(平恩侯許旦)은 서울에서 쫓겨나 자기 영지로 갔다.
 허후는 황후가 된 지 14년 만에 폐위되었다. 소대에 산 지 1년 남짓 만에 다시 부름을 받아 장정궁(長定宮)에 옮겨졌다. 그 후 9년에 천자는 허씨를 측은히 여겨 조서를 내렸다.
 "인자(仁者)는 소원(疎遠)을 잊지 않고, 의인(義人)은 친척을 잊지 않는다고 듣고 있다. 전(前) 평안강후 부인 알은 대역죄에 걸렸으나, 가족은 다행히 사면을 입어 고향에 돌아갔다. 짐이 생각컨대 평은대후(平恩戴侯)는 선제(先帝)의 외조부였으나, 그 영혼이 버림받아 제사를 받드는 사람이 없으니, 짐은 이것이 마음에 걸려 잊을 수가 없다. 그러니 평은후 단과 산양군에 있는 친족들을 불러들여라."

그 해 폐후는 파멸했다. 이보다 앞서 폐후의 언니인 미(嬺)는 홀어미가 되어 있었는데, 정릉후(定陵侯) 순우장(淳于長)과 사통하여 그대로 장의 첩이 되었다. 장은 미를 속이어 말했다.

"나는 황태자와 잘 아는 사이오. 다시 한 번 허후를 내세워 좌황후(左皇后)로 해 드립시다."

폐후는 미를 통하여 장에게 몰래 뇌물을 보내고, 몇 차례나 편지로써 예를 갖추었다. 장이 미에게 보낸 편지 속에 폐후를 조롱한 외설적인 문구가 있어 이것이 탄로되었다. 천자는 정위(廷尉) 공광(孔光)을 칙사로 보내어 폐후에게 독약을 하사했다. 폐후는 자살하여 연릉(延陵) 교도구(交道廐)의 서쪽에 장사 지냈다.

성제(成帝)의 반첩여(班婕妤)는 성제가 즉위하자 뽑혀 후궁으로 들어갔다. 처음에는 소사(少使)로 있었으나, 얼마 후 천자의 총애를 받아 첩여(上卿에 상당)가 되어 증성사(增成舍)에서 살았다. 두 번 출산하여 아들을 낳았으나 생후 수개월 만에 잃었다.

성제가 궁중의 뒤뜰에서 놀 때, 첩여에게 자기와 함께 연(輦: 임금이 타는 가마)을 타자고 말한 일이 있었다. 첩여는 사양하며 말했다.

"옛 그림을 보건대, 거룩한 임금 곁에는 모두가 명신(名臣)이 붙어 있습니다. 삼대(三代 : 하·은·주)의 마지막 임금이 총애하는 여인을 곁에 두었습니다. 지금 소첩과 함께 연을 타고 싶어하오니 그와 비슷하게 되지 않겠습니까."
　천자는 그의 말이 옳다고 여기고 그만두었다. 황태후는 이 말을 듣고 기뻐하며 말했다.
　"여인의 귀감으론 옛날에는 번희(樊姬)가 있었고, 지금에는 반첩여가 있을 뿐이로다."
　첩여는 《시경》과 《요조(窈窕)》《덕상(德象)》《여사(女師)》 등 여러 편을 암송하였다. 천자를 뵈옵거나 상소할 때에는 옛 예절대로 하였다.
　홍가(鴻嘉) 연간(B.C. 20~17) 이후, 성제는 차츰 여색에 빠지게 되었다. 반첩여는 이평(李平)에게 천자를 모시게 하니, 평은 총애를 받아 첩여에 올랐다. 천자는, '옛날 위황후(衛皇后)는 미천한 출신이었지만 출세했으니까' 하고, 이평에게 위(衛)라는 성을 내리니 이른바 위첩여였다. 그 후 조비연(趙飛燕) 자매 또한 미천한 출신으로서 입신했다. 이리하여 예제(禮制)를 벗어난 사치를 하게 되어 차츰 옛 사람보다 위세를 떨치게 되었다. 반첩여와 허황후는 다 같이 천자의 총애를 잃어 부름을 받는 일이 드물었다.
　홍가 3년에 조비연은 '허황후와 반첩여는 천자의 넋을 잃게 하기 위해 기도하고, 후궁의 딴 여자를 저주하며, 천자에게까지 악담하고 있습니다'라고 무고했다. 허황후는 그로 인해 폐위돼있으며, 반첩여도 엄중하게 문책을 당했다. 반첩여가 대답하였다.
　"소첩은 '죽고 사는 것은 명예 있고 부귀는 하늘에 달려 있다'고 들었습니다. 바른 길을 닦고도 좀체로 복을 받지 못하는데, 더구나 악행을 꾀하여 어떤 복을 바라겠습니까. 만일 귀신에게 귀가 있다 해도 천자를 저주하는 불충한 호소에는 귀를 기울이지 않을 것입니다. 만일 귀신에게 귀가 없다고 한다면 호소해 봤자 무익한 일이옵니다. 그러하오니, 소첩은 결코 그런 짓을 하지 않습니다."

천자는 그 대답을 지극히 타당하다고 여기고, 반첩여를 가엾다고 생각해서 황금 백 근을 하사했다.

조비연 자매는 교만하고 질투심이 강했다. 반첩여는 언제까지나 이렇게 있다가는 신변이 위태롭다고 생각하여 장신궁(長信宮 : 태후궁)에서 태후를 모시겠다고 청했다. 천자는 그 청원을 받아들였다. 반첩여는 물러나 장신궁에 살게 되었는데, 시를 지어 자신의 운명을 탄식했다.

　　할아버지께서 덕을 끼치심이여, 성명(性命)의 맑은 넋을 간직하였네.
　　미천한 몸이 궁궐에 올라 후궁의 반열에 서게 되었다.
　　거룩한 황제의 은총을 입어 일월의 눈부신 밝음을 만났도다.
　　빛나는 공적의 왕성함이여,
　　증성전(增成殿)에서 극진한 총애를 받았었다.
　　지나친 사랑이 자나깨나 가슴 두근거리며,
　　허리띠를 풀며 생각한다(출가할 때 아버지가 띠를 매어 주며 훈계
　　　한 것을 상기한다는 뜻).
　　질정이 없어 은근히 잘할 때를 바랐다.
　　여도(女圖)를 걸어 놓고 거울 삼고, 기록 맡은 궁녀를 돌아보며 시
　　　를 묻는다.
　　아들 없는 부인의 재계를 슬퍼하고, 포사(褒姒)와 아리따운 여인을
　　　불쌍히 여긴다.

아황(娥皇)과 여영(女英)이 순(舜)의 아내됨이 훌륭함이여,
태임(太任)·태사(太姒)가 문왕·무왕의 어머니로서 영예로웠다.
어리석고 비루하여 그들에게 미칠 수 없다고 해도
감히 단념하고 그들을 잊으랴.
나이 들어 슬프고 두려움이여, 아름다운 모습이 더 늙지 않았으면.
가슴 아픈지고, 양록관(陽祿館)과 자관(柘館)이여,
갓난 아기로 재난을 당했으니
아, 나의 죄인가, 또는 천명이라 어쩔 수 없음인가.
해가 갑자기 빛을 잃어 가더니, 드디어 날이 저문 듯 캄캄해졌네.
천지를 덮은 후덕을 입어, 죄를 짓고도 쫓겨나지 않았구나.
황태자를 함께 봉양하며 마지막 은혜를 장신궁에서 받고 있네.
궁중을 물 뿌리고 쓸면서 죽음을 맞으리라.
원하노니 뼈를 능 아래에 묻어, 송백(松栢)의 그늘이 드리워지기를.

다시 읊는다.

몸을 궁중에 감추니 고요하고도 맑음이여.
정문은 닫히고 작은 문은 빗장을 질렀네.
화려한 궁전에 먼지가 일고,
옥계(玉階: 대궐 안의 섬돌)에는 이끼가 끼었도다.
안뜰에는 잡초가 우거지고 푸른 풀이 자라난다.
넓은 방은 음산하고 휘장 안은 어둡도다.
방문은 없어지고 바람이 차갑구나.
휘장이 펄럭여 붉은 천이 열리니,
펄럭펄럭 와삭와삭 비단 스치는 소리.

정신은 아득하며 은밀하고 조용한 곳,
임금이 사랑하지 않으니 어느 누가 영광이라 하랴.
붉은 땅을 내려다보며 임금의 발자취를 생각한다.
우러러 구름 같은 지붕을 보니 두 줄기 눈물이 주르르 흐르네.
좌우를 돌아보며 낯빛을 부드럽게 하고,
우상(羽觴 : 참새 모양의 잔)으로 술을 마시며 근심을 삭인다.
사람의 일생이란 한 번 스쳐 떠내려가는 듯,
이미 홀로 높은 자리에 있었으니, 인간으로서 최고의 영광이었도다.
마음을 다하여 한껏 즐기리, 복록이란 기약할 수 없다네.
녹의(綠衣)와 백화(白華)같은 여인은 예로부터 있었느니라.

성제가 붕어하자 반첩여는 능지기가 되었다가 죽으니, 그대로 경내에 장사 지냈다.

성제의 조황후(趙皇后)는 본래 장안궁의 관비(官婢)였다. 태어났을 때 부모가 버렸는데 사흘이 되어도 죽지 않으니, 그제야 거두어 키웠다.
자라나자 양아공주(陽阿公主) 집에 맡겨져 노래와 춤을 배웠다. 몸이 가벼워 비연(飛燕)이라 불렀다.
성제가 어느 날 몰래 궁궐을 나가 양아공주 집에 들르니 가무로써 응접했다. 천자는 비연을 보자 기뻐하여 궁중에 불러들여 매우 사랑했다.
비연에게는 누이동생이 있었는데, 이 또한 불리어 궁중에 들어갔다. 자매가 함께 첩여(婕妤 : 上卿 상당)가 되니, 그들은 지위가 높기로 후궁 중에서 첫째였다.

허후가 폐위되자, 천자는 조첩여를 황후로 삼고자 생각했다. 그러나 황태후는 그의 출신이 천한 걸 꺼려 몹시 난색을 표했다. 태후의 언니의 아들 순우장(淳于長)은 시중(侍中)이었는데, 몇 차례 내왕하여 전언하는 중에 태후의 의향을 탐지했다. 천자는 당장 조첩여의 부친 조림(趙臨)을 성양후(成陽侯)로 봉했다. 그 후 한 달 뒤에 마침내 조첩여를 황후로 책봉했다. 뒤이어 순우장이 앞서 창릉(昌陵)의 공사를 중지하도록 상주한 공적에 의하여 그를 정릉후(定陵侯)로 봉했다.

조황후가 즉위한 뒤 천자의 총애가 약간 시들었다. 그 대신 동생을 극히 사랑하여 소의(昭儀)가 되었다. 소양사(昭陽舍)에서 살았는데 그 안뜰을 붉게 칠하고, 전상을 거듭 칠하며 문지방은 구리를 씌워 황금을 발랐다. 층계는 백옥으로 돼 있고, 벽의 두름에는 띄엄띄엄 황금못을 박고 못 가운데에 남전(藍田)에서 캔 옥·진주·비취를 끼워 넣어 장식했다. 후궁의 역사가 시작된 이래 전에 없었던 사치스러움이었다. 조자매는 십수 년에 걸쳐 성제의 총애를 독차지했으나, 모두 아들을 낳지 못했다.

말년에 정도왕(定陶王)이 내조(來朝)했다. 정도왕의 조모 부태후(傅太后)는 은밀히 조황후와 조소의에게 뇌물을 바쳤다. 정도왕은 마침내 황태자가 되었다. 이듬해 봄에 성제가 붕어했다. 천자는 평소 건강하여 병이 없었다. 그때 초사왕 연(楚思王衍)과 양왕 입(梁王立)이 내조했는데, 이튿날 아침 돌아가기로 돼 있었다.

천자는 전야에 백호전(白虎殿)에서 송별연을 베풀었다. 또 좌장군 공광(孔光)을 승상으로 임명할 셈으로 이미 제후의 도장을 새겨 놓고(승상이 되면 동시에 제후로 봉해지는 것이 관례) 임명장 문장도 써 두었다. 저녁 무렵부터 밤에 이르기까지 평소와 다름 없이 건강하였다. 아침이 되어 바지를 입고 버선을 신고 일어서려 했으나, 그만 윗도리를 떨어뜨리고 말을 못하게 되었다. 물시계가 낮 십각(十刻: 오전 8시)이 될 무렵에 붕어했다.

민간에서는 조소의의 탓이라고 수군댔다. 황태후는 대사마 왕망(王莽)과 승상·대사공(大司空)에게 조서를 내렸다.

"황제가 갑자기 붕어했기 때문에 민중은 괴이하게 여겨 떠들어대고 있다. 액정령(掖庭令) 보(輔) 등은 뒤뜰에서 천자의 측근에 있었으니, 어사(御史)·승상·정위와 함께 황제의 평소의 모습으로부터 발병의 상황을 조사하라."

조소의는 자살했다.

애제(哀帝: B. C. 6~1 재위)가 즉위했다. 조황후를 높여 황태후라 하고, 태후의 아우 시중 부마도위(侍中駙馬都尉) 흠(欽)을 신성후(新成侯)로 봉했다. 조씨로서 제후가 된 이는 두 사람이었다. 그로부터 수개월 뒤, 사예(司隸) 해광(解光)이 상주했다.

"소신이 들은 바로는 허미인(許美人)과 옛 중궁사(中宮史) 조궁(曹宮)은 모두 성제의 총애를 받아 아들을 낳았습니다만, 그 아들이 행방불명이 되었다 합니다.

소신은 종사(從事) 업(業)과 속관 망(望)을 보내어 사정에 정통한 자를 심문했습니다. 액정옥승(掖庭獄丞) 적무(籍武)와 본래의 중황문(中黃門) 왕순(王舜)·오공(吳恭)·근엄(靳嚴), 관비(官婢) 조효(曹曉)·도방(道房)·장기(張棄), 그리고 본래 조소의의 말구종 우객자(于客子)·왕편(王偏)·장겸(臧兼) 등이 모두 말하기로, '조궁은 곧 관비 조효의 딸로서, 이전에는 황후궁에 속하여 학사사(學事史)를 하고 있었습니다. 《시경》에 통하여 황후를 가르치고 있었습니다. 관비 도방과 조궁은 같은 여자끼리면서도 부부와 같은 사이였습니다. 원연(元延) 원년의 일인데, 조궁은 도방에게 천자의 굄을 받았다고 했습니다. 그 후 수개월이 되어 모친 효가 전중에 들어가 궁의 배가 불러 있는 걸 보고 궁을 힐문하니, 폐하와 관계하여 임신했어요'라고 했다는 것이었습니다.

10월에 궁은 후궁의 우관령(牛官令)의 관사에서 아이를 낳았는데, 관비 여섯이 그 자리에 있었습니다. 거기서 중황문 전객(田客)이 조서를 가지고 나타났습니다. 푸른 비단의 서류 봉투 속에 넣었는데 어사중승(御史中丞)의 봉인이 찍혀 있었습니다. 전객은 그것을 옥승 적무에게 주었습니다. 문면에는 '우관령의 관사에 있는 부인과 갓난 아이와 관비 여섯을 체포하여 다 폭실옥(暴室獄 : 후궁의 요양소에 있는 여자 감옥)에 가둬라. 아이가 아들인지 딸인지, 또 누구의 자식인지를 물어서는 안 된다'라고 쓰어 있었습니다. 적무는 조궁 등을 옥에 가뒀습니다. 궁이 무에게, '내 자식의 포의(胞衣)를 소중히 간수해 주세요. 당신은 그 아이가 누구 자식인지 압니까'라고 하였습니다.

그 후 사흘이 되어, 전객이 또다시 조서를 가지고 와서 무에게 주었습니다. 거기에는 '아이는 죽었는가, 아직 살아 있는가? 옥승이 손수 이 목간(木簡)의 뒷면에 답을 쓰라'고 적혀 있었습니다. 무는 그 자리에서 '아이는 지금 여기 있습니다. 아직 죽지 않았습니다'라고 답장을 썼습니다. 이윽고 전객이 나타나서 '폐하와 조소의께서 대단히 화를 내고 계시온데, 왜 죽이지 않았소?' 하고 말했습니다. 무는 머리를 땅에 조아리고 울면서, '그 아이를 죽이지 않으면 내가 사형이 된다는 건 알고 있습니다. 그렇지만 그 아이를 죽인다 하더라도 어차피 나는 사형입니다'라고 하였습니다. 이에 전객을 통하여 상소하기를 '폐하께 아직 후사가 없습니다. 갓난아이에게는 신분의 상하가 없습니다. 원컨대 생각을 달리하옵소서' 하였습니다.

이 상주문이 내전에 전달된 후 전객은 다시 조서를 가지고 와서 무에게 전했습니다. 거기에는 '오늘밤 물시계가 오각(五刻: 오후 7시경)을 고하게 되면 아들을 안고 중황문 왕순과 동쪽 교액문(交掖門)에서 만나라'고 씌어 있었습니다. 그래서 무는 전객에게 '폐하께선 내 상서를 보시고 어떤 모양을 하셨습니까?' 하고 물으니, 객이 대답하기를 '말 없이 눈을 크게 뜨고 계셨습니다'라고 하였습니다.

무는 그 아이를 왕순에게 넘겼습니다. 순은 다음과 같은 조서를 받았습니다.

'아이를 궁중에 넣고 그 아이의 유모를 골라 잘 보살피도록 일러라. 곧 은상이 있을지니 사실을 누설치 않도록 잘 말하라.'

순은 관비 장기를 골라 유모로 삼았습니다. 당시 그 아이는 생후 8, 9일 밖에 되지 않았습니다.

그런 지 사흘 뒤 전객은 다시 조서를 가져 왔습니다. 봉인은 전과 같았는데, 그걸 무에게 주었습니다. 그 속에는 봉해진 작고 푸른 상자가 있었습니다. 조서의 문면에는 '무에게 고한다. 상자 속의 물건과 편지를 옥중의 부인에게 주어, 무 자신이 지켜 보고 부인에게 그 상자 속의 것을 먹여라'고 적혀 있었습니다. 무가 상자를 열어 보니 속에는 약을 쌓은 봉지 두 개와 붉고 작은 종이가 있는데, 그 종이에는 '위능(偉能)에게 알린다. 참고 이 약을 먹어라. 다시는 후궁에 들어오지 못한다. 그건 그대 자신도 알고 있겠지'라고 씌어 있었습니다. 위능이란 조궁의 자(字)입니다.

궁은 그 편지를 읽고 '생각한 대로다. 자매가 천하를 마음대로 할 셈이구나. 내 자식은 아들인데, 이마 위에 머리털이 많이 나 있어. 선대의 원제를 닮았지. 지금 그 아이는 어디 있을까? 그 아이도 틀림없이 죽일 거야. 어떻게 하든 황태후께 이 사정을 알려야 될 터인데…' 하고 궁은 그 약을 먹고 죽었습니다.

그 후 궁을 시중 들던 여섯 관비가 부름을 받아 내전에 다녀오더니 무에게, '조소의께서 말씀하기를 너희들에게는 죄가 없음을 알고 있지만 할 수 없어. 바로 자살하겠는가, 아니면 밖에 나가 죽겠는가 하므로, 저희들은 차라리 자살하게 해 달라고 대답했습니다'라고 하였습니다. 이렇게 말하고는 바로 목을 매달아 죽었습니다.

무는 상주하여 궁과 여섯 관비가 죽은 상황을 보고했습니다. 장기가 기르고 있던 아이는 열 하룻 만에 궁장(宮長) 이남(李南)이 조서를 가지고 와서 그를 데리고 사라졌는데, 어디다 숨겨 놓았는지 알 수 없습니다.

허미인은 앞서 상림원 안에 있는 탁목관(涿沐館)에 있었습니다만, 자주 천자의 부름을 받아 식실(飾室) 안의 약사(若舍)로 들어갔습니다. 1년 중 두세 차례 불리어 그 때마다 수개월 또는 반년씩 있었습니다. 총애를 받아 원연(元延) 2년에 임신하여 그 해 2월에 출산했습니다. 칙명에 의해 중황문 근엄이 산부인과 의사를 데리고, 다섯 종류의 약을 섞은 환약 세 알을 가지고 허미인에게 갔습니다.

그 뒤 말구종 우객자, 왕편·장겸 등이 들은 바로는 소의가 성제 폐하께, '폐하는 언제나 소첩을 속이고 황후에게 가 계셨다고 말씀하셨지요. 만일 황후에게 가 계셨다면 후궁에 있는 허미인의 아들은 대체 어떻게 해서 태어났을까요? 결국 허미인이 다시 황후가 되는 것이옵니까?'라고 하였습니다. 그러고는 노여움이 솟구쳐 주먹으로 자기 가슴을 때리고, 머리를 벽과 문과 기둥에 부딪치고, 침대 위에서 아래로 몸을 던지는 등 울며불며 밥을 먹지 않았습니다. 그러면서 '이제 저 같은 건 내버려 두세요. 친정에 돌아갈밖에 없으니까요' 하고 안달했습니다. 폐하께서는 '이제 일부러 허미인이 아들을 낳은 걸 알려 줬는데, 도리어 화를 내다니 참 알 수 없는 사람이군' 하곤, 덩달아 수라를 폐했습니다.

  소의가 '폐하께서 스스로 정당했다고 생각하신다면 어찌 수라를 안 잡수십니까? 폐하께서는 언제나 맹세코 소첩을 버리지 않겠노라 하셨죠? 그런데 지금 허미인이 아들을 낳은 건 결국 소첩을 저버린 것이 아니옵니까. 어떠세요?' 하니, 천자는 '조씨와 약속했으므로 허씨는 황후로 삼지 않는다. 천하의 누구도 조씨 위에 설 수 없으니 염려하지 마오'라고 하였습니다.

  그 후 근엄은 천자로부터 푸른 자루에 넣은 조서를 허미인에게 전하라는 분부를 받았습니다.

  '허미인이 그대에게 건네 주는 게 있을 터이니, 그걸 받아 와서 식실의 주렴 남쪽에 놓아 두라'고 분부했습니다. 허미인은 갈대로 엮은 바구니 속에 자기가 낳은 아들을 넣어 끈으로 묶고 봉하여, 거기에 푸른 자루에 든 답서를 첨부해서 엄에게 건네주었습니다. 엄은 바구니와 답서를 가지고 가서 식실의 주렴 남쪽에 놓고 사라졌습니다.

  천자는 조소의와 함께 앉아 있다가 우객자에게 분부하여 바구니의 끈을 풀게 했는데, 다 끝나기 전에 천자는 객자와 왕편, 장겸에게 모두 나가 있도록 명하고, 손수 문을 닫고서 소의와 단 두 사람만이 남으셨습니다. 이윽고 천자는 문을 열고 객자·편·

겸을 불러 바구니를 묶고, 푸른 비단의 서류 자루와 함께 봉하고 병풍의 동쪽까지 밀어 놓아 두도록 분부하셨습니다.

중황문 오공은 천자의 명으로 바구니와 서류 자루를 가지고 가서 무에게 주었습니다. 모두 어사중승(御史中丞)의 봉인이 찍혀 있었습니다. 조서에는 '무에게 말한다. 이 바구니 속에는 죽은 아이가 들어 있다. 은밀한 곳에 묻어 사람에게 알리지 말라'고 써 있었습니다. 무는 폭실옥의 조망대 담 밑에 구덩이를 파고 그 속에 묻었습니다.

옛 장정 허귀인(長定許貴人 : 許后. 장정궁에 옮겨진 후의 칭호), 그리고 옛 성도후(成都侯 : 왕상)·평아후(平阿侯 : 왕담)의 집에서 일하는 계집종 왕업(王業)·임려(任孋)·공손습(公孫習) 등은 일찍이 죄를 면하여 평민이 되어 있었습니다만, 조서에 의해 불려서 조소의에 딸린 사비(私婢)가 되어 있었습니다. 성제가 붕어하여 미처 입관하지도 않은 창황한 때에 소의는 자기의 죄악이 큼을 알고 있었기 때문에 왕업 등이 본래 허씨·왕씨의 노비였음을 생각하여 그들이 비밀을 누설할까 겁을 내어, 늙은 계집종 양자(羊子) 등을 왕업에게 주었습니다. 한 사람에게 열 사람 가까운 숫자였는데, 이로써 왕업 등의 환심을 사고는 '우리 집의 허물을 말하지 말라' 하고 부탁했습니다.

원연 2년 5월에 전 액정령 오구준(吾丘遵)이 무에게 말하기를, '액정승(掖庭丞) 이하의 관리는 모두 소의와 내통하고 있어 같이 얘기를 나눌 수도 없소. 그대에게만 말하고 싶소. 나에게는 소생이 없어 괜찮으나 그대는 자식이 있지 않소. 소의는 걸핏하면 멸족을 잘 시키므로 과감한 일을 그대는 할 수 없을지 모르나…. 궁중에서 폐하가 사랑하여 아들을 낳은 사람은 반드시 죽었소.

게다가 약을 먹여 낙태시킨 사람은 그 수효를 알 수 없소. 나는 그대와 더불어 이 일을 대신에게 말하고 싶지만, 표기장군(驃騎將軍)은 뇌물만 좋아하여 의논할 상대가 못 되오. 어떻게든 황태후마마의 귀에 알려야 하겠는데…' 하였다.

그 후 준은 병으로 위독했다. 무에게 '나는 이제 죽소. 먼젓번에 말한 일은 그대 혼자서 될 일이 아니니, 아예 참고 절대로 입 밖에 내지 마시오'라고 당부했습니다.

이와 같은 사건은 모두 금년 4월 병진날, 사령(赦令) 이전에 일어난 일입니다(그러므로 원칙적으로는 고발해도 죄가 안 됨). 소신은 삼가 생각하건대 영광(永光) 3년에 사내 충(忠) 등이 장릉에 있는 부부인(傅夫人)의 묘를 파헤쳤습니다. 그 뒤 대사령이 있었습니다만, 원제께서는 조서를 내리어 '이는 짐이 용서할 수 없는 일'이라 말씀하시고 사건을 규명하여 전원 사형에 처하니, 천하는 모두 잘한 일이라 칭찬했습니다. 옛날 노(魯)의 엄공부인(嚴公夫人 : 哀姜)은 세자를 죽였고, 제(齊)의 환공(桓公)은 부인을 불러 주살했습니다. 《춘추》에는 환공이 한 일을 칭찬하였습니다.

조소의는 성천자의 조정을 기울게 하고 스스로 후사를 없앴습니다. 그러므로 조씨 일족은 마땅히 천벌을 받아야 합니다. 이전에 평안강후 부인 알(謁 : 성제 허황후의 언니)은 대역죄에 걸리고, 형제도 연좌되어야 할 것이었으나 사령 덕으로 고향에 돌아갔습니다.

지금 소의가 한 짓은 극히 무도하여 죄는 알보다도 무겁습니다. 그런데도 형제·친족은 모두 존귀한 자리에 앉아 폐하의 측근에 있습니다. 아랫사람으로서 생각하오니 한심스럽기 이를 데 없습니다. 이는 악을 징계하고 도의를 높이며, 천하에 모범을 보이는 길이 아닙니다. 부디 엄하게 조사하셔서 승상 이하에 분부하여 바르게 재판하여 주시기 바랍니다."

애제는 이에 신성후(新成侯) 조흠(趙欽)과 흠의 형의 아들 성양후(成陽侯) 조은(趙訢)을 파면하여 모두 평민으로 강등하고, 일족을 요서군(遼西郡)에 옮겨 놓았다.

이 때 의랑(議郞) 경육(耿育)이 상소했다.

"소신이 듣자오니, 후사를 세움에 있어 정도에서 벗어나 적자(嫡子)를 폐하고 서자를 세우는 일은 성인(聖人)이 법으로 금하였사오며, 예로부터 지금까지 엄하게 경계한 일입니다. 그리하여 태백(太伯 : 주 문왕의 장남)은 아우 계력(季歷)이 후사로 적당하다는 걸 알자, 아우에게 굳이 양보하고 만국인 오(吳)로 도망하였습니다. 이는 임기응변의 조처로서, 상법(常法)을 돌보지 않고 왕위를 계력에게 넘겨 준 것입니다. 이리하여 훌륭한 후사를 얻어, 마침내 천하의 주인이 되었습니다. 자손은 왕업을 이어 7, 8백년에 이르렀으니, 태백의 공은 실로 삼왕(三王)을 능가하고 그 덕은 가장 완전했습니다. 이럼으로써 대왕(大王)으로 추존하였습니다. 그러므로 세상에서는 반드시 비상 사태가 있은 연후에 비로소 비상한 대책을 세운 것입니다.

성제께서는 스스로 적당한 시기에 세자를 세우는 일이 어려움을 각오하시고, '만년에 황태자가 태어난다 하더라도 자기가 죽은 후 국가를 유지하기 어렵다. 막중한 권력이 모후에 의해 제압될 것이다. 모후가 교만하면 그 욕심이 한이 없게 되고, 임금이 어리면 대신이 말을 듣지 않는다. 세상에 어린 성왕(成王)을 안고 조정에 선 주공(周公)과 같은 보좌할 사람이 없다면, 사직은 위태로워지고 천하는 어지러워질 것이다'라고 하셨습니다.

그리하여 성제께서는 폐하께서 뛰어나게 현명하시고 부모께 효도하시며, 백성에게 자애가 깊음을 아시자, 몰래 살피시어 마음 속으로 결단했던 것입니다. 즉 후궁에서 아이를 낳는 길을 막고, 어린 임금으로 말미암아 생기기 쉬운 혼란의 뿌리를 끊어 버렸습니다. 이야말로 폐하께 왕위를 양보하시고 국가를 안태하게 하시려는 깊은 배려였던 것입니다.

어리석은 소신은 깊이 나라의 안위를 생각하여 장구한 시책을 세우는 것도 모르는 데다가, 천자의 성덕을 널리 펴고 선제(先帝)의 유지를 받들 줄도 모릅니다. 도리어 궁중을 염탐하여 선제의 사생활을 폭로하고, 선제께서 여자에게 미혹하였다는 등 무근한 비난을 퍼붓고, 총애하는 첩이 질투에서 죄를 범했노라 칭하여 부당한 주벌을 요구하고 있습니다. 이것은 선제의 선견지명(先見之明)을 그르치는 일이며, 선제의 우국(憂國)의 뜻을 저버리는 것입니다.

무릇 대덕(大德)을 논하는 경우에는 속론(俗論)에 구애될 수 없사오며, 대공을 세움에는 중의에 따를 수만은 없습니다. 성제 마마의 깊은 뜻이 뭇 신하보다 탁월한 이유와 폐하의 성덕이 천의(天意)에 부합하는 까닭도 여기에 있습니다. 당세의 범용하고 도량이 좁은 신하로서는 도저히 미치기 어려운 일입니다.

또 군부(君父)의 미덕을 찬양하여 이에 따르고, 기왕의 허물을 바로잡아 이를 없애는 것은 고금에 통하는 도입니다. 사건 당시에는 항의하여 화를 미연에 방지하지 않고, 제각각 임금의 의향에 아부·추종하여 사랑을 얻으려 애쓴 주제에, 성제께서 붕어하시고 조씨에 대한 칭호가 결정되어(趙后가 황태후로 됨) 만사가 끝난 뒤에 와서야, 비로소 이미 어떻게 할 수 없는 사건을 추궁하고 선제의 사생활의 과실을 밝혀 내게 되었으니, 이것이 바로 소신이 깊이 유감으로 생각하는 점입니다. 부디 이 글을 대신에게 내리셔서 의제로 삼게 해 주시기 바랍니다. 만일 소신이 주상한 바가 옳다고 여기신다면 천하에 선포하여 만민에게 선제의 거룩한 뜻을 깨우쳐 알려 주시기 바랍니다. 그렇게 하시지 않을 경우, 위로는 선조께, 아래로는 후세에, 멀리는 만국(蠻國)에, 가까이는 국내에 나쁜 소문만 유포하게 될 것입니다. 이리되면 선제께서 사후(死後)를 부탁하신 뜻에 어긋나게 될 것입니다. 무릇 효자란 부친의 유지를 잘 계승하는 것이며, 선인의 사업을 능히 달성하는 것입니다. 폐하, 성찰하옵소서."

애제가 황태자로 되었을 때에 조태후의 힘을 크게 입었으니, 드디어 이 사건을 규명하지 않게 되었다.

부태후(傅太后)는 자기 손자인 애제를 세자로 세워 준 공으로 조태후를 고맙게 생각하고 있었다. 조태후도 부태후에게 마음을 허락하고 있는 터였다. 한편 죽은 성제의 모친(元帝의 왕황후)과 그의 일족 왕씨는 모두 조태후를 원망하고 있었다.

애제가 붕어하자 왕망(王莽 : 왕황후의 조카)은 태후(애제의 황후)에게 말씀드려 정위에게 다음과 같은 조서를 내려 달라고 했다.

"전 황태후(조비연)는 조소의와 더불어 천자를 모시어 자매가 총애를 받아 규방을 독차지하고 있었으나, 옳지 못한 책략으로 후사를 없애고 종묘를 위태롭게 하였다. 천도를 어기고 선제를 모욕했으니, 천하의 어머니로서의 의리가 없다. 황태후의 칭호를 깎아 내려 효성황후(孝成皇后)로 하여 북궁에 옮겨 살도록 하라."

그 후 한 달이 지나 다시 조서가 내려졌다.

"황후는 그 죄악이 큼을 스스로 알 것이다. 황태후에 대한 조현의 예도 태만하여 부도에 어긋나며, 시어머니에 대한 효도가 전혀 없고 범과 이리 같은 독한 마음뿐이다. 종실의 원한의 과녁이며 천하의 원수이다. 그런데도 아직껏 황후의 자리에 있음은 진실로 천의를 저버리는 일이다. 세상에 인정의 울타리는 의리로써 끊으라는 말이 있다. 이제 황후를 폐하여 평민으로 삼으니 시골로 돌아가라."

그날로 조황후는 자살했다. 조후는 황후가 된 지 16년 만이었다. 이보다 앞서 다음과 같은 동요가 유행된 일이 있었다.

> 제비야 제비야 꼬리는 말쑥하고
> (趙飛燕의 아름다움을 말한다)
> 장공자(張公子)와 때마침 만나
> 나무문에는 창랑근(倉琅根)
> (훌륭한 집에 살 신분이 될 것이다)
> 제비가 날아와 황손을 쪼으니
> (조비연이 딴 여자가 낳은 황태자를 죽인다)
> 황손은 죽고 제비는 화살을 쫀다.
> (조비연이 사형이 된다)

성제는 미행(微行) 때마다 부평후(富平侯) 장방(張放)을 데리고 가서, 자신을 부평후의 가신이라 칭하고 방을 장공자(張公子)라 하였다. '창랑근'은 궁문의 구리 손잡이를 말한다.

애제의 부황후(傅皇后)는 정도태후(定陶太后 : 애제의 조모, 원제의 부소의)의 종제의 딸이었다. 애제가 정도왕으로 있을 때에 부태후는 믿을 만한 친척을 배경으로 두려고 이 아가씨를 취하여 정도왕의 아내로 삼았다.

왕이 궁중으로 들어가 한의 태자가 되자 부씨의 딸은 태자비가 되었다. 애제가 즉위했다. 성제의 관(棺)이 아직도 전전(前殿)에 있는데, 부태후는 부비(傅妃)의 아버지 안(晏)을 공경후(孔卿侯)로 봉했다. 애제의 외숙 정명(丁明)이 양안후(陽安侯)로 봉해진 것과 같은 날이었다. 이때 사단(師丹)이 간했다.

"천하는 천자 한 분의 것이니, 천자의 친척은 염려하지 않아도 저절로 부귀하게 됩니다. 그런데 왜 이렇게 서두르십니까? 이렇게 하시더라도 오래 가지는 못합니다."

안이 봉해진 지 1개월 남짓 만에 부비가 황후에 즉위했다. 이리하여 부씨 일족은 번영하게 되었는데, 그 중에도 안은 가장 존중되었다.

애제가 붕어했다. 왕망(王莽)은 태황태후(성제의 어머니)에게 말하여 조서를 내리게 했다.

"정도공왕 태후(부태후)는 공경후 안과 뜻을 같이하여 은혜를 저버리고 근본을 잊어 월권 행위가 많았다. 본시 소의에 지나지 않았는데도 황후와 똑같은 칭호를 쓰고(원제의 황후가 태황태후였는데 나란히 태황태후라 함.) 자기가 죽은 뒤에는 원제의 왼쪽에 배향(配享)해 달라고까지 했으니 패역무도(悖逆無道)하다. 이제 애제의 황후는 물러나 계궁(桂宮 : 未央宮 밖)에 살기를 명한다."

한 달이 지난 뒤에 다시 성제의 조황후와 함께 폐위되어 평민으로서 시골로 돌아가라 하니 자살해 버렸다.

원제의 궁녀 풍소의(馮昭儀)는 평제(平帝 : 1~5 재위)의 조모이다. 원제 즉위 2년에 뽑히어 후궁에 들어갔다. 당시 부친 풍봉세(馮奉世)는 집금오(執金吾)의 벼슬에 있었다.

풍소의는 처음에 장사(長使)가 되어, 수개월 만에 미인(美人 : 2천석)으로 올랐다. 그 후 5년 만에 관(館)에 들어가 아들을 낳아 첩여(婕妤)가 되었다. 당시 부친 봉세는 우장군 겸 광록훈이었고, 봉세의 장남 야왕(野王)은 좌풍익(左馮翊 : 서울 동부의 경호직)으로 있어 부자가 함께 조정에 등용되어 있었다. 세상의 평판으로는 본인의 능력이 그 자리에 적합하다고 여겼는지, 결코 딸이 총애를 받았기 때문이 아니라 했다. 그리고 풍첩여에 대한 천자의 총애는 부소의와 비슷했다.

건소(建昭) 연간의 일이었다. 천자는 호랑이 우리에 가서 맹수의 싸움을 구경했다. 궁녀들도 모두 자리를 같이했다. 곰이 우리에서 도망쳐 난간을 따라 궁전으로 기어 오르려 했다. 좌우의 귀인과 부소의 등은 모두 놀라 도망쳤다. 그런데도 풍첩여는 앞으로 나아가 곰의 정면에 우뚝 멈춰 섰다. 그 사이에 좌우의 신하들이 곰을 쳐서 죽였다. 천자가 물었다.

"그럴 때는 놀라서 겁내는 게 사람의 심정인데, 어찌하여 나아가 곰 앞에 마주 섰던고?"

첩여가 대답하였다.

"맹수는 먹이가 될 사람이 있으면 거기서 멈춥니다. 소첩은 곰이 옥좌에 이를까 두려워 몸으로써 막으려 했사옵니다."

원제는 감탄하여 이로 인해 더욱더 첩여를 공경하여 중히 여겼다. 부소의 등은 모두 부끄러웠다.

이듬해 여름, 풍첩여가 낳은 아들이 신도왕(信都王)에 임명되어, 첩여는 소의로 승진했다. 원제가 붕어하자 풍소의는 신도태후가 되고 아들 신도왕과 더불어 저원궁(儲元宮)에서 살았다. 하평(河平) 연간에 신도왕을 따라 신도에 들어갔다. 그 후 신도왕은 중산으로 이봉(移封)되어 중산효왕(中山孝王)이 되었다.

그 후 정도왕이 태자가 되었다. 중산왕의 외숙부 풍삼(馮參)이 의향후(宜鄕侯)로 봉해졌다. 삼은 풍태후의 막내아우였다. 그 해에 효왕이 죽었다. 아들이 하나 있어 그 뒤를 이어 왕이 되었는데, 당시 한 살도 채 못 되어 뭔지 야릇한 병에 걸렸다. 태후는 몸소 보살펴 몇 차례나 기도하여 발작을 눌렀다.

애제가 즉위하자 중랑알자(中郞謁者) 장유(張由)에게 명하여 의사를 데리고 중산소왕의 치료를 하게 했다. 장유에게는 본래 미친 사람 비슷한 신경질이 있었는데, 그 성질이 생겨 골을 내고 중산을 떠나 장안으로 돌아갔다.

상서(尙書)가 문부(文簿)를 놓고 일일이 왜 멋대로 돌아왔는가를 추궁했다. 장유는 떨었다. 그리하여 중산태후가 천자와 태후를 저주하고 있다고 무고했다. 태후란 부소의로서 평소부터 풍태후를 미워하고 있었다. 이에 어사 정현(丁玄)을 보내어 말구종과 관리며 풍씨의 형 등 백여 명을 체포하여, 낙양(雒陽)·위군(魏郡)·거록(鉅鹿) 등에 나누어 투옥하였다.

수십일 조사했으나 증거가 없었다. 다시 중알자령 사립(史立)에게 명하여 승상장사(丞相長史)·대홍로승(大鴻臚丞) 등과 함께 조사하도록 했다. 사립은 부태후의 신임을 받고 있어 잘 되면 제후의 자리에 오르리라 생각하여 풍태후의 여동생 습(習), 풍태후의 죽은 아우의 아내 군지(君之)를 엄하게 다스렸다. 고문으로 죽은 자가 수십 명에 이르렀다. 무당 유오(劉吾)는 자기가 저주했다고 자백하였다.

의사 서수성(徐遂成)은 습과 군지가 자기에게, '무제 때의 의사 수씨(修氏)는 무제의 병을 침으로 고쳤어도 2천만 전밖에 못받았어. 지금 당신이 폐하의 병환을 고치더라도 제후의 작위를 얻지 못할 거야. 그러느니 차라리 폐하를 죽여 중산왕을 대신 즉위시킨다면, 당신도 제후가 될 게 아닌가'라고 말했다는 것이다.

사립 등은 풍 일족이 천자를 저주하고 모반을 꾀한 대역죄에 해당한다는 탄핵문을 상주하니 풍태후를 국문했다. 태후는 죄를 인정하지 않았다. 사립이 말했다.

"곰이 궁전에 기어 오를 때는 그 얼마나 용감했던가요. 그것에 비하면 지금은 얼마나 비겁한 일이요."

태후는 집에 돌아가서 좌우의 사람들에게 말했다.

"그건 궁중에서밖에 모르는 이야기인데…. 게다가 옛날 일이야. 하급 관리로서 알 턱이 없지. 이는 누군가가 우리들을 함정에 빠뜨리려는 증거야."

태후는 독약을 마시고 자살했다.

태후가 죽기 이전에 법관은 사형을 청구했으나, 천자는 차마 사형으로 할 수는 없어서 폐위하고 평민으로 삼아 운양궁(雲陽宮)에 옮기기로 예정하고 있었다. 태후의 사후, 법관은 다시 태후의 죽음은 폐위 발령 이전임을 상주하여, 칙명에 의해 제후나 왕의 모후와 같은 격식으로 장사 지냈다.

의향후 풍삼, 군지, 습의 남편과 아들로서 연좌된 자는 모두 자살했거나 사형되었다. 삼의 딸 변(弁)은 중산효왕후가 되어 두 딸이 있었다. 법관이 고발하여 평민이 되어 풍씨 일족과 함께 고향에 돌아갔다.

장유는 앞서 무고한 공으로 관내후(關內侯)의 작위를 받고, 사립은 중태복(中太僕)으로 승진했다. 애제가 붕어한 뒤 대사도(大司徒 : 승상) 공광(孔光)이 상주했다.

"장유는 앞서 천자의 친족을 무고하고, 사립은 사람을 모함하여 사형에 처했습니다. 국가가 천하의 원망을 사게 될 짓을 하고서 승진하여 작위와 영지를 얻었습니다. 마땅히 사형에 처해야겠지만 그들은 요행히 사령(赦令)의 혜택을 받았습니다. 파면하여 평민으로 삼아 합포(合浦 : 광동성)로 옮길까 합니다."

평제(平帝)의 왕황후는 안한공(安漢公) 태부대사마(太傅大司馬) 왕망(王莽)의 딸이다. 평제가 즉위했을 때(B.C. 1) 후의 나이 9세였다.(평제는 3세). 성제의 모친 태황태후가 황제의 직을 대행하고 왕모(太王太后의 조카)가 정치의 실권을 쥐고 있었다. 왕망은 곽광(霍光)의 예에 따라 딸을 천자의 후로 삼고 싶었으나 태후가 좋아하지 않았다. 왕망은 어떻게든 딸을 궁중에 넣어 자기 지위를 굳히려고 여러 가지 속임수를 썼다. 자세한 이야기는 왕망전에 있다.

태후는 마지못해 승낙했다. 장락소부(長樂少府) 하후번(夏侯藩), 종정(宗正) 유굉(劉宏), 소부 종백봉(宗伯鳳), 상서령(尙書令) 평안(平晏) 등은 사자로서 약혼 예물을 드리고, 태사(太師) 공광, 대사도 마궁(馬宮), 대사공(大司空) 견풍(甄豊), 좌장군 손건(孫建), 집금오(執金吾) 윤상(尹賞), 태상(太常) 겸 태중대부(太中大夫) 유흠(劉歆), 그리고 태복(太卜)·태사령(太史令) 이하 49명은 모두 사슴 가죽으로 만든 관에 하얀 바지를 입고 예에 따라 점을 쳐서(婚事日을 선택) 소·양·돼지를 바쳐 종묘에 아뢴 뒤 길일을 기다렸다. 이듬해 봄에 대사도 마궁, 대사공 견풍, 좌장군 손건, 우장군 견한(甄邯), 광록대부 유흠은 어가를 받들고, 안한공의 집으로 황후를 맞이하러 갔다. 마궁·견풍·유흠은 황후의 새수(璽綬)를 주고, 수레에 태워 벽제(辟除)하며 상림원 연수문(延壽門)에서 잠깐 쉰 다음 미앙궁의 전전(前殿)으로 들어갔다.

여러 신하들은 제 각기 위치에 서서 성혼 의식을 거행했다. 천하에 대사령을 내렸다. 후의 부친 안한공의 영지를 늘여 백리 사방으로 하고 황후를 맞으러 간 자, 의식을 행한 자, 삼공(三公) 이하 말을 먹이는 우두머리에 이르기까지 장락궁·미앙궁, 안한공 저택에서 일한 자들 모두에게 능력에 따라 봉록을 늘리고 황금이나 비단을 하사했다.

황후로 있은 지 3개월 후 예법에 따라 고조 사당에 참배하였다. 황후의 부친 안한공을 높여 재형(宰衡)이라 하고 제후나 왕의 상위에 두었다. 안한공의 부인에게는 공현군(功顯君)의 호와 식읍을 하사했다. 안한공의 아들 안(安)은 포신후(褒新侯)라 하고, 림(臨)을 상도후(賞都侯)로 봉했다.

황후로 책봉된 지 1년 남짓 뒤에 평제가 붕어했다(왕망이 죽임). 왕망은 선제의 현손 영(嬰)을 세워 유자(孺子)라 하며 망이 제위를 섭정했다. 황후를 높여 황태후의 존호를 바쳤다.

3년 후(8) 왕망은 정말로 천자가 되어 영을 정안공으로 하고, 황태후의 호를 고쳐 정안공 태후라 했다. 태후는 그 때 18세로 단아하고 조용하면서도 똑똑했다. 유씨(劉氏)가 폐위된 후로는 언제나 병을 핑계하고 조회에도 나가지 않았다. 왕망은 이를 꺼리는 한편 측은히 여겨 재혼시키려 했다. 태후의 호를 고쳐 황황실주(黃皇室主)라 하고 입국장군 성신공(成新公) 손건(孫建)의 장남에게 명하여, 아름답게 차려 입고 의사를 데리고 병 문안을 가도록 했다. 후는 크게 노하여 인도한 시녀를 때렸다. 이것이 원인이 되어 병이 들어 일어나려 하지 않았다. 왕망은 그대로 두고 다시는 강압하지 않았다.

한(漢)의 군사가 왕망을 주살하고 미앙궁에 불을 지르니 후는, '한 왕실의 사람들을 만날 면목이 없다'고 말하며 스스로 불 속에 몸을 던져 죽었다.

옮긴이 | 홍대표

전북 익산 출생. 필명 홍석영.
원광대학교 국어국문학과 졸업. 문학박사.
전북매일신문사 논설위원을 거쳐 원광대학교 인문대
교수로 재직함. 문리대학장, 인문과학대학장을 역임함.
인문대 명예교수.
저서로 《대학문장 작법》 《문학개설》 《삶과 허구의 진실》
《현대소설의 연구》가 있으며,
창작집 《이적의 밤》 《퍼서지》 《우리들의 代父님》
장편소설 《불꽃 제단》 《숲에서 나무 되어》 《소설 정여립》
에세이집 《후조는 날으며 자국을 남긴다》 등이 있음.

한서열전(漢書列傳)

발행일 | 2021년 7월 10일 초판 1쇄 발행
　　　　　 2022년 9월 10일 초판 2쇄 발행

지은이 | 반 고　　　　　　**옮긴이** | 홍대표
펴낸이 | 윤형두 · 윤재민　　**펴낸곳** | 종합출판 범우(주)
교 정 | 김원진　　　　　　**디자인** | 장윤정

등록번호 | 제406-2004-000012호 (2004년 1월 6일)
　　　　　　(10881) 경기도 파주시 광인사길 9-13 (문발동 525-2)
대표전화 | 031-955-6900　　**팩 스** | 031-955-6905
홈페이지 | www.bumwoosa.co.kr　**이메일** | bumwoosa1966@naver.com

ISBN 978-89-6365-366-2　03910

* 책값은 뒤표지에 있습니다.
* 잘못된 책은 바꾸어드립니다.